KB125717

중국 지식의 시공간과 탈경계

이 저서는 2019년 대한민국 교육부와 한국연구재단의 지원을 받아 수행된 연구임
(NRF-2019S1A6A3A02102737)

국민대학교
중국인문사회연구소
총서 · 15

중국 지식의 시공간과 탈경계

박영순 · 김진우 · 서상민 · 윤지원 · 박철현 · 최은진
은종학 · 피경훈 · 박남용 · 김하늬 · 이광수 · 김주아

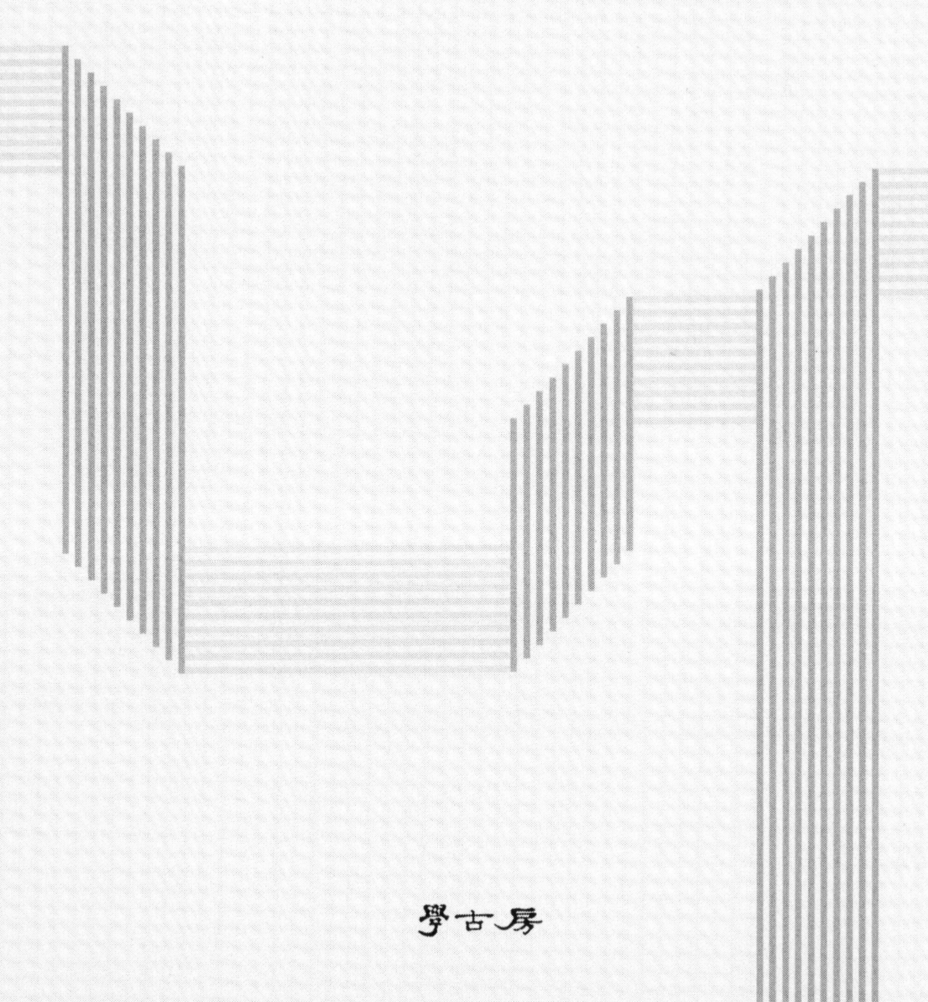

서 문

본 총서는 HK+ 사업의 2단계 1년차 아젠다 '탈경계와 지식 공간의 재창출'을 구현하기 위해 각 연구영역별로 연구한 결과물과 지식담론, 문학예술, 정치경제, 국정운영, 사회문화, 인문교류의 영역을 더욱 풍성하게 채워줄 글을 기획하여 묶어낸 중국인문사회연구소의 열다섯 번째 총서이며, 중국 지식의 '갈라짐'과 '모임'의 과정이 어떻게 시간과 공간이라는 경계를 뛰어넘어 진행되고 있는지를 한국인의 시각에서 관찰하고 연구한 성과를 모아보고자 한 기획의 산물이다.

본 총서는 또한 역사학, 문학, 철학, 경제학, 사회학, 정치학, 교육학 등 다양한 영역에서 산출된 연구들 그리고 연구 방법론상으로도 양적 연구와 질적 연구를 모두 포함하고 있는데, 구체적으로 이론연구로부터 시작하여 사례연구, 문헌연구, 해석학적 연구, 실험적 연구, 쟁점 분석 연구, 이슈분석 연구 등 인문학과 사회과학에서 활용 가능한 다양한 방법론이 활용되고 실험되었다. 그리고 이러한 실험의 결과 중국의 지식 지형이 어떻게 진화되는가를 기제와 공간과 네트워크를 통해 살펴보고자 하는 중국인문사회연구소의 HK+ 과제의 답에 한걸음 나아갈 수 있었다.

이 책은 서로 다른 시간과 공간 속에서 촬영된 사진들을 다시 모아 하나의 새로운 사진을 만들어 내는 '포토 모자이크'처럼 서로 다른 시간과 공간의 이야기를 서로 다른 영역 그리고 방법론으로 연구한 성과를 다른 하나의 이야기를 갖는 새로운 '융합' 이야기로 구성해보고 하였다. 그리고 '융합한 이야기'의 주요 컨셉은 이 책의 제목이기도 한 『중국 지식의 시공간과 탈경계』였다.

이 책의 이야기는 두 가지 대목으로 나누어진다. 첫째 대목은 "중국 지식사회의 갈라짐 그리고 경계넘기"이다. 먼저 박영순의 글은 명말(明末)에서 청초(淸初)로 이어지는 역사적 분기(分岐)에 태동한 지식 형성과정을 다루고 있는데, 주로 문사(文社)의 활동을 통해 고학(古學)의 부흥과 경세(經世) 사조의 지식 형성과정을 주제로 하여, 이를 복사(復社)의 활동을 중심으로 분석하고 있다. 여기에서 복사는 명말 지식인들의 '사풍'의 폐단을 극복하기 위해 고학과 경세의 '지식'을 제시하여 새로운 정치, 사상의 돌파구를 마련하고자 한 민간 조직이다. 이러한 단체를 통해 산출된 중국의 고학, 경세의 지식이 전통적인 '복고' 방식으로 전개되어 비록 새로운 사상적 돌파구라고 볼 수는 없지만 역사적 분기(分岐)라는 시대적 변화 앞에서 그리고 명말 치도, 학술의 폐단으로 인해 사풍의 위기에 직면한 상황에서, 동림을 이어 청초의 경세, 실학사상을 열어주는 가교역할을 했다는 점에서는 의의가 있다는 점을 지적하고 있다.

김진우는 코로나19 팬데믹이 한창인 2020~2021년 2년간 중국고대사학계의 의미 있는 성과들을 다루면서 같은 기간 중국 고대사 연구 흐름이 기존 학문의 경계를 넘어 새로운 자료와 다양한 방법론을 공유하는 '중국고대학'으로의 진화를 지적하고 있다. 선진사 영역에서는 연구는 여전히 고고자료를 중심으로 한국사의 고조선과도 연결될 수 있는 홍산문화 등 중국 동북 지역에 집중하는 한편 중국 문명의 역사적 기원을 소급해서 증명하려는 중국학계의 경향을 비판적으로 검토하고, 중국 상주사 연구는 갑골문과 금문자료, 춘추전국시대 연구는 금문과 간독 등 출토자료에 대한 접근을 기본으로 한 역사·사상 방면의 연구가 진행되고 있음을 지적하고 있다. 진한사에 있어서는 진한제국 통치질서와 관련한 행정과 율령 및 사법 등 제도연구와 당시 공간을 어떻게 인식하고 장악했는가의 관점에서 역사지리적인 접근과 변경 및 대외 관계 연구가 활발하게 이루어졌고, 특히 중국 고대 재난·환경사 방면의 성과가 재이관·재이설 연구를 중심으로 상당히 활발하게 이루어졌음을 지적하고 있다. 그러면서 '중국고대학'의 융복합 추세 속에서 국내 중국고대사 학계는 새로운 자료를 가지고 새로운 방법론을 모색하면서 연구 수준을 제고해 가고 있지만, 이러한 과정에서 무엇보다 타 학문에 대한 편견을 버리고 열린 학문을 향해 소통하는 태도가 더 필요하다고 강조하였다.

서상민은 중국 정치학계의 사회연결망분석 방법론 활용의 양적 사례 분석을 통해 중국에서의 정치학계 지식생산의 특징을 규명하고자 하고 있다. 분석 결과 중국 CNKI의 문헌정보를 분석하여 중국 사회과학계에서의 SNA방법론의 활용한 지식생산은 1990년 후반 비약적으로 발전했으나, 여전히 문헌정보학이나, 사회학 그리고 경제학 등에 편중되어 있고 특히 중국 정치학계에의 활용도는 상대적으로 낮았다는 점을 특정했으며, 정치학 관련 연구성과 역시 연구주제 상에 있어 테러조직 연구, 사회 치안, 국가 거버넌스, 정책네트워크 연구 등 제외하고는 극히 제한되어 있을 뿐만 아니라 분석 방법도 응집 하부그룹 분석, 중심성 분석, 역할분석 등 일부 분석방법에 집중되어 있음을 지적하고 있다. 그러면서 중국 정치학계의 SNA방법론 활용 연구는 실용적, 정책적 성격이 강하고, 미국이나 서양에서 개발한 방법론을 소비하는데 머물러 있으며, 연구가 편중되는 특징을 보이고 있는데 이는 연구 주제의 선정과 방법론의 활용과 네트워크 분석에 필요한 데이터에 대한 접근 권한 제한되어 있기 때문이라고 파악한다.

윤지원은 '자연성'을 강조하며 지식권력의 해체를 주장한 노자의 정치철학에 관해 살펴보고 있다. 노자의 사회인식은 당시 지식권력에 의해 통치되던 방식으로는 인간을 보다 나은 세상으로 이끌 수 없다는 시대적 문제의식이 반영되어 있다고 지적하면서 유가와 법가와 달리 도를 바탕으로 자연을 강조하는 노자의 정치는 백성들이 스스로 그러한 삶을 살 수 있도록 해주는 정치를 제안했다. 자연은 기교를 부리지 않는 순박함을 바탕으로 하며 이러한 상태에서 각 개체는 평등하며 조화를 이루고 자연 상태에서 모든 개체는 평등하며 각각의 개체가 존중될 때 전체는 조화를 이루게 되므로 이것이 노자가 바라는 이상적이 세계였다고 주장한다. 자연계의 질서가 개체와 전체에 내재한 도의 무위작용에 기초해 있듯 노자는 인간사회 역시 도를 체득한 성인의 무위정치에 의해 다스려지고 질서 지워져야 함으로 지적하면서 지식권력의 시야에서 노자의 정치사상을 다시 고찰하는 것은 현대를 살아가는 우리에게 노자의 사유에 대한 또 다른 이해의 지평을 열어줄 수 있을 뿐만 아니라 중국의 정치사상을 이해하는 중요한 지표가 될 수 있을 것으로 본다.

박철현은 개혁개방기 중국의 국가와 '비공유제(非公有制)' 기업의 문제를 '사상정치공작(思想政治工作)'의 문제를 중심으로 살펴보고 있다. 특히 개혁기 비공유제 기업에 대한 국가의 당 건설, 기업지배구조, 사상정치공작연구회 건설, 그 사례를 분석하고 있는데, 사상정치공작은 중화인민공화국 건국 이후 기업, 군대, 사구(社區) 등 다양한 공간에서 당 건설, 선전, 조직 등과 관련한 광범위한 사회적 활동(工作)을 포함하는 개념으로 사용되었음을 지적하면서, 개혁기에는 체제 전환 이데올로기를 정당화할 필요가 있는 상황에서 국영기업 노동자를 대상으로 교육하고 선전하는 '사상정치공작연구회(思想政治工作研究會)' 설립으로 이어졌다고 주장한다. 그는 특히 개혁기 비공유제 기업을 통제하기 위해서 국가가 비공유제 기업 내부에 당 건설을 통한 기업 지배구조 장악만이 아니라 '사상정치공작'을 시행해왔다는 점에 주목하면서 중국의 체제가 '국가자본주의(國家資本主義 state capitalism)'로 가닥을 잡아가는 양상의 하나의 측면을 비공유제 기업의 사상정치공작에 초점을 맞추어 다루고 있다.

최은진은 중국의 민국시기의 '교육구국'을 다루고 있다. 교육을 수단으로 '구국'하고자 하는 '민국시기는 제국에서 국민국가로 전환되는 역사적 分岐의 시대이기도 하였던 점에 착목하여 레이페이홍(雷沛鴻) 관련 연구를 종합하여 글을 구성하고 있다. 해당 시기는 근대적 서구 지식의 수용 과정이라 할 근대 교육의 체계와 내용이 중국 전역으로 확산된다. 성이라는 경계를 넘어 중국으로 근대교육의 실험이 이루어진다. 필자는 레이페이홍이 이 지역을 무대로 1930년대와 항일전쟁시기와 그 이후까지 전개한 교육활동을 통해 그의 교육사상의 특징과 의의를 살펴보았다. 교육의 대중화를 신교육의 중국화라고 인식한 레이페이홍은 1921년의 6 · 3 · 3제도에 대한 대안으로 민족교육체계를 설계하고 이를 중국 실정에 부합한 학제로 인식하여 광시의 국민교육체계로 구체화했으며, 성인교육을 아동교육과 결합한 국민기초학교의 설립과 운용, 국민중학의 시행, 나아가 국민대학인 시장(西江)학원 설립 등을 주도하였다. 이렇듯 레이페이홍의 민족교육체계의 구상과 시행 경험은 전환의 시기였던 당시의 중국에서 중국적 학제를 모색한 중요한 경험을 창출이었으며, 근대교육을 광서성의 경계를 넘어 전국에 적용하려는 실천은 중국교육사에 의의가 적지 않았다고 필자는 지적한다.

이 책의 두 번째 대목은 “중국 지식 공간의 확장과 새로운 공간 창출”과 관련된 이야기이다. 그 첫 번째로 은종학은 한중수교 이후 지난 30년간의 과학기술 협력을 회고·반성하고, 양국간 협력의 구도를 변화시켜온 다양한 요인들을 계량서지학적 방법으로 분석한 뒤, 그를 바탕으로 한국의 바람직한 대중국 과학기술 협력 전략을 새롭게 제안하고 있다. 한중 과학기술 협력의 전체 구도를 분석하면서, 한국의 대중국 의존도가 비대칭적으로 커져 대중국 협상력이 약화하고, 과학기술 연구 포트폴리오에 있어 한중 양국의 유사성이 커져 상호 경쟁과 대체의 압력 또한 높아졌으며, 중국은 미국을 위시한 서구의 견제를 받으면서 ‘-1 기술전략’, ‘중국식 적정기술전략’ 등을 고려할 가능성도 커지고 있다고 주장한다. 이러한 상황 속에서 한국이 과학기술 협력을 통한 중국과의 공공외교를 실리 있게 유지하기 위해서는, 중국발 검약식 혁신(frugal innovation), 판을 뒤엎는 혁신(disruptive innovation) 등 중국 특색의 지점에 유념하여 과기협력 전략을 재설계해야 할 것을 제안한다. 그리고 제4차 산업혁명을 추동하는 과학기술 영역(4th) 이외의 여집합 공간을 ‘4^{c}’라 칭하고 그 중요성을 환기시키면서 인간의 육체 및 지적 노동을 대체하는 로봇 및 인공지능 기술혁명이 일어날 때 고용의 창출과 경제 활성화는 4^{c} 영역이 얼마나 활성화되었는지에 따라 좌우될 것이기 때문에 과학기술을 중시하더라도 그에 매몰되지 않고 그 전후방의 토양을 비옥하게 만드는 비(非)과학기술 영역의 정책·전략적 노력이 다채롭고 창의적으로 이뤄져야 하며, 이것이 성공한다면 미래 한국이 중국을 선도하는 또 다른 경쟁우위를 구성할 수 있을 것으로 전망한다.

피경훈은 2015년 ‘유학과 사회주의’라는 주제로 열린 “개방시대 논단

(開放時代論壇)"의 내용을 요약·정리하고, 여기에 참여한 중국의 지식인들이 '유학'과 '사회주의'의 관계를 어떻게 설정하고 있는지를 비판적으로 고찰하고 있다. 필자는 논단에 참여한 중국의 여러 지식인들이 '유학'과 '사회주의'의 관계를 다양한 측면에서 해석했지만, 양자 간의 관계를 현재의 정치체제인 당-국가 체제와 조화시키기 위해 상당한 사상적 노력을 기울이고 있다는 것을 확인하고 있다. 여기에 대해 '정당성'과 그 원천이라는 측면에서 보았을 때 과연 '유가'와 '사회주의'의 '화해' 혹은 '조화'가 가능할 것인가라는 문제에 대해 다소 회의적이라고 지적하면서 현재의 정치체제, 즉 중국공산당을 중심으로 한 당-국가 체제하에서 '유가'와 '사회주의'가 서로 평화롭게 공존하기 위해서는 '유가' 자체에 대한 상당한 조정과 제한이 필요하다고 주장한다. '유학'은 새로운 통합 이데올로기로서 호명될 수는 있지만, 그것이 '사회주의' 그리고 당-국가 체제에 대한 정당성을 위협하는 정도로까지 해석되어서는 안 되며, '유가'와 '사회주의'가 결합하기 위해서는 상당한 이론적 조정이 필요하다는 것이다. 그러면서 2000년대 이후 '유가'의 급격한 부상은 '사회주의' 이데올로기의 현실적 붕괴 이후 중국을 지탱하는 민족주의 이데올로기의 재등장에 따른 결과물이며 지금까지 '민족주의'와 '사회주의'는 적절히 서로를 보충하면서 중국의 굴기를 이끌어 왔지만 이러한 조화와 상호 보충이 지속될 수 있는가는 여전히 문제라고 보면서 '유가'와 '사회주의' 사이의 관계는 향후 중국의 방향성을 가늠할 수 있는 매우 첨예하면서도 중요한 문제가 될 가능성이 크다고 전망한다.

박남용은 중국의 당대 SF소설 속의 과학기술과 문학적 상상의 관계를 분석하여 SF소설의 사회적 의미를 이해하고자 한다. 특히 이 글에서는 중국 현·당대의 서구 과학소설의 번역과 수용을 비롯하여 중국 당대의 SF소설들을 분석하며 중국 과학소설의 특징을 분석하고 있는데, 중국의 SF소설은 과학기술 발전과 사회 현실을 반영하며 문학적 상상의 세계를 보여주고 있다고 지적하면서 중국의 과학소설은 당대 정치와 경제의 성장 속에 새로운 과학기술을 발전시켜 달과 우주를 향한 우주 프로젝트를 실현하고자 하는 '중국몽'을 반영해 주고 있다고 본다. 그리고 이러한 중국의 과학소설은 고대의 신화 전설 속에서 그 원형을 찾아볼 수 있을 뿐만 아니라, 근대 '신중국'의 미래를 발견하고자 하는 지식인들에 의해 발전되어 있으며 중국의 도시화와 자본화 현상에 따른 어두운 사회문제를 과학적 상상을 발휘하여 문학작품으로 창작한다거나 인류와 지구의 위기를 반영하며 미래 사회에 대한 전망과 대안을 찾고 있음을 발견했다. 필자는 중국의 과학소설 속에 등장하는 새로운 가상 공간 속에서의 삶은 마치 현실의 인간이 아닌 가공된 세계 속, 미래 세계 속 인류의 미래와 운명을 제시해 준다는 점에서 미래공상 과학소설도 리얼리즘 소설의 연장이라고 보고 있지만 리얼리즘 소설에서 볼 수 있는 바와 같은 현실의 전형적 인물의 창출이라든지 복잡한 주인공의 내면심리 묘사라든지, 인물들의 개성 속에서 살아 숨쉬는 인간미를 느끼는 것은 조금 어렵다고 주장한다. 흥미와 재미를 추구하며 인류의 미래와 운명을 새롭게 재구성해보자 하는 중국의 SF소설 속에서 중국 사회의 새로운 변화와 당대소설의 새로운 의미를 창출한다는 점에서 시사하는 바가 충분하며, 중국의 과학소설 연구를 통하여 중국 사회를 새롭게 이해하고 문학과 사회의 밀접한 관계를 조명하는 소설의 현실적 의미를 지니고 있음을 강조한다.

김하늬는 청대(淸代) 초기를 대표하는 사파(詞派) 중 하나인 양선사파(陽羨詞派)의 영수 진유숭(陳維崧)의 사(詞) 「만강홍(滿江紅)」 96수의 분석을 통해 왕조 교체를 경험한 뒤 변화된 청초(淸初)의 강남 지식인의 현실 의식과 그 비애 표현에 대해 고찰하고 있다. 송대 이후 쇠퇴하였던 사 문학이 유독 명청 교체기에, 그것도 '강남' 지역을 중심으로 부활하였던 데는 본래 강남이 가지고 있던 '한족 지식인의 문화적 공간'이라는 상징성과 이민족 왕조로의 교체라는 시대적 배경을 고려하지 않을 수 없으며, 청대 강남 지역은 당시 이민족 왕조에 대한 저항이 가장 큰 지역이기도 하였으니 청초 강남 지역을 중심으로 사가 재발견되고 새로이 유행한 것은 이민족 왕조로의 교체로 혼란을 겪은 강남 한족 지식인들이 그들의 비애를 토로할 새로운 문학적 수단을 찾은 것이라 볼 여지가 있음을 지적한다. 이러한 시간적 공간적 배경하에서의 진유숭의 「만강홍」 속 '자아'에는 글재주 밖에 없고 늙어 쓸모없는 존재로, 그는 경세(經世)의 욕망을 가지고 있음에도 불구하고 혼란스러운 세상에 도움이 되지 못하는 자괴감이 담겨져 있다. 한편 진유숭의 「만강홍」 속 인간 역사의 흐름에 따라 흥망성쇠를 거듭하여 쇠락한 '도시'는 망국민의 정서가 반영된 공간인 반면, 인간 역사의 흐름과 관계없이 태평함을 유지하고 있는 '강촌'은 유민의 이상향이지만 현실적으로는 완벽한 도피처가 되지 못하고 있다. 이와 같은 비애 의식은 국가의 멸망을 초래한 원인에 대해 반성하고 새 왕조에 출사하여 파괴된 세계를 재건할 것인가, 혹은 혼란스러운 세상에서 벗어나 망국민으로서 끝까지 은거하며 유민의 삶을 살 것인가 고민하였던 유민 후세대의 새로운 갈등을 보여주는 것이라고도 볼 수 있으며, 이러한 고민은 비단 진유숭만의 것은 아닌, 대다수의 강남 지식인 계층이 공유하고 있었던 것이기에 당시 진유숭과 양선사파의 사가 청초 사단(詞壇)의 호응을 얻을 수 있었을 것이라고 주장하고 있다.

이광수는 대만인들이 인터넷과 SNS 등 온라인 소통 플랫폼을 활용하여 정보를 소통하거나, 정치적 의사를 표현하는 대만의 소셜미디어(Social Media)를 통한 어떻게 지식이 형성되어 가는지 하는 과정에 초점을 두어 분석하고 있다. PTT와 Dcard는 대만의 양대 인터넷 지식 소통 공간으로 작용하고 있지만, 설립 시기, 사용자 연령층, 직업, 토론 내용은 전혀 다른 특징을 보여주고 있으며, PTT는 설립 시기가 이르고, 주요 사용자도 청년층에서 중장년층까지 비교적 폭넓고 직장인이 다수이고 정치사회적 이슈와 관련한 토론이 활발하게 이루어지고 있는 특징을 보이고 있는 반면 Dcard는 10대와 20대 등 비교적 낮은 연령층의 사람들이 주로 활용하며, 대학생 등 학생층이 다수이고, 이들 연령층에 비교적 친숙한 정서적인 주제나 학습과 관련한 토론이 진행된다는 특징을 보인다고 지적한다. 따라서 두 소셜미디어는 세대별, 성별, 콘텐츠별로 각기 다른 인터넷 행동주의의 표현 행태를 보여주고 있다는 점에서 대만에서의 지식 소통의 변화 양상을 보여주는 지표가 된다고 주장한다.

김주아는 국제이주가 활발해지고 그 유형이 다양화되면서 오늘날 디아스포라의 개념은 고전적 개념과 비교해 좀 더 광범위한 이주 집단에 적용되어 사용되고 있다는 점에 착안하여 화인 디아스포라는 단지 이주나 분산의 결과, 동일한 조상 혹은 단순히 어떤 유대관계 등에 의해서 자연적으로 형성되는 것이 아니라, 어떤 집단이 동기를 갖거나 영향을 받는 과정에 의해 비가시적으로 구축된다는 점을 지적한다. 따라서 인문교류 영역에서 지식의 가변성에 초점을 두고 중국 지식의 확산과 재창출, 지식의 분기 등 지식의 동태적 변화를 파악하기 위해, 화인 디아스포라의 지식생산과 지식 네트워크 파악이 필요하고 이를 위해 중국의 온라인 자국어 보급정책을 중점적으로 검토하여 역동적인 중국 지식지형의 변화를 연구하였으며, 연구 결과 온라인교육은 향후 중국과 해외 교포사회의 커뮤니케이션과 네트워크 구축 체계에 상당한 영향을 미칠 것으로 전망하고 있다.

본 총서 속 글들은 이와 같이 주제라는 측면에서 다채롭고 내용이라는 측면에서도 매우 풍부하다. 각 장의 글들이 시간과 공간을 넘나들면서도 이를 관통하고 있는 중국 지식의 원리와 특징을 발견하고자 노력하고 있음을 알 수 있다. 시간을 따라 나누어졌다 다시 모이는 중국 지식의 진화와 생동을 볼 수 있었으며 서양과 동양, 현실과 가상, 온라인 공간과 오프라인 공간을 넘나들며 생산되는 중국 지식의 탈경계성을 관찰할 수 있었다. 중국 지식에 관한 연구는 지금 이 시간에도 각기 다른 영역에서 진행되고 있으며, 수많은 우수한 성과들이 나와 확산되고 있다. 그런데 이러한 연구성과들이 축적되어 연구영역과 연구자 간의 융합이 가능한 네트워크가 형성되어 가고 있는 시점에서 최근 새롭고 근본적인 도전을 맞이하게 되었다. 바로 거대 인공지능(AI)의 등장이다. 그동안 인간의 고유영역이라고 여겨져 왔던 지식의 '창출'이 기계에 의해 지금까지 세상에 한 번도 존재한 적 없었던 새로운 지식이 창출될 수 있게 되는 시대가 도래했다는 것이다. 그렇다면 GPT(Generative Pre-trained Transformer) 시대에 중국 지식은 어떻게 움직이고 진화할 것인가? 그리고 그런 시대에 중국 지식 연구에 GPT는 어떤 역할을 할 것인가?

우리는 중국 지식 연구에 GPT를 어떻게 활용할 것인가? 그리고 지식창출에 있어 인간이 AI와 다르게 기여할 수 있는 것은 무엇인가? 등에 대한 고민이 필요한 시점이라고 할 수 있다.

이 책을 발간하면서 이번 기획에 참여해 주신 모든 집필자 여러분께 깊이 감사드린다. 그리고 중국 지식의 생산과 확산과정에 늘 함께해주시고 좋은 책을 만드는데 수고로움을 마다하지 않는 학고방 여러 선생님께 이 자리를 빌려 감사의 마음을 전한다.

2023년 6월

집필진을 대표하여 최은진 씀

목 차

제1부
중국 지식사회의 갈라짐 그리고 경계넘기

제2부
중국 지식 공간의 확장과 새로운 공간 창출

제1부

중국 지식사회의 갈라짐 그리고 경계넘기

시대적 분기(分岐)의 문사(文社) 활동과 지식형성
: 복사(復社)의 고학(古學) 부흥과 경세(經世) 사조를 중심으로

◉ 박영순 ◉

Ⅰ. 시작하며

이 글은 명말(明末)에서 청초(淸初)로 이어지는 역사적 분기(分岐)에 태동한 지식형성 과정에 초점을 두었다. 문사(文社)의 활동을 통해 고학(古學)의 부흥과 경세(經世) 사조의 지식 형성과정을 주제로 하여, 이를 복사(復社)의 활동을 중심으로 분석했다.

명말의 사상 사조는 대체로 왕양명(王陽明)의 심학(心學)과 공안파(公安派)를 중심으로 한 성령(性靈) 사조를 중심으로 전개되다가, 숭정(崇禎) 시기 전후로 문사(文社)를 중심으로 한 고학의 부흥과 치군택민(致君澤民)의 경세 사조로 대체되는 변화를 보인다. 이런 변화를 가져오게 된 것은 과거제도와 사상변화의 폐단으로 인한 유가 경전의 위기, 심학의 성행, 과거 문풍(文風)과 사풍(士風)의 폐단 등이 주요 요인으로 작용했다. 명말의 정치는 안으로는 엄당(閹黨)의 전횡과 붕당의 권력투쟁으로 혼란

---

* 이 글은 「명말 고학(古學)의 부흥과 경세(經世) 사조의 형성 - 복사(復社)의 활동을 중심으로」, 『문화와 융합』, 제44권 4호, 2022를 수정·보완한 것이다.

** 국민대학교 중국인문사회연구소 HK부교수.

했고, 대외적으로는 만청(滿淸)의 등장으로 인해 한족의 통치 체제가 흔들리는 역사적 분기점에 놓여있었다. 게다가 명대 과거제도로 인한 문풍의 폐단으로 사풍이 무너지면서 세교(世敎)가 쇠미해졌고, 왕양명의 심학의 성행으로 인해 제도의 지식이자 국가 이데올로기로 작용했던 유가 경전의 위치가 흔들리기 시작했다. 이 점은 가정(嘉靖)-융경(隆慶) 시기에 심학, 성령 사조를 중심으로 전개되었다가 만력(萬曆)-숭정 시기에 고학의 부흥과 유가 경전의 경세 사조가 등장하는 배경이다. 거대 문사 집단인 복사는 이러한 변화와 폐단을 극복하기 위한 대안으로 '흥복고학(興復古學)', '치군택민(致君澤民)', '무위유용(務爲有用)' 등의 개념을 제시한다. 이처럼 복사를 중심으로 전개된 고학의 부흥과 경세 사조의 문제는 당시 제도적, 사상적, 정치적인 문제와 밀접하게 연동되어있다. 한편, 복사는 위로는 동림파(東林派)의 경세제민(經世濟民) 사상을 이어 소동림(小東林)으로 자처하면서 고학을 부흥하고 경세 사조의 기틀을 마련하는 한편, 명말 청초의 경세, 실학의 토대를 제공하는 사상적 가교역할을 했다.

이런 배경 위에서 복사를 중심으로 전개되었던 고학의 부흥과 경세 사상이 명청 교체기의 사상적 맥락과 특징을 파악하는 중요한 매개가 된다는 점을 포착하여, 역사적 분기인 명말 청초의 경세, 실학의 토대를 제공하는 사상적 가교역할을 했던 복사의 고학 부흥과 경세 사조 활동에 대한 연구의 필요성에서 출발했다. 왜냐하면 기존의 연구는 대체로 명 중기 복고 사조, 심학 사조, 성령 사조 등에 치중하였고, 명말 문사를 중심으로 전개된 경세 사조에 대한 연구 및 그것이 명말청초의 실학사상을 잇는 근간이 된다는 점을 간과하고 있고, 그러할 경우 명말 숭정 시기 전후의 사상사의 공백이 생길 뿐만 아니라 청초 사상으로의 연결성마저 놓치는 결과를 나을 수 있기 때문이다. 실제로 경세 사조는 명 중엽 동림파를 이어 명말 복사를 거쳐 명말 청초 복사구성원 방이지(方以智)·고염무(顧炎武)·황종희(黃宗羲) 등의 경세, 실학 사조로 연승되는 사상적 고리 역할을 하고 있다. 또한 명대의 경세 사상을 언급할 때도 대체로 동림파에서 그치거나 개별적인 대가들의 사상사를 중심으로 다루는 경향이 있다. 복사의 경세 사상의 계승과 집단적인 조직 활동의 시각에서 바라본 연구는 상대적으로 적은 편이다. 따라서 이 글은 복사를 중심으로 전개되었던 고학의 부흥과 경세 사상이 명청 교체기의 사상적 맥락과 특징을 파악하는 데 중요한 매개가 된다는 점을 포착하여, 역사적 과도기에 전개되었던 고학의 부흥과 경세 사조의 형성과정을 주제로 하여, 거대한 문사 집단인 복사의 활동을 중심으로 살펴보고자 한다.

선행 연구 성과를 살펴보면, 복사의 학술·정치·경세 사상 등에 대한 연구, 문사와 과거제도, 팔고문 관련 연구, 고학과 경세 사상에 관한 연구, 복사와 동림당에 관한 연구 등이 있다.[1] 한국에서는 과거제도, 팔고문과 명대 출판, 시문(時文)과 고문(古文) 등에 관한 연구, 동림의 서원 강학과 경세 사조 관련 연구 등이 있다.[2] 이상의 연구 성과는 본 연구에 적잖은

---

1) 何宗美, 『明末清初文人結社研究』, 南開大學出版社, 2003; 何宗美, 『文人結社與明代文學的演進(上·下)』, 人民出版社, 2011 등. 王凱符, 『八股文概說』, 中國和平出版社, 1991; 陽達·歐陽光, 「明代文社與科擧文化」, 『湖北大學學報』, 第5期, 2010; 李玉栓, 『明代文人結社研究』, 復旦大學出版社, 2020 등. 張濤, 「科擧與實學: 明末文社興起的形上依據」, 『河北師範大學學報』, 第1期, 2007 등. 丁國祥, 『復社研究』, 鳳凰出版社, 2011; 劉軍, 『顧憲成與晚明東林運動: 傳統士大夫政治研究』, 南開大學博士學位論文, 2010; 張永剛, 『東林黨議與晚明文學活動』, 華中師範大學博士學位論文, 2006 등이 있다.

2) 왕카이푸(王凱符) 저, 김효민 역, 『팔고문이란 무엇인가』, 글항아리, 2015; 백광준, 「변화의 시대, 변화의 글쓰기: 明代隆慶, 萬曆年間의 八股文」, 『중국문학』, 제45집, 2005; 황지영, 『명청 출판과 조선 전파』, 시간의 물레, 2012 등. 신현승, 「명대 말기 학술공동체와 정치 네트워크 연구: 동림과 복사를 중심으로」, 『유학연구』, 제50집, 2020; 왕걸, 「명청(明淸) 시기의 경세실학(經世實學) 사조와 사회비판 사조를 논하다」, 『한국실학연구』, 제18집, 2009; 조병한, 「청 건가조(乾嘉朝) 이래의 경세사조 부흥: 고증학 융성기의 동성(桐城) 고문파(古文派)와 상주 공양학」, 『명청사연구』, 제6집, 1997 등이 있다.

도움이 된다. 하지만 팔고문, 경세, 출판, 사상, 시문(時文) 등과 같이 단일 주제에 집중한 경향이 있으며, 본 연구에서 다루고자 하는 문사를 중심으로 고학의 부흥과 경세 사조에 대한 연구는 상대적으로 미흡한 편이다. 이 글은 이상의 연구 성과의 토대 위에서 '사풍－조직－사상'의 틀에서 고학 부흥의 출현과 배경, 고학과 경세의 형성과 특징, 고학 부흥과 복고, 경세 사조의 전승 관계 등에 대해 중점적으로 분석하고자 한다. 주요 내용은 다음과 같다. 첫째, 명말 문사와 복사 출현 및 조직과 구성원에 대해 간략히 살펴본다. 둘째, 고학의 부흥이 출현하게 된 제도와 사상적 배경을 통해 유가 경전의 위기, 사풍의 폐단 및 이에 대한 문사의 인식과 활동에 대해 분석한다. 셋째, 고학과 경세의 형성과정에서는 특히 복사의 고학과 경세 사상을 중심으로 고찰하고, 고학 부흥의 방향과 복사의 핵심 인물 장부(張溥)의 경학 사상을 연관하여 살펴본다. 넷째, 경세 사상의 전승과 고학의 부흥이 지닌 복고적 성격에 대해 논의한다. 이상의 분석을 통해, 문사와 복사의 조직과 구성 및 명말 고학의 부흥과 경세 사조가 왜 일어났고, 어떤 주체 세력이 어떤 내용으로 전개해 나갔는지가 드러날 것이다. 아울러 역사적 분기에 출현한 명말청초의 고학과 경학의 지식 형성과 학술사적 연승 및 문사의 성격 변화 등을 파악할 수 있을 것이다.

Ⅱ. 문사(文社)의 성격과 복사의 조직

1. 문사의 성격

문사(文社)는 명대 문인결사의 유형 중의 하나로서 주로 과거 공명을 추구하는 문인들이 조직한 문인 군체를 말한다. 명대의 문사는 대개 홍치(弘治) 시기에 출현한 후 가정(嘉靖) 시기에 본격적으로 등장하다가 융경

(隆慶)–만력(萬曆) 시기에 발전을 보인 후 천계(天啓)–숭정(崇禎) 연간에 절정에 달했다. 특히 천계–숭정 연간은 문사의 규모·수량·지역 분포 및 영향 면에서 명대 문인결사의 새로운 발전과 특징을 이루었다. 명대 문인결사에서 문사를 주목하게 되는 점은 시사(詩社), 이로(怡老)시사 등과는 달리 문사 형성의 출발점이 과거에 열망하는 사인들의 집단이었다는 점이다. 따라서 문사는 명대 사인들에게 사로(仕路)를 열어주는 매개체가 되었고, 그 규모와 세력이 점차 커지면서 명말의 학술과 정치에 영향을 주었다.

천계–숭정 시기의 문사는 명대 문인결사에 있어 전환적 의미를 지닌다. 기존의 문인결사와는 구별되는 활동과 성격을 보임으로써 기존 문인결사의 전통적 방향을 바꾸어 놓았다. 그 가운데 규모·분포·활동·영향력 면에서 가장 두드러진 특징을 보인 문사 중의 하나가 복사(復社)이다. 복사는 숭정 2년(1629) 장부(張溥)·장채(張采)·웅개원(熊開元) 등이 소주(蘇州) 일대에서 응사(應社)·광사(匡社)·기사(幾社) 등 약 10여 개의 문사를 하나로 통합하면서 설립한 거대 문사이다. 구성원은 약 3,000여 명에 달하며 거의 전국적으로 분포하고 있다.

문사는 명대 문인결사의 유형 중의 하나이지만 그 활동·규모·성격 등은 여타의 문인결사와 구별되는 특징을 보인다. 바로 과거–정치와의 연관성이다. 육세의(陸世儀)는 『복사기략(復社紀略)』에서 문사의 성격에 대해 다음과 같이 말했다.

> 법령에 따라 과거시험으로 사람을 등용하자 제의(制義: 팔고문)가 비로소 중요하게 여겨졌다. 사인들은 이 일을 중요하게 여겨 다들 잘 연마해서 공명을 구하고자 했다. 그래서 모두 사우(師友)를 존중하고 서로 면려하면서 많게는 수십 명 적게는 몇 명이 모였는데, 이를 문사라고 한다. 이는 글을 통해 함께 만나고 교제를 통해 인덕을 쌓는 전해 내려오는 유칙(遺則)이다. 문사는 도덕 수양을 중시하는 사인에게는 학문의 장이 되었고,

높은 목표를 향해 달리는 무리에게는 공명을 얻는 등용문이 되었다.[3]

문사는 함께 학문을 교류하는 조직이자 과거를 통해 공명을 얻기 위한 사인들로 구성된 집단임을 알 수 있다. 이는 애초에 학문을 탐구하기 위한 문사, 공명을 목적으로 하는 문사로 분리된 것이 아니라 문사의 발전 과정에서 이러한 두 가지 성격을 보여주었다는 점이다. 삼불후(三不朽: 立德·立功·立言)의 입장에서 볼 때, 고대 지식인들에게 학문과 공명은 양분할 수 없는 관계이며, 게다가 명말 문사는 규모와 세력이 커지면서 후자의 경향이 더욱 두드러지게 나타났다. 문사의 구성원은 일부 핵심 인물을 제외하고 대부분 해당 지역의 젊은 생원(生員)들로 구성되었으며, 주요 활동 중의 하나는 시문선집(時文選集) 간행과 월과(月課)를 공부하는 것이다. 이로 볼 때, 문사는 과거를 통해 공명을 취하는 것을 목적으로 한 문인 집단의 성격을 강하게 띠고 있으며, 이로 인해 명대 사인들에게 사로(仕路)를 열어주는 매개체가 되었다. 그들은 과거를 통해 조정에 입사(入仕)함과 동시에 문사의 규모와 세력이 커지면서 정치에도 영향을 끼치게 되었다. 대표적인 예로 복사가 위충현(魏忠賢)·온체인(溫體仁)·완대월(阮大鋮) 등의 엄당(閹黨) 세력과 대항했던 사례가 그러하다. 따라서 문사는 '과거에서 정치로' 전환하는 기본적인 특징을 보이면서 기존의 명대 문인 결사 가운데 독특한 활동과 성격을 띤 문인집단으로 변모해갔다.

2. 복사의 출현과 조직

복사는 숭정 2년(1629) 윤산대회(尹山大會)를 통해 형성되었다. 당시

3) "令甲以科目取人, 而制義始重. 士既重於其事, 咸思厚自濯磨, 以求副功令. 因共尊師友, 互相砥礪, 多者數十人, 少者數人, 謂之文社. 即此以文會, 以友輔仁之遺則也. 好修之士, 以是爲學問之地; 馳騖之徒, 亦以是爲功名之門."(陸世儀 1982, 204).

복사는 남직례의 응사, 광사 등을 흡수하고 후에 약 10여 개의 문사를 통합하여 거대한 규모의 문사를 만들었다. 통합된 문사를 보면, 운간기사(雲間幾社)·오문우붕사(吳門羽朋社)·오문광사(吳門匡社)·무림독서사(武林讀書社)·강남응사(江南應社)·절서문사(浙西聞社)·강북응사(江北南社)·절동초사(浙東超社)·절서장사(浙西莊社)·역정석사(歷亭席社)·산좌붕대사(山左朋大社)·래양읍사(萊陽邑社)·곤양운잠사(昆陽雲簪社)·중주단사(中州端社)·상구설원사(商丘雪苑社)·강서칙사(江西則社)·황주질사(黃州質社) 등이다.[4] 복사의 통합은 주로 남직례와 절강 지역에 집중 분포하던 문사들이었고, 다음으로 산동·하남 지역이 많았고, 강서·호북 지역에도 일부 있었다.[5] 장부는 이러한 문사들을 오(吳) 지역에서 모여 하나의 복사로 통합하면서 문사로서의 중심 세력이 되었다.

복사 역시 문사의 대표적인 특징인 과거를 통해 입사(入仕)하려는 사인들의 집단적 성격을 띠었다. 그러나 장부는 당시 사인들이 과거 공명에 지나치게 치우쳐 단순히 팔고문의 시문집만 공부하고 치세에 근본을 둔 경의(經義)를 도외시하여, 위로는 조정을 섬기지 못하고 아래로는 백성을 살피지 못하는 사인의 풍토가 형성되었다고 보았다. 그래서 경술의 정신을 실현하기 위해 '고학(古學)을 회복'하여 '치군택민(治君澤民)'을 실현하고자 했다. 이러한 복사의 종지에 따라 흥복고학(興復古學)에서 이름

4) "於時雲間有幾社, 浙西有聞社, 江北有南社, 江西有則社, 又有歷亭有席社, 崑陽有雲簪社, 而吳門別有羽朋社·匡社, 武林有讀書社, 山左有大社, 僉會於吳, 統合於復社."(朱彝尊 1990, 649). 또한 "是時江北匡社, 中洲端社, 松江幾社, 萊陽邑社, 浙東超社, 浙西莊社, 黃州質社與江南應社, 各分壇坫, 天如乃合諸社爲一."(陸世儀 1982, 173-181).

5) 남직례(5개): 운간기사·오문붕우사·오문광사·무림독서사·강남응사. 절강(4개): 절서문사·강북응사·절동초사·절서장사. 산동(3개): 역정석사·산좌붕대사·래양읍사. 하남(3개): 곤양운잠사·중주단사·상구설원사. 강서(1개): 강서칙사. 호북(1개): 황주질사.

을 따서 복사라고 명명했다.[6] '흥복고학'과 '치군택민'은 복사의 대표적인 종지였다. 이러한 취지는 복사의 활동과 성격이 과거를 위한 집단에서 정치 세력으로 전환되는 점에서 잘 드러난다.

복사는 방대한 조직이었기 때문에 상대적으로 통일적인 엄밀한 조직구조와 관리 기제를 갖추기가 어려웠다. 이런 점에 대해 사국정(謝國楨) 선생은 "(복사는) 대개 하나의 큰 사단 내에 많은 작은 조직들이 있었고, 대외적으로는 복사의 명의를 사용하고 대내적으로는 서로 모의하지는 않았다."[7]라고 했다. 복사는 이러한 거대 조직을 운영하기 위한 방법으로 사장(社長), 사규(社規) 등의 제도와 운영경비에 관한 방식도 마련하고자 했다.

첫째, 각 지역은 핵심적인 역할을 하는 사장(社長)을 통해 운영되도록 했다. 즉 "또한 각 군읍(郡邑)에 한 사람을 장으로 선임하여, 탄핵과 규약 및 소식 전달을 담당했다."[8] 사장은 해당 지역의 중요한 사안을 결정하며 운영의 방향을 정했으며, 대부분 시문(時文)에 뛰어난 현지 유명 인사들이었다.[9] 한편, 구성원에게 요구하는 행동 지침으로서의 사규도 마련했다. "법도가 아니면 따르지 말고, 성인의 책이 아니면 읽지 않고, 노성인(老成人: 원로)을 저버리지 않으며, 자신의 잘난 점을 자랑하지 않으며, 남의 부족한 점을 드러내지 않으며, 교묘한 말로 정치를 어지럽히지 않으며, 벼슬에 나아갈 때 자신을 욕되게 하지 않는다. 지금 이후로 이를 어길

6) "自世教衰, 士子不通經術, … 登明堂不能致君, 長郡邑不知澤民. … 期與四方多士共興復古學 … 因名曰復社."(陸世儀 1982, 181).

7) "大概是在一個大社之內, 有許多小組織, 對外是用複社的名義, 對內是各不相謀的."(謝國楨 2006, 111).

8) "又於各郡邑中推擇一人爲長, 司糾彈要約, 往來傳置."(陸世儀 1982, 485).

9) 항주부(杭州府) 읍장(邑長)은 독서사(讀書社)의 설립자 문계상(聞啟祥)이고, 소흥부(紹興府)의 주무곡(周懋穀) 및 진자룡(陳子龍)·하윤이(夏允彝)·나만조(羅萬藻)·진제태(陳際泰)·방이지(方以智) 등은 모두 이러한 요건을 갖춘 인물이었다.

경우, 작게는 권고를 받을 것이며 크게는 내쳐질 것이다. 이미 천하에 공포하였으니 모두 준수하고 지켜야 한다."[10] 구성원들에 대한 '칠무(七毋)'의 행동 지침은 복사가 '흥복고학'과 '치군택민'을 실현하기 위해서 먼저 사풍의 전환이 필요하다고 보았기 때문이다.

둘째, 복사는 전국적으로 분포한 거대 통합의 문사이다 보니 경비 문제가 중요했다. 명말의 문사는 대체로 '추렴' 방식과 '벌금' 방식으로 경비를 조달했다.[11] 복사는 대규모의 집회와 시문선집 간행을 위해 대체로 가정 형편이 넉넉한 핵심 인물들이 후원금을 제공했다. "(오부구는) 백금 20일(鎰: 400냥 혹은 480냥), 곡물 200곡(斛: 200가마니)을 맹박(孟樸)에게 제공했다."[12] 1일(鎰)은 20 혹은 24냥이며 20일은 400냥 혹은 480냥이다. 1냥은 10전(錢)이므로 20일은 4,000전 혹은 4,800전이 된다. 1곡(斛)은 10말이고 1가마니이며 200곡은 200가마니이다. 당시로 보면 적지 않은 후원금이었다. 오부구 외에도 심응서(沈應瑞)·반중화(潘仲和)·장부 등은 일부 자금을 지원했다.

> 심응서(沈應瑞)는 오강(吳江) 사람으로 자는 성부(聖符)이고 호는 개헌(介軒)이다. … 숭정 시기에 이른바 복사라고 일컫는 사람들이 명절(名

10) "毋從匪彝, 毋讀非聖書, 毋違老成人, 毋矜己長, 毋形彼短, 毋巧言亂政, 毋干進辱身. 嗣今以往, 犯者小用諫, 大則擯. 既布天下, 皆遵而守之."(陸世儀 1982, 485).

11) "회기(會記)가 1각(刻) 지나고 회과(會課: 모임 공부)가 1각(刻)이 지나면 입회자들은 돈을 추렴한다. 1전(錢) 이상부터 3전(錢)을 넘지 않도록 한다. 至會記有刻, 會課有刻, 聽入會者捐貲, 自一錢以上多不過三錢."(曹溶, 『學海類編』第36冊, 『證人社會儀』). "모임에 참석하지 않으면 벌금 환(鍰) 1냥을 내고, 한 편이 모자라면 벌금 환(鍰) 5전을 내며, 글 장난을 치는 경우는 환(鍰) 5전, 저자거리의 무리들과 잡담하는 경우는 환(鍰) 1냥, 교만하고 인색한 자는 환(鍰) 1냥, 남을 조롱하는 자는 환(鍰) 1냥을 각각 벌금으로 낸다. 期會不至罰鍰一兩, 缺一篇罰鍰五錢, 以文戲罰鍰五錢, 褋議市曹罰鍰一兩, 驕吝罰鍰一兩, 褋謔罰鍰一兩."(萬壽祺, 『隰西草堂集』卷3).

12) "出白金鎰(400兩或480兩), 家穀二百斛, 以資孟樸."(朱彝尊 1990, 651).

節)을 세우고 송림(松林)에서 문사를 세웠는데 오부구(吳扶九), 심중화(潘仲和: 潘耒), 개헌(介軒: 심응서) 세 군자가 실제로 그 일을 주관했다. 개헌의 집안은 재산이 많았다. 좋은 밭과 큰 집이 있으며 손님 접대를 좋아했다.[13]

후원금 외에도 당시 문사의 수입원은 시문선집이었다. 복사처럼 약 3,000여 명에 달하는 구성원을 보유한 거대 조직의 시문선집 간행은 커다란 수입원이 되었을 것이다. 복사의 사집(社集) 『국표(國表)』 1, 4집 간행과 관련하여 일부 추측을 할 수 있다. 즉 "복사의 『國表』 4집은 그(오응기)가 선집하였고 그래서 그의 명성이 더욱 높아졌다. 일찍이 서호의 배에서 방서(房書) 나개(羅炌)의 문장을 칭찬하였는데, 그 다음날 항주 사람들이 그것을 사지 않은 이가 없었다. 서점 주인들은 다 공급하지 못해서 즉시 재판을 찍었다."[14], "(숭정 2년 윤산대회 때 간행한 『국표(國表)』는) 계산을 해보니 모두 2,500여 수였다. 경서를 간행하는 것을 업으로 삼는 이들 중에 그것을 높이 평가하지 않는 이가 없었으며, 소주 금려(金閭)의 서적상들은 이를 통해 부를 쌓았다."[15] 이로 볼 때 복사의 경비는 주로 소수의 부유한 구성원들이 제공하는 한편, 시문선집의 간행도 자금 조달 방식 중의 하나였다.

13) "沈應瑞, 字聖符, 號介軒, 吳江人. … 崇禎中, 又有所謂復社者, 以名節自立, 創之松林, 吳扶九·潘仲和及介軒三君子實主持其事. 介軒家故饒於資, 所居有良田廣宅, 以喜結客."(黃容, 『明遺民錄』卷6 '沈應瑞').

14) "復社『國表』四集爲其所選, 故聲價愈高. 嘗與西湖舟中贊房書羅炌之文, 次日杭人無不買之, 坊人應手不給, 即時重刻."(黃宗羲, 『思舊錄』).

15) "計文共二千五百首. … 業經生家莫不尙之, 金閶書賈由之致富云."(陸世儀 1982, 181).

3. 복사의 구성원과 지역분포

장부와 장채는 복사의 설립자이자 핵심 인물이다. 육세의 『복사기략』에 이들에 영향력에 대해 다음과 같이 기록했다. "복사의 명성은 온 천하에 자자했고 모두 양장(兩張: 장부·장채)을 종사(宗師)로 받들었다. 사방에서는 감히 그들의 자(字)를 부를 수 없었다. 천여(天如: 장부)를 서장(西張)이라 불렀는데 서쪽에 가깝기 때문이었다. 수선(受先: 장채)을 남장(南張)이라 불렀는데 남쪽에 가깝기 때문이었다. 문하의 제자들은 남장 선생, 서장 선생이라 불렀으며 후에는 양장(兩張) 부자(夫子: 공자를 가리킴)라고 불렀다. 장부도 스스로 궐리(闕里: 공자가 노나라에서 거주하던 곳)로 비견했다."[16] 장부와 장채의 명성은 마치 유가의 공자에 버금가는 궐리 선생으로 인정받았다. 그래서 '사배(四配)', '십철(十哲), '십상시(十常侍)' 등의 핵심 인물들이 장부, 장채를 중심으로 형성되었다.[17]

그리고 이러한 핵심 인물의 주도하에서 전국적으로 사인들이 모여들었다. 복사구성원의 명단을 기록한 주요 문헌은 육세의 『복사기략』, 오부구

16) "復社聲氣遍天下, 俱以兩張爲宗, 四方稱謂不敢以字, 天如曰西張, 居近西也, 於受先曰南張, 居近南也. 及門弟子, 則曰南張先生, 西張先生, 後則曰兩張夫子. 溥亦以闕里自擬."(陸世儀 1982).

17) "그래서 호사가들은 사장(社長)인 조자신(趙自新)·왕가영(王家穎)·장의(張誼)·채신(蔡伸)을 '사배(四配)'라 했고, 문하생 여운부(呂雲孚)·주조(周肇)·오위업(吳偉業)·손이경(孫以敬)·금달성(金達盛)·허환(許煥)·주군(周群)·허국걸(許國傑)·목운주(穆雲柱)·호주자(胡周鼒)를 '십철(十哲)'이라 했으며, 장부의 형제 10명 장준(張濬)·장원(張源)·장왕치(張王治)·장준(張撙)·장연(張漣)·잔영(張泳)·장철선(張哲先)·장최(張濯)·장도(張濤)를 '십상시(十常侍)'라고 했다."(陸世儀, 1982 참고). 사배(四配): 공자의 제자와 도통을 이은 안연(顔淵)·자사(子思)·증삼(曾參)·맹가(孟軻). 십철(十哲): 공자 문하의 우수한 제자를 4개 항목으로 나눈 10명을 말함. 덕행에는 안회(顔回), 민자건(閔子騫), 염백우(冉伯牛), 중궁(仲弓). 정사(政事)에는 염유(冉有), 자로(子路). 언어에는 재아(宰我), 자공(子貢). 문학에는 자유(子有), 자하(子夏) 총 10명임. 십상시(十常侍): 후한 말 영제 때 정권을 전횡한 10명의 환관.

『복사성씨록(復社姓氏錄)』, 오응기(吳應箕) 『복사성씨전후편(復社姓氏前後編)』 등이 있다. 『복사기략』은 숭정 2년(1629) 윤산대회에 참가한 초기 구성원 총 651명의 명단을 수록했고, 오부구 『복사성씨록』에는 총 2,200여 명, 오응기 『복사성씨전후편』에는 2,400여 명을 수록했다. 그 후 장일설(蔣逸雪) 『복사성씨고증(復社姓氏考訂)』은 총 3,060명을 수록했고,[18] 하종미(何宗美)는 3,065명을 수록했다. 장일설과 하종미의 연구 성과는 위의 세 문헌을 토대로 문집, 지방지 등의 자료를 더 보충하였다. 따라서 최근의 연구 성과에 따르면, 복사 구성원은 약 3,000여 명 정도에 달한다. 이 중에서 장일성과 하종미의 연구 성과를 기준으로 복사 구성원의 수와 지역적 분포를 보면 다음과 같다.

〈표 1〉 복사 구성원의 지역적 분포

	南直	浙江	江西	福建	湖廣	廣東	山東	北直	河南	山西	四川	陝西	貴州	廣西	雲南	총계
장	1245	520	396	266	244	147	99	56	51	16	9	5	4	1	1	3060
하	1267	519	390	266	239	149	90	57	52	16	9	5	4	1	1	3065

출처: 蔣逸雪, 『張溥年譜 · 復社姓氏考訂』, 何宗美(上), 481-484를 토대로 저자 재구성.

처음 651명에서 3,000여 명으로 증가한 점은 복사의 규모 확대와 발전 속도를 보여준다. 이들의 지역적 분포를 보면, 남직례가 현저하게 많고 다음으로 절강 · 강서이며, 그 뒤로 복건 · 호광 · 광동의 순이다. 북쪽에서는 산동이 가장 많고 다음으로 북직례 · 하남 · 산서 순이다. 이 외에 사천 · 섬서 · 귀주 · 광서 · 운남도 존재했다. 좀 더 세분하여 하종미의 3,065명의 분포를 보면, 78개의 부(府) · 직례주(直隷州), 220여 개의 현(縣) · 속주(屬州)에 집중적으로 분포했다. 이 가운데 남직례의 소주부가 가장 많은

18) 복사구성원을 기록한 문헌에 관한 내용은 王思俊(2007, 86-87) 참고. 장일설(蔣逸雪)의 『장부연보(張溥年譜)』 부록 『복사성씨고증(復社姓氏考訂)』은 육세의 · 오부구 · 오응기의 기록을 기반으로 방지(方志), 문집(文集) 등의 자료를 보완하였다.

511명에 달하며 복사 총인원의 6분의 1에 해당한다. 다음으로 송강부(松江府: 140)·상주부(常州府: 95)·진강부(鎭江府: 89)가 차지한다. 절강 지역은 가흥부(嘉興府: 161)가 가장 많고 다음으로 항주부(杭州府: 123)·호주부(湖州府: 112)가 많다. 강서지역은 남창부(南昌府: 113)가 가장 많고, 다음으로 무주부(撫州府: 86)·건창부(建昌府: 82) 등이다.[19)]

복사 구성원들이 집중 분포한 지역은 대체로 복사의 지도자나 유명 인사들이 분포한 지역이기도 하다. 절강 지역 소주부의 장부·장채·양정추·오부구·오위업 등과 강서성 무주부(撫州府)의 진제태(陳際泰)·나만조(羅萬藻)·장세순(章世純) 등은 모두 복사의 주요 인물들이다. 이로 볼 때, 복사 규모는 복사의 핵심 인물의 근거지를 중심으로 확대되었을 것이다.

이처럼 복사는 남방 지역에서 발생·성장하였다가 통합을 통해 점차 북방 지역까지 확대되었다. 북직례 순천부는 명나라의 정치 중심지이자 천하의 사인들이 모인 곳이지만, 명말 교체기에 상대적으로 직접적인 전쟁의 영향권에 놓였으므로 문사의 기반과 세력이 남방에 비해 상대적으로 약했다. 복사는 이처럼 강남지역을 중심으로 확대·분포하면서 거대한 지식집단을 형성하였고, 이를 기반으로 명대 학술, 문화 등의 인문환경의 근거지로 자리했다.

복사 구성원의 지역적 분포 외에도 주목할 만 한 점은 동림당과 복사의 구성원 간의 계승 관계이다. 복사는 동림당의 정치적 주장을 지지하여 '소동림(小東林)'이라고 불렸고, 실제로 동림당 인물과 복사 구성원은 부자 관계, 장인과 사위 관계, 스승과 제자 관계를 통해 연결되어 있었다.[20)]

19) 이 외에도 복건지역은 복주부(福州府: 103)·천주부(泉州府: 52)·장주부(漳州府: 51) 등의 순을 보인다. 호광지역은 황주부(黃州府: 112)·무창부(武昌府: 36)·형주부(荊州府: 36) 순이며, 광동지역은 광주부(114)가 우세한 분포를 보인다(何宗美(上) 2011, 481-484).

20) 동림과 복사의 관계를 보면 다음과 같다. ('동림인물 - 복사구성원'으로 작성) 부자

약 40명의 동림당과 관련한 복사 성원은 약 70여 명 정도이며, 부자 관계가 가장 많은 약 60% 차지하였고 다음으로 형제 관계·조손 관계·사제 관계·삼촌-조카 관계·장인-사위 관계·사돈 관계 등이다. 복사가 동림의 영향 속에서 계승되었음을 알 수 있다. 이러한 관계 형성은 복사가 명말 엄당 세력과 정치적 대립각을 보이면서, 복사의 활동과 성격이 과거에서 정치로 전환하는 데 일정 정도 작용했을 것이다.

Ⅲ. 고학 부흥의 출현 배경

1. 유가 경전의 위기

유가 경전은 중국의 대표적인 학술로서 특히 명대 팔고취사제(八股取士制) 이후 관방의 지식이 되었고 제도적 글쓰기의 표준이 되었다. 주원장(朱元璋) 홍무제는 홍무(洪武) 3년(1370) "과거시험을 거치지 않고는

관계(28): 左光鬥-左子正·左子直·左子忠·左子厚, 魏大中-魏學廉·魏學洙, 顧大章-顧玉書, 周順昌-周茂蘭·周茂藻, 黃尊素-黃宗羲·黃宗會·黃宗澤, 繆昌期-繆采室, 周宗建-周廷祚, 孫承宗-孫鉿·孫鑰, 姚希孟-姚宗典·姚宗昌, 文震孟-文乘, 方孔炤-方以智, 瞿式耜-瞿元錫, 許士柔-許瑤, 侯震暘-候岐曾, 黃毓祺-黃大湛·黃大洪, 陳於廷-陳貞慧, 胡守恒-胡永亨, 姚思仁-姚翰, 錢士晉-錢栴·錢棻, 劉宗周-劉汋, 徐良彥-徐世溥, 陳道亨-陳宏緒, 陳子壯-陳上庸, 侯恂-侯方夏·侯方來·侯方域, 侯恪-侯方鎮·侯方嶽, 熊明遇-熊人霖, 袁中道-袁祈年, 米萬鍾-米壽都. 형제 관계(5): 史可法-史可程, 馬世奇-馬世名, 薑垜-薑垓, 鄭三俊-鄭三謨, 胡守恒-胡守欽. 사제 관계(5): 高攀龍-華時亨, 周宗建-吳昌時, 馬世奇-黃家舒, 劉宗周-王業洵·黃宗羲, 鄒元標-劉同升. 조손 관계(4): 顧憲成-顧杲·顧樞, 高攀龍-高永清, 錢士晉-錢默·錢照, 侯震暘-侯洵·侯汸·侯浤. 조카관계(3): 徐汧-徐籀, 薑垜-薑楷·薑植, 祁彪佳-祁鴻孫. 장인사위 관계(2): 周順昌-文乘, 姚希孟-徐樹丕. 사돈관계(1): 瞿式耜-顧苓顧苓.(何宗美 2003, 165-167).

관직을 받을 수 없다."[21]라고 공포했다. 향시(鄕試), 회시(會試)에서 기본적으로 주희(朱熹)의 주석에 기반하여 이학가들의 유학 경전 주본(注本)을 채택하였고, 격식은 크게 구애받지 않더라도 경의(經義) 내용에는 부합하도록 했다. 그 후 영락(永樂) 13년(1415) 『사서대전(四書大全)』, 『오경대전(五經大全)』, 『성리대전(性理大全)』 등이 편찬되면서 정주(程朱) 이학을 통한 관방 사상이 기본적으로 정해졌다. 그러다가 성화(成化) 이후 팔고문의 구체적인 격식이 정해지면서(顧炎武 2007, 1019) 정주 이학으로 획일화된 유가 사상의 지식체계와 관방 이데올로기가 확립하게 되었고, 명대 팔고문 시험을 통해 인재를 선발하는 팔고취사제의 유일한 학술적 근거가 되었다.

하지만 팔고문은 사상, 창작 면에서 사인들의 사유와 표현을 속박한다는 한계를 드러내게 되었고, 정덕(正德)·가정 시기에 양명학은 선유들의 전주(傳注)를 부정하면서 기존의 유가 이념을 비판하기 시작했다. 그리하여 "과거시험의 글은 대부분 양명학의 문인의 말을 표절하고 정주를 비방하는"[22] 현상이 드러났다. 심학의 등장은 정주 이학이 중시하는 외재적인 도덕과 예속에서 벗어나, 인간 내면의 주체 인식을 강조함으로써 정주 이학의 관방 사상에 대한 변화를 가져오고자 했다. 또한 양명학 인물들이 조정에 대거 진출하면서 심학은 통치 사상의 근간이 되어갔고, 팔고문을 통해 제도의 지식과 사상체계를 유지하던 유가 경전의 위치가 점차 흔들리기 시작했다.

한편, 심학은 '마음'을 만물의 본체로 삼고 마음이 곧 이치이자 도덕 판단의 준거라고 강조하면서 박학(博學)의 학습 과정을 거치지 않아도 인간의 도덕성은 구현될 수 있다고 보았다. 이는 불교의 명심견성(明心見

21) "非科擧者毋得與官."(張廷玉 等 1997, 463).

22) "科擧文字, 大半剽竊王氏門人之言, 陰詆程朱."(顧炎武 2007, 1019).

性: 마음을 맑게 함으로써 자신의 본성을 발견하는 것)과 돈오(頓悟: 참뜻을 문득 깨닫는 것)를 중시하는 선학(禪學)과 유사한 점이 있다. 이처럼 팔고문 창작에 유가 경전을 중심으로 하던 주류 사상 외에 선학·불학·노장 등의 내용이 드러나기 시작했다.

이러한 현상은 실제 과거시험에서 그대로 드러났다. 홍치(弘治) 시기를 이어 가정 후기에는 유가 경전의 의미를 뛰어넘어 불가·도가 및 백가(百家)의 말을 인용하거나, 글을 쓰는데 정해진 격식을 따르지 않는 사례들이 종종 발생하였고, 융경-만력 중기에는 "팔고문 창작에서 뜻은 모두 자기 마음에서 나왔고, 말은 반드시 자신의 말로 표현"하는 현상이 나타났다."[23] 만력 말기 이후 이러한 상황은 팔고문 시험에 노장(老莊), 선어(禪語)로 입제(入題) 하는 등 점차 기이한 것을 좇는 폐단이 더욱 심해져서 "그(만력)로부터 50년의 과거시험에 쓰인 것은 불교와 도교 책이 아닌 것이 없었다. 혜성이 북두성, 문창성(文昌星)을 쓸어버리고 운하의 물이 붉은 피로 변하는"[24] 상황이 연출되었다. 비록 팔고문의 시제(試題)가 사서오경에서 출제된다고 하더라도 이미 비 정주 이학 심지어 비 유교적 방향으로 변질되어가는 현상이 속출하게 된 것이다.

이처럼 명초부터 숭정 시기에 이르기까지 사상의 변화와 팔고문의 글쓰기 및 문체의 변화가 발생하게 된 상황에 대해 『흠정속문헌통고(欽定續文獻通考)』와 『명사·선거지(明史·選擧志)』에서는 이렇게 기록하고 있다. "국초(國初)의 팔고문에서는 육경의 말을 쓰는 사람이 있었고, 그 후에는 『좌전』, 『국어』를 인용하였고 또한 『사기』, 『한서』를 인용하였다. 『사기』, 『한서』가 다하자 육괘(六掛)를 사용하였다. 육괘가 다하자 제자

23) "制科之文, 義皆心得, 言必己出."(方苞 2009, 446).

24) "自此五十年間, 擧業所用, 無非釋老之書. 彗星掃北斗文昌, 而御河之水變爲赤血矣."(顧炎武 2013, 1070).

백가를 사용하였으며, 심지어는 불가, 도장(道藏)의 구절을 뽑아 사용하였으니, 그 폐단이 어찌 끝을 다하겠는가?"[25] "당시(융경-만력)는 바야흐로 새롭고 기특함을 숭상하고 선인의 법도를 무시하고 가볍게 보았으며, 사인들이 좋아하는 바를 따르고 선인들의 가르침을 따르지 않았다. 천계-숭정 연간에는 문체가 더욱 변하여 경사와 백가를 넘나듦을 높이 사며 제멋대로 쓰는 자들 또한 많았다. 비록 괴이하거나 험벽한 문장을 금하는 조치를 여러 차례 내렸으나, 상황은 더욱 심해지고 돌이키기 어렵게 되어 결국 따라잡지 못했다."[26]

명 초기의 사인들은 정주 이학을 근거로 한 과거시험에서 육경 외에도 역사서, 성리서 등을 넓게 보고 선유(先儒)들의 전주(傳注)도 섭렵했다. 그러나 명말의 사인들은 불교, 도장(道藏), 선학은 물론 병법, 신화, 위서(僞書), 신선방술 등의 책을 섭렵하게 되면서 결국 팔고문 창작과 문체의 변화까지 가져오게 되었다. 천계-숭정 시기에 기벽(奇僻)한 것들을 금한다는 조치를 취했지만 결국 그 흐름을 돌이킬 순 없었다. 이러한 현상은 관방의 제도적 글쓰기인 팔고문의 주요 원칙인 '정주의 주석을 따르며', '성인의 뜻에 부합하도록 서술(代聖人立言)하고', '성인의 어투에 따라(入口氣) 작성'해야 한다는 원칙이 깨지고 있었고(王凱符 1991, 5-13), 유가 경전의 정통성이 흔들리고 있음을 말해준다.

이리하여 복사구성원인 명말 청초 고염무는 공소한 심학 및 도·불·선의 성행이 결국 나라를 망치는 원인이 된다고 비판했다. "과거의 청담(清

25) "國初舉業有用六經語者, 其後引左傳國語矣, 又引史記漢書矣. 史漢窮而用六子, 六子窮而用百家, 甚至佛經道藏摘而用之, 流弊安窮?"(乾隆官修, 『欽定續文獻通考』卷50).

26) "時方崇尚新奇, 厭薄先民矩矱, 以士子所好爲趨, 不遵上指也. 啓禎之間, 文體益變, 以出入經史百家爲高, 而恣意者亦多矣. 雖數申詭異險僻之禁, 勢重難返, 卒不能從."(張廷玉 等 2013, 1689).

談)은 노장(老莊)을 논하고 지금의 청담은 공맹(孔孟)을 논한다. … 또한 명심견성(明心見性)은 공소한 논리로 수기치인(修己治人: 자신을 잘 닦아 다른 사람을 다스리는 것)의 실학을 대체하려 한다. 손발이 게으르면 만사가 황폐해지고, 조아(爪牙: 손톱과 어금니라는 뜻으로 임금을 호위하는 무사武士를 말함)가 무너지면 사국(四國)이 어지럽고, 조정(神州)이 혼란에 빠지면 종묘사직이 엎어진다."[27] 개인의 본성을 발견하는 명심견성의 공소한 학술이 수기치인의 경세적 실학을 대체하는 상황을 비판하였다. 이러한 국면에서는 개인의 수신을 위한 '수기'는 물론 국가를 위한 '치인'의 효용도 무너져서 결국 국사는 제대로 실행되지 못하고 조정은 어지러워져서, 결국 종묘사직과 백성을 지키지 못한다는 것이다.

실제로 명중기 이후로 엄당(閹黨) 세력에 의해 국정 농단과 정권의 전횡이 초래되었다. 이러한 배경에서 동림파는 유가의 정주 이학을 존숭하고 왕학의 심학과 양명학 좌파에 대해 비판하면서 그 대안으로 경세 사조를 제창했다. 소동림으로 자처하는 복사 역시 "복사의 복 자는 맥이 끊긴 학문을 복원한다는 뜻이다."[28]라고 취지를 밝히면서, 끊어진 유가 경전의 '절학(絶學)'을 잇기 위해 고학의 부흥을 제창하게 되었다.

유가 경전에 기반한 팔고문의 내용은 국가 이데올로기이자 제도 지식의 근간이 되었다. 명초의 팔고문은 주자학을 기반으로 이학가들의 주소(注疏)를 기준으로 삼았다. 명 중기 성화-가정 전후로 『사서대전』, 『오경대전』의 등장으로 정주 이학의 획일화된 관방 지식체계가 형성되었다. 그 후 명말 만력 이후로 심학과 왕학 좌파 성행으로 명초의 교조적이고 경직된 경전의 해설에 대한 반발이 제기되면서 유학의 정통적 권위가 흔들리

27) "昔之清談, 談老莊, 今之清談, 談孔孟. … 以明心見性之空言, 代修己治人之實學, 股肱惰而萬事荒, 爪牙亡而四國亂, 神州蕩覆, 宗社丘墟!"(顧炎武 2007, 384).

28) "復者, 興復絶學之意也."(陸世儀 1991).

게 되었다. 이러한 변화 속에서 숭정 연간에 복사 등 문사를 중심으로 고학을 부흥하여 유가 경전의 회복을 가져오고자 했던 것이다.

2. 사풍(士風)의 폐단과 문사(文社)

고학의 부흥은 사상적 변화 외에도, 사인들의 문풍과 사풍 및 문사의 활동과도 밀접한 관계가 있다. 왜냐하면 문사는 본래 학문과 도덕 수양을 하는 사인들의 학문 집단이기도 했지만, 점차 팔고문을 공부하여 과거급제를 위한 등용문이 되었기 때문이다.[29]

사인들은 과거시험을 통해 입사(入仕)하기 위해 먼저 학관(學官)에서부터 유가 경전과 팔고문 교육을 받았고, 후에 문사의 활동을 통해 모범적인 팔고시문집으로 유가 경전을 공부했다. 그러나 "막 유아기를 벗어나 바로 학관(學官)에 들어가게 되는데, 배우는 것은 단지 과거시험 공부뿐이고 일단 진사에 합격하고 나면 곧이어 그 일에 염증이 나서 버려버렸다. 그러니 높은 벼슬에 오르거나 한림원에서 공부를 한 이들에게 물어보면 한 개의 경사(經史) 외에는 더 이상 어떤 책이 있고 어떤 내용이 담겨있는지 몰랐으니, 참으로 답답하고 기가 막힐 노릇이었다."[30] 이처럼 과거제도가 생긴 후로부터 중앙의 국자감이나 지방의 부·주·현학(府·州·縣學) 등 학교나 서원에서 팔고문 교육을 받으면서 과거시험에 대비했다.[31]

그러나 실제로 사인들은 경전 공부 자체에 몰입하지 않고 파편화된 일

29) "即此以文會, 以友輔仁之遺則也. 好修之士, 以是爲學問之地; 馳騖之徒, 亦以是爲功名之門."(陸世儀 1982, 204).

30) "甫離齔卽從事學官, 顧其所習, 僅科擧章程之業, 一旦取甲第, 遂厭棄其事. 至鳴玉登金, 據木天藜火之地者, 叩之, 自一二經史外, 不復知有何書, 所載爲何物, 語令人憒憒氣塞."(王世貞, 「與陳戶部晦伯」, 王凱符 1991, 76 재인용).

31) "學校則儲才以應科目也."(張廷玉 等 1997, 458; 趙爾巽 等 1998, 838).

부 경전 지식만을 익히고 있었다. 이러한 이유는 첫째, 영락제 이후로 굳혀진 정주 이학의 사상에 근거한 『사서대전』, 『오경대전』의 한정된 내용과 성인의 사상을 세우고 성인의 어투로 작성하며, 팔고의 대구를 철저하게 지켜야 하는 형식적이고 기계적인 지식을 습득했기 때문이다. 둘째, 과거시험은 홍무 17년(1384) 「과거정식(科擧程式)」을 발표하면서 총 3차례에 걸쳐 시험을 치렀다. 그런데 시험관들은 대체로 3차례 시험 가운데 1번째 시험 『사서』 3문제와 경의(經義) 4문제를 중시했고,[32] 그 가운데 사서에 보다 집중하는 경향이 있었다.[33]

이처럼 제도적으로 고정된 내용과 형식이 있다 보니, 사인들 사이에서 팔고문 선문(選文)과 모범기출문제를 집중적으로 공부하는 의제(擬題) 현상이 만연하게 되었고,[34] 결국 파편화된 경사 지식을 습득하게 되었다. 이렇다 보니 설사 과거급제하여 우수한 성적으로 최고의 한림원에 들어간 자들일지라도 견문이나 학식이 얕다는 비판을 받으며, 심지어 백성과 조정의 액운이 될 뿐이라는 것이다.

당시 사인들은 "천하와 국가의 일을 쉽게 여기고 인생에서 공명을 이루는 방법은 오직 이것뿐이라고 생각하였으니"[35] 명말 엄당 세력 등으로 부패한 조정을 바로 잡을 경세 사상을 지닌 인재를 등용하기 어려운 상황이 되었다. 그리하여 숭정 9년(1936) 과거시험에 대한 개혁을 단행하면서 "반드시 실학을 중시하고 쓸모 있는 인재를 채용한다."[36]라고 공포했다. 3차례 시험 가운데 1차 시험인 사서 경의를 중시해왔던 경향에서 2, 3차

---

32) "初場試四書義三道, 經義四道."(張廷玉 等 1997, 462).

33) "其積弊至於只閱前場, 又閱書義."(陸世儀, 「甲申臆議」, 金諍 1990, 185-186 재인용).

34) "今日科場之病, 莫甚乎擬題."(顧炎武 2007, 912-913).

35) "易視天下國家之事, 以爲人生之所以爲功名者, 惟此而已."(顧炎武 『顧亭林詩文集·生員論』).

36) "必重實學, 徵材用."(計六奇, 「各擧所知」, 1984).

시험의 논(論)·표(表)·책(策)을 중시하는 것으로 바뀌었고, "비록 사서 경의의 성적이 안 좋아도 논·표·책의 성적이 좋으면 뽑혔다."[37] 이러한 개혁은 "대개 사인들이 경사백가(經史百家)를 널리 익히고 고금의 지식에 두루 정통하고 치리(治理)에 밝지 못하면, 책(策)에 대응할 수 없었다."[38] 이처럼 제2, 3차 시험을 중시함으로써 얄팍한 경사 지식과 과거 공명에 급급한 사풍을 바로잡아서 경세에 유용한 사인을 뽑고자 했다.

사풍의 개혁은 일종의 문풍의 개혁이자 제도와 사상의 개혁이며 문사의 개혁이기도 했다. 조정의 제도적 변화 외에도 과거시험을 준비하기 위해 모인 사인들의 집단인 문사 역시 이를 자신들의 시대적 책무라고 인식했다. 각 지역에서 흥기한 문사들은 그 대안으로 경학을 존숭하고 고학을 부흥해야 한다고 했다. 복사의 핵심 인물 장부(張溥)는 「시경응사서(詩經應社序)」에서 "응사(應社)는 처음 설립할 당시 경학과 복고에 뜻을 두었고"[39] "이들은 하루도 고인을 잊은 적이 없었으며, 시문의 성행을 개탄하고 성교(聖敎)가 사라지는 것을 우려했다."[40]라고 했다. 기사(幾社)의 핵심 인물 진제태(陳際泰)는 「예장구자사서(豫章九子社序)」에서 "이곳은 시문(時文)의 분위기로 가려져 있는데, 유독 양백상(楊伯祥)만이 고학을 제창하여 그 무리 5~6명과 당시의 의혹을 논쟁하고 여러 가지 폐단을 매도하면서 바른 것을 잡아 지켰다."[41]라고 했다. 또한 항주(杭州) 독서사(讀書社: 문계상聞啓祥이 만력 37년 1609에 소축사所筑社로 설립했다가

37) "雖書經義不佳, 論表策佳者取之."(陳子龍, 「子丑二三場千祿集序」, 2003).

38) "蓋士非泛濫經史百家, 博通古今, 神明治體者不能對策."(陶福履 1985, 23-24).

39) "應社之始立也, 所以志於尊經復古者."(張溥, 『七錄齋詩文合集·存稿』卷5).

40) "此數人者, 未嘗一日忘古人也, 慨時文之盛興, 慮聖敎之將絶."(張溥, 『七錄齋詩文合集·存稿』卷5)

41) "其地爲時文之氣所蒙, 獨伯祥倡起古學, 與其黨五六人, 爭一時之惑, 笑罵百端, 執正不移."(陳際泰, 『太乙山房文集』卷4).

천계 말에 독서사로 바꾸었고 숭정 2년 복사로 합병되었음) 역시 경(經)을 존숭하는 고학의 부흥과 경세를 중시하는 정치적 종지는 복사의 취지와 기본적으로 맥을 함께 했다.

이처럼 사풍의 폐단으로 세교(世敎)가 쇠미해지자 이를 바로 잡기 위해 응사, 기사, 군자정합사(君子亭合社), 설원사(雪苑社), 양백상결사(楊伯祥結社) 등의 문사들은 경사(經史)의 정신을 담은 고학의 부흥을 제창하게 되었다. 고학의 부흥은 유교 경전의 지위를 다시 회복하여 공소하고 무용한 심학의 폐단과 사풍의 폐단을 바로잡는 이론적 무기가 되었고, 유가 경전 속에서 경세치용의 학문과 국정의 치리를 찾아내는 대안책으로 작용했다. 그리고 문사는 고학의 부흥을 시대적 책무로 느끼면서 경학의 실학 정신을 고양하여 문풍, 사풍을 바로잡는 중요한 역할을 했다. 이러한 배경 속에서 10여 개의 문사를 합병하여 거대한 통합체를 구축한 복사는 마침내 그 극복책의 대안으로 '흥복고학(興復古學)'과 '치군택민(致君澤民)', '무위유용(務爲有用)'의 개념을 제시하게 되었다.

Ⅳ. 고학과 경세의 형성과 특징

1. 복사의 고학과 경세

복사는 숭정 2년(1629) 강북(江北)의 광사(匡社), 중주(中洲)의 단사(端社), 송강(松江)의 기사(幾社), 래양(萊陽)의 읍사(邑社), 절동(浙東)의 초사(超社), 절서(浙西)의 장사(莊社), 황주(黃州)의 질사(質社), 강남(江南)의 응사(應社) 등 10여 개의 문사를 합병하였다. 육세의(陸世儀) 『복사기략(復社紀略)』에는 복사의 설립 취지 등에 대해 다음과 같이 기록하고 있다.

> 천여(天如: 장부의 자)는 여러 문사를 합병하여 하나로 만들고, 규정을 세우고 과정(課程)을 정하면서 다음과 같이 말했다. "세교가 쇠미해지면서부터 사인들은 경술(經術)에 통달하지 못하고 단지 귀로 듣고 눈으로 본 것에만 의지하여 요행으로 유사(有司)에게 발탁되기를 바랐다. 명당(明堂)에 올라서는 임금을 위해 충정을 다할 것을 생각하지 않고, 군읍(郡邑)의 우두머리가 되어서는 백성의 삶을 윤택하게 할 줄 모른다. 사인의 재능이 날로 떨어지고 관리의 다스림이 날로 게을러지는 것은 모두 여기에서 기인한 것이다. 이리하여 나는 덕을 돌아보지 않고 능력을 헤아리지 않고서, 사방의 여러 사인과 함께 고학을 다시 흥기하여 후세 사람들로 하여금 실용에 힘쓰게 하고자 한다. 그래서 복사라고 명명한다." 또 맹사(盟辭)를 발표했다. "법도가 아니면 따르지 말고, 성인의 책이 아니면 읽지 않고, 노성인(老成人: 유로遺老)을 저버리지 않으며, 자신의 잘난 점을 자랑하지 않으며, 남의 부족한 점을 드러내지 않으며, 교묘한 말로 정치를 어지럽히지 않으며, 벼슬에 나가서는 자신을 욕되게 하지 않는다. 지금 이후로 이를 어길 경우, 작게는 권고를 받을 것이고 크게는 내칠 것이다. 천하에 공포하는 바이니 모두 준수하고 지켜야 한다."[42]

복사는 거대 문사로 합병한 후 사규(社規), 맹사(盟辭)를 두어 복사의 이름, 활동 취지와 범주 등에 대해 분명하게 말했다.

첫째, 사규를 정한 배경, 고학과 경세를 강조한 이유 등에 대해 밝혔다. 당시 사인들이 경전을 제대로 공부하지도 않고 요행으로 유사(有司)에게 발탁되기만을 바랐으니, "조정의 관리가 되어서는 나라를 위해 마음을 다할 것을 생각하지 않고", "군읍의 우두머리가 되어서는 백성의 삶을 윤택

42) "天如乃合諸社爲一, 而爲之立規條, 定課程曰: '自世教衰, 士子不通經術, 但剽耳繪目, 幾幸弋獲於有司. 登明堂不能致君, 長郡邑不知澤民. 人材日下, 吏治日偷, 皆由於此. 溥不度德, 不量力, 期與四方多士共興復古學, 將使異日者務爲有用, 因名曰復社.' 又申盟詞曰: '毋從匪彝, 毋讀非聖書, 毋違老成人, 毋矜己長, 毋形彼短, 毋巧言亂政, 毋於進辱身. 嗣今以往, 犯者小用速, 大則擯. 既布天下, 皆遵而守之.'"(陸世儀 1982).

하게 할 줄 모르므로" '치군택민'을 실현할 수 없었다. 즉 사풍의 폐단이 세교가 쇠미해지는 원인이 되었다는 것이다. 그래서 먼저 '고학을 흥성(興復古學)'시켜서 '세상에 유용(務爲有用)'한 인재가 되게 하는 것이 급선무라고 여겼고, 그래서 문사의 이름도 복사라고 지은 것이다. 먼저 고학을 부흥시켜서 유용한 인재로 양성한 후 조정에 들어가서 정치적으로 치군택민의 뜻을 실현하고자 한 것이다. 복사의 구성원 두등춘(杜登春)의 『사사시말(社事始末)』에서 "복사의 복 자는 맥이 끊긴 학문을 복원한다는 뜻이다."라고 한 것처럼, '절학(絕學)' 즉 '고학'을 '다시 흥기'시킨다는 것이 복사활동의 궁극적인 취지였다.

둘째, 이러한 취지를 실현하기 위해 맹사를 두어 구체화하였다. 맹사에서 복사 구성원들은 일상생활에서 성인의 글을 읽고 사인으로서의 품덕을 고양해야 한다고 강조했다. 그에 대한 요구사항을 크게 7가지로 제시하는 한편, 감독과 징벌 조치도 제정했다. '칠무(七毋)' 가운데 고학, 경세와 연관된 주요 키워드는 '성인(聖)', '정치(政)', '벼슬(進)'이다. 이를 앞의 사규(社規)와 연관시켜 보면, '성인'은 치국의 근거인 유학의 경술과 고학을 의미하며, '정치'는 국가 운영의 목적인 치군(致君)과 택민(澤民)을 의미하며, '벼슬'은 사인들의 태도와 사풍(경술에 통달하지 못하고', '귀로 듣고 눈으로 본 것에만 의지하여', '요행으로 유사에게 발탁되기를 구하는 것')을 의미한다.

셋째, '흥복고학', '치군택민'은 모두 '무위유용(務爲有用)'의 실학 정신을 바탕으로 한다. 흥복고학이라는 '방식'을 통해 치군택민의 '실질'을 행하고, 이를 실현하기 위한 '기준'으로 유용을 강조했다. '흥복고학'을 통해 과거 문풍과 사풍을 바로 잡고자 했고, '치군택민'의 경세 인식을 바탕으로 부패한 명말 정국을 바로 잡고자 했다. 대체로 요약하자면, '흥복고학'은 학술적인 종지이고 '치군택민'은 정치적인 취지이며, '무위유용'은 이를 실현하기 위한 기준이라고 할 수 있다. 그리고 이 삼자는 모두 경세

사상으로 귀결된다.

물론 '흥복고학'이 '치군택민'을 실현하기 위한 선결 조건이긴 하지만, 과거 문풍과 사풍의 폐단을 극복하기 위해 제기된 것이기도 하다. 위의 사규에서도 "경술에 통달하지 못하고", "귀로 듣고 눈으로 본 것에만 의지하여", "요행으로 유사에게 발탁되기를 구하는" 사인들의 태도를 지적했듯이, 과거 문풍과 사풍의 폐단을 없애기 위해서는 먼저 유학 경술을 기본으로 하는 고학의 회복이 선행되어야 한다는 인식이었다.

복사의 핵심 인물 오위업(吳偉業)의 『복사기사(復社紀事)』에서 장부는 복사의 고학 부흥의 배경과 시대적 책무에 대해 이렇게 말했다.

> 나라에서 경의(經義)로 천하의 사인을 뽑은 지 삼백 년이 되었다. 학자들은 마땅히 춘추의 미언대의(微言大義)를 드러내고 국가의 홍업(鴻業)을 세우기를 생각해야 한다. 그런데 지금 공경(公卿)들은 육예(六藝, 육경)를 이해하지 못하고, 후진의 소생들은 보고들은 바를 빌려다가 요행으로 유사(有司)에게 발탁되기만을 바라고 있다. 이러하니 환관이 되어 정권을 전횡하고 비열한 수단으로 손쉽게 권력을 넣는 이들이 대부분 공자를 칭송하고 법도로 삼았던 무리에게서 나온 것이 이상할 게 없는 것이다. 이는 다른 게 아니라 시서(詩書)의 도가 어그러지고 염치의 도가 막혔기 때문이다. … 이 시대에 사는 사람으로서 나라의 일을 조금이나마 도와 유경(遺經)을 받들고 속학(俗學)을 비판하여, 훌륭한 저작이 삼대와 같이 꽃필 수 있기를 바라니, 이는 아마도 우리 집단에 달려있는 것일 것이다![43]

고학을 부흥해야 하는 배경과 복사의 시대적 책무에 대해 말하고 있다.

43) "我國家以經義取天下士垂三百載, 學者宜思有以表章微言, 潤色鴻業. 今公卿不通六藝, 後進小生, 剽耳傭目, 幸弋獲於有司. 無怪乎椓人持柄, 而折枝舐痔, 半出於誦法孔子之徒. 無他, 師書之道虧, 而廉恥之途塞也. … 新生當其時者, 圖仰贊萬一, 庶幾尊遺經砭俗學, 俾盛明著作, 比隆三代, 其在吾黨乎!"(吳偉業, 卷24, 1990).

즉 명초 홍무제부터 경의를 기본으로 하여 팔고취사제를 시행한 이유는 국가의 대업을 바로 세우고 국정의 잘잘못을 바로 잡아가기 위해서였다. 그러나 당시 사인들에게 육경의 정신과 시서의 도리가 무너지고 춘추의 미언대의 정신을 찾아 볼 수 없었다. 복사는 이를 자신들의 시대적 책무라고 인식했다.

위의 인용문을 근거로 하여 복사가 흥복고학, 치군택민을 제시한 배경과 함의 및 이에 대한 복사의 활동을 연결하여 생각해보면, 다음 몇 가지로 요약할 수 있다.

첫째, 팔고취사제로 인한 사풍의 폐단이 고학 부흥의 중요한 요인으로 작용했다. 고염무는 이러한 폐단을 "오늘날 과거시험의 병폐는 의제(擬題)보다 심한 게 없다."라고 꼬집어 말했다. 그래서 "여러 경전 속의 선유(先儒)들의 주소(注疏)나 역사서 속의 국가 흥망의 사적에 대해 아무것도 모르는데도 과거시험을 통과하여 관직을 얻을 수 있었다."[44]라고 비판했다. 이러한 폐단은 사인들이 일부 얄팍한 경사 지식에 의존하는 사풍을 형성하게 되었으며, 이를 해결하기 위해 육경을 기반으로 한 고학을 바로 세우고자 한 것이다. 그래서 복사는 오경(五經)을 분담하여 "양자상(楊子常)과 고린사(顧麟士)는 『시경』을 맡았고, 양유두(楊維斗)·전언림(錢彥林)·오래지(吳來之)는 『서경』을 맡았고, 주간신(周簡臣)과 주개생(周介生)은 『춘추』를 맡았고, 장수선(張受先)과 왕혜상(王惠常)은 『예기』를 맡았고, 장천여(張天如)와 주운자(朱雲子)는 『주역』을 맡아서"[45] 이들을 편선하여 사인들로 하여금 오경의 정신을 회복하게 하여 경전을 존숭하는

44) "於是爲時文者, 皆不讀書, 凡諸經先儒之注疏, 諸史治興亡之事跡, 茫然不知, 而可以取科名得官職."(璩鑫圭 2007, 97-98).

45) "是以五經之選, 義各有托, 子常·麟士主詩, 維斗·彥林·來之主書, 簡臣·介生主春秋, 受先·惠常主禮, 天如·雲子則周易."(張溥, 「五經徵文序」, 『七錄齋詩文合集·存稿』卷3).

고학의 부흥을 꾀하고자 했다. 또한 오경 분담 연구는 지역별 리더자의 거점지에 따라 각각 진행되었다. 양자상과 고린사는 상숙현(常熟縣)과 소주부(蘇州府)에서 『시경』을, 양유투·전언림·오래지는 오현(吳縣)·오강현(吳江縣)·가선현(嘉善縣)에서 『서경』을, 주간신(周簡臣)과 주개생(周介生)은 진강부(鎮江府)와 금단현(金壇縣)에서 『춘추』를, 장수선과 왕혜상은 태창주(太倉州)와 소주부에서 『예기』를, 장천여와 주운자는 태창주와 장주현(長州縣)에서『주역』을 각각 분담하면서 교류의 플랫폼을 형성했다(張濤 2016, 306).

둘째, 고학의 부흥은 지식인들이 자기 반성에 대한 결과이자 자기 구제 방식이기도 했다. "환관의 전횡을 보고 비열하게 권력의 환심을 사려는 이들이 대부분 공자를 칭송하고 법도로 삼던 무리에서 나왔다."라는 말은 지식인들에게 이미 "시서의 도가 어그러지고 염치의 도가 막혔기 때문"이라면서 자기비판과 반성을 요구하는 것이다. 그래서 "이 시대에 사는" 지식인으로서 이 문제를 해결하는 것은 "우리 집단에 달려 있다."는 시대적 책무를 강조한 것이다. 장부의 관점에서 볼 때, 사풍과 학풍이 바르지 못한 지식인 집단은 나라의 흥망을 책임지기에 어렵다고 보았고, 이에 따라 사인들 스스로의 반성과 치유가 시급하다고 보았다. 이것이 바로 "복사의 복 자는 맥이 끊긴 학문(絶學)을 복원한다."는 뜻이며 그 끊어진 학술을 고학의 부흥, 경학의 부활을 통해 회복하려고 했던 것이다.

셋째, 고학 부흥의 궁극적인 목적은 현실에 유용한 '치군택민'의 경세에 있다. 고대 지식인들에 있어 유학 경전은 학문의 뿌리이며 도덕의 기준이자 정신의 원천이다. 장부는 이러한 인식에서 출발하여 "유경(遺經)을 받들고 속학(俗學)을 비판한다."는 복사의 방향성을 분명하게 제시했다. 복사의 사상적, 정치적 지향성을 볼 수 있는 점이다. 유경(遺經) 속에 담긴 경술(經術) 내용을 통해 한편으론 충신의사(忠臣義士)의 사상을 발양하여 엄당(閹黨) 세력과 투쟁하고자 한 것이고, 다른 한편으론 수기치인의 입장에서 경세제민의 현실 정신을 확립하고자 한 것이다. 이렇게 하지 않으면 결국 "명당(明堂)에 올라서는 임금을 위해 다할 것을 생각하지 않고, 군읍의 우두머리가 되어서는 백성의 삶을 윤택하게 할 줄 모른다."는 것이다. 유학에서 치국평천하의 핵심은 '치군택민'으로 귀결할 수 있다. 사인들이 궁극적으로 실천해야 할 경세학(經世學)의 근본이자 군자가 이루어야 할 '삼불후(三不朽)' 중에 '입공(立功)'의 기반이 된다. 장부는 이를 복사의 시대적 책임과 지식인으로서의 사명이라고 보았고, 엄당의 전횡으로부터 벗어나 "우(禹)·탕(湯)·문무(文武) 삼대와 같은 시대"로 변화시키고자 한 것이다.

넷째, 복사가 치군택민의 경세 사조를 실현하고자 한 태도는 엄당 세력과의 정치적 대립으로 드러났다. 복사는 "정치 국면을 문사의 국면으로 인식함으로써"[46] 점차 학술적 집단에서 정치적 집단의 성격을 띠게 되었다. 이는 복사의 집회 활동에서도 잘 드러났다. 복사는 숭정 9년(1636) 남경에서 세 번째 국문광업사(國門廣業社) 집회를 벌였는데 약 2,000명 정도의 사인들이 참여했다. 당시 장부는 그들을 고무하며 말하기를 "지금 성명(聖明)하신 천자는 유교의 효용이 드러나지 않은 것은 심히 과거시험의 인재들이 무용하기 때문이라고 생각하실 것이다. 그러하니 우리 당이 천자의 뜻을 받들어 참언하는 자들의 입을 막는다면, 다들 이 모임을 주목할 것이니, 무엇이 두렵겠는가?"[47]라고 했다. 복사는 숭정 2년(1629) 윤산(尹山) 대회를 시작으로 대형 집회를 약 10여 차례 개최했다. 숭정 9년을 전후로 온체인(溫體仁), 완대월(阮大鉞) 세력과 대립하면서 복사의 성격이 과거시험을 준비하는 집단에서 정치적 색채를 띤 집단으로 변모해갔

46) "以朝局爲社局"(杜登春, 『社事始末』).

47) "今天子聖明, 深以儒效不彰, 疑科舉士爲無用. 吾黨思所以仰副當口之意, 以間執讒慝之口者, 則舉視此聚耳何畏哉?"(吳應箕, 「國門廣業序」, 『樓山堂集』卷17, 何宗美 2003, 183 재인용).

다. 소동림으로서 동림파의 정신을 이어 경세 사조를 실현하려는 정치적 행동이기도 했다.

이상으로 볼 때, '흥복고학'은 학술적 슬로건이고 '치군택민'은 정치적 슬로건이라고 할 수 있다. '고학'은 고대 정통 학문이자 명대의 제도적 지식이었고 국가 이데올로기이기도 했다. '치군택민' 역시 숭정 시기의 정치적 환경에서 비롯한 지식인들의 정치적 이상이었다고 할 수 있을 것이다.

2. 고학 부흥의 방향

복사는 고학 부흥의 배경과 복사의 책무 및 활동 취지 등에 대해서는 말했지만 어떤 방식으로 고학을 부흥한다는 것에 대한 구체적인 내용은 제시하지 않았다. 하지만 복사의 핵심 인물인 장부의 저술을 통해 고학 부흥의 방향과 내용을 가늠할 수 있다.

복사의 흥복고학의 '흥복(興復)'은 '반경(返經)'의 방식을 띠고 있다. 청초 복사 인물인 전겸익(錢兼益)은 경(經)을 궁구하면서 고학을 배우지 않으면 학술은 좀이 슬고 세도는 쇠미해져서 이적(夷狄)의 화를 초래할 뿐이라고 하면서, 학술과 경세의 중요성을 강조했다. 그는 「신각십삼경주소서(新刻十三經注疏序)」에서 이러한 폐단을 없애려면 무엇보다 "군자는 경으로 돌아갈 뿐이다. 진실로 사람의 마음을 바루고자 한다면 반드시 경으로 돌아가는 것부터 시작해야 하며, 진실로 경으로 돌아가고자 한다면 반드시 경학을 바르게 하는 것으로부터 시작해야 한다."[48]라고 했다.

명말의 문사는 고학의 부흥에 대한 보편적인 인식은 함께 했지만 구체적인 반경의 내용은 조금씩 달랐다. 특히 애남영(艾南英) 등을 중심으로

48) "君子返經而已矣. 誠欲正人心, 必自返經始; 誠欲返經, 必自正經學始."(錢兼益 2003).

한 예장사(豫章社)는 주로 구양수(歐陽修), 증공(曾鞏) 등이 전하는 당송 고문을 경술로 삼고자 했다. 그는 「대자년잠상초서(戴子年湛上草序)」에서 과거 문풍의 폐단을 극복하기 위한 '반경(返經)'의 대상과 의미에 대해 이렇게 말했다. "과거시험은 비록 작더라도 반드시 경(經)을 근본으로 하여 그 정확한 것을 찾아야 하며, 사(史)를 근본으로 하여 그 끊어진 것을 의거해야 하며, 제자(諸子)를 근본으로 하여 은미한 것을 다해야 하며 구양수, 증공 등 대가를 근본으로 하여 그 법을 엄격히 해야 한다. 이와 같은 것 또한 과거시험의 연원이다."[49]라고 했다. 그는 경사자집을 근본으로 하되 그 속에서 취해야 점을 각기 제시하면서, 특히 구양수, 증공 등이 전하는 당송 고문을 경술의 근본으로 삼고자 했다. 그러나 복사를 이끈 장부는 조금 다르다. 고학의 부흥이 과거 문풍의 폐단의 극복책이자 학술적인 슬로건이라고 한다면, 장부가 말하는 고학이란 경학(고학의 학문영역)을 말하며 특히 오경(육경)을 의미한다. 장부는 먼저 학술적으로 경학을 바로 잡고자 했다.

대체로 주소(注疏)는 한학(漢學)을 『대전』은 송학(宋學)을 대표하며 이 둘은 중국 경학사에서 대표적인 경학 연구의 방향이다. 그러나 영락 시기의 『오경대전』, 『사서대전』은 관방 이데올로기의 교본이자 지식인들의 학문 범주가 되어 팔고 시험의 교본이 되면서, 명말 경학 사상과 경세 사상의 전환을 가져오는 배경이 되었다. 하종미(何宗美)는 『대전』을 숭상하고 주소를 폐하는 것은 학통의 근본적인 변화를 의미한다. 문제는 이러한 변화가 사인들에게 경술을 이해하는 길을 더욱 좁아지게 만들었다고 보았다(何宗美 2003, 199). 따라서 앞서 장부가 비판한 "사인들이 경술에 대해 통달하지 못한다."란 말은 물론 사인들의 학습 태도의 문제이긴 하

49) "制擧雖小, 必本之經以求其確, 本之史以雄其斷, 本之諸子以致其幽, 本之歐曾大家以嚴其法, 若是亦制擧之淵泉也."(艾南英 1980).

지만 『대전』이 장기간에 걸쳐 지식인의 사상을 한정된 틀에 가두었기 때문이기도 하다. 그래서 경학을 『대전』의 구속으로부터 '해방'시켜야 한다는 것이다(何宗美 2003, 199).

그러나 장부는 『대전』 자체를 거부하지는 않았다. 영락제 이후 관방 지식체계로 고착화되어 있어서 현실적으로 쉽지는 않았을 것이다. 그래서 장부의 경학 저술은 주소와 『대전』을 혼합하는 방식을 취했다. 그 이유에 대해 "주소를 읽지 않으면 경학의 연원을 알 수 없고, 『대전』을 읽지 않으면 경의(經義)의 오류를 바로잡을 수 없다. 양자는 마치 오관(五官)이 나란히 함께 있는 것처럼 어느 것도 버릴 수 없다."[50]라고 했다.

장부는 사서오경(육경)의 미언대의를 정확하게 파악하여 경학의 원류를 이해하는 것이 중요하다고 생각했고, 이를 실현하기 위한 방법으로 주소와 대전의 융합 방식을 강조했다. 그의 저술 『주역주소대전합찬(周易注疏大典合纂)』, 『상서주소대전합찬(尙書註疏大典合纂)』등과 같이 주소와 『대전』의 합찬 방식은 제가(諸家)를 수용하였으며, 이러한 방향성은 명말 청초 고염무, 황종희의 경세 사조와 고증학에 밑거름이 되기도 했다. 특히 황종희는 "여러 경에 통달하지 않으면 하나의 경도 통달할 수 없고, 전주의 잘못을 틀리다고 하지 않으면 경에 통달할 수 없고, 경으로 경을 해석하지 않으면 전주의 잘못을 깨달을 방법이 없다."[51]라고 한 점은 장부의 경학 사상과 일맥상통하는 면이 있다(何宗美 2003, 201).

장부는 경학 연구 방법에 있어 다소 한학의 주소, 자구 등에 법(法)에 치우쳐 있고, 합찬의 방식은 "또한 초록하고 모아두는 학문이었고 고증한 것은 없다."[52]라는 비판을 받고 있다. 하지만 주소를 중시하는 한학의 경

50) "不讀注疏無以知經學之淵源, 不讀『大全』無以正經義之紕謬, 兩者若五官竝列, 不容偏廢."(張溥, 「五經注疏大典合纂序」, 『七錄齋詩文合集·古文近稿)』卷2).

51) "非通諸經, 不能通一經; 非誤傳注之失, 則不能通經; 非以經釋經, 則無由悟傳注之失."(黃宗羲, 「萬充宗墓地銘」, 『南雷文約』卷1).

학과『대전』을 중시하는 송학의 경학을 상호 융합하려는 시도는 경학 연구의 또 다른 길을 제시했다고도 할 수 있다. 즉 당시『대전』의 성행이 가져온 폐단을 제거하기 위해 주소의 합법적 지위를 회복시킴으로써 명대의 학술의 길의 편협함을 보완하기 위함이기도 하다. 이 점이 그와 복사가 주장하는 고학 부흥의 방향성을 보여준 것이며, 청초 한학을 위주로 한 경학 연구와 일정 정도 연승 관계를 유지하는 점이라고 할 수 있다.[53]

Ⅴ. 경세의 전승과 고학의 복고

1. 경세 사조의 전승

명대에서 먼저 경세 사조를 제창하고 실천한 사람들로는 동림파를 빼놓을 수 없다. 동림파의 핵심 인물 고헌성(顧憲成: 1550-1612)은 당시 심학의 무용(無用)한 공담(空談)이 현실적인 세도에 도움이 안 된다고 비판하면서 경학에 근거한 경세치용을 주창했다. 만력 21년 고헌성은 강소성 무석(無錫)에서 동림서원(東林書院)을 중수(重修)하고 원규(院規)를 제정하여 강학 활동을 벌였다. "뜻이 있는 사인으로서 세상을 구하는 일을 급선무로 여기지 않는 이는 없다."[54]라고 하면서, 경세를 종지로 하는 구국제민(救國濟民)의 기치를 내세웠다. 이러한 동림당의 경세 사조 정신은 소동림으로 자처하는 복사의 '흥복고학', '치군택민', '무위유용'의 개념으로 이어졌고, 명말청초 방이지·고염무·황종희 등의 실학, 경세 사조의 밑거름이 되었다.

52) "然亦鈔撮之學, 無所考證也."(紀昀 等,『四庫全書總目提要』卷17).

53) 복사와 장부의 경학에 관한 내용은 何宗美(2003, 198-202) 참고.

54) "士之號爲有志者, 未有不亟亟於救世者."(顧憲成『涇皐藏稿』卷8)

동림파는 유교 학술과 정치 담론을 논의하고 학술과 시정(時政)에 대한 관심을 높여나감과 동시에 심학의 학풍을 비판하였다. 고헌성은 "경사(조정)에서 벼슬하는 이는 생각을 군부(君父)에 두지 않고, 봉지를 다스리는 이는 생각을 백성에게 두지 않고, 물가와 산림 아래에 이르러 삼삼오오 함께 성명(性命)을 강구하며 덕의를 연마하면서 생각을 세도(世道)에 두지 않았다."[55]라고 했다. 사인들이 현실 정치에 관심을 두지 않는 태도를 지적함과 동시에 성명(性命)만을 논하는 공소하고 무용(無用)한 육왕(陸王)을 비판하였다. 사인들이 염두에 둘 것은 경세를 기본으로 한 군부와 백성의 삶이고, 세상을 올바르게 다스리는 세도에 있다고 여겼다. 그래서 '공소(空疏)에서 무실(務實)'로 돌아오고 '산림에서 현실'로 돌아오고, '개인에서 천하의 사직'으로 돌아오게 하는 것이 고헌성과 동림파의 경세 사상의 기본적인 자세였다(何宗美(上) 2011, 491). 이러한 동림파의 사상은 명말 사회에 큰 파동을 일으켰고 소동림이라 불리는 복사는 이런 사상을 이어갔다.

복사는 "최근 경양(涇陽: 고헌성의 호)과 같은 여러 선생이 세상을 떠난 지 한 세대도 되지 않아 후계자가 이미 없으니, 참으로 개인적으로 가슴이 아프다. 이러한즉 젊은 후생들이 우리 당을 뛰어넘어 미루어 멀리 나아가고자 한다면 또한 가능할 것이다."[56]라고 하면서 "고헌성의 학문을 선양하고 동림의 통서를 드높이면서"[57] 단절된 학문(絶學) 즉 고학을 부흥하고자 했다. 실제로 복사구성원 가운데 동림의 후예가 상당 부분 존재한다. 약 40여 명의 동림파와 관련한 복사구성원은 약 70여 명 정도이다

55) "官輦轂, 念頭不在君父上; 官封疆, 念頭不在百姓上; 至於山間林下, 三三兩兩, 相與講求性命, 切磨德義, 念頭不在世道上."(黃宗羲 2005, 731).

56) "即近若涇陽諸先生, 其殞未及一世, 而傳人已廢, 蓋誠私心痛之, 則後生小子之過吾黨欲推而遠之, 又可得呼?"(陸世儀 1982).

57) "昌明涇陽之學, 振起東林之緒"(陸世儀 1982).

(何宗美 2003, 165-167).

이처럼 동림과 복사는 거의 유사한 길을 이어왔다. 첫째, 학술적, 정치적 방향성이 유사하다. 학술적인 경술(經術)과 정치적 경세(經世)를 강조하면서 학술적으로는 공소한 왕학을 비판하고, 정치적으로는 엄당의 세력과 대립하였다. 둘째, 활동의 근거지가 비슷하다. 동림당은 강소성 무석, 복사는 강소성 소주를 중심으로 한 근거지를 확립했다. 셋째, 동림이라는 결사체와 복사라는 문사를 통해 조직적인 기지를 중심으로 활동했다. 동림파 인물은 약 180-300명 정도였고(陳鼎, 『東林列傳』卷24), 복사는 훨씬 더 많은 3,000여 명에 달했다. 복사는 10여 개의 문사를 통합하여 거대한 조직을 형성함에 따라 지역적 분포도 더욱 확장되었다. 넷째, 조직체의 활동과 성격이 학술적 성향에서 정치적 성향으로 전환하는 형태였다. 동림파는 서원을 중심으로 강회(講會) 활동을 통한 학술연구를 하면서 동시에 위충현의 엄당과 대치하다가 정치적인 탄압을 맞았으며, 복사는 과거공부와 팔고선집 출판 등 학술성 단체로 활동하다가 역시 엄당과 정치적 대립각을 보이면서 정치적 집단으로 변모해갔다.

『명사 · 진자룡전(明史 · 陳子龍傳)』에서도 동림파와 복사의 연계성에 대해 다음과 같이 기록하고 있다.

> 진자룡(陳子龍)과 동향 사람 하윤이(夏允彝)는 모두 이름난 선비였다. … 당시 동림의 강습이 성하여 소주(蘇州)에서 뛰어난 인재 장부, 양정추(楊廷樞) 등이 이를 존숭하여 문회(文會)를 조직하여 복사라고 했다. 하윤이와 동향인 진자룡 · 서부원(徐孚遠) · 왕광승(王光承) 등 또한 기사(幾社)를 조직하여 서로 화응했다.[58]

58) "子龍與同邑夏允彝皆負重名. … 是時東林講席盛, 蘇州高才生張溥, 楊廷樞等慕之, 結文會名復社. 允彝與同邑陳子龍, 徐孚遠, 王光承等亦結幾社相應和."(張廷玉 等 1997, 1822).

기사는 진자룡과 하윤이 등이 강소성 화정(華亭)에서 창설했다가 후에 복사로 통합되었다. 동림파와 복사는 사상적, 정치적, 지역적인 면에서 상호 공통점이 존재하고 있음을 알 수 있다.

동림파가 창도하는 사상과 학풍은 복사로 이어지면서 더욱 추동력을 얻게 되었고, 그 후 명말청초 경세, 실학 사조로 연승되었다. 이런 과정에서 복사는 사상사적인 면에서 중요한 매개 역할을 했다. "이학에서 경학(經學)에 이르고 송학에서 한학(漢學)에 이르기까지 장부는 중요한 연계적 역할을 했다. 그의 고학을 부흥하고 실제 유용에 힘쓰는 학술사상과 정세한 경사(經史) 연구와 넓고 박학한 학술 건립, 찬집(纂輯)·고변(考辨)의 학술 방법 등은 청초 학술의 기본 특징과 총체적인 정신을 이루었다."[59]

명 중엽 동림파에서 시작한 경세, 실학 사조는 숭정 연간에 복사를 거쳐 청초 고염무, 황종희 등으로 이어지는 학술적 계보를 보여주고 있으며, 이런 점에 대해 장면설(蔣勉雪)은 『장부연보(張溥年譜)』에서 "청대 경학이 발달한 까닭은 그 근원을 소급해보면 바로 오경응사에서 시작되었다."[60]라고 말했다.

2. 고학의 부흥과 복고

양계초(梁啓超)는 『청대학술개론(淸代學術槪論)』에서 중국 학술 사조의 변화는 전형적으로 '복고를 통한 해방'의 방식을 취하고 있다고 했다.

59) "從理學到經學, 從宋學到漢學, 張溥是一個不可或缺的重要環節. 他興復古學, 務爲有用的學術思想, 精硏經史, 宏大廣博的學術建構, 抄錄纂輯, 考辨得失的學術方法, 成爲淸初學術的基本特點和總體精神."(何宗美 2004, 296).

60) "淸代經學所以發達, 追溯其源, 則始於五經應社."(何宗美 2003, 202).

> 200여 년의 학술사를 종합적으로 관찰해보면, 그 영향은 전체 사상계에 미쳤으며 이를 한마디로 말하자면 '복고로써 해방을 삼았다'고 할 수 있다. 첫 번째 송(宋)으로의 복고는 왕학(王學)에 대해 해방을 얻은 것이고, 두 번째 한당(漢唐)으로의 복고는 정주학(程朱學)에 대해 해방을 얻은 것이고, 세 번째 서한(西漢)으로의 복고는 허신(許愼)·정현(鄭玄)의 학문에 대해 해방을 얻은 것이고, 네 번째 선진(先秦)으로의 복고는 일체 전주(傳注)에 대해 해방을 얻은 것이다.[61]

'복고를 통해 해방을 얻는' 방식이 중국 학술 사조 변화의 전반적인 특징이라고 개괄하고 있다. 중국 학술사의 변화 과정에서 드러나는 복고는 시대적 분기(分岐) 속에서 새로운 변화를 위해 기존의 폐단으로부터의 해방을 얻기 위해 선택한 방식이다. 복사의 흥복고학의 '흥복(興復)'은 '반경(返經)'이라는 '부흥(復興)'의 방식을 띠고 있다. 당시 경학의 위기, 문풍과 사풍의 폐단, 정치적인 부패 등으로 점철된 시대를 구제하기 위한 방식이며, 경학의 효용성을 회복하기 위해 '반경'이라는 '복고' 방식을 택한 것이다. 따라서 복사에서 의미하는 복고는 단순히 맹목적인 이전으로의 회귀가 아니라 해결해야 할 폐단에 대한 대안이자 극복책이며, 변화의 필요와 의지가 반영된 '해방'의 방식이었다.

하나의 사상이 생겨나서 발전하고 소멸하는 일련의 과정은 명확하게 시기적 구분을 단정할 수 없다. 그 전 단계에서 일반적인 조짐을 보인다. 이런 면에서 볼 때, 청초의 경세 사조는 이미 명말 '고학 부흥'과 '치군택민'의 경세 사상에서 일부 드러났다고 할 수 있다. 이런 점에 대해 계문보(稽文甫)는 『만명사상사론(晩明思想史論)』에서 "세상 사람들은 단지 청

61) "綜觀二百餘年之學史, 其影響及於全思想界者, 一言蔽之, 曰: '以復古爲解放'. 第一步, 復宋之古, 對於王學而得解放. 第二步, 復漢唐之古, 對於程朱而得解放. 第三步, 復西漢之古, 對於許鄭而得解放. 第四步, 復先秦之古, 對於一切傳注而得解放."(梁啓超 1998, 7).

대 고학이 창성한 것이 공소한 명 유학의 반동이었다는 것은 알지만, 만명 학자들이 이미 청유(淸儒)를 위해 준비 작업을 하여 새로운 시대를 향해 점차 이동해 왔다는 것은 알지 못했다."[62]라고 했다. 명청교체기의 복사의 고학부흥과 경세사상의 맥락적 흐름을 강조하고 있으며, '동림의 경세사상 - 복사의 고학부흥 - 청초의 실학사조'로 연계되고 있음을 알 수 있다.

또한 명대에서 '복고'를 기치로 내세운 운동은 대체로 세 차례가 있다. 홍치·정덕 시기 전칠자(前七子)를 대표로 하는 1차 문학 복고운동, 가정·융경 시기 후칠자를 대표로 하는 2차 문학 복고운동, 천계·숭정 시기 복사를 중심으로 한 3차 복고운동이다. 이 가운데 3차 복고운동은 명말 문사, 과거팔고문, 사상사 등을 이해하는 중요한 키워드라 할 수 있다. 명말의 3차 복고운동은 특히 규모(구성원, 지역분포), 활동, 운영 및 성격 면에서 명 중기의 전후칠자의 문학 복고와는 다른 양상을 보인다. 대략적인 차이점을 보면 다음과 같다.

첫째, 규모 면에서 볼 때, 3차 복고운동의 주체 세력인 복사는 응사·기사·독서사·광사(匡社)·설원사(雪苑社) 등 10여 개의 문사가 합쳐진 거대 통합 조직체로서 구성원은 거의 3,000여 명에 달했고, 지역적으로는 전국적으로 220여 개의 현(縣)과 속주(屬州)에 분포되었다(何宗美(上), 2011, 481-484). 반면 1, 2차 문학 복고운동은 주로 문학에 기반하였고 상대적으로 사회적, 지역적 기초를 폭넓게 갖추지는 못했다. 그리고 주로 문단의 영향력을 가진 주요 인물과 결사의 방식을 빌려 문학유파를 형성하고 문학사상을 구축했지만, 3차 복고운동은 주로 생원, 제생(諸生) 등 젊은 사인들이 결합한 조직체를 중심으로 활동했다. 둘째, 활동의 취지와 방향에서도 차이를 보인다. 3차 복고운동은 단순한 문학 복고운동이

62) "世人但知清代古學昌明是明儒空腹高心的反動, 而不知晚明學者已經爲清儒做了些准備工作, 而向新時代逐步推移了."(嵇文甫 2017, 144).

아니라(물론 복사구성원 역시 문인의 신분으로서 문학 창작활동을 했지만) '고학'의 부흥이라는 기치를 내걸고 치군택민과 무위유용을 강조한 사회사상 운동에 보다 가깝다.

셋째, 조직의 성격으로 보면, 3차 복고운동의 주체 세력은 문사를 중심으로 활동하였으며 이는 단순한 문학 집단의 성격을 띠지는 않는다. "문사는 도덕 수양을 중시하는 사인에게는 학문의 장이 되었고, 높은 목표를 향해 달리는 무리에게는 공명을 얻는 등용문이 되었다."는 말은 문사가 과거시험을 준비하기 위한 집단이자 정치적인 성격을 띤 사인 집단임을 말해주는 것이며, 실제로 복사는 '학술에서 정치로의' 활동, 성격 변화를 가져왔다. 넷째, 조직 운영 면에서 볼 때, 1, 2차 문학 복고운동은 주로 이몽양(李夢陽), 하경명(何景明)과 이반룡(李攀龍), 왕세정(王世貞) 등과 같이 핵심 인물에 의해 전개되었다. 복사 역시 장부, 장채(張采)가 주축이 되긴 했지만 각 지역을 관할하는 사장(社長), 사규와 맹사 등을 갖춘 보다 조직적인 운영체제를 형성했다.

요약하자면, 3차 복고운동의 '복고'는 '경술에 정통하고 고학을 배운다'는 경학 사상의 기초 위에서 세워진 복고였고, 이를 통해 경세치용의 실학 정신을 실현하려는 복고였다. 따라서 1, 2차 문학 복고운동에 비해 사상적, 시대적 함의를 더욱 내포하고 있다. 문학 복고운동에서 보여준 '의고(擬古)'가 아닌 양계초가 말한 '해방'으로서의 사회 사상적 복고였다고 할 수 있다. 물론 해방으로서의 복고가 과연 새로운 변화를 위한 적실한 대안, 방법이었는지에 대한 논의는 보다 치밀한 논증이 있어야겠지만, 고학 부흥을 주도한 3차 복고운동은 보다 사회적이고 정치적이며 문화적인 사인 집단의 운동이라 할 수 있을 것이다.

Ⅵ. 맺으며

이상으로 역사적 분기에 출현한 명말 고학의 부흥과 경세 사조의 형성 과정을 문사(복사)의 활동을 중심으로 살펴보았다. 연구 과정에서 얻은 몇 가지를 서술하면서 이 글을 마치고자 한다.

첫째, 복사가 제창한 주요 키워드인 '흥복고학', '치군택민'은 모두 '무위유용'의 실학 정신을 바탕으로 한다. 흥복고학이라는 '방식'을 통해 치군택민의 '실질'을 행하고, 이를 실현하기 위한 '기준'으로 무위유용을 강조했다. 흥복고학을 통해 사상과 과거 문풍과 사풍을 바로 잡고자 했고, 치군택민의 경세 인식을 바탕으로 부패한 명말 정국을 바로 잡고자 했다. 즉 흥복고학은 학술적인 종지이고 치군택민은 정치적인 취지이며, 무위유용은 이를 실현하기 위한 기준이라고 할 수 있다. 그리고 이 삼자는 모두 경세 사상으로 귀결되고 있다.

둘째, 복사의 고학 부흥의 기저에 깔린 함의는 치군택민의 정치적 실현, 지식인의 사풍 정돈이라 할 수 있다. 사인들로 하여금 사회비판적 태도를 갖게 하여 현실 정치에 대한 참여도를 높임으로써 사대부의 자기반성을 통해 유가 가치체계를 회복하고자 한 것이다. 즉 사인의 책임 의식은 '사(士)'가 중심이 되어 지탱하는 국가체계와 구조 속에서 세워지는 것이라고 보았다. 복사가 명말 엄당과의 투쟁에 적극 참여하는 한편, 사인들의 자기반성을 강화하고자 한 이유이다. 이런 면에서 볼 때, 복사가 고학의 부흥과 경세 사조를 제창한 목적은 문사라는 지식인 집단을 통해 정치체계를 바로잡고자 한 것이며, 이는 사대부 계층이 자발적인 자기 정돈을 수립하는 전제하에서 세워지는 것이라고 할 수 있다.

셋째, '고학'은 고대 정통 학문이자 명대의 제도적 지식이었고 치국의 이데올로기이기도 하다. '치군택민'은 고대로부터 지식인들의 공통된 정치적 이상이었다. 따라서 흥복고학과 치군택민은 명말 특정한 역사적 배경과 정치적 환경에서 지식인들에게 보편적으로 존재하는 희망과 기대 심리라고 볼 수 있을 것이다. 한편, 명말의 심학, 공안파, 동림파, 복사의 지식인 집단은 전통적으로 볼 때, 학술적, 정치적으로 통치 계급의 관념과 사상의 해석자로 활동했다라기 보다 주체 의식과 시대 인식을 가진 문학, 사상가로 활동했다고 할 수 있다. 물론 상호 간의 비판과 갈등 및 한계점을 보였지만 이는 새로운 사상의 변화를 가져오기 위한 불가피한 노력이었다고 할 수 있다.

넷째, 흥복고학의 '흥복(興復)'은 '반경(返經)'의 '복흥(復興)'이라는 복고적 형태를 띠고 있다. 명청 교체기라는 시대적 분기(分岐) 속에서 유가 경전의 위기, 문풍과 사풍의 폐단, 정치적인 부패 등으로 점철된 시대의 폐단을 극복하고 새로운 변화를 가져오기 위해 선택한 방식이었다. 따라서 단순히 맹목적인 이전으로의 회귀가 아니라 폐단에 대한 대안이자 극복책이며, 변화의 필요와 의지가 반영된 일종의 '해방'의 방식이었다. 이런 점에서 볼 때, 고학의 부흥은 유교 경전의 지위를 회복하여 공소하고 무용한 심학의 폐단과 사풍의 폐단을 바로 잡는 이론적 무기로 작용했고, 유가 경전 속에서 경세치용의 학문과 국정의 치리를 찾아내는 대안으로 작용했다고 할 수 있다.

다섯째, 이 글은 명말(明末)에서 청초(淸初)로 이어지는 역사적 분기(分岐)에 태동한 지식 형성 과정에 초점을 두었다. 문사(文社)의 활동을 통해 고학(古學)의 부흥과 경세(經世) 사조의 지식 형성과정을 주제로 하여, 이를 복사(復社)의 활동을 중심으로 분석했다. 복사라는 '조직'은 명말 지식인들의 '사풍'의 폐단을 극복하기 위해 고학과 경세의 '지식'을 제시함으로써 새로운 정치, 사상의 돌파구를 찾고자 했다. 하지만 이러한 고학, 경세의 지식은 전통적인 '복고' 방식으로 전개되었다는 점에서 볼 때, 새로운 사상적 돌파구라고 볼 수는 없을 것이다. 하지만 역사적 분기라는 시대적 변화 앞에서 그리고 명말 치도, 학술의 폐단으로 인해 사풍의 위기를 직면한 상황에서, 동림을 이어 청초의 경세, 실학 사상을 열어주는 승전계후의 학술적 가교역할을 했다는 점에서는 의의를 지닌다.

| 참고문헌 |

오오키 야스시 저 . 노경희 역. 2007.『명말 강남의 출판문화』. 소명출판.

왕카이푸(王凱符) 저 . 김효민 역. 2015.『팔고문이란 무엇인가』. 글항아리.

진정(金諍) 저. 김효민 역. 2003.『중국과거문화사』. 동아시아.

티모시 브룩 저 . 이정·강인황 역. 2005.『쾌락의 혼돈－중국 명대의 상업과 문화』. 이산.

황지영. 2012.『명청 출판과 조선 전파』. 시간의 물레.

권중달. 1997.「왕부지(王夫之)의 경세사상 검토」.『명청사연구』. 제6집.

당윤희. 2014.「明代의 古文과 時文에 대한 一考」.『중국어문논역총간』. 제35집.

박영순. 2021.「명말 문사(文社)의 형성과 특징: 복사(復社)의 조직과 활동을 중심으로」.『중국문화연구』. 제52집.

백광준. 2008.「명대 과거시험 참고서 출판과 출판시장의 발전」.『중국문학』. 제54집.

백광준. 2005.「변화의 시대, 변화의 글쓰기: 明代隆慶·萬曆年間의 八股文」.『중국문학』. 제45집.

신현승. 2020.「명대 말기 학술공동체와 정치 네트워크 연구: 동림과 복사를 중심으로」.『유학연구』. 제50집.

왕걸. 2009.「명청(明淸) 시기의 경세실학(經世實學) 사조와 사회비판 사조를 논하다」.『한국실학연구』. 제18집.

정석원. 1995.「명말 동림학파의 經世事狀」.『민족과 문화』. 제3집.

조병한. 1997.「청 건가조(乾嘉朝) 이래의 경세사조 부흥: 고증학 융성기의 동성(桐城) 고문파(古文派)와 상주 공양학」.『명청사연구』. 제6집.

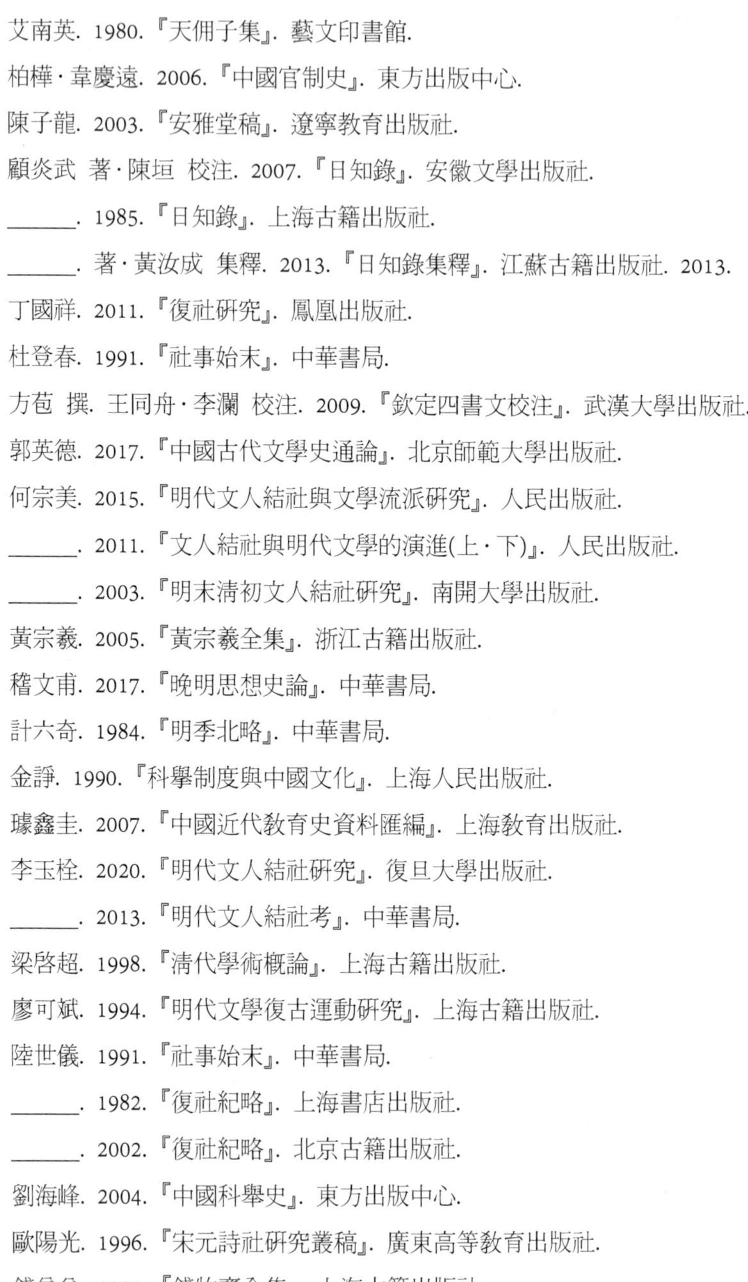

艾南英. 1980.『天傭子集』. 藝文印書館.

柏樺·韋慶遠. 2006.『中國官制史』. 東方出版中心.

陳子龍. 2003.『安雅堂稿』. 遼寧教育出版社.

顧炎武 著·陳垣 校注. 2007.『日知錄』. 安徽文學出版社.

______. 1985.『日知錄』. 上海古籍出版社.

______. 著·黃汝成 集釋. 2013.『日知錄集釋』. 江蘇古籍出版社. 2013.

丁國祥. 2011.『復社硏究』. 鳳凰出版社.

杜登春. 1991.『社事始末』. 中華書局.

方苞 撰. 王同舟·李瀾 校注. 2009.『欽定四書文校注』. 武漢大學出版社.

郭英德. 2017.『中國古代文學史通論』. 北京師範大學出版社.

何宗美. 2015.『明代文人結社與文學流派硏究』. 人民出版社.

______. 2011.『文人結社與明代文學的演進(上·下)』. 人民出版社.

______. 2003.『明末淸初文人結社硏究』. 南開大學出版社.

黃宗羲. 2005.『黃宗羲全集』. 浙江古籍出版社.

稽文甫. 2017.『晩明思想史論』. 中華書局.

計六奇. 1984.『明季北略』. 中華書局.

金諍. 1990.『科擧制度與中國文化』. 上海人民出版社.

璩鑫圭. 2007.『中國近代敎育史資料匯編』. 上海敎育出版社.

李玉栓. 2020.『明代文人結社硏究』. 復旦大學出版社.

______. 2013.『明代文人結社考』. 中華書局.

梁啓超. 1998.『淸代學術槪論』. 上海古籍出版社.

廖可斌. 1994.『明代文學復古運動硏究』. 上海古籍出版社.

陸世儀. 1991.『社事始末』. 中華書局.

______. 1982.『復社紀略』. 上海書店出版社.

______. 2002.『復社紀略』. 北京古籍出版社.

劉海峰. 2004.『中國科擧史』. 東方出版中心.

歐陽光. 1996.『宋元詩社硏究叢稿』. 廣東高等敎育出版社.

錢兼益. 2003.『錢牧齋全集』. 上海古籍出版社.

商衍鎏. 1956.『清代科舉考試述錄』. 三聯書店.

陶福履. 1985.『常談』. 中華書局.

王道成. 1997.『科舉史話』. 中華書局.

王凱符. 1991.『八股文概說』. 中國和平出版社.

______. 2002.『八股文概說』. 中華書局.

吳偉業. 1982.『復社紀事』. 上海書店出版社.

______. 1990.『吳梅村全集』. 上海古籍出版社.

謝國楨. 2006.『明清之際黨史運動稿』. 上海書店出版社.

張濤. 2016.『文學社群與文學關係論』. 人民文學出版社.

張廷玉 等. 1997.『明史』. 中華書局.

__________. 2013.『明史』. 中華書局.

趙爾巽 等. 1998.『清史稿』. 中華書局.

朱彝 尊. 1990.『靜志居詩話』. 人民文學出版社.

高明揚. 2005.『科舉八股文專題研究』. 浙江大學博士學位論文.

高曉敏. 2014.『復社社團文學研究』. 南京大學碩士學位論文.

葛睿. 2014.『東林學派儒學經世思想研究』. 南京大學碩士學位論文.

金春嵐. 2013.『明清八股文程式研究』. 華東師範大學博士學位論文.

金奮飛. 2006.『明末東林書院多維透視(1604-1626)』. 復旦大學博士學位論文.

李競艷. 2011.『晚明士人群體研究』. 河南大學博士學位論文.

劉軍. 2010.『顧憲成與晚明東林運動: 傳統士大夫政治研究』. 南開大學博士學位論文.

王恩俊. 2007.『復社研究』. 東北師範大學博士學位論文.

文藝. 2012.『中晚明文社研究』. 西南大學碩士學位論文.

鄔艷. 2010.『吳應箕與晚明經世思潮』. 西南大學碩士學位論文.

張永剛. 2006.『東林黨議與晚明文學活動』. 華中師範大學博士學位論文.

陳維昭. 2020.「八股文與情思的翅膀」.『中國文學研究』. 第3期.

何宗美. 2004.「復社的思想和學術」.『國學研究』. 第13期.

李玉栓. 2016.「明代科舉與文人結社」.『上海大學學報』. 第3期.

王興亮. 2014.「明末科舉制下的選文與文社之爭」.『理論觀察』. 第3期.
陽達. 2015.「清代科舉取士與文人結社」.『湖北社會科學』. 第2期.
陽達·歐陽光. 2010.「明代文社與科舉文化」.『湖北大學學報』. 第5期.
張濤. 2007.「科舉與實學: 明末文社興起的形上依據」.『河北師範大學學報』. 第1期.

새로운 자료, 새로운 방법론, 중국고대사 연구의 진전

: 2020~2021년 연구 동향과 과제

◉ 김진우 ◉

Ⅰ. 머리말

2020년 이래 지금까지도 진행 중인 코로나 팬데믹은 전세계적으로 봉쇄와 격리를 일상화시켰고, 지난 2년간(2020~2021년) 우리의 연구는 그러한 물리적 공간의 단절 속에서 점차 비대면이라는 새로운 환경에 익숙해지고 있다. 이전과는 완전히 달라진 연구 환경 속에서도 지난 2년간 중국고대사 분야의 전체적인 경향은 연구의 질적·양적 수준 제고라는 점에서 본다면 예년과 크게 다르지 않다고도 할 수 있지만,[1] 연구사적으로 언급

---

* 이 글은『역사학보』제255집에 게재한「새로운 자료, 새로운 방법론, 중국고대사 연구의 진전－2020~2021년 연구 동향과 과제－」(2022.9)를 수정 보완한 것이다

** 경북대 인문학술원 HK연구교수.

1) 2010년 이래 지난 10년 동안『역사학보』의 중국고대사 분야 '회고와 전망' 제목만을 간취 해봐도, '연구지평의 확대와 질적인 수준의 도약을 향해서' '출토자료와 문헌자료의 합주: 중국고대사 연구의 심화' '다양한 시각, 숨은 쟁점' '전환기의 중국고대사 연구와 그 역정' '확장하는 외연, 그리고 연구의 심화' 등으로 전반적인 연구 흐름은 중국 고대의 새로운 출토자료를 중심으로 질적·양적 수준의 제고라고 정리해도 무방할 것이다.

해야만 하는 중요한 성과들도 있었고, 또 코로나 재난 상황의 맥락에 부응하는 특징적인 연구 동향도 확인할 수 있었다.

먼저 전면적인 비대면 환경 속에서 국내에서는 물론이거니와 중국·일본 등 해외 학계와의 학술교류는 학회·연구소 등을 단위로 양적인 면에서 일일이 열거하기 힘들 정도로 더 활발하게 진행되었다. 이는 역설적으로 학술회의 및 강연 등에서 기존의 대면 방식에 비해, 비대면 화상회의 방식이 더 경제적이고 편리한 측면이 있기 때문일 것이다. 따라서 지금의 코로나 상황이 종식되더라도 이처럼 변화된 연구 환경은 앞으로도 지속될 것으로 전망된다. 그럼에도, 비대면의 일상화라는 달라진 환경 속에서 학술교류의 질적 수준을 어떻게 담보해낼 것인가의 본질적인 고민은 여전히 숙제로 남아있는 어려운 문제이다.

엄밀한 의미에서의 지난 2년간 중국고대사 분야[2] 연구는 양적으로 일정한 진전이 있었다. 대략 132편의 논문이 발표되었는데, 그중 89편은 국내 연구자, 43편은 외국 연구자의 논문이었다. 상대적으로 예년에 비해 외국 학자의 논문이 크게 증가했는데, 이는 비대면 국제학술대회의 발표가 많았고, 그 성과가 『중국고중세사연구』『중국사연구』『목간과 문자』『동서인문』 등 국내 학술지에 게재되었기 때문이다. 89편의 국내 학자 논

2) 〈표 1〉에서 정리한 엄밀한 의미에서의 중국고대사 연구 현황은 구체적으로 중국고대사 주제로 학위를 받고 중국고대사 관련 학회에서 활동하면서 중국고대사 관련 학술지에 연구성과를 발표하는 국내 연구자들의 지난 2년간 연구 성과에만 국한해서 정리한 것이다. 이와 별개로 국내 학술지에 투고 게재한 외국학자들의 논문은 서지사항을 정리해서 참고 목록만 제시하고 세부 내용은 구체적으로 정리하지 않았다. 실제 본문에서는 연구서·학위논문 등을 제외하고, 일반 연구논문만을 대상으로 중국고대와 관련된 역사학·고고학·철학·문학·언어문자학 등의 분야를 망라해서 2020~2021년 2년간의 국내 연구성과를 최대한 살펴보려고 했다. 가능한 빠트림 없이 정리하고자 했으나, 필자의 능력 부족으로 누락되거나 잘못 이해한 부분도 없지 않을 것이다. 여러 선생님들의 너그러운 헤아림을 바랄 뿐이다.

문만을 분류하면 아래 표와 같다.

〈표 1〉 2020~2021년 국내 연구자의 중국고대사 연구 현황

구분	연구논문				역주논문			합계
시대	선진	진한	기타	소계	선진	진한	소계	
편수	22	44	8	74	5	10	15	89

이상 2년간의 연구논문과 함께 중국고대사 분야의 단행본 출판도 여러 종 있었다. 먼저 이성규(저2020)의 저술은 저자의 평생에 걸친 중국 고대사 연구를 축적한 성과로, 계수(計數)와 계량(計量)이라는, 수(數)를 통해 진한제국의 제민지배체제의 구체적 실태와 성격, 그 모순과 한계까지 방대하면서도 치밀하게 밝히는 역작이다. 앞으로 우리 학계의 중국고대사 연구 수준을 제고할 수 있는 시금석의 역할을 할 것으로 기대된다. 임중혁(저2021)의 책도 평생의 연구 성과를 새로운 자료, 새로운 인식에 맞춰 다시 체계적으로 정리한 결과로, 진한제국의 통치 메커니즘을 법제의 측면에서 본질적으로 구명하면서 출토 간독의 법률자료를 망라하는 중국 고대 법제사 연구의 역작이다. 두 원로 학자의 평생 연구를 총결하는 학술서적 출판은 해외 학계에 비해 손색이 없는 현재 우리 학계의 수준을 보여 주면서, 또 앞으로 우리 학계가 나아갈 방향을 제시해 준다는 점에서 연구사적으로 중요한 이정표의 의의를 부여할 수 있을 것이다.[3)]

한편, 중국 고대의 경계와 출입의 문제를 통사적으로 다룬 송진(저

3) 연구사적으로 중요한 의미를 가지는 이 두 편의 저술에 대한 좀 더 상세한 논평은 다음의 서평들을 각각 참고하면 된다. 김경호,「秦漢 帝國에 대한 새로운 연구 방법과 이해 - 李成珪,『數의 帝國 秦漢: 計數와 計量의 支配』(大韓民國學術院, 2020)를 중심으로 -」,『歷史學報』, 제245집(2021); 임병덕,「21세기 出土法制史料를 망라한 中國古代法制史研究 - 任仲爀,『고대 중국의 통치메커니즘과 그 설계자들: 상앙, 진시황, 한고조』(경인문화사, 2021)을 중심으로 -」,『中國古中世史研究』, 제63집(2022)를 참고

2020)과 중국 고대 효사상의 전개 과정을 문명화의 관점에서 정리한 김진우(저2021)의 연구서도 출판되었고, 아울러 선사시대에서 진한제국까지 중국고대사만을 범위로 하는 대학교재 및 교양서적의 성격을 가진 이성원(저2020)과 구성희(저2021)의 책도 출간되었다. 또 지난 2021년 9월 16일부터 11월14일까지 개최된 국립중앙박물관의 특별전시회 〈중국 고대 청동기 신에서 인간으로〉의 전시도록(전2021)에는 중국 고대 청동기 관련 10편의 전문 칼럼과 4편의 논고를 수록하고 있어 참고할 만하다. 기존 연구자들에 의한 다양한 성격의 단행본 출판과 함께, 학문후속세대의 석·박사 학위 논문도 지난 2년 간 박사 2편(국내 1편, 국외 1편)과 석사 8편이 제출되어 앞으로 활발한 연구 활동을 기대케 하고 있다.

또 하나 주목해야 할 부분은 지난 2019년부터 시작된 경북대학교 인문학술원 HK+사업단의 사업 성과이다. 동 사업단은 「동아시아 기록문화의 원류와 지적 네트워크 연구」라는 연구아젠다 하에 한·중·일 3국의 목간자료를 주 연구 대상으로 하고 있어서, 중국고대사 분야와도 매우 밀접한 관계에 있다. 그 첫 번째 사업 성과물의 하나인 『중국목간총람』(저2022)은 1900년 이래 지금까지의 중국 출토 목간을 총망라해서 수록하고 있어서 중국 고대 출토자료 연구의 기본 공구서로 활용할 수 있다. 또 다른 동 사업의 성과로 구축 예정인 〈동아시아 목간 사전 DB〉도 관련 분야의 연구 수준을 제고하기에 충분한 활용 가치를 가질 것으로 기대된다. 이처럼 중국 고대 출토자료에 관해서 인적·물적 연구역량을 집체화하고 집중적으로 대규모 연구사업을 수행했던 적은 지금까지 국내에서는 없었던 일로, 앞으로 국내 중국고대사 분야 연구 역량의 제고에 하나의 전환점이 될 수 있을 것이다.

근래의 중국 고대 관련 연구 동향을 일별해 보면, 갈수록 기존 학문 간의 경계는 허물어지고 새로운 출토자료와 학문 간의 여러 다양한 방법론을 공유하면서 이른바 융·복합의 '중국고대학'의 시대가 전개되고 있다고 해도 과언이 아니다. 본고도 기존의 엄밀한 의미에서의 중국고대사 연구 성과만으로 중국 고대에 대한 최신의 이해와 전망을 담아내기에 부족할 것이다. 따라서 본고는 중국고대사 영역을 중심으로 하면서도, 가능한 지난 2년간 중국 고대에 관한 국내에서의 연구 성과를 역사학·고고학·철학·문학·언어문자학 등을 막론하고 망라해서 정리해보려고 했다. 융·복합의 '중국고대학'이라는 범주에서 지난 2년간 국내 학계의 연구 동향은 전반적으로 새로운 출토자료의 동시적인 활용과 새로운 방법론의 모색을 통한 연구역량의 진전으로 정리할 수 있다.

아울러 지난 2년간 지속되어 온 코로나 팬데믹에 맞추어 중국 고대의 재난·환경사 방면 연구도 다수의 논문이 발표되었고 상당한 수준의 심도 있는 논의가 진행되었다. 반면 예년에 상당한 수량으로 발표되었던 중국 고대를 넘어 동아시아 고대 세계 전체를 시야에 두고자 하는 연구는 오히려 현실에서의 단절과 격리라는 상황이 반영된 것인지는 모르겠지만, 의외로 지난 2년간 그다지 활발하게 전개되지는 않았던 것 같다.

본문은 지난 2년간 연구 성과를 '선진사'와 '진한사' 및 '기타'로 대별하고 그 아래에 다시 몇 개의 세부 주제로 나누어서 정리했다. 예를 들어 재난·환경사 방면 연구는 시대와 주제를 막론하고 '기타' 부분에 별도로 모아서 어떤 경향이 있는지 찾아보려고 했다.

Ⅱ. 선진사 연구 동향

1. 중국 선사시대 연구: 홍산 문화를 중심으로

지난 2년간 한국학계의 중국 선사시대 연구는 예년의 연구 경향과 크게 다를 바 없이, 고고자료를 중심으로 한국사의 '고조선'으로 연결될 수도 있는 중국 동북 지역에 집중되었다.

강인욱은 홍산 문화 우하량 유지 출토 나비형 옥기(2021a)와 하가점상층 문화의 전차 부속(2021b) 및 대릉하 유역 청동 예기(2021c) 등을 분석하는 일련의 연구를 통해, 신석기 후기에서 초기 청동기 시기에 이르기까지 요서 지역에서 제사 중심 세력의 형성과 사회적 통합을 문화적 측면에서 살펴보았다. 김재윤은 동산취·우하량 유적을 중심으로 홍산 문화의 연구사를 정리하는 한편(2021), 마지막 5기에만 출토되는 굽은 동물형 옥기의 등장 시점까지 검토하여(2020a), 5,000년 전 이후 우하량 유적이 포함된 홍산 문화 5기를 앞선 1~4기와는 문화적으로 크게 차이가 난다고 했다. 배현준(2021c)은 홍산 문화와 중원 앙소 문화의 채도는 서로 차이점이 많고, 양자 간의 교류도 묘저구 문화를 통한 간접적 교류일 가능성이 크다고 보면서, 홍산 문화를 앙소 문화와 직접적으로 연결시켜 중국문명의 일부로 편입하려는 중국학계의 논리를 비판했다. 원중호(2020)는 홍산 문화 우하량 유적 적석총의 매장 방법과 출토 유물 등을 분석하여, 대규모 공동체 집단의 내부 구속을 전제로 하는 거대한 세습 권력의 출현을 의미하는 것은 아니라고 보았다. 이청규·우명하(2020) 역시 홍산 문화 우하량 유적의 옥기 유형에 대해 아직 사회적 위계화 혹은 계급화 현상을 확인할 수는 없다고 분석했으며, 홍지혁(2020)도 우하량 유적의 제사체계 변화를 분석해서, 아직 정치적 위계가 뚜렷하지 않은 단계에서의 제사가 가지는 사회 통합 기능을 강조했다.

한편 이후석(2020), 최호현(2020), 배현준(2021b) 등은 초기 고조선 문화와 관련이 있다고 하는 비파형 동검 문화 십이대영자 문화를 중심으로 요서 지역 청동기문화와 연산산맥 이남 중원 계통의 청동기문화 및 주변 지역과의 네트워크 형성 및 상호 관계의 양상을 고찰했으며, 김봉근(2021), 성경당·서소강(2021), 손준호(2021), 오강원(2020) 등은 각각 중국 동북 지역의 청동기시대 토성, 청동기, 석기, 점토대토기에 대해서 출토현황 및 특징, 연구 등을 정리했다. 이밖에 김재윤(2020b)은 망상문 토기 등 내몽골~길림지역의 고고 자료를 통해 신석기시대부터 바이칼지역과의 연관성이 확인된다고 했으며, 박진호(2021)는 용산문화 시기 섬서성 북부 유림시의 석묘유적 등 북방 석성 축조집단이 중원문명 형성 과정에 주도적 역할을 했다고 볼 수는 없다고 파악하고 있다.

이상 신석기 후기 홍산 문화를 중심으로 중국 동북 지역에 집중된 중국 선사시대 연구는 고고 자료에 바탕 하는 실증적 연구를 통해 신석기 후기에서 초기 청동기문화에 이르기까지 요서 지역에서 제사 의례에 기반하는 사회 통합체의 등장을 확인하고, 중원계통과 초원계통의 영향 및 상호 네트워크 형성과 변화상 등에 주목하고 있다. 그러면서, 이른바 역사적 내러티브에 의존하는 모순과 과도한 해석에 대해서는 일정하게 비판하고 경계하는 학문적 엄격함을 유지하고 있다고 평가할 만하다.

2. 중국 문명의 역사적 기원에 대한 비판적 검토

1990년대 이래 〈하상주단대공정〉에서 〈중화문명탐원공정〉으로 이어지는 중국에서의 일련의 '역사공정'에 대해서는 그동안 이를 비판적으로 검토하는 국내 학계의 대응도 계속되었다. 이와 관련해서 지난 2년 동안 6편의 논문이 발표되었다.

먼저 김정열은 현재 중국 고고학의 증사주의(證史主義) 경향은 근대 서양 고고학의 도입과 변용 과정에서 전통적인 금석학의 역사학적 지향성이 혼입되고, 1928년 이래 은허 발굴이 중국 고고학의 역사 지향성에 결정적인 계기가 되었던 것에서 유래를 찾을 수 있다고 보았다(2020a). 이어서 〈중화문명탐원공정〉은 21세기 중국이 근대 이래의 역사적 질곡과 태생적 분열성을 극복하고 한족 중심의 다민족 국가 통합을 정당화하려는 목적을 가지는데, 본질적으로 과거 왜곡의 개연성 등 많은 학술적인 문제를 내포

한다고 비판하고 있다(2021b). 배현준(2021a)은 현재 중국에서는 중화 문명의 근원, 중화민족의 뿌리로 설정한 문헌상의 염제(炎帝)를 신석기 후기 앙소 문화 반파 유형과 묘저구 유형에 대응하는 고고학적 실체화의 시도를 하면서, 염제 숭배 사업을 통해 민족적 자부심의 고취와 다민족 사회의 통합 기제로 활용하고 있다고 분석했다.

이유표의 경우 신화적·전설적 영웅인 우(禹)와 주가 상을 극복하기 위해 설정한 하(夏)가 전승 과정에서 서로 결합하는 맥락을 살펴본 후, 이리두 유적를 하문화와 연결해서 그 역사성을 확인하려는 중국 학계의 경향에 대해서 비판적인 검토를 했다(2020b). 또한 고고 물질문화에서 큰 차이를 보여주는 요서 지역의 하가점하층 문화와 상문화 간에 계승 관계를 주장하는 중국 학계의 경향에는 하가점하층 문화를 잉태한 요하 유역의 요하 문명을 중국 문명과 연결하려는 의도가 깔려있으며, 이는 지역문화의 유구함과 우월성을 강조하는 지역주의의 혐의를 지울 수 없다고 파악했다(2021b). 심재훈(2020a)도 이리두 유적의 중국 고대국가 기원론에 대해 그 문화의 초기 국가적 성격과 하왕조와의 연관성 문제에 초점을 맞추어 문헌 증거와 고고학 증거를 검토하고 이에 대한 인정·불인정의 상반된 기존 해석을 정리하면서 아울러 중국 고대국가의 형성을 선사시대의 유산과 그 사회적 기억이라는 새로운 연구프레임에서 접근하는 리만의 시각에 주목하고 있다.

이상 6편의 논문은 중국 고대의 새로운 물질자료가 다량으로 출토되는 있는 현재 시점에서, 섣불리 고고학의 성과를 역사학의 사실 증명으로 연결하려는 중국학계의 경향을 비판적으로 검토하는 성과이지만 마찬가지로 우리 학계도 이러한 경계에 귀를 기울일 필요가 있을 것이다.

3. 중국 고대 신화와 상징에 대한 연구

중국 고대의 신화와 상징에 대한 연구도 상당수 확인할 수 있었다. 먼저 심재훈은 명청 시기 편찬된 『산서통지』3종에 언급된 사묘·능묘 등의 사적을 분석 대상으로 삼아, 기억사의 관점에서 요·순·우 사적의 추이를 정리하면서, 고대에 창출된 요·순·우에 대한 문화적 기억이 산서성을 중심으로 중국 각지에서 다양한 모습의 역사로 물리적으로 구축되는 과정을 살펴보았다(2021b). 또 기원전 3500년 경 메소포타미아에서 출현하는 상상의 동물 그리핀이 중국으로 전해지는 시기를 기원전 12세기까지 소급하면서, 삼성퇴 유적의 신수(神樹)와 서아시아에서 유행한 생명의 나무와의 유사성, 기원전 2000년 경 감숙성 제가 문화와 남시베리아 우랄산맥 서쪽 지역 세이마-투르비농의 금속 문화 간 고고학적 연관성 등을 함께 살펴보고 보다 이른 시기 동서 문명 교류의 가능성을 제시하기도 했다(2021c).

안승우(2020)는 고대 동아시아 신화 중 비황제(非黃帝)·비주(非周) 계열의 신화라고 할 수 있는 소호와 예 신화에 나타난 새와 태양의 상징을 통해 고대 동아시아인들의 하늘과 인간의 관계에 대한 원시 신앙의 사유를 살펴보면서, 아울러 새와 태양이 융합하면서 태양을 하늘과 땅을 오르내리는 새의 모습과 일치시키는 사유를 분석했다. 정애란은 신석기시대에서 상주시기까지 동물 문양이 가지는 종교적인 상징 의미와 정치 권력의 목적 등을 분석해서, 대표적인 동물 문양인 수면문(獸面紋)·용문(龍紋)·봉조문(鳳鳥紋) 등이 일종의 신물·신령으로 체계화·계통화되어 숭배되었음을 정리하고(2020a), 또 상주시대 무(巫)의 성격과 정치·사회적 역할과 지위가 변화하는 양상도 살펴보았다(2020b). 임현수(2020)는 서주시기 금문과 문헌자료를 통해 신과 인간과 동물 범주의 특성 및 유동적인 상호 관계와 변형의 가능성 등을 분석했다. 이연주(2021)는 중국 고대 출토기물과 문헌자료를 토대로 올빼미의 이미지 변천 과정을 개괄했는데,

신석기시대와 상대에 올빼미는 경외와 숭배의 대상이다가 서주 시기 부정적인 이미지로 변하면서 춘추전국·한대에 올빼미는 악하고 추하며 불길한 새로 이미지가 고착되었다고 설명한다.

4. 갑골·금문자료에 근거한 상주사 연구

지난 2년간 상주사 연구는 갑골·금문 자료를 기본적으로 활용한 다양한 주제의 논문들이 발표되었다. 먼저 상대는 고문자학 방면으로 갑골복사의 내용을 분석한 성과가 4편 발표되었다. 김영현(2020)은 대학(大學)·우학(右學)·고종(瞽宗)·소학(小學) 등의 교육기관 및 교육과정, 교수자와 피교육자 등 상대 교육문화 전반에 대해 살펴보았으며, 김혁(2020)은 구우(求雨) 관련 복사를 통해 상대 구우 관련 제사에 한대 동중서가 주장했던 천인감응 이론의 원시 종교 형태가 이미 존재했다고 보았다. 이민영은 은허복사 중 중간시기인 3조 하조(何組)와 마지막 시기인 황조(黃組)의 점사를 분석하여 그 변화상을 확인했다(2020, 2021).

서주사의 경우 예년과 크게 다를 바 없이, 현재 꾸준히 활동을 해오고 있는 김정열, 이유표의 연구를 중심으로 발표되었다. 먼저 김정열은 출토자료를 통해 상주 교체기 대량으로 발생한 상 유민이 서주 사회에 다양한 형태로 해체 재편되어 수용되는 양상을 확인하면서, 상 유민의 해체와 수용이 씨족 단위로 진행되었다는 전통적인 통설에 의문을 제기했다(2020b). 이어서 초기국가 시기 청동 원료의 생산지와 소비지, 청동기의 생산 주체 등을 분석하여 국가 주도의 청동 원료 관리와 통제를 확대해서 평가할 수는 없다고 했으며(2021a), 또 서주 중기 이래 청동 예기에 나타나는 일련의 변화를 왕실 주도의 의례 개혁으로 보는 기존 해석을 비판하면서 당시 청동 예기를 영위한 사람들의 문화적 전통과 세계관·인간관의 진보, 사회질서의 변화가 완만하지만 일정한 청동 예기의 변모를 이끌었다고 파악했다(2021c).

이유표는 견융(犬戎)이라고도 불리는 험윤(玁狁)과 서주 사이 일련의 전쟁 기록을 전래문헌과 출토문헌을 중심으로 검토했으며(2020a), 또 서주 공왕 시기 기물인 토산반(土山盤) 명문의 분석을 통해 서주시기 오복·구복과 같은 명(名)으로서 '복제(服制)'의 존재가 증명되지 않지만, 주 왕실과 지방정치체 사이에는 지리적 입지에 따른 직사(職事)와 공납의 의무를 규정하는 '복제'의 내용, 실(實)은 존재했다고 보았고 이러한 실은 춘추전국시대 사상가들이 이상적인 오복·구복제도를 설정하는데 중요한 근거가 되었을 것으로 보았다(2021a).

5. 역사와 사상의 변주로서 춘추전국시대 이해

지난 2년간 춘추전국시대 연구는 금문·간독 등의 출토자료에 대한 접근을 기본으로 역사·사상 방면에서 연구가 활발하게 진행되었다. 이 시기의 연구로 먼저 심재훈(2021a)의 논문을 언급하지 않을 수 없다. 2008년 청화대학이 입수한 약 2,500매의 『청화대학장전국죽간』은 2022년 현재 11집까지 출간되면서, 서주 이래 선진사 연구에 획기적인 신자료로서 중요성을 더해가고 있고 국내 학계에서도 관련 연구가 활발하게 진행되고 있다. 이중 청화간(2)에 수록된 〈계년(繫年)〉은 주 왕실 동천 및 춘추 초 역사에 새로운 내용을 전하고 있는데, 심재훈은 〈계년〉기록에 바탕 해서 진 문후가 평왕을 데려와 즉위 전까지 머무르게 했다는 '소악(少鄂)'의 위치를 남양(南陽)으로 비정한 후, 평왕 동천의 전 과정을 감숙성 동부 서신(西申)으로의 1차 망명 → 남양 지역의 신(申, 소악)으로 2차 망명(제1차 동천) → 섬서성 경사(京師)에서 즉위 → 성주(成周)(제2차 동천)으로 재구성하고 있다. 〈계년〉과 같이 전래문헌과 상충하는 내용이 담긴 신출자료의 발견은 중국 고대사의 새로운 해석과 재구성의 가능성을 열어 놓으면서, 한편 양자 간의 모순을 어떻게 정합성 있게 해석할 것인가? 양자 간에 사료의 신뢰성을 어떻게 부여할 것인가? 등의 문제에 직면하게 한다. 심재훈의 연구는 신출 자료의 사료적 가치를 긍정하면서도 전래문헌과 상호 보완적으로 해석하려는 시도로서, 계속해서 다량으로 나오고 있는 중국 고대 출토자료를 활용하는데 시금석이 될 만한 연구 방법이라고도 할 수 있다.

또 심재훈(2020c)은 청화간(7)에 수록된 춘추시대 진과 관련된 문헌 〈진문공입어진(晉文公入於晉)〉에 대한 역주를 하면서, 여러 해석상의 쟁점을 정리하고 〈진문공입어진〉에 언급된 전시 깃발 규정을 『주례』의 규정과 비교하여 전자에 더 원초성이 보존되어 있음을 논증해서 그 사료적 가치를 긍정하기도 했다. 이재연·박재복(2020)도 청화간(6)의 〈정무부인규유자(鄭武夫人規孺子)〉에 대한 역주와 함께 춘추 초 환공－무공－장공으로 이어지는 정(鄭)의 군주 계승 양상에 대해 고찰했는데, 모자간 불화가 두드러졌던 전래문헌과는 달리 장공이 어머니 무부인의 말에 순종하는 모범적인 서사는 본편이 후대에 창작 전승된 이야기일 가능성을 시사한다고 보았다.

한편 출토자료로서 청동 기물을 분석하는 연구도 다수 발표되었다. 먼저 민후기는 북경 유리하(琉璃河) 연도(燕都) 유지 발굴 유명(有銘) 청동기의 분석을 통해서 연의 봉건 과정에서 인적 구성과 관할 범위의 측면을 재구성하고(2020a), 또 춘추 초 감숙·섬서·산서·하북·북경·천진·요녕·내몽골 등 서·북 지역과 산동 반도 대청하 북쪽 지역의 청동기와 명문을 문헌 사료와 함께 분석하여 당시 서·북 지역 및 산동 반도 족국(族國)의 상황과 세력권, 주요 교통로 등을 확인했다(2020b, 2020c). 이성원(2020)은 중국 고대 청동기 주조의 다양한 성격을 제사공동체의 예기, 군사공동체의 무기, 삼성퇴 유적의 청동 고성왕상(古聖王像) 및 희생 두상, 청동 악기와 예악의 정립 등으로 각각 나누어 살펴보았으며, 배현준(2020)

은 연산산맥 이남 연 문화집단과의 정치적 교류 및 역학 관계에 따라 지역별로 다양하게 전개되는 전국시대 요서 지역의 청동 예기를 분석했다.

전국시대 제도사 방면으로는, 김동오(2020a)가 은작산한간 중 전국 제의 문헌으로 추정되는 〈수령수법등십삼편(守令守法等十三篇)〉을 중심으로 전국 제의 현 설치 조건 및 수전 원칙, 경제적 기능 등을 검토하여, 색부(嗇夫)를 중심으로 중앙집권 관료통치를 시도하고자 했던 전국 제의 현 설치 구상을 분석했다. 전국시대 각국의 '봉군제(封君制)' 연구를 진행해왔던 이용일은 군사적 목적을 강하게 가진 전국 진과 초의 봉군제의 성립과 존재 양태를 각각 정리하면서 양자 간의 차별성도 함께 확인하고 있다(2021a, 2021b). 우근태(2021)는 정통성 확보의 측면에서 청동기 명문과 진간 등에서 언급하는 진의 '제하(諸夏)' 관념의 변화를 춘추에서 전국, 통일 진시기에 걸쳐 살펴보았다. 선진시기 법제 방면 연구는 거의 찾아보기 힘든데, 강윤옥(2020)은 1965년 출토 〈후마맹서(侯馬盟書)〉를 통해 서주·춘추의 예제에서 전국·진의 법제로 전환되는 과도기 법률 양식의 변화를 찾아보았다.

지난 2년간 선진시기 사상 방면에서도 다양한 주제의 연구성과가 발표되었다. 주목할 만한 경향으로는 출토자료에 근거해서 선진시기 신화적 존재로서 고성왕에 대한 연구가 다수 발표되었다는 것이다. 성시훈(2021)은 서주시기 지상 세계의 개척자로 여겨졌던 우가 유가적 성현으로 변모하고 성왕의 계보에 편입되는 과정을 추적해서, 유교적 성왕으로 승화되어 전해지는 한 인물의 이미지는 사실 오랜 기간에 걸친 사상적 몸부림 속에서 변용된 뒤 고착된 것으로 보았다. 원용준(2020a)은 상박초간 『자고(子羔)』편에 나오는 우·설·후직 등의 신이로 태어난 탄생 신화를 분석하여, 이러한 신적 존재가 덕을 갖추어 천명을 받은 인간 순의 신하가 되는 자고편은 신화를 재료로 유교의 인문 정신을 선명하게 보여주는 저작으로 선진사상사에서 유교 인문 정신의 전개 양상을 새롭게 조명할 수 있다고 했다. 윤대식(2020)은 전국말 시대정신을 대표하는 『순자』에서는 기존 유가와 달리 성인과 성왕을 구분해서 사용하는데, 순자는 요·순으로 대표되는 전통적인 성인 개념을 계승하면서도 보다 현실적으로 통치자가 학습을 통해 삶의 합목적성을 각성하고 합리적인 불멸성을 획득하는 실천적 행위자로 성왕을 제시했다고 설명하고 있다. 윤무학(2021a)은 묵가의 변설(辯說)에 반영된 고대 성왕과 시·서의 개괄적 특징을 살펴보았는데, 이른바 "십론(十論)"을 선양하기 위해 상제와 귀신을 설정하고 고대 성왕의 사례와 아울러 시·서의 내용을 활용했다고 보았다. 이러한 묵가의 성왕 사례는 선진 유가와는 상당한 차이를 보여주며 묵자에 인용된 시·서의 자료는 다수의 일시(逸詩)와 일서(逸書)를 포함하고 문자나 배열이 다른 제자서와 차이가 있어서 당시 다양한 시·서의 판본이 존재했음을 알려준다고 했다.

출토자료의 분석을 통한 역학(易學) 관련 논문도 3편 발표되었다. 원용준은 지금까지 알려지지 않았던 중국 고대의 역으로 청화간·서법(筮法)에 담겨 있는 전국시대 역학 및 점술에 대해 한대 역학과의 관련성 속에서 분석했는데, 한대 상수 역학의 사상적 배경이 전국시대부터 존재했고 특히 상수역의 대표적 이론인 납갑법(納甲法)의 모태가 청화간·서법에서 확인된다고 했다(2020b). 또 현행본과는 다른 마왕퇴백서 『주역』 중 육십사괘 고괘(蠱卦)의 상구효와 몽괘(蒙卦)의 괘사 및 백서 『역전(易傳)』의 「이삼자문(二三子問)」편과 「요(要)」편의 내용을 통해, 전한 초까지 주역 텍스트가 확정되어 있지 않았으며 본래 점서로서의 성격이 강한 『주역』은 전국 말 이래 순자 문인들의 활동과 함께 유교화 과정을 거치게 된다고 했다(2021). 유원상·정진공(2021)은 『춘추좌전』 및 전국간 중 복서제도간(卜筮祭禱簡)을 분석해서, 점복 담당 정인의 위상 하락, 귀복에서 서구로 점구의 사용 변화, 점복의 절대 권위 상실 등의 동인으로 인해 본래 특정 지배층의 전유물이었던 점복이 전국시대 대중화·보편화의 과정을 겪게 된다고 했다.

한편, 2015년 안휘대학에서 입수한 약 1,167매의 전국 초간은 2019년 『안휘대학장전국죽간』(1)로 일부 공개되었는데, 그중에는 『시경』의 국풍 10편, 진풍 10편을 포함하고 있다. 안휘간의 『시경』간독은 일부이지만 전국 초 지역의 『시경』초본이자 가장 이른 시기의 『시경』텍스트로 『시경』학 연구에 매우 귀중한 자료의 발견이라고 할 수 있어서, 국내 학계에서도 관련 연구가 나오고 있다. 김정남은 안휘간의 『시경』간 중 관저(關雎)편을 전국시대 언어 습관을 토대로 전래본 『시경』의 관저와 비교 분석해서, 한대 유교 국교화 이전의 관저편은 본래 민간 가요 형태로 유행하면서 남녀 간의 애정과 혼인 중심으로 내용이 구성되었을 것으로 추정했다(2020a). 이어서 안휘간 『시경』과 전래본 『시경』의 문자 차이를 고찰하여, 전국시기 『시경』 텍스트와 한대 이래 전래본 『시경』 사이에는 언어 습관의 차이나 정치·사상적 상황 등의 이유로 많은 변화가 발생했다고 파악했다(2020b).

이밖에 김기주는 『시경』의 분석을 통해 제자백가 등장의 역사적 배경으로 비혈연적 질서의 영향력이 확대되는 춘추전국시기의 변화에 주목하면서, 이에 대한 제자들의 서로 다른 대응을 정리했으며(2020, 2021), 진성수(2020)는 『시경』의 음주시(飮酒詩)에 나오는 술의 종류와 술의 활용 사례를 통해, 주대의 술 관념과 음주문화가 주례의 중요 부분으로 흡수되는 과정을 확인했다.

선진시기 '천' '천명'에 관한 연구도 다수 확인된다. 김성재(2020)는 전래문헌과 출토자료에서 사용된 천명 용어를 화자와 청자로 구분해서 그 변화를 '속화(俗化)'의 측면에서 살펴보았다. 박성우·문치웅은 천과 명의 자형을 검토하여 내포된 의미를 파악하고 청동기 명문을 중심으로 출토자료와 전래문헌의 용례를 분석했으며(2021a), 아울러 선진 출토자료에 나타나는 '천'과 '천강(天降)'의 의미와 시기별 용례 변화 등을 정리하기도 했다(2020a, 2020b). 이종민(2021)은 유교의 관점에서 인문주의 시각이 강조되었던 서주에 대한 전통적인 사유를 비판적으로 검토하면서, 천명이라는 천의 새로운 개념 변화에 대해서 살펴보고 있다. 이와는 별도로 김정남·문치웅(2020)은 갑골문 이래 전국문자까지 시기별로 '신(神)'자의 자형 및 의미 변화를 출토자료를 중심으로 확인하기도 했다.

선진 오행사상에 대한 연구도 3편이 발표되었다. 박성우·문치웅(2021b)은 갑골문·금문 용례를 중심으로 오행의 골간과 구축, 변천 과정을 분석하여, 오행설은 후대의 관념이고 오행의 원시 형태는 주로 오방이라는 공간 방위의 관점에서 주로 사용되었다고 했다. 윤무학·안소윤(2020)은 오행의 기원을 선사시대와 하상주 삼대로 각각 구분해서 살펴보고, 진한대에 이르러서야 음양과 함께 인간과 우주 만물의 생성 변화 및 분류의 표준으로 정립되었다고 보았다. 또 윤무학(2021b)은 춘추전국시대 오행의 원시적 배속 및 상호 관계를 『좌전』과 『국어』를 중심으로 검토해서, 전쟁과 같은 현실적 필요성에서 비롯하면서 유가를 비롯한 제자백가의 천인관계론에도 영향을 주었던 것으로 파악하고 있다.

선진시기 텍스트 성립에 관한 연구로, 김준현(2020)은 『주례』의 저작 시기 및 저자에 대한 기존 설을 검토한 후, 『주례』는 특정 시기 특정인이 아닌 서로 다른 시기 다수의 저자가 저술한 것이며 『주례』의 저술 목적은 역사적으로 실재했던 관제가 아니라 이상적인 국가 모델을 제시하는 것이라고 했다. 유현아(2020)는 은작산한간 등 출토자료에서 확인되는 『안자춘추』의 내용 및 『안자춘추』에 사용된 어법과 어휘를 선진 문헌과 비교해서, 기존에 위서 여부 및 성서시기와 관련해서 논란이 많았던 『안자춘추』를 전국 중후기 완성된 것으로 보았다.

이밖에, 임태승(2020)은 주대 토지 봉건 영역의 실체와 관념을 『논어』에 나오는 방국(邦國) 용례의 분석을 통해서 설명했고, 김동진(2020)은 선진 제자의 사상가들이 원과 네모를 그리는 도구로 사용했던 규구(規矩)

를 국가 운영이라는 주제와 연결하면서 원만·방정·공평 등의 긍정적인 이미지로서 인식하여 자신의 학설에 대한 논거나 개념을 설명하기 위한 이상적인 의미 전달의 매체이자 매개물로 선택했다고 보았다. 빈동철(2021)은 전국시대 다양하게 전개되는 '성(性)'에 관한 담론에 대해 맹자와 순자의 논의를 중심으로 사상사의 맥락에서 분석하고 있으며, 이승율(2021)은 유가 효치(孝治) 철학의 역사적·철학적 성립조건을 정리한 후, 통치자에게도 효의 실천을 요구한다는 점에서 법가의 전제주의 정치철학과는 지향하는 바가 다르다고 했다. 이연정(2021)은 공자의 도를 계승하는 선진 유가의 도통 의식을 검토하는데, 정통(政統)의 입장에서 인의지통(仁義之統)인 맹자와 구별되는 순자의 예의지통(禮義之統)을 전국말 시대상황에 직면하여 패도를 수용하는 현실적 이상주의로 설명했다. 정병섭(2020)은 『예기』 '의(義)'6편 「관의(冠義)」「혼의(昏義)」「향음주의(鄉飮酒義)」「사의(射義)」「연의(燕義)」「빙의(聘義)」편의 기문(記文)을 분석하여, 후창·대덕·대성 같은 한대 경사(經師)들의 강론 자료가 『예기』로 유입되었을 가능성이 높다고 보았다. 정소영(2021)은 『춘추좌전』의 춘추경 해석 방식을 '이사해경(以事解經)' 즉 서사주의의 맥락에서 이해하면서, 춘추의 역사정신은 서사의 문장과 고사의 줄거리 사이에 존재하는 내재적 관계 속에서 사실과 가치의 통합적 경계를 지향한다고 했다.

Ⅲ. 秦漢史 연구 동향

1. 진한제국의 통치질서 : 행정제도

수호지진간 이래 용강진간, 장가산한간, 이야진간, 악록진간 등 진한 간독의 각종 법률·행정문서가 축적됨에 따라, 진한사 연구의 핵심 주제인 진한제국 통치 질서에 대한 연구는 다양한 측면에서 구체화, 심화되면서 미시적인 이해를 더해가고 있다. 지난 2년간의 관련 연구 중 행정제도 방면은 이야진간의 분석을 중심으로 하는 오준석, 김동오의 연구가 주로 진행되었다.

오준석은 먼저 진·한초 촌락 즉 리(里)의 존재형태와 구성원리 및 리의 직역과 통치방식에 대해 살펴보았다. 진한제국은 향리제(鄕里制)의 실현을 통해 일반 백성의 거주 공간인 촌락을 황제의 개별인신 지배가 미치는 공간으로 재편하고자 했고, 이정(里正) 및 이부로(里父老) 등을 향리 지배에 상당한 책임을 지는 보조역으로 자리매김함으로써 원활한 향리 지배를 꾀했다. 그럼에도 향리 촌락조직의 공동체성은 사라지지 않았고 이정 및 부로 등의 직역은 여전히 이민(里民)들의 정신적 지주로 남아있었다고 보았다(2020a). 또 진대 관리 교육제도로서 '이리위사(以吏爲師)'와 '사(史)'직에 대해서도 살펴보았는데, 진 통일 이후 이사가 주장한 '이리위사'는 황제가 제정한 율령과 관부의 명령에 순응하는 관리 및 지식인을 양성하여 사학(私學)을 배운 지식인을 대체하는 것을 목적으로 한 순민화(順民化) 정책으로 보면서 사직(史職) 관리를 중심으로 하는 문리 집단과 이들로부터 법령을 학습해 지방의 속리가 되고자 하는 제자(弟子) 집단이 다수 존재했음을 밝혔다(2020b). 그리고 전국시대 이래 권세가들의 사적 세력 집단으로 등장한 사인(舍人) 집단에 대해서도 살펴보았는데, 진제국은 이들을 직접 통제하려고 했지만 유력자와 결합한 사적 집단으로 계속 존속했고 이후 진말 반진(反秦) 집단의 중핵이 되기도 하면서 한대 문하리(門下吏)와 같은 공적 성격의 국가 관리로 변모해 간다고 보았다(2021a).

김동오는 이야진간 분석을 통한 진의 지방행정 연구성과를 집중해서 발표했다. 먼저 이야진간의 천릉리지(遷陵吏志)를 통해 진제국 시기 현 단위 이원(吏員)의 설치와 운용을 확인하면서, 속리 부족이라는 진제국 지방통치의 한계점을 파악하고 이를 한대 윤만한간 이원부(吏員簿)와의 비교를 통해 진·한 두 제국 지방통치의 공통점과 차이점을 찾았으며(2020b), 또 이야진간에 보이는 수관(守官)의 유형과 가리(假吏)의 의미에 대해서도 분석하면서, 수관과 가리의 존재는 속리 부족 상황에 대한 대응인 한편 통일 후 진 지방 행정의 한계를 보여주는 것으로 이해했다(2021a). 또 김동오는 진대 수졸(戍卒)의 다양한 유형과 운용에 대한 체계적인 분석을 한 후, 특히 진시황 32년 진의 영남(嶺南) 원정을 배경으로 천릉현의 군사력 배치에 일정한 조정이 있었다고 보았다(2021b). 그리고 이야진간의 진시황 35년 천릉현 전조(田租) 기록도 분석하여 진대 전조 징수에 관한 제반 사항을 정리했는데, 전조의 세율은 진대 1/10세로 알려져 왔지만 천릉현의 전조 기록은 거의 1/12세에 가까우며 진 중앙정부는 제국 전역에서 전조 기록을 포함한 상계문서를 받아 각 지역의 현황을 파악하고 이에 기반하여 제국 전체의 농업 정책을 판단했으며 관리의 고과에 반영하거나 검수의 상벌 기준을 제정하여 지방 말단까지 정책이 실현될 수 있도록 했다는 것이다(2021c).

2. 진한제국의 통치질서 : 율령 및 사법제도

지난 2년간 진한제국의 율령 및 사법제도에 관한 연구는 모두 8편이 발표되었다. 임중혁은 『악록진간』(4)와 (5)에 수록된 진령(秦令)을 분석하여 영 제정 과정의 정보가 남아있는 유형과 남아 있지 않는 유형으로 각각 구분해서 후자가 좀 더 율에 가까운 완성된 형태로 보았다. 진대 율령은 지속적으로 최신 내용으로 수정되는데, 특히 진 통일 이후 각종 제도의 필요에 따른 진령이 많으며, 통일 이전의 영은 많지 않은데 이는 율로 전환되었을 가능성이 있다는 것이다(2020a). 또 『악록진간』의 졸령(卒令)에 대해서도 기존 설들을 비판적으로 정리 검토한 후, 졸령의 졸을

췌(萃) 즉 취집(聚集)의 의미로 해석했다. 이는 졸령이 조서 등의 내용을 정리해서 우선적으로 모아놓은 것에서 확인되는데, 진대에 영은 그 소속된 영명(令名)을 확정할 수 없을 때 우선 졸령에 모아놓았다가 차후 다시 정리해서 관련된 영으로 편제했을 것으로 보았다(2020b).

임병덕은 진·한초 간독 법률문서에 보이는 무작자(無爵者) 공졸·사오·서인의 사례에서 진한율에 규정된 서인은 범칭이 아니라 특정 신분을 가리키는 전칭이라고 보았는데, 이는 『악록진간』(4)의 위졸율이나 치리율의 규정에서 이전·부로 및 소리의 임명에서 서인을 배제하는 데에서도 확인된다. 진한율의 사오 수렴시스템으로서 작제에서 전칭으로 규정된 서인은 서주 이래 문헌사료에 보이는 범칭으로서의 서인 개념과는 구별해서 이해해야 한다고 했다(2020). 이어서 진한율에서 '내지(耐之)', '당내(當耐)'로만 규정된 내(耐)에 대해 공적인 범죄는 내위사구(耐爲司寇), 공무가 아닌 일반 범죄는 내위예시첩(耐爲隷臣妾)으로 각각 다르게 처벌했다고 하면서, 사구를 남성, 작여사구(作如司寇)를 여성으로 각각 분리해서 이해했던 기존 해석과는 다르게 진·한초 율령에서는 성단용과 같은 형도에 대해 사구와 동일한 노역을 하게 했던 규정으로 이해했다(2021).

오준석(2021b)은 수호지한간, 호가초장한간 등 근래 출토자료에서 한율의 율전으로 확인되는 방률(旁律)에 속하는 전율(田律)에 대해 분석했다. 전률은 향읍이 아닌 전야 지역에서의 각종 사항에 대한 규정이지만 전야 관리와 관련 없는 율문도 포함되어 있다. 이는 정률(正律)에 이어 부가율로 방률을 만드는 과정에서 나타난 특징으로 방률은 형사법 위주의 정률이 고정된 후 국가의 경제 사회 가정 제사 관련 조문 중 필요한 것들을 모아서 만들었기 때문에 다른 분야와 중복된 조문이 포함되었을 것으로 보았다.

금재원(2021a)은 수호지진간 법률문서가 관리의 공무 수요에 따라 초사·사용되었던 전형성과 더불어, 법률 사용 시기와 수장 시기 간 20년 이상의 차이가 나는 점, 그 사이 국가의 체제는 왕정에서 제정으로 전환되며 법률의 실효성이 상실되었던 점, 그럼에도 해당 법률문서가 수장에 선택되었다는 점에서 특수성을 가진다고 보았다. 이러한 특수성은 묘주 희와 그 가족의 혈연적 계승의식과 과거를 돌아보는 인간 사유의 발현에서 기인하는 것으로, 수호지진간 법률 문서는 그러한 관념을 대표하는 가전(家傳) 문서로 정의했다.

김종희(2021)는 진한대 사법문서인 핵서(劾書)를 중심으로 핵단계를 전후한 사법절차의 특징과 변화를 분석하고 있다. 치옥을 공식화하는 문건으로 핵서를 규정하고, 고와 핵의 차이점이나 핵단계를 전후한 진(診)·신(訊)·문(問)이 각각 어떤 차이가 있는지, 핵단계 이후 작성되는 체서(逮書)·징서(徵書)·계서(繫書)의 성격, 핵서와 국서(鞫書)의 비교 등 사법절차 전반에 걸쳐 해당 용어의 개념과 변화까지 면밀히 검토하여, 핵서의 내용이 엄밀해지고 치옥 내 핵단계의 비중이 높아지는 것은 한대 생산관리 방면의 색부 계통에서 문서 행정 방면의 사(史)계통으로 지방 관료체계의 중심이 변화하는 것과 관련이 있다고 보았다.

방윤미(2020)는 진한대 치옥절차에 대해 고발·조사 단계와 판결단계의 법률용어를 정리하면서, 판결단계의 논(論)·결(決)·단(斷)을 분석하여 각각의 단계별 법률 적용의 기준 시점을 구별하고 있다. 특히 신율령 적용의 상황에서 날짜를 기준으로 판결할 때는 결, 처벌의 무게를 기준으로 판결할 때는 단, 문제가 있는 안건을 다시 판결할 때는 논을 쓰는 등 모두 판결의 의미이면서도 각각 다른 맥락에서 다르게 쓰이는 점에 주목했다. 일반적인 치옥 절차에서는 세분해서 사용하지 않지만, 신율령 적용이나 사면과 같이 특별히 판결 시점을 정하여 법을 적용할 때는 논·결·단을 구별할 필요가 있었고 여기에는 직무상 판결 권한의 문제나 정무적 판단도 결부되어 있었다고 파악했다.

3. 진한제국의 '공간'에 대한 인식

진한제국의 통치질서에 대한 연구는 제국의 방대한 영역을 중앙에서부터 변경에 이르기까지 공간을 어떻게 인식하고 장악했는가의 관점에서 역사지리적인 접근을 하지 않을 수 없다. 국내 학계에서도 이러한 측면에서의 연구가 근래 활발해지고 있는데, 지난 2년간에도 적지 않은 성과가 나와서 고무적이라고 할 수 있다.

먼저 주목할 만한 연구로는 제국의 통치 인프라의 관점에서 일련의 연구를 계속하고 있는 금재원의 논문이다. 금재원은 전한대 황하에서 회수로 이어지는 홍구 수계를 아우르는 양(梁)·초(楚)지역에 주목하여 그 군국의 변천을 살펴보았다. 넓은 관점에서 홍구 수계의 연결 혹은 단절은 초한전 승패의 핵심이자 군현제의 확장, 제국체제 유지의 동력으로 작용했다는 것이다. 이를 한초 중앙정부가 홍구 동쪽 일부만 직할했던 예와 오초칠국의 난 및 한무제 시기 행정 구역 재편을 통해 홍구 수계가 장악되어 가는 과정을 통해 고찰함으로써, 군국제가 점차 허울만 남고 실질적인 군현제로 전환되었던 것으로 파악했다(2020). 또 전한 전기 남군(南郡)의 지역적 특징과 군현 통치 전개 과정에 대해서도 분석했는데, 남군은 진 통일 50여 년 전 이미 진의 군현으로 편입되었기 때문에 다른 초 지역과는 다른 순치(順治) 지역의 특징을 보여주며 군사 지정학 방면에 있어 한은 남군에 기초해서 남방 지역으로 군현을 확장했다. 그 과정 끝에 무제 원수 2년 강하군 설치와 더불어 군국 대치국면은 종료되고 제후국과 접했던 남군의 변경적 특성도 소멸된다고 설명한다(2021b). 이와 같은 연구는 진한제국의 지방 군현제 연구에 있어 지정학적 요소에 주목, 분절적으로 지역성을 이해하고 그러한 각각의 분절된 지역성이 조합된 제국을 이해하고자 하는 시도로서, 진한제국의 본질에 접근하는 또 다른 의미 있는 연구 방법론의 제시라고 볼 수 있다.

이와 함께 GIS 정보를 활용한 유영아의 연구도 주목할 필요가 있다. 유영아는 진한 시기 서북지역 성시(城市)의 형성과정 및 지리정보를 파악하기 위해, 성시 유지에 묘장까지 포함해서 분석하면서 진한 시기 북방사회의 지역성을 파악하고자 했다(2021a). 또 한대 서북지역 성시 유지를 GIS 기술을 활용한 공간분석을 통해 한대 성시의 입지 및 형성 과정에 대해 지형 등 자연환경의 조건이라는 측면에서 살펴보았는데, 지형의 경사도와 수계(水系)의 방향이 가장 많은 영향을 끼쳤을 것으로 보았다(2021b).

4. 진한제국의 변경과 대외 관계

제국 유지의 요체는 안으로는 치안(治安)이고 밖으로는 국방(國防)이다. 따라서 진한제국의 본질적인 측면을 이해하는 연구에서 제국의 변경대책 및 대외 관계 역시 중요한 주제라고 할 수 있다. 이 부분의 성과로, 김경호(2021b)는 문헌자료와 『현천치한간』 등 근래 출토자료를 통해 한과 서역의 교류에서 중요한 역할을 수행한 사자(使者)에 주목했다. 한에서 서역으로 파견간 사자는 유세·관상(官商)·출정·둔수·자객·화친·호송 등의 다양한 임무가 있었지만 궁극적인 목표는 한의 서역 지배와 서역 변경의 안정이었는데, 이러한 사자의 양상을 장라후(長羅侯) 상혜(常惠)를 통해 구체적으로 분석했다. 반대로 서역에서 한으로 파견한 사자도 현천치한간을 통해 사자의 다양한 주체, 사절단 규모, 이들에 대한 한의 접대 등 많은 내용을 알 수 있는데, 이들 서역 사자들은 자국의 정치적 문제를 해결하기 위한 목적도 있지만 주된 목적은 교역을 통한 경제적 실리의 획득에 있었다고 보았다.

권민균은 문·경제 시기 조조의 개혁조치에 주목하여 무제 때 한이 대외정책을 수정해서 수립하는데 중요한 방법적·제도적 기초를 마련해 주었다고 보았다. 조조의 국방정책 개혁은 첫째 흉노 기병에 맞설 새로운 군대의 양성, 둘째 변경 방어 및 흉노 공략에서 이민족의 이용, 셋째 사민실변(徙民實邊), 넷째 둔전 설치 등으로, 모두 무제 때 실현되어 한제국이 동아시아 국제 정치에서 주도권을 보유하게 되는 일련의 역사적 과정에서 조조의 개혁에 주목할 필요가 있다고 했다(2020b). 또 한대 '경계공간(境界空間)'으로서 돈황에 대해서도 살펴보았는데, 한 군현 지배 이전 돈황은 본래 월지·강·흉노 등의 이민족 거주 지역으로, 한이 돈황 지역을 지배하면서 내지의 통치시스템을 구현하고자 했지만, 이에 대한 현지인의 반발도 상당했고 과소의 통행도 엄격히 통제된 것은 아니어서 돈황 지역은 한이 전유하는 공간이 아니라 현지인과 서역인과 한인이 거주하고 왕래한 공유의 공간으로 성격을 규정했다(2020c).

5. 진한대 사회·경제사 연구

진한대 사회·경제사 방면 연구에서도 지난 2년간 다양한 주제로 일정한 성과가 있었다. 우선 한대 국가중심의 노동력 편제가 점차 민간으로 중심이 이동하는 변화에 천착해 온 이주현의 연구가 주목된다. 이주현은 전한 중기 이후로 국가의 인력 이용 방식이 문제시기 육형·무기 노역형 폐지, 입속수작, 수졸령 폐지, 사민실변 등 일련의 정책을 계기로, 도예 노동 중심에서 민간의 유상 노동으로 변화하는 과정을 살펴보았는데, 국가의 민간 인력 이용은 유상으로 군사 업무와 일반 업무에서 모두 나타나며 특히 운송 부분의 고용이 두드러진다고 보았다(2020a). 또 진·한초까지 대규모로 유지되었던 국유 인력인 도예 노동과 민간의 고용 노동 사이의 경제성을 비교하여, 문제 13년 형법개혁과 이후 고용 노동의 병행이 도예 유지의 재정적 부담과 밀접하게 관련 있다고 분석했다(2020b). 아울러 전한 중기 이후 본적지에서 떠나 객지에서 장기 거주하는 객자(客子)

· 객민(客民)의 등장에도 주목하여, 이들을 관리하기 위한 임시 호적으로 관에서 객자호적(客子戶籍)을 만든 것은 진·한초의 엄격한 본적지 중심 정책에서 전한 중기 이후 민의 이동에 대한 국가의 정책·관념에서의 변화를 배경으로 한다고 했다(2021a). 이주현은 이어서 근래의 진한 간독 법률자료를 이용하여 진한 시기 상업 활동에 대해서도, 시의 내·외부로 구분되는 상행위의 공간, 상인·민·관부로 구분되는 상행위의 주체, 시조(市租)로 명명된 상행위의 세금 등을 각각 살펴보고 진한 시기 국가는 시의 제도를 온전히 유지하면서도 물자 유통을 해결하기 위한 융통성을 가지고 있었다고 보았다(2021b).

김용찬은 진한대 국가 제사의 세속화 과정을 정리했는데, 진한대 군주의 대리인인 현관(縣官)이 제사 전문의 사관(祠官)을 대체하면서 국가 제사는 본래의 주술적·비의적인 성격을 벗어나 의례화·세속화되었다고 하면서, 그 중요한 수단은 율령과 유가 경전이었고 그 과정에서 전한말 이래 공자에 대한 제사가 국가 제사의 한 축으로 성장한다고 했다(2020). 또 현천치한간 중 선제 원강 4년 현천치에서 이루어진 닭의 반출, 반입, 매입 현황을 정리한 〈계출입부(鷄出入簿)〉를 중심으로 한대 육식의 변화에 대해 고찰해서, 전한 중기 이래 육식 소비의 증가와 이를 뒷받침하는 민간 생산과 공급의 확대를 추정해보기도 했다(2021).

송진(2020)은 악록진간, 장가산한간 등 출토자료의 재판문서에 나오는 다양한 사례를 통해서, 전국 진에서 한초까지 도망죄 처벌 규정 및 유민의 존재 양상과 자점(自占) 등 왕조의 유민 재편제 정책 등에 대해 살펴보았다. 오정은(2020)은 출토자료에 나오는 진한 시기 구구단의 내용을 구체적으로 정리하면서, 소리(小吏)가 산술(算術)을 학습하는 기초 교재이자 통계문서 등 행정업무의 필요 격식을 익히는 용도로 사용했던 실용성 높은 지식으로 파악했다. 이연승(2021)은 무위한간 등 출토자료에서 확인되는 한대 왕장제에 대해 노인에게 법적·경제적 특권을 보장해주는 복지와 경로의 의미를 찾을 수 있다고 하면서. 황제가 하사하는 2미터 전후의 구장(鳩杖)은 실용적인 지팡이라기보다는 황제의 권위 그 자체였으며 비둘기 조각에 효성과 경로의 의미가 부여되어 구장은 덕과 지혜를 가진 노인의 표상이 되었다고 설명하고 있다. 허명화(2020)는 한대 무덤 사당 화상석의 누각배례도(樓閣拜禮圖) 제사도상(祭祀圖像)에는 '사사여사생(事死如事生)'이라는 한대인의 영혼불멸 생사관과 효를 중시하는 유가사상이 반영되어 있는데, 조상제례를 지내는 묘제(墓祭)는 전한대부터 시작되어 후한 명제 이후로 확산되고 성행한다고 보았다.

6. 진한대 사상·의학·예술 등 방면 연구

진한 시기 사상·문화·의학·미술 등 여러 다양한 방면에서도 지난 2년간 일정한 성과가 확인된다. 먼저 전한 사상사 방면으로는 한의 유학 통치이념 제공자인 동중서에 대한 연구가 중심에 있다. 이수동(2021)은 동중서 『춘추번로』의 음양오행사상을 오상(五常)을 중심으로 살펴보았는데, 동중서 음양오행사상의 토대는 봄·여름·계하·가을·겨울 등의 오계(五季)로 규칙적인 자연의 질서가 자리하며, 여기에 인의예지에 신을 추가한 오상을 각각의 오계에 배속시키고 있다고 정리했다. 조원일(2020)은 동중서가 타고난 자연적인 본질로서 사람의 인성을 인식하면서 그 존재 근거가 되는 천에 음양이 있듯이 인성도 음양으로서 선악이 혼재하며, 따라서 군주에 의한 후천적인 교화를 통해서만 선한 본성이 구현되는 것으로 보았다고 정리했다. 윤지원(2020)은 동중서의 정치사상을 중심으로 한초 유학이 주류가 되는 지식지형의 변화를 개괄하고 있다.

예년에 비해 후한 시기의 사상사 연구도 여러 편 확인되고 있어 주목된다. 남영주(2021)는 한대 경학의 전수를 통한 경학 세가의 성장 과정을 후한대 3대에 걸쳐 박사가 되어 구양상서(歐陽尚書)를 전수하면서 관료이자 경사(經師)로서 정치문화를 주도했던 환씨(桓氏) 일가를 중심으로 살펴보고 있다. 박동인은 먼저 왕충에 대해서 도가로부터 원기일원론(元氣一元論)의 자연관을 수용하여 동중서 이래 금문 경학의 천인감응설을 비판하고 고문 독존을 주창했는데, 이는 황제권 약화, 미신적 풍토, 정치·사회 혼란 등 직면한 정치·사회·사상의 제반 위기를 극복하기 위해 후한의 유학과 정치를 재편성하기 위한 정치적 사유 방식이었다고 분석했다(2020). 이어서 정현에 대해서도 외척·환관이 득세하고 황제권이 약화되는 후한말의 정치·사회적 난맥상 속에서 황제권을 옹호하고 한왕조의 정당성을 뒷받침하기 위해 감생제(感生帝)설과 우주생성론의 참위 사상을 수용하는 주석을 달았다고 그 정치·사회적 의미를 찾고 있다(2021). 서정화(2021)는 후한대 역법 기록에서 인용되는『주역』건괘 문언전의 선천·후천 문장의 의미를 고찰해서, 역상(曆象)에서 선천 현상은 사실상 문제가 없는 명목상의 성어일 뿐이지만 세차운동으로 인해 발생하는 후천 현상 즉 역과 실제 태양의 운행이 맞지 않는 현상은 황제의 근심이 될 정도로 문제가 컸고 따라서 선천·후천관념은 군주가 천시(天時)의 날짜와 책력의 날짜를 딱 맞추어 절기에 맞게 국가 대사를 수행해야 한다는 통치철학으로 볼 수도 있다고 했다.

진한대 예술 문화 방면 연구도 여러 편 발표되었다. 김진순(2020)은 한대 고분 미술의 다양성을 이루는 각종 일월 도상의 유형을 복희·여와 일월상을 중심으로 분석하여, 복희·여와가 전한대에는 음양을 대표하는 신으로 해와 달을 상징하고 천상계의 중요한 선인이었지만, 후한 중기 이후 서왕모 중심으로 선계가 재편되면서 보조신으로 지위가 하락한다고 보았다. 박아림(2020)은 후한대 동북·북방·하서를 잇는 북부지역의 벽화묘는 전한 이래 관중 지역 벽화묘의 주제·소재·표현방법 등을 계승하면서 또 고구려 초기 고분 벽화의 연원을 찾는 데에도 중요한 의미를 가진다고 했다. 이화진(2020)은 한대 화상석과 화상전 등 화상 예술을 통해 장수무

·반고무·건고무 등 한나라 악무의 구조적 형태와 심미 특징을 분석해서, 풍부한 예술 풍격과 농후한 미적 특징을 갖추고 있음을 확인했고, 이송란(2020)은 전한 해혼후묘 출토 마구(馬具)의 동물 문양을 흉노 신화의 동물인 벨게트 구르스의 도상과 비교하여, 한과 흉노 간 미술 문화의 상호 영향에 대해 살펴보았다. 최국희(2020)는 중산정왕(中山靖王)의 무덤인 만성한묘(滿城漢墓) 출토 향구(香具)의 분석을 통해, 한대 향 문화를 예의상의 용도와 생활상의 용도로 구분하여 살펴보고 있다.

한편 의학 방면으로는 조용준이 수호지진간·주가대진간·공가파한간 등 진한 간독의 일서(日書) 자료를 각종 전래문헌 및 다른 출토자료와 비교해서, 오행 원리를 이용한 샤머니즘적 무의(巫醫)의 주술적 의료 활동으로 그 성격과 특징 등을 살펴보고 있다(2020, 2021a, 2021b).

7. 후한대 정치사 연구

후한대는 정치사 방면 논문으로 지난 2년간 3편이 발표되었다. 이대진(2020)은 후한대 황태후로 최장기간 집권하는 등태후(鄧太后)를 중심으로, 후한 황태후 임조칭제(臨朝稱制)의 성격과 구체적 실상을 살펴보았다. 등태후는 유학적 소양을 갖추고 실질적인 통치자로 자임하는 치자의식을 표출하면서 황제친정기나 다름없이 제방면에 걸쳐 적극적으로 장기간에 걸쳐 안정된 정치를 했는데, 등태후 임조칭제에 대해서는 당대부터 긍정·부정의 상반된 평가가 존재했다고 보았다. 정해인(2021)은 후한 말 원소 세력에 대해 한의 정통성을 인정하는 알소파(閼紹派)와 원소의 칭제를 도와 영달하려는 친위집단인 유소파(誘紹派)로 구분해서, 관도대전 이후 알소파는 소멸하고 원소 사후 유소파 내부에서 다시 주도권을 다투면서 원상파와 원담파로 분열하여 패망에 이르게 되는 과정을 정리했다. 홍승현(2020a)은 220년 위 문제 조비가 고향인 초에서 대향례(大饗禮)를 지내고 세운 〈대향비(大饗碑)〉는 한위 선양 직전의 기록물이라는 중요성을 가지는데, 그 이면에는 조비 즉위 과정에서 경쟁자였던 조식을 지지했던 초·패 출신들이 숙청되면서 군권을 장악하고 있던 초·패 출신들의 동요를 무마해야만 했던 사정이 존재했다고 분석하고 있다.

Ⅳ. 그 밖의 중국고대사 연구

1. 재난·환경사 연구

지난 2년간의 엄혹한 코로나 상황이 투영된 결과라고도 볼 수 있겠지만, 예년에 비해 중국고대사 방면에서도 재난·환경사 연구가 다수 발표되었다. 먼저 중국 고대 재이관·재이설 연구가 다수 발표되었다. 권민균은 『한서』 오행지 및 「홍범오행전」 등을 통해 반고의 재이관를 살펴보았는데, 전한대와 같은 제후왕과 외척의 발호를 경계한 반고는 동중서와는 달리 황제만이 아니라 열후·대신·외척의 권력도 재이를 통해 견제하고자 했다고 보았다(2020a, 2021). 홍승현은 『속한서(續漢書)』오행지의 재이론을 분석했는데, 오행지 서의 구조와 유소(劉昭) 주를 통해 후한 말 신비성이 더 농후해지는 정현의 천인상관설을 고찰하고(2020b), 이어서 『속한서』오행지의 사마표 원문은 신비주의와 일정한 거리를 두지만 유소의 주는 예점화(豫占化)의 경향이 뚜렷하고 참위서의 인용이 두드러지는 것으로 보았다(2020c). 또 홍승현(2021)은 중국 고대 재이설의 기원과 성립도 개괄했는데, 한대 동중서에 의해 체계적으로 완성되는 재이설은 기존의 다양한 재이설을 종합한 것으로 천에 대한 경외와 경덕적(敬德的) 태도는 유가에 기반하는 것으로 이해되었지만 군주의 통치행위에 상벌을 내리는 인격적 지상신의 존재는 오히려 『묵자』에서 처음 확인되며 재이설의 또 다른 요소인 경덕적 태도는 맹자에게서 찾을 수 있다. 따라서 재이설의 기원을 묵자와 맹자 양쪽으로부터 찾을 수 있다는 것이다.

김종석(2021)은 중국 고대의 다양한 재난 관련 자료를 검토하여 고대인들의 재난 인식과 대응 및 극복 등을 살펴보고 있다. 재해 인식은 한대 천인상관론에 따른 재이설로 종합되는데, 이는 은대의 상제와 무축왕(巫祝王)의 관계에서 기원해서 묵자의 천론으로 계승되는 신에게 기원을 드려 재난을 해결한다는 사상과 군주의 도덕적 통치행위로 재난을 해결할 수 있다는 유가적 재난 구제법이 혼합되어 발전한 것이다. 그리고 이러한 주류문화의 재난관과는 달리 신화나 장례 제도 등에서 볼 수 있는 비주류·민간의 재난 인식은 사후 세계의 영원한 삶을 추구함으로써 현세의 재난을 극복하는 방편으로 삼으려고 했다고 설명한다.

한편 중국 고대 재난·환경사 방면 연구로, 김석우(2019)는 한대 유교 이념의 확산과 한랭화로 인한 생태 환경의 제약은 황정(荒政)의 우선 순위를 달리하는 대책의 차이를 가져왔고, 그 결과 한제국은 황정이 우선적으로 시행되는 내군과 그렇지 않은 변군으로 분리되어 주변부 군현은 변군으로 차별화되어 중국의 밖으로 이해되었다고 분석했다. 박종한(2020)은 선진시기 중국 문명 형성의 핵심 공간인 황하 유역의 기후 환경이 식량 생산과 인간의 삶에 우호적이었다는 입장에서 기후학·동물고고학·식물고고학·인구학 분야의 연구성과를 정리해서 입증하고 있다. 즉 선진 시기 황하 유역의 기후 환경은 오늘날보다 2도 내외 높아서 상대적으로 장강 유역에 비해 인간의 삶에 더 우호적이었지만, 그럼에도 급격한 기후 변동에 시달리는 쉽지 않은 삶을 살아가고 있었다고 보았다. 조윤재(2020)는 신석기 후기 목곽묘 출현 이후 전한 중후기까지 관곽묘제는 목재를 주요 자재로 사용했지만 전한말부터 흙을 구운 도제 벽돌이 이를 대체하는 현상이 출현하는데, 이러한 묘제 변화는 기후 한랭화로 인한 식생의 변화, 소비 증가로 인한 삼림자원의 과도한 개발 등으로 인한 목재 고갈 현상에서 원인을 찾을 수 있다고 했다. 이어서 조윤재(2021)는 서주 이래 관중·중원지역에 도성을 두었던 왕조의 배도제(陪都制) 운용은 정치·군사·경제적인 통치상의 이유만이 아니라 대륙성 기후의 생활권역에서 오는 강수량·자연재해·수계 범람 등의 기후 변화에 대응하기 위한 조치로서 강구된 측면도 감안해야 한다고 보았다. 즉 황하 중류 관중 지역의 잦은 범람이 수운 교통을 교란함으로써 도성에 공급되는 물자·인력의 이동과 군사 방면의 운용에 막대한 지장을 초래하였기 때문에 배도를 구축하여 이에 효과적으로 대응하고자 했다는 것이다.

2. 중국고대사 관련 교과서 내용 분석

한국과 중국의 교과서에 서술된 중국고대사 관련 내용을 분석한 논문도 각각 발표되었다. 이성원(2021)은 2019년 검정 『중학교 역사 ①』 교과서의 중국 고대사 부분을 분석하여, 개선된 점과 문제점 등을 언급한 후 출토자료의 보완 등 향후 보완할 점을 제시했다. 이유표는 2019년부터 사용되기 시작한 중국 고등학교 국정 역사교과서 『중외역사강요』의 고대문명사 서술의 특징을 이전 검정 교과서와 비교 분석해서, 통일적 다민족 국가론과 인류운명 공동체라는 현재 중국의 지향성이 반영되어 있음을 확인하고(2020c), 또 중국 대학의 역사교육 교재로 가장 많이 쓰이고 있는 『중국사강요』의 2차례에 걸친 수정·보완 양상을 중국 고대사 서술 부분을 중심으로 살펴보면서, 교육 현장을 통제하는 방식의 현재 중국 역사교육 정책에 대해서 비판하고 있다(2021c).

3. 출토자료 및 문헌사료의 역주

지난 2년간 중국 고대 출토 간독 자료와 문헌 사료에 대한 역주도 활발하게 발표되었다. 출토자료로는 『청화대학장전국죽간』에 대한 역주가 꾸준히 나왔다. 청화간(5)의 「탕처어탕구(湯處於湯丘)」(김정남 역 2020)와 「탕재시문(湯在啻門)」(소동섭·박재복 역 2020), 청화간(7)의 「자범자여(子犯子餘)」(심재훈 역 2021)와 「조간자(趙簡子)」(신세리 역 2021)편이 각각 역주로 공간되었다.

문헌사료는 『사기』 예서(민후기 역 2021) 및 『한서』 오행지(권민균 역 2021)와 『후한서』 오행지(홍승현 역 2020a; 2020b; 2020c; 2020d; 2020e; 2021)에 대한 역주가 계속 나와서 참고할 만하다.

4. 기타

김경호(2021a)는 호남 지역 출토 간백을 개괄하면서, 간백학이라는 새로운 연구 방법과 현재적인 문제의식으로 동아시아 고전학 연구의 방향을 제언하고 있다. 김병준(2021)은 묘주 사후 승천(昇天)이라는 중국고대 벽화의 화제(畫題)가 동아시아 벽화의 보편성이 되었고, 이러한 보편적 화제가 고구려 벽화로 수용되는 속에서 시기·권역·화공에 따라 개별적이고 다양한 고구려 벽화의 특수성이 표출된다고 보았다. 김진우는 중국 고대 도량형의 전개와 맞물린 수량사의 변화를 정리하는 한편(2020), 『청화간』계년과 『북대간』조정서의 내용을 『사기』와 비교해서 사마천의 『사기』 본기 저술 의도를 찾아내고자 했다(2021).

그밖에 2020~2021년 2년간 국내 학술지에 중국고대사 관련 외국학자의 논문은 모두 43편이 게재되었다. 예년에 비해 상당히 증가된 분량으로, 주로 중국고대 출토 간독 관련 내용이며 비대면 국제학술대회에서 발표한 결과물이 상당수를 차지하고 있다. 지면 관계상 별도로 내용을 정리하지 않고 참고문헌에 각각의 논문 서지사항을 정리해서 수록하는 것으로 대신한다.

Ⅴ. 맺음말

2020~2021년 엄중한 코로나 팬데믹의 상황에도 우리 학계는 비대면 방식에 적응하여 해외 학계와 활발하게 학술교류를 하면서, 또 의미 있는 다양한 연구성과를 발표했다. 이미 서론에서 밝혔지만, 엄밀한 의미에서의 중국고대사로 국한하더라도 학술 저서에서 일반 연구논문과 역주논문 및 자료소개에 이르기까지 다양한 형태의 의미 있는 성과가 축적되어 한 걸음 더 나아갔다고 해도 과언이 아닐 것이다.

더욱 의미 있는 것은, 기존 학문의 경계를 넘어 융복합의 추세로 전환되는 '중국고대학'으로의 경향이다. 이러한 전환의 가장 중요한 매개물은 당연히 청동기물, 간독 등의 중국고대 출토자료이다. 이러한 자료가 공유되면서 중국고대를 연구하는 연구자들은 전공을 불문하고 다양한 방법론을 모색할 수밖에 없으며, 이런 과정에서 점차 학문의 경계를 넘어서 협업의 노력을 통해 융·복합의 '중국고대학'이 가능해질 것이다. 우리 중국고대사 학계도 이러한 추세 속에서 새로운 자료를 가지고 새로운 방법론을 모색하면서 한 걸음 한 걸음 연구 수준을 제고해 갈 것으로 기대된다. 그리고 이러한 과정에서 무엇보다 필요한 덕목은 타 학문에 대한 편견을 버리고, 열린 학문을 향해 소통하는 태도일 것이다.

| 참고문헌 |

1. 학술서적

국립중앙박물관. 2021.『중국 고대 청동기, 신에서 인간으로』. 서울: 국립중앙박물관.

구성희. 2021.『한국인이 좋아하는 중국고대사』. 서울: 민속원.

김진우. 2021.『동아시아 고대 효의 탄생－효의 문명화 과정－』. 고양: 평사리.
송진. 2020.『중국 고대 경계와 그 출입』. 서울: 서울대학교 출판문화원.
윤재석 편저. 2022.『중국목간총람(상)(하)』. 서울: 주류성.
이성규. 2020.『數의 帝國 秦漢: 計數와 計量의 支配』. 서울: 大韓民國學術院.
이성원. 2020.『황하문명에서 제국의 출현까지』. 광주: 마로니에.
임중혁. 2021.『고대중국의 통치메커니즘과 그 설계자들』. 파주: 경인문화사.

2. 학위논문 및 외국학자 논문

김용빈. 2021.「고본『죽서기년』성격 분석:『수경주』인용조를 중심으로」. 서울: 서강대 석사학위논문.
김종희. 2021.「秦汉地方司法运作与官制演变－以官府的集权化现象为中心」. 北京: 북경대 박사학위논문.
변수진. 2020.「秦代 農家의 家族類型과 家內經濟」. 대구: 경북대 석사학위논문.
소동섭. 2020.「商周시기 鄂의 역사지리 재검토 : 고문자와 전래문헌 誤讀의 함정」. 용인: 단국대 석사학위논문.
유창연. 2021.「秦代 縣吏의 任用과 '新地' 經營」. 대구: 경북대 석사학위논문.
이계호. 2020.「漢代 居延지역의 內地化와 경제구조의 형성」. 대구: 경북대 석사학위논문.
이재연. 2020.「西周時代 지배층 통혼의 성격」. 서울: 숭실대 석사학위논문.
이주현. 2020.「中國 古代 帝國의 人力 資源 편제와 운용」. 서울: 서울대 박사학위논문.
한주리. 2020.「秦漢시대 노약자 정책과 그 변화」. 서울: 서울대 석사학위논문.
高爭爭. 2021.「『史記』"謗書"說之補論—以「平准」「匈奴」「貨殖」「遊俠」四篇為中心」.『중국어문학지』. 7.
郭濤·史亞寧. 2020.「雲夢睡虎地漢簡文帝((前元)十年質日中的越人與安陸」.『중국사연구』. 127.
寧鎭疆. 2021.「先秦 禮典을 통해 본『論語』에 보이는 將命 두 용례에 대한 검토」.『목간과 문자』. 26.

戴衛紅. 2020a.「중국 출토 구구표 자료 연구」.『목간과 문자』. 25.

______. 2020b.「중한일 삼국 출토 구구단과 기층 사회의 수학 학습」.『중앙사론』. 52.

______. 2020c.「長沙五一廣場東漢簡所見亭長的職務犯罪」.『중국고중세사연구』. 56.

______. 2021.「투루판문서 중 論語 白文本－漢末魏晉南北朝 시기 論語의 연구 및 그 전파」.『목간과 문자』. 26.己魯家亮. 2020.「2017年 중국 대륙 秦漢魏晉 간독 연구 概述」.『목간과 문자』. 25.

路靈玉·閆愛民. 2021.「"營丘邊萊"辨與周王朝的"以齊制夷"」.『중국사연구』. 135.

李勇. 2020.「秦汉度量衡的大一统与社会互动」.『중국사연구』. 125.

劉樂賢. 2021.「居延新簡"益氣輕體方"考釋」.『동서인문』. 16.

凌文超. 2021a.「走馬樓吴簡"隱核波田簿"的析分與綴連」.『동서인문』. 16.

______. 2021b.「秦漢時期'里'·'單'과 '宗人'－嶽麓秦簡'識劫娓案'으로부터－」.『동서인문』. 17.

馬增榮. 2021.「長沙五一廣場出土東漢臨湘縣外郡「貨主」名籍集成研究」.『동서인문』. 15.

沈剛. 2021.「西北汉简所见军政系统官俸问题补遗」.『동서인문』. 16.

宋磊. 2021.「戰國秦漢司法演變中的空間因素 — 以「從俗而治」為中心的考察」.『중국사연구』. 135.

宋小華. 2021.「再论长沙走马楼西汉简牍的年代」.『동서인문』. 16.

舒哲嵐. 2020.「"告以罪刑"所見秦黔首法律素養與書吏記錄準則」.『중국사연구』. 126.

孫華. 2021.「광한 삼성퇴 유적 개론」.『동양미술사학』. 12.

熊長雲. 2020.「출토자료에 보이는 중국 고대의 數量詞와 量制」.『목간과 문자』. 24.

熊曲·宋少華. 2021.「長沙走馬樓西漢簡臨湘駕論血妻、齊盜贓案初探」.『동서인문』. 15.

閆強樂. 2020.「漢代廷尉治獄案例考」.『중국사연구』. 126.

閆振宇. 2020.「秦漢司法文書分類名稱簡論 — 兼談“爰書”·“奏讞書”·“劾狀”之名」.『중국사연구』. 128.

楊博. 2021.「前漢 海昏侯墓 출토 간독에 대한 기초적 고찰」.『동서인문』. 15.

楊小亮. 2021.「五一簡《從掾位悝言考實倉曹史朱宏、劉宮臧罪竟解書》」.『동서인문』. 15.

楊振紅. 2021.「秦漢券書簡所反映的“名計”制度」.『동서인문』. 16.

楊晉. 2020.「中國古代族刑制度芻議」.『중국사연구』. 124.

楊華·王謙. 2021.「簡牘所見水神與禜祭」.『동서인문』. 16.

楊兆貴·趙殷尙. 2021.「論錢穆對漢代『春秋』學的研究」.『중국학보』. 97.

王曉淑. 2021.「中國古代無訟思想探究」.『중국사연구』. 132.

賈麗英. 2021.「中韓日簡牘文書中的“再拜”“万拜”“万段”變遷」.『동서인문』. 16.

张德美. 2020.「西周时期权利救济研究」.『중국사연구』. 127.

張應平. 2020.「情理·義理·法理: 荀子法哲學的基本觀念結構」.『중국사연구』. 128.

張俊民. 2021.「敦煌小方盘城遗址出土残册散简刍议」.『동서인문』. 16.

周海鋒. 2021.「岳麓秦简“卒令”性质臆解」.『동서인문』. 16.

陳偉. 2021.「“有等比”與“比行事」.『동서인문』. 16.

陳侃理. 2021.「海昏漢簡『論語』初讀 - 전한 중기 論語學의 고찰을 겸하여 - 」.『목간과 문자』. 26.

陳坤. 2021.「論秦漢刀筆吏負面形象的塑造」.『중국사연구』. 131.

田純才. 2020a.「法律史視閾下的西漢酷吏研究」.『중국사연구』. 128.

______. 2020b.「法律史視野下的漢代循吏研究」.『중국학보』. 94.

鷹取祐司. 2021.「長沙五一廣場東漢簡牘·君教文書新考」.『동서인문』. 15.

藤田勝久. 2021.「漢代交通与傳喚、派遣的檄、符」.『동서인문』. 16.

Brian Lander. 2021.「從出土文獻研究早期中國的防洪和灌溉系統」.『동서인문』. 16.

3. 일반 연구논문

3.1 선사 및 상주시대

강인욱. 2021a.「홍산문화 출토 나비형 옥기로 본 선사시대 동북아시아의 생사관에 대한 시론」.『인문학연구』. 49.

______. 2021b.「청동기시대 고대 북방 유라시아와 동북아시아의 네트워크 - 전차의 확산을 중심으로 -」.『선사와 고대』. 66.

______. 2021c.「고조선의 성립과 대릉하 유역 중원 청동예기의 재해석 - 유라시아 청동기문화와의 관계를 중심으로」.『백산학보』. 120.

김봉근. 2021.「중국 동북지역 청동기시대 토성의 현황과 과제」.『고조선단군학』. 44.

김재윤. 2020a.「내몽골 홍산문화의 굽은 동물형 옥기 등장 시점 검토」.『인문학연구』. 45.

______. 2020b.「신석기시대 바이칼과 내몽골~길림 지역의 망상문토기 유형 비교 고찰」.『호서고고학』. 47.

______. 2021.「홍산문화의 연구사 검토 - 동산취 유적과 우하량 유적을 중심으로 -」.『한국신석기연구』. 41.

김영현. 2020.「甲骨卜辭로 본 商代 教育文化 研究」.『동아인문학』. 50.

김정열. 2020a.「근대 서양 학문의 도입과 메타모포시스 - 중국 증사주의적 고고학의 성립 -」.『숭실사학』. 45.

______. 2020b.「출토자료로 본 商 遺民의 해체와 재편 - 서주 핵심지역을 중심으로 -」.『중국고중세사연구』. 55.

______. 2021a.「중국 초기국가 시기 청동 원료의 생산과 유통」.『동양학』. 83.

______. 2021b.「중화문명탐원공정의 의의와 한계」.『인문학연구』. 50.

______. 2021c.「서주 '후기' 의례개혁론에 대한 비판적 검토」.『숭실사학』. 47.

김혁. 2020.「甲骨卜辭所見的商代求雨活動」.『중국학논총』. 70.

박진호. 2021.「중국 북방지역과 중원지역의 취락형태 비교 - 용산시대를 중심으로」.『동북아역사논총』. 74.

배현준. 2021a.「중화문명의 뿌리를 찾는 시작점, 염제」.『선사와 고대』. 65.

______. 2021b.「출토 유물로 본 후기 십이대영자문화와 연문화의 네트워크」.『백산학보』. 120.

______. 2021c.「홍산문화와 중원 앙소문화의 관계 고찰」.『동북아역사논총』. 74.

성경당·서소강. 2021.「최근 20년 간 중국 동북지역에서 발견된 청동기의 조사와 연구」.『숭실사학』. 46.

손준호. 2021.「중국 동북지역 청동기시대 석기 연구」.『강원사학』. 36.

심재훈. 2020a.「二里頭 중국고대국가 기원론의 딜레마」.『역사학보』. 245.

______. 2021b.「『산서통지』에 나타난 요순우를 기억하는 공간」.『역사학보』. 249.

______. 2021c.「중국에 나타난 그리핀과 문명의 동진」.『동양학』. 83.

안승우. 2020.「고대 동아시아 신화의 새·태양의 상징과 원시 신앙적 사유 고찰」.『공자학』. 40.

오강원. 2020.「중국 동북지역 점토대토기의 연대와 전개」.『영남고고학』. 87.

원중호. 2020.「우하량 유적 적석총의 축조 목적 再考」.『동양학』. 80.

이민영. 2020.「殷墟黃組卜辭占辭研究」.『중어중문학』. 82.

이민영. 2021.「殷墟何組卜辭占辭研究」.『중어중문학』. 86.

이연주. 2021.「중국 고대의 올빼미 이미지에 대한 소고」.『중국어문학』. 88.

이유표. 2020a.「'玁狁方興' - 서주와 험윤의 전역 기록 검토」.『한국고대사탐구』. 34.

______. 2020b.「夏文化의 함정 - '禹', '夏', '二里頭'의 관계 - 」.『중국고중세사연구』. 58.

______. 2021a.「土山盤 명문의 '服'과 西周시기 '服制'의 '名'과 '實'」.『중국고중세사연구』. 62.

______. 2021b.「하가점하층문화와 상문화의 계승관계에 대한 비판적 검토」.『동북아역사논총』. 74.

이청규·우명하. 2020.「紅山文化 牛河梁 玉器副葬墓에 대한 理解」.『한국상고사학보』. 107.

이후석. 2020.「요서지역 비파형동검문화의 전개와 교류 - 십이대영자문화를 중심으로 - 」.『한국청동기학보』. 27.

임현수. 2020.「西周 시기 신·인간·동물 범주에 관한 연구－청동기 金文 및 문헌 자료를 중심으로－」.『중국인문과학』. 74.

정애란. 2020a.「상고시대 동물형상의 종교의식형태와 상징적 의미 고찰－문헌상의 고고학 자료를 중심으로」.『율곡학연구』. 43.

______. 2020b.「商周時代 巫의 성격과 정치사회적 역할 및 그 지위」.『중국학논총』. 68.

최호현. 2020.「기원전 13~11세기 중원계 청동기의 북상과 연산산맥 남북지역의 청동문화」.『한국청동기학보』. 27.

홍지혁. 2020.「우하량 유적을 통해 본 홍산문화의 제사체계 형성과 변화」.『동북아역사논총』. 69.

3.2 춘추전국시대

강윤옥. 2020.「〈侯馬盟書〉記錄所見春秋時期法制」.『중국어문논총』. 98.

김기주. 2020.「혈연적 질서로부터 비혈연적 질서로: 춘추전국시대와 제자백가의 대응」.『철학연구』. 153.

______. 2021.「《書經》의 혈연적 질서와 그 의의」.『동아인문학』. 55.

김동오. 2020a.「戰國 齊의 縣 설치 구상과 그 성격－銀雀山漢簡〈守令守法等十三篇〉의 분석을 중심으로」.『역사문화연구』. 75.

김동진. 2020.「제자백가 저작에 등장한 規矩 연구」.『중국학』. 72.

김성재. 2020.「선진시대 중국 天命사상의 변화(I)」.『고조선단군학』. 43.

김정남. 2020a.「『詩經』「關雎」新解釋－안휘간(安徽簡)『詩經』을 중심으로」.『중어중문학』. 79.

______. 2020b.「安徽簡『詩經』과 전래본『詩經』의 문자 차이 고찰」.『중어중문학』. 82.

김정남·문치웅. 2020.「전래문헌과 출토문헌을 통해 살펴본 '神'자의 자형과 의미 변천」.『중국문화연구』. 49.

김준현. 2020.「『주례』의 저작 시기 및 저자에 대한 시론」.『태동고전연구』. 45.

민후기. 2020a.「燕 封建의 재구성－琉璃河 출초 有銘 청동기의 분석을 중심으

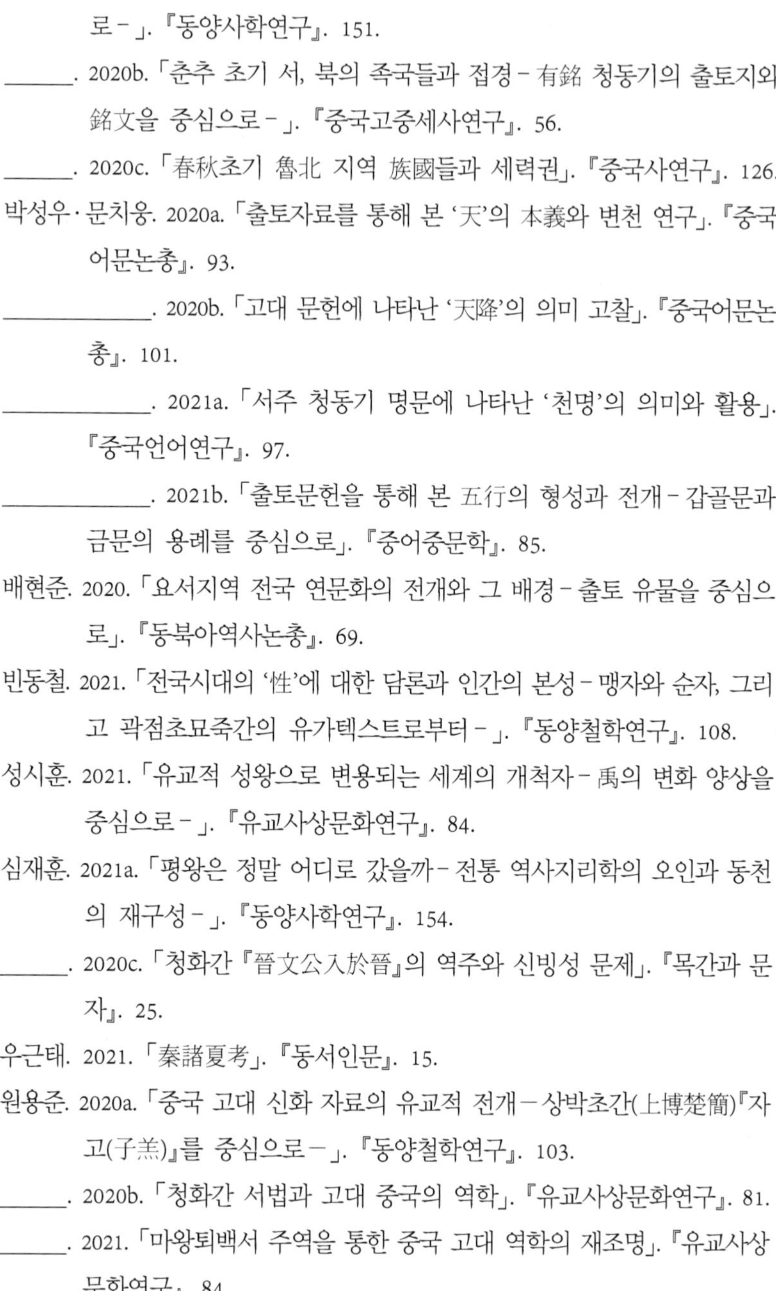

로-」. 『동양사학연구』. 151.

______. 2020b. 「춘추 초기 서, 북의 족국들과 접경-有銘 청동기의 출토지와 銘文을 중심으로-」. 『중국고중세사연구』. 56.

______. 2020c. 「春秋초기 魯北 지역 族國들과 세력권」. 『중국사연구』. 126.

박성우·문치웅. 2020a. 「출토자료를 통해 본 '天'의 本義와 변천 연구」. 『중국어문논총』. 93.

____________. 2020b. 「고대 문헌에 나타난 '天降'의 의미 고찰」. 『중국어문논총』. 101.

____________. 2021a. 「서주 청동기 명문에 나타난 '천명'의 의미와 활용」. 『중국언어연구』. 97.

____________. 2021b. 「출토문헌을 통해 본 五行의 형성과 전개-갑골문과 금문의 용례를 중심으로」. 『중어중문학』. 85.

배현준. 2020. 「요서지역 전국 연문화의 전개와 그 배경-출토 유물을 중심으로」. 『동북아역사논총』. 69.

빈동철. 2021. 「전국시대의 '性'에 대한 담론과 인간의 본성-맹자와 순자, 그리고 곽점초묘죽간의 유가텍스트로부터-」. 『동양철학연구』. 108.

성시훈. 2021. 「유교적 성왕으로 변용되는 세계의 개척자-禹의 변화 양상을 중심으로-」. 『유교사상문화연구』. 84.

심재훈. 2021a. 「평왕은 정말 어디로 갔을까-전통 역사지리학의 오인과 동천의 재구성-」. 『동양사학연구』. 154.

______. 2020c. 「청화간 『晉文公入於晉』의 역주와 신빙성 문제」. 『목간과 문자』. 25.

우근태. 2021. 「秦諸夏考」. 『동서인문』. 15.

원용준. 2020a. 「중국 고대 신화 자료의 유교적 전개－상박초간(上博楚簡)『자고(子羔)』를 중심으로－」. 『동양철학연구』. 103.

______. 2020b. 「청화간 서법과 고대 중국의 역학」. 『유교사상문화연구』. 81.

______. 2021. 「마왕퇴백서 주역을 통한 중국 고대 역학의 재조명」. 『유교사상문화연구』. 84.

유원상·정진공. 2021.「전국시대 점복의 보편화에 대한 소고－《春秋左傳》과 전국시대 卜筮祭禱簡을 위주로」.『중국어문논역총간』. 48.

유현아. 2020.「晏子春秋의 成書時期에 대한 고찰」.『중국문학연구』. 78.

윤대식. 2020.「순자 속 성인에서 성왕으로－통치와 자치의 경계 짓기－」.『태동고전연구』. 44.

윤무학·안소윤. 2020.「五行의 기원과 원시적 의미」.『동방문화와 사상』. 9.

윤무학. 2021a.「묵가의 辯說에 반영된 聖王과 詩書」.『동양철학연구』. 108.

______. 2021.「오행의 원시적 배속과 상호관계－좌전과 국어를 중심으로」.『율곡학연구』. 46

이성원. 2020.「고대 중국 청동기의 다층적 함의」.『대구사학』. 140.

이승율. 2021.「유가의 효치 철학과 효 일원주의」.『율곡학연구』. 45.

이연정. 2021.「선진시대 도통의식 검토－순자의 도통의식을 중심으로－」.『유교사상문화연구』. 86.

이용일. 2021a.「戰國時代 秦 封君制의 成立과 存在形態」.『역사와 경계』. 121.

______. 2021b.「전국시대 楚 封君制의 성립과 존재형태」.『비교중국연구』. 제2권제2호.

이재연·박재복. 2020.「청화간 鄭武夫人規孺子에 보이는 鄭나라의 군주 계승 양상에 관하여」.『중국고중세사연구』. 57.

이종민. 2021.「상주 전환과 천명의 진실－서주시대를 보는 시각」.『중국학보』. 98.

임태승. 2020.「주대 토지봉건의 실상과 공자의 방국 이해」.『유교사상문화연구』. 81.

정병섭. 2020.「『禮記』‘義’ 6편 記文의 특징에 관한 연구」.『유교사상문화연구』. 82.

정소영. 2021.「『春秋左傳』의 敍事主義와 역사정신의 통합적 경계－역사콘텐츠에 착안하여－」.『철학논총』. 106.

진성수. 2020.「『시경』의 음주시 연구」.『유교사상문화연구』. 81.

3.3 진한시대

권민균. 2020b.「漢初 鼂錯의 改革과 對 匈奴 政策의 변화」.『인문사회과학연구』. 제21권제2호.

______. 2020c.「漢代 '境界空間'으로서 敦煌의 性格」.「역사와 경계」. 115.

금재원. 2020.「前漢 시기 鴻溝 水系 교통의 재건－梁楚지역 郡國 변천을 중심으로－」.『중국고중세사연구』. 56.

______. 2021a.「家傳하는 簡牘문서－睡虎地秦簡 법률문서 성격의 제고－」.『중국고중세사연구』. 60.

______. 2021b.「前漢 前期 南郡의 지역성과 郡縣 통치의 전개」.『중국사연구』. 135.

김경호. 2021a.「前漢時期 西域 境界를 왕래한 使者들－敦煌懸泉置漢簡 기사를 중심으로－」.『중국고중세사연구』. 61.

김동오. 2020b.「秦帝國시기 縣吏 운용과 지방통치－里耶秦簡 遷陵吏志 분석을 중심으로－」.『중국고중세사연구』. 57.

______. 2021a.「里耶秦簡에 보이는 守官의 유형과 假吏의 의미」.『중국고중세사연구』. 59.

______. 2021b.「秦代 戍卒의 유형과 운용－〈里耶秦簡〉 분석을 중심으로－」.『중국고중세사연구』. 62.

______. 2021c.「秦代의 田租 징수－里耶秦簡 田租記錄 분석을 중심으로－」.『동양사학연구』. 157.

김용찬. 2020.「진한제국 국가제사의 세속화」.『중국고중세사연구』. 55.

______. 2021.「懸泉置 鷄出入簿를 중심으로 본 漢代 肉食의 변화」.『중국고중세사연구』. 61.

김종희. 2021.「秦漢代 劾書의 기능을 통해 본 治獄절차와 사법활동－劾단계 전후 사법절차의 비교를 중심으로－」.『중국고중세사연구』. 62.

김진순. 2020.「漢代 고분 미술의 日月 圖像 연구－伏羲·女媧 日月像을 중심으로－」.『동양미술사학』. 10.

남영주. 2021.「漢代『尙書』의 전수와 桓氏 一家의 역할」.『동아인문학』. 56.

박동인. 2020.「王充의 고문독존과 그 정치적 의미」.『율곡학연구』. 42.

______. 2021.「鄭玄의 讖緯理解와 그 사회·정치적 함의 - 감생제설과 우주생성론을 중심으로 - 」.『율곡학연구』. 44.

박아림. 2020.「중국 섬북과 내몽고지역 동한시기 벽화묘 연구」.『동양미술사학』. 10.

방윤미. 2020.「秦漢시대 治獄절차와 시점 - 論·決·斷을 중심으로 - 」.『중국고중세사연구』. 57.

서정화. 2021.「한대 천문역법 기록을 통해 본 '先天·後天' 의미 고찰 - 易과 曆의 가름과 조합에 대한 비근의 이해를 모색하며 - 」.『동양고전연구』. 84.

송진. 2020.「전국 진한초 왕조교체와 유민의 존재 양상」.『중국고중세사연구』. 55.

오정은. 2020.「秦漢시기의 구구단 - 少吏의 일상 업무에서의 그 가치를 중심으로 - 」.『중국고중세사연구』. 58.

오준석. 2020a.「秦漢初 촌락(里)의 조직과 통치방식 연구」『중국고중세사연구』 56. 서울: 중국고중세사학회.

______. 2020b.「秦代 '以吏爲師'와 '史'職의 위상」.『동양사학연구』. 152.

______. 2021a.「秦代 '舍人'의 존재 형태와 인적 네트워크」.『중국고중세사연구』. 59.

______. 2021b.「秦漢 田律을 통해 본 秦漢代의 律典 체계」.『역사와 세계』. 60.

유영아. 2021a.「秦漢시기 城市의 형성과정과 지리정보의 구축 - 서북지역 고고성지와 묘장의 분포양상을 중심으로」.『역사문화연구』. 78.

______. 2021b.「漢代 서북지역 城市의 분포에 나타난 특징: 취락유지의 GIS분석을 중심으로」.『숭실사학』. 46.

윤지원. 2020.「한초 지식지형의 변화와 유학 - 동중서의 정치사상을 중심으로 - 」.『유교사상문화연구』. 82.

이대진. 2020.「後漢 鄧太后 臨朝稱制의 性格 - 政治主導와 治者意識을 중심

으로－」. 『중국고중세사연구』. 58.

이송란. 2020. 「중국 前漢 海昏侯墓의 〈銀製一角獸文裝飾〉과 흉노의 벨게트 구르스(Belget Göröös)」. 『숭실사학』. 45.

이수동. 2021. 「董仲舒 『春秋繁露』의 陰陽五行思想 研究－五常을 중심으로－」. 『중국인문과학』. 79.

이연승. 2021. 「鳩杖, 노인에게 부여하는 황제의 권위: 한대 王丈制를 중심으로」. 『종교문화비평』. 39.

이주현. 2020a. 「前漢 중기 이후 國家의 인력 이용 방식 변화－인력 고용을 중심으로－」. 『동양사학연구』. 150.

______. 2020b. 「秦漢시기 國有人力 유지의 재정적 부담과 그 영향－도예 노동과 고용 노동의 비용 지출을 중심으로－」. 『중국고중세사연구』. 56.

______. 2021a. 「前漢 중기 '타지 거주자[客]'의 출현과 그 의미－漢簡의 客子, 客田을 단서로－」. 『중국고중세사연구』. 59.

______. 2021b. 「진(秦)·한(漢) 시기 상업 활동의 형태와 그 의미」. 『중국학보』. 95.

이화진. 2020. 「한나라 화상 예술에서 나타나는 악무 형태와 심미 특징」. 『인문과 예술』. 9.

임병덕. 2020. 「秦漢律의 庶人－庶人泛稱說에 對한 批判－」. 『중국사연구』. 125.

______. 2021. 「秦漢律의 耐刑과 司寇」. 『중국사연구』. 134.

임중혁. 2020a. 「嶽麓書院藏秦簡(肆·伍) 秦令의 編制 원칙」. 『중국사연구』. 124.

______. 2020b. 「嶽麓書院藏秦簡의 卒令」. 『동양사학연구』. 150.

조용준. 2020. 「睡虎地秦簡日書篇所見之祝由巫術考察」. 『인문과학연구』. 59.

______. 2021a. 「周家臺秦簡所見之醫療巫術考察」. 『중국고중세사연구』. 59.

______. 2021b. 「공가파(孔家坡) 한간(漢簡) 「일서(日書)」편에 보이는 주술적 의료 활동 고찰」. 『연세의사학』. 제24권제1호.

조원일. 2020. 「동중서의 인성론에 관한 연구」. 『중국학논총』. 68.

최국희. 2020. 「满城漢墓출토 香具를 통해 살펴본 한대 香文化」. 『동양미술사학』. 10.

허명화. 2020. 「한대 화상석에 반영된 조상 제례 연구」. 『역사와 세계』. 58.

정해인. 2021.「後漢 末 袁紹 勢力의 內部 分裂과 敗亡」.『중국사연구』. 134.
홍승현. 2020a.「〈大饗碑〉, 漢魏禪讓의 裏面」.『역사학보』. 245.

3.4 그 밖의 중국고대사(재난·환경사, 교과서 분석, 기타)

권민균. 2020a.「漢書 五行志를 통해 본 班固의 災異觀」.『중국사연구』. 125.
______. 2021.「漢代 五行學說史에서 洪範五行傳의 문헌적 가치와 의미」.『중국고중세사연구』. 60.
김경호. 2021b.「湖南 簡帛과 古典學 硏究의 새로운 가능성 모색 - 長沙 馬王堆 漢墓 帛書를 중심으로 - 」.『동서인문』. 17.
김병준. 2021.「경계를 넘어서: 동아시아 시각에서 본 고구려 벽화」.『아시아리뷰』. 제11권제1호.
김석우. 2019.「漢代 荒政의 경계 - 內郡 邊郡의 분리를 중심으로 - 」.『중앙사론』. 50.
김종석. 2021.「고대 중국의 재난관 형성과 변화 연구 - 재이(災異)를 넘어 재난으로 - 」.『동양철학연구』. 107.
김진우. 2020.「중국 고대 도량형과 수량사의 변화과정」.『목간과 문자』. 24.
______. 2021.「잊혀진 기억, 사라진 역사들, 그리고 각인된 하나의 역사 -『淸華簡』繫年·『北大簡』趙正書와『史記』의 비교를 중심으로 - 」.『중국고중세사연구』. 59.
박종한. 2020.「중국 선진시기의 기후 환경: 기후 변화와 코끼리, 벼, 인구 분포의 상관관계 탐색」.『중국어문학논집』. 120.
이성원. 2021.「2019 검정 교과서『중학교 역사 ①』의 분석 - 중국 고대사를 중심으로 - 」.『역사와 담론』. 97.
이유표. 2020c.「중국 고등학교 국정교과서『중외역사강요』의 고대 문명사 서술 특징」.『동북아역사논총』. 70.
______. 2021c.「중국 고등교육 역사 교재『중국사강요』의 편찬과 개정 - 노예사회, 봉건사회 서술을 중심으로 - 」.『문화와 융합』. 제43권 11호.
조윤재. 2020.「中國 秦漢時期 環境氣候變化와 西漢墓制 變遷과의 상관성」.

『호서고고학』. 45.
______. 2021.「중국 진한 시기 기후·수계환경 변화와 도성 입지 및 배도제 운영과의 상관성」.『호서고고학』. 48.
홍승현. 2020b.「『續漢書』「五行志」序의 구조와 劉昭注의 특징」.『중국고중세사연구』. 55.
______. 2020c.「『續漢書』「五行志」災異 해석의 특징」.『중국고중세사연구』. 57.
______. 2021.「중국 고대 災異說의 기원과 성립」.『사총』. 102.

4. 역주논문

권민균 역. 2021.「漢書 五行志 譯註 Ⅴ」.『중국고중세사연구』. 62.
김정남 역. 2020.「청화간《湯處於湯丘》역주」.『중국어문논총』. 101.
민후기 역. 2021.「사기 예서와 삼가주 해제와 역주」.『학림』. 48.
소동섭·박재복 역. 2020.「湯王과 伊尹의 새로운 이야기: 清華簡『湯在啻門』의 역주」.『동양고전연구』. 80.
신세리 역. 2021.「『清華大學藏戰國竹簡(柒)·趙簡子』注解」.『중국인문과학』. 79.
심재훈 역. 2021.「전국시대 사서류 문헌의 원형－청화간『子犯子餘』역주－」.『중국고중세사연구』. 59.
홍승현 역. 2020a.「後漢書 五行志 譯註 Ⅱ」.『중국사연구』. 124.
________. 2020b.「後漢書 五行志 譯註 Ⅲ」.『중국고중세사연구』. 56.
________. 2020c.「後漢書 五行志 譯註 Ⅳ」.『중국사연구』. 126.
________. 2020d.「後漢書 五行志 譯註 Ⅴ」.『중국사연구』. 128.
________. 2020e.「後漢書 五行志 譯註 Ⅵ」.『중국사연구』. 129.
________. 2021.「後漢書 五行志 譯註 Ⅶ」.『중국고중세사연구』. 59.

중국학계의 지식생산과 네트워크분석

◉ 서상민 ◉

Ⅰ. 서론

우리는 네트워크 세계에 살고 있다. 사회를 구성하는 개체 하나하나가 서로 연계되어 다른 구조와 체제를 구성한다. 그런데 현대정치학은 긴 시간 동안 방법론적 개체주의로 많은 문제를 분석하거나 해석해 왔다. 단순화하여 말한다면 사회적 현상을 개체 즉 개인으로 치환하여 분석하고 인과관계를 밝히려고 하는 것이 방법론적인 개체주의라고 할 수 있다. 정치학 분야에서는 대표적으로 이론으로 행태주의와 합리적 선택이론 등이 이러한 '방법론적 개체주의'에 근거한 전형에 포함된다(Buchanan and Tollison 1984). 이러한 이론들 대부분은 개인 차원에 개인의 행위와 선택의 원인을 밝혀냄으로써 사회와 정치제도 그리고 구조를 설명하려고 했다. 적어도 1960년대까지 정치학 분야에서 이러한 개체주의적 방법론이 지배적인 위치를 점했고 선거, 공공정책 등 개인의 정치적 선택과 관련된 연구에서 있어 상당한 성과를 거두었다. 그리고 1970년에 들어서면서 정치학은 개인의 심리적 특성보다는 한 커뮤니티 내에서의 '연결성'에 대해

---

* 이 글은 "사회연결망분석을 활용한 중국정치학계의 지식생산 분석", 『국가와 정치』28권2호(2022), pp.87-122 수정·보완한 것이다.

** 국민대학교 중국인문사회연구소 HK연구교수.

관심을 가지게 되었다. 관계를 중심으로 하는 네트워크 연구가 시작된 것이다. 관련하여 많은 관심을 받았던 주제는 정치인들의 사적인 인맥 조사를 통해 입법과정에서의 영향력 측정, 정치행위자들 사이에서의 일어나고 있는 '줄서기' 분석, 그리고 유권자들 사이의 네트워크가 선거결과에 미치는 영향 분석 등으로 대개 통계학적 연구와 함께 정치과정과 관련한 연구들이었다. 방법론적으로 본다면 행태주의 방법론을 대체하기보다는 이를 보완하고 보충하는 방법론으로써 입지를 잡아가기 시작하였다.

최근 컴퓨터 과학과 기술의 획기적인 발달과 소셜미디어의 폭발적인 발전으로 인해 정치학에서의 네트워크 방법론은 새로운 시기를 맞고 있다. 개인이 맺고 있는 사회적 연결 관계가 정치적 결과에 미치는 영향을 분석하기 위해 '연구대상'의 하나로써의 네트워크, 복잡하고 중첩되어 있는 관계를 분석하기 위한 '연구방법'으로써의 네트워크 등 정치학 연구에서 많은 주목을 받고 있다. 그동안 정치학에서 다루지 않았거나 다소 무관심했던 네트워크와 관련된 연구의 대상을 새롭게 발견하고, 연구주제와 질문들을 제기하면서 네트워크 방법론의 활용범위는 점차 확대해가고 있다(Nicoll 2022, 28-29). 그렇다고 정치학에서 개체주의적 방법론을 대체할 수 있는 방법론으로써 네트워크 방법론이 주류를 형성하고 있다고는 말할 수는 없다. 그리고 향후 네트워크 방법론이 정치학의 주류 방법론이 될 것이라고 예상하는 것도 거의 불가능하다. 달리 말해 정치학 분야에서 네트워크 방법론은 여전히 '정상과학'(normal science)을 대체할 수 있을 정도, 즉 "패러다임의 전환"(paradigm shift)을 논할 수 있는 단계에 훨씬 미치지 못한다고 단언할 수 있다(Kuhn 1962). 다만 2000년대 들어서면서 국제관계학 중심으로 하여 정치학 분야에서 연구의 그동안 설명하거나 분석하기 어려웠던 연구대상과 주제들에 대한 유용한 대안적 방법론으로써 활발하게 활용되어 연구되고 있음은 분명해 보인다(Maoz, Terris, Kuperman & Talmud 2005; Maoz 2012).

중국에서의 네트워크를 활용한 정치학 연구가 시작되는 시점은 서양보다 약 20년 정도 늦은 1990년대 중반부터이다. 1994년 미국의 부통령 앨 고어(Al Gore)가 중국을 방문하여 '초고속 정보고속도로'(Information Superhighway) 건설과 관련된 연설함으로써 중국에서의 인터넷과 네트워크에 대한 관심이 높아졌고(Qiu 2004), 1995년에는 중국 최초의 공공 인터넷 네트워크서비스라고 할 수 있는 차이나넷(ChinaNet)이 개통되면서 이후 "네트워크"[網絡]라는 용어가 빠르게 보편화되었다. 이후 "네트워크"라는 용어는 점차 의미를 확장하면서 "관계네트워크"(關系網), "소셜네트워크"(人際網), "상호관계시스템"(相互關系的系統), "인터넷"(互聯網絡), "방송네트워크"(廣播網) 등으로 조합되어 사용되거나 혼용되어 사용되었다. 중국에서 지금과 같은 "네트워크"라는 개념을 도입하여 정치학연구에 활용한 지식생산 역시 비슷한 시기에 출현하게 되었는데, 앞으로 살펴볼 것이지만, 1년에 1~2편 밖에 나오지 않던 관련 논문들이 매년 조금씩 조금씩 점차 증가했다.

연구 편수 뿐만 아니라 연구주제 역시 중국정치 및 국제정치와 관련된 다양한 영역으로 대상을 확장해 왔다. 그러나 이 방법론에 대한 국제 학계의 관심만큼 중국에서는 아직 받지 못하고 있다. 최근 중국 사회과학계에 불고 있는 '중국화' 흐름에 따른 영향 그리고 연구주제와 대상에 대한 제약에 따른 한계에 기인한다. 특히 최근 서양에서 생산된 사회과학 분야의 이론 및 방법론을 활용한 연구에 대한 '정치적 고려'에 따른 자기검열은 중국정치연구에 있어 이 방법론의 활용과 발전을 막고 있는 첫번째 요인이라고 할 수 있을 것이다.

2008년 글로벌 금융위기는 미중관계뿐만 아니라, 국제사회에서 중국의 굴기가 가시화된 '역사적 변곡점'이라는 지적들이 많다(Overholt 2010, 21-34; Liang 2010, 56-72; Morrison 2009). 이들은 중국 실력의 투사로 인한 중국 지위의 제고와 함께 국제사회에 대한 발언권이 강화되었고, '정치적' 영향력이 경제적 실력에 비례할 만큼 현실화되기 시작한 시점이라고 본다. 한편 이러한 정치적 영향력의 확대와 함께 중국의 부상과 굴기를 정당화는 논리 그리고 "중국 사회주의 체제"를 합리화하고 방어할 논리를 제공하기 위한 서양식의 이론이나 방법론에 따른 논리가 아닌 "중국식" 지식생산의 필요성 역시 제기되었다. 중국식 이론과 방법론에 대한 국가적 차원의 이러한 관심과 독려가 중국 사회과학 영역에서의 학술연구에 미칠 영향을 측정하기에 아직 이르다. 그러나 중국 사회과학계에 미친 영향은 적지 않을 것이다. 최근의 중국에서의 "중국식 학문체계의 건설"이라는 논의가 진행되면서 사회과학뿐만 아니라 학문 전 분야에서의 '중국화'가 더욱 가속화되어 가고 있는 점이 이를 방증한다.

중국공산당 통치하에서 모든 것은 정치화된다. 학술연구 역시 마찬가지다. 중국공산당은 학술연구가 중국공산당의 통치를 위해 일정한 역할을 해야 하는 것으로 간주한다. 즉 국제질서 하에서의 정치적 패권과 학문적 패권 간 분리될 수 없고 패권에 도전하는 과정을 정당화하기 위해서는 서양의 학문체계 및 이론과 방법론을 활용하기보다는 중국 나름의 대안적 학문체계, 특히 사회과학에서의 체제가 지향하는 방향에 맞는 이론과 방법론에서의 "중국특색"을 더욱 강조하고 이를 정책적으로 적극 지원하고 있다. 2017년 5월 중국공산당 중앙위원회 명의로 발표한 「중국특색의 철학 및 사회과학 건설 가속화에 대한 의견(關於加快構建中國特色哲學社會科學的意見)」(이하 「의견」)을 보면, 왜 이같이 주장하는 지에 대한 이유가 분명해진다. 「의견」에서 중국공산당 중앙위원회는 서양의 학문체계가 현재 중국사회주의가 추진하는 목표와 충돌하기 때문에 불가피하게 '중국화'를 추진해야 한다고 주장하고 있고 철학과 사회과학의 '중국화'의 중심에는 1급학문분과[一級學科]라고 할 수 있는 '마르크스주의 이론'을 자리해야 한다고 명시하고 있다(人民日報 2017.05.17., 1). 따라서 중국에서 네트워크 방법론과 같이 서양의 학문체계 하에서 생산된 이론과 방법론을 연구자가 활용 연구하는 데에 많은 한계 있을 밖에 없는 정치적인 요인이 존재한다(Zinda 2019, 219-245).

본 연구는 사회과학 영역 그리고 정치학 분과학문 그리고 중국이라는 개별국가 사례를 통해 서양에서 생산된 연구방법론인 "사회연결망분석(SNA)" 방법이 중국에서 어떻게 활용되고 있는지를 파악하고 "중국특색" 연구방법을 선호하는 중국에서 어떤 연구주제와 결과를 생산하는지를 논의함으로써 중국 사회과학계와 정치학계가 이 방법론을 통해 얻고자 하는 실용적인 목표를 가늠하고자 한다. 이를 위해 사회과학 분야에서 발표된 논문과 함게 정치학과 관련 중국정치 및 국제관계학 분야에서 발표된 논문의 내용과 키워드DB를 활용하여 '사회연결망분석' 방법론의 활용을 통한 정치학 관련 지식생산의 연구동향을 추적하고자 한다.

Ⅱ. 네트워크방법론과 미국 정치학계의 연구사례

1. 기존 정치학방법론 보완과 새로운 영역 창출

정치학에서의 제기되는 네트워크 분석은 기본적인 질문은 개체와 전체 간의 관계적 특성을 파악하고(Wendt 1999), 개인의 행위와 거시적 구조 간의 관계를 탐색하는 것이다(Eulau and Rothenberg 1986). 네트워크를 통해 정치적 현상의 원인과 결과를 개인의 행위자에 초점을 맞춰 파악해야 할 것인가, 아니면 정치적 조직이나 집단과 연결된 전체 사회적 행위를 통해 파악할 것인가 관련되어 있다. 네트워크 관련 정치학에서 정치적으로 연관 있는 기관이나 집단 등의 특성이나 집단행위, 또는 개인의 선택이나 태도 그리고 행위 및 전략을 따로 다루는 것이 아니다. 정치적 조직이나 기관이 개인의 행동에 어떤 영향을 어떻게 미치고, 개인의 행동이 어떻게 정치조직이나 기관에 영향을 미치는지에 관한 쌍방향적 질문을 던지고 여기에 답하기 위한 연구이다. 그리고 이러한 관계들이 거시적 수준의 정치 조직과 구조에 궁극적으로 영향을 미치는 개인들의 그룹 형성과정을 추적하거나 역으로 네트워크 속에서 정치 조직이나 기관들이 개인의 행위에 미치는 영향은 살피기도 한다. 결국 정치학에서의 네트워크는 정치체제 내 개체와 전체, 미시와 거시의 중간 수준의 구성요소 및 연결요소를 연구하는 것을 그 기본적인 목표로 한다(Victor, Montgomery and Lubell 2018).

정치학에서 네트워크 분석법을 통한 정치학 연구의 역사는 비교적 짧은 편이다(Victor, Montgomery and Lubell 2022, 8-9). 이 방법론이 개발되고 처음으로 활용된 미국에서도 네트워크 및 사회연결망분석(SNA)을 통한 정치학 연구의 역사는 길게 잡아도 100년을 넘지 않는다. 특히 이 방법론은 미국정치에서의 복잡하게 얽혀 작동하고 있는 정치과정을 다루기 위해 개발되고 발전되어 측면을 간과할 수 없다. 초기의 대표적인 연구영역으로는 정치적 제도 속에서의 네트워크의 구성과 그 효과 등을 파악하기 위한 '정치제도'이나 일반 시민과 유권자 등의 정치적 선택과 선호를 결정하는 네트워크를 파악하는 '정치행태'에 초점을 맞춰 진행되었다. 특히 정치행태와 같은 연구영역의 사회연결망 연구는 선거과정에서 유권자들의 선택에 영향을 미치는 다양한 요소를 밝히는 통계적 방법론을 보완 연구방법론으로서 역할을 해왔다. 반면 정치제도와 관련된 초기 연구에서는 입법과정에서 형성되는 네트워크를 중심으로 연구가 진행되었는데, 차츰 의원들 간 관계나 의원과 후원자 간 관계, 위원회의 업무 관계, 의회 참모들 간 관계 등과 관련된 연구로까지 발전하게 되었다. 미국에서의 정치제도과 네트워크 방법론 간의 연구는 다른 연구에 비해 상대적으로 활발하게 이루어지고 있다고 할 수 있는데, 조직이나 기구를 둘러싼 연관행위자들 간의 관계, 기구와 기구 간의 관계, 조직과 조직 관계뿐만 아니라, 이러한 네트워크가 만들어내는 중요한 정치적 원인과 결과 그리고 관련된 부차적인 주제에 대한 연구들이 많아지고 있는 추세이다(Kim and Kunisky 2021, 317-336; Ringe and Victor 2013, 601-628).

네트워크방법론을 통한 국제정치학 분야에서의 초기 연구는 주로 국가 간 교류와 공동 멤버십을 연결 요인으로 간주하는 이른바 "링크(link)" 연구를 통해 세계질서의 네트워크 구조를 파악하고자 하였다. 1990년대 접어들면서 연구 범위를 더 확대하여 이미 존재하는 네트워크를 발견해 내고 그 네트워크의 작동방식을 밝히며, 그것이 국제질서에 미치는 영향을 파악하고자 하는 방향으로 확대되었다. 연구의 주제도 테러리즘(terrorism), 국제 무기거래, 국제 분쟁 네트워크, 국제 인권 네트워크 등 개인, 기업, 기구, 국가 등 다양한 행위자들 간의 초국가주의적 연결에 초점을 맞춘 연구로 확대되었다(Wilson, Davis & Murdie 2016, 442-458; Akerman & Seim 2014, 535-551; Perliger & Pedahzur 2011, 45-50; Ressler 2006; Matthew & Shambaugh 2005, 617-627). 김상배(2008, 388)의 연구는 따르면 최근의 국제관계학에서 이렇듯 네트워크에 관심이 높아질 수밖에 없는 이유를 제시하고 있다. 그는 2 1세기의 국제관계가 전통적인 권력이라는 개념이 갖는 제한적 특성을 넘어서 개별국가로 구성된 "노드(nod)"와 "링크(link)"가 만들어 내는 구조인 네트워크가 국제관계의 배경으로 자리잡고 있다고 본다. 네트워크는 권력(power)으로 일원화된 정치적 관계의 링크뿐만 아니라 정보와 기술, 문화와 지식 등과 같은 비물질적이고 비정치적인 요소들의 링크까지도 국제정치의 중요한 요소로 작용하고 있기 때문이라는 것이다. 국제정치학에서의 네트워크에 대한 이러한 관심은 "동맹 네트워크", "민주주의 네트워크", "가치 네트워크", "자유무역협정 네트워크" 등에 다양한 형태의 네트워크 연구로까지 발전하였는데, 행위자 중심, 노드 중심의 관계를 다루는 국제관계학에서, 구조화된 하나의 분석 단위로써 네트워크 그 자체에 대한 분석으로까지 확대되고 있음을 보여준다(Kacziba 2021, 155-171; Hafner-Burton, Kahler & Montgomery 2009, 559-592).

비교정치학 분야에서의 네트워크 관련 연구는 국제정치학학 분야보다 풍부하다. 비교정치학 분야에서는 대체적으로 개인의 정치적 행위에 영향을 미치는 요소 그리고 개인을 기반으로 하는 시민사회의 구조와 개인과 정치조직 간의 관계 등을 연구의 대상으로 삼고 있기 때문이다. "네트워크는 비교정치의 모든 측면에 존재한다"(Razo 2022, 193)라고 할 정도로 비교정치연구에서 보편적인 연구의 대상이면서 연구방법론이 되어가고 있다. 특히 노크(David Knoke)의 1990년 논문인 「정치적 행위 네트워크」(Networks of Political Action: Toward Theory Construction)는 비교정치학에서 이 방법론의 적용가능성을 적극적으로 주장하고 있는 대표적인 연구라고 할 수 있다. 그는 이 논문에서 정치적 과정이 이미 상호작용을 전재하고 있기 때문에, 정치는 본질적으로 관계적이라고 주장하고 있다. 권력이나 자원배분의 결과에 대한 고전적인 비교정치학의 질문에 대해 사회적, 정치적, 경제적 '연결관계'가 의해 달라진다고 주장하기도 한다(Knoke 1990, 1042). 따라서 각 사회와 각 국가 등 비교대상 간의 연결관계의 초점을 맞춰 사회연결망분석 방법론을 다양하게 활용함으로써 기존 방법론적 개체주의 이론을 통해 밝혀내지 못했던 내용을 밝혀내는데 유용하게 활용될 수 있다. 특히 미국 등 서양 정치학계에서 비교정치학 분야의 연구에서 사회연결망분석방법이 적극적으로 활용되고 있는 주제는 대체로 인종이나, 집단 그리고 종교 등 관련된한 집단(group)과 집단 간의 정치갈등 과정에서의 행위자 및 조직 간 네트워크와 관련되어 있거나(McAdam, Tarrow & Tilly 2009, 260-290), 정치경제 영역에서의 행위자간 관계에 따른 결과의 차이를 분석하기도 한다(Tarrow 2011).

올슨(M. Olson), 틸리(C. Tilly) 등과 같이 정치과정에서의 사회운동과 집단행동을 중시하는 학파의 전통을 계승해 최근 활발하게 연구되고 있는 "논쟁정치(contentious politics)"를 분석하는데 있어 사회연결망분석방법론이 적극적으로 활용되고 있다(Tilly & Tarrow 2015; Overbey, Greco,

Paribello & Jackson 2013, 1351-1378). 집단행동과 사회운동의 네트워크화가 갖는 정치과정에서의 의미와 정치적 결과 간의 인과성을 밝히는 연구대상으로 네트워크뿐만 아니라, 사회운동과 집단행동의 네트워크의 중심성(centrality) 분석이나 클러스터 또는 클러스터링(clustering)에 대한 분석 및 하위 커뮤니티의 분할, 집단 내에서의 정보의 흐름과 정보매개와 관련한 역할 분석 등 다양한 방법론이 개발되거나 방법론 그 자체에 대한 연구가 활발하게 진행되고 있기도 하다(González-Bailón 2013, 147-160).

2. 연구주제의 다양화

네트워크방법론 관련 비교정치학 분야에서 미국을 비롯한 서양 학계에서 최근 가장 이슈가 되고 있는 연구주제 중 하나가 "부패 네트워크(corruption network)"와 관련된 연구들이다(Ribeiro, Alves, Martins, Lenzi & Perc 2018, 989-1003). 일반적으로 "부패"는 사적 이익을 위해 공적 권력을 남용하는 것으로 정의된다. 즉 정치적 권력과 경제적 자원 간 거래에서 발생하는 사적인 이익을 추구하는 행위이다(Shleife & Vishny 1993, 599-617). 그런데 이러한 "부패"는 정도의 차이는 있지만 모든 국가에서 발생하고 있고 지구상 어디에서나 발견되는 현상이며, 그리고 정치영역과 경제영역 간 사익 추구를 위해 작동하는 메커니즘으로 비교적 보편적인 정치적 현상이라고 할 수 있다. 그러나 부패 네트워크와 그 작동 메커니즘은 개별국가의 사회적, 문화적, 경제적 문화와 환경에 영향을 받아 다양한 형태를 보이며 그 구조 또한 다양한 특징을 보이기 때문에 비교정치학의 재미있는 연구주제가 될 수 있다.

그런데 문제는 이를 비교해 분석할 수 있는 원천인 부패 관련 데이터이다. 부패의 행위자와 부패를 낳게 하는 정치적 구조 및 환경 간의 관계를 파악하기 위해 그리고 개별국가 간 부패 관련 관계 특징과 현황을 파악할 수 있는 구체적인 관계 데이타가 확보되어야 한다. 다행히 최근 부패에 대한 국제사회의 관심이 높아지면서, 각국 부패감시체계의 발전과 반부패 국제기구를 비롯한 반부패 활동의 확대는 부패 관련된 연구에 필요한 다양한 데이터들이 공개되어 국제적 차원에서의 전체적인 부패 상황을 파악하는데 이전보다 상대적으로 용이하게 되었다. 예를 들어 다국적 기업들이 세계 각국에서 기업활동을 하면서 해당국 관료와 맺었던 관계에 대한 데이터나 반부패 관련 국제기구나 국제 NGO가 정기적 부정기적으로 공개하는 데이터를 기초로 하여 국제적 수준에서의 부패 네트워크를 일부나마 파악할 수 있게 되었고 2021년에 개최된 'UN 반부패 특별회의'는 이러한 노력의 국제사회이 일종의 합의이라고 할 수 있다. 이 회의에서 유엔은 국제사회 차원에서의 부패관련 한 과제를 효과적으로 해결하고 부패방지, 부패척결 및 국제협력 강화를 위한 국제사회의 공동의 대응에 합의한 「정치선언문(political declaration)」이 채택하였는데, 총 86개조로 구성된 이 선언문에서 반부패와 관련된 기술협력과 정보교환을 명문화하고 있다. 그리고 개별 사안을 특별하게 중시하는 다양한 국제적 기관과 조직들의 국가 간 국제협력 추진이 활발하게 논의되고 있다. 예를 들어 스위스의 바젤 거버넌스 연구소(Basel Institute on Governance)의 경우는 부패예방과 관련된 조치에 주안점을 두고 국제적 정보교류와 협력을 추진하고 있다. 한편 대표적인 국제 반부패 기구라고 할 수 있는 국제투명성기구(Transparency International)는 다국적 기업의 투명성 강화와 같은 구체적인 문제에 대한 전문적인 조사와 연구 및 국제협력과 정보교류에 초점을 맞추고 있다. 유엔의 2021년의 정치선언에서는 반부패와 관련한 정치와 경제 영역에서의 유착 및 관계 네트워크에 대해 국제적 협력을 통해 예방하고 척결하고자 하는 분명한 의지를 표명하고 있는 제16조를 보면, "기업의 실소유권, 법적 구조 및 기타 복잡한 법적 메커니즘에 대한 정보를 수집하고 공유하는데 필요한 조치를 마련하고 실현한다"라고 규정함으로써(UNGASS 2021), 부패네트워크의 현황과 실체를 파악하기 위한 국제적 협력 합의를 구축함으로써 관련 연구의 발전에 기여하고 있다.

한편 SNS의 급속한 발전이 정치학에 미치는 영향 또한 간과할 수 없다. 특히 정치인과 유권자 간 관계, 정치인과 후원자 간의 관계 그리고 특정 정당 지지자들 간의 관계 등 현대 대의제 정치체제 하에서 소셜네트워크가 정치적 결과에 미치는 영향을 어떻게 측정하고 분석할 것인지에 대한 연구과제들이 빠르게 늘어나고 있다. 복잡한 전산화된 방법을 통하여 현대 민주정치에서의 정치적 소통과 정치캠페인 그리고 정치인과 관련 있는 관계 네트워크 분석의 모델링 수준 또한 큰 발전을 이루고 있다고 할 수 있다. 〈그림 1〉은 미국 정치학계의 주요 저널에 게재된 네트워크 관련 정치학 학술논문의 빈도를 보여준다. 21세기 들어 관련 연구 수가 눈에

〈그림 1〉 네트워크 관련 정치학 학술논문의 빈도 추이

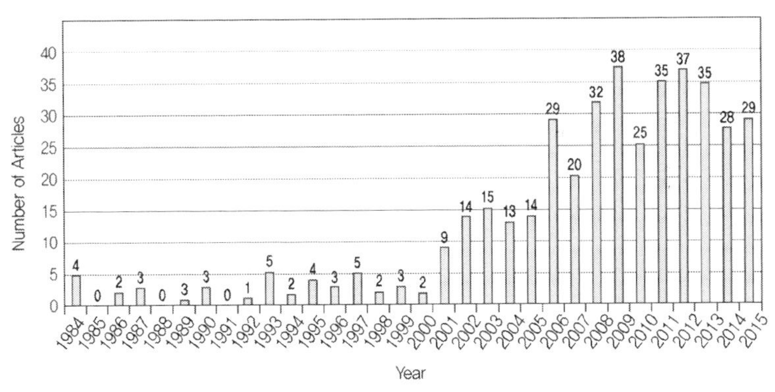

출처: Victor, Montgomery and Lubell(2022, 42)[1)]

1) 이러한 빈도 파악하기 위해 저자들은 "웹 오브 사이언스(Web of Science) 검색엔진과 계량서지학적 도식화 소프트웨어인 보스뷰어(VOSviewer)를 사용했다"고 밝히고 있다. 1960년부터 2016년까지 연관성 있는 일련의 정치학 및 관련 하위분야 저널에서 제목, 초록, 또는 키워드에 "네트워크"라는 단어가 들어간 모든 논문을 검색했으며, 검색결과 28개 정치학 저널에서 971개 논문이 검색되었다고 한다.

띄게 증가하고 있음을 알 수 있다. 특히 2005년 이후 증가세가 두드러진다. 이 수치는 미국에서의 정치학 관련 주요 저널에만 국한된 수치이기 때문에 전체를 대표하고 있다고 볼 수 없으나, 주요저널 외의 저널과 다른 나라의 연구동향도 시간상의 약간의 차이는 있을 수 있지만 네트워크 관련 연구의 전체적인 흐름은 대체로 이와 비슷하다고 할 수 있을 것이다.

미국 정치학계를 비롯하여 국제 정치학계에서 네트워크 분석 방법론과 이론을 근거로 하는 연구는 이제 겨우 시작단계에 불과할 뿐이다. 네트워크 분석 이론이 전통적, 현대적 정치학의 이슈와 문제 전반, 그리고 대다수 영역과 주제를 포괄할 수 있는 것은 아니다. 그럼에도 불구하고 정치학계에서 네트워크 분석이론과 방법론을 통한 연구가 시작되었다는 것은 21세기 들어 폭발적인 발전을 보이는 소셜네트워크 플랫폼과 관련 개인과 개인을 연결하는 커뮤니케이션 관련 기술 그리고 '빅데이타'(big data) 및 '인공지능'(AI: Artificial Intelligence) 등의 새로운 기술을 전통적으로 또는 새롭게 제기되는 정치학의 문제 문제를 풀고 분석하는데 응용할 수 있다는 것을 의미한다. 네트워크 방법론은 그동안 전통적 정치학에 접근하기 어려웠던 복잡하고 복합적인 현대적인 문제들을 더 잘 이해할 수 있도록 할 수도 있고 네트워크 접근법의 최대의 장점이면서 끊임없이 보완이 필요한 지점이라고 할 수 있는 '도구'를 제공하기도 한다. 그리고 정치적 현상에 대한 설명보다는 직관적, 관계적 패러다임에 부여하여 일반인들이 복잡한 과정을 생각하고 바로 감각적으로 현상을 파악하고 느낄 수 있도록 하는 수단을 제공하기도 한다.

정치학은 일찍이 경제학 분야에서 개발되거나 발전시킨 방법론적 패러다임 속에 있었다. 그 중 대표적인 "방법론적 개체주의"는 한 때 생산적인 수단이었지만, 독립성이라는 비현실적인 가정을 수용하도록 강요했던 측면이 존재한다. 정치학 연구에 필요한 좀 더 현실적이고 잠재적으로 강력한 도구라고 할 수 있는 것 "관계적 패러다임"이다. 미국 정치학계에서 시작되고 점차 기술 발전과 함께 방법론적 다양성과 안정성을 확보해 가고 있는 네트워크 분석법이 향후 비교정치학이나 국제 정치학계에 미칠 전반적인 영향을 예의주시해야 할 필요가 있다. 그리고 그 영향이 세계 각국 정치학에 어떤 영역, 어떤 방법론이 차별적 영향을 미치고 있는지를 파악하는 것 역시 각국 정치학과 정치 현상을 연결하는 중요한 고리가 될 수 있을 것이다. 이러한 문제의식으로 다음 장에서는 중국의 정치학계에서의 사회연결망 접근법의 활용 현황과 그 특징을 살펴고자 한다. 이는 서양 방법론을 활용한 국정치학계의 지식생산 특징을 파악한다는 것은 국내외에서 향후 중국정치 연구방향을 이해하는데 도움이 될 것이다.

Ⅲ. 중국정치학계의 네트워크방법론을 활용한 지식생산

1. 중국 사회과학계의 SNA 활용 연구현황

중국에서 사회연결망분석방법(社會網絡分析法)은 일반적으로 사회학의 한 방법론으로 인식되어 왔다. “소셜네트워크”(社會網絡)를 행위자와 행위자 간 관계의 전체적으로 집합으로 파악하고 있으며, 그리고 이 방법론을 통해 중요하게 분석하고자 하는 내용은 네트워크 상 개체들의 속성뿐만 아니라 전체 네트워크의 속성을 중심성 분석 즉 “빈도 중심성(degree centrality, 點度中心度)”, “근접 중심성(closeness centrality, 接近中心度)”, “매개 중심성betweeness centrality, 中介中心度)” 등을 통해 밝혀내는 것으로 소개되고 있음을 알 수 있다. 서양에서 생산되어 중국으로 유입된 사회과학 방법론으로써의 ‘사회연결망분석’과 관련된 중국 내 “지식”이 포괄하고 있는 범위를 이러한 개념 인식을 통해 확인할 수 있다.

사회연결망에 대한 중국에서의 인식은, 방법론으로써의 "사회연결망"이 아닌 연구의 대상으로부터 시작되었다. 중국 학계에서 "사회연결망"과 관련한 최초의 연구는, 1996년 베이징시 하이덴취 교육연구소(北京海淀區教育科學硏究所) 소속 연구원인 궈한(郭涵)의 "이상 및 신념 교육과 사회연결망: 중등교육의 목표와 효과에 대한 실증적 분석"(理想信念教育和社會網絡: 中學教育目標和效果的實證分析)이다. 이 논문은 베이징 주요 중학교의 고등학생들의 이상과 신념을 이해하기 위해 학생들의 학습에 대한 내적 열정을 형성하는데 있어서의 인지배경과 행동동기를 파악함으로써 학생들의 교육효과에 대한 설명 준거를 제공하는 연구라고 할 수 있다. 이상과 신념의 인지배경과 행동동기를 파악하기 위하여 저자는 중학교 도덕교육에 대한 실태조사를 실시하고, 주요 중·고등학생들의 이상과 신념을 주제별로 분류하고 이를 분석하고 있다. 그 자료는 1995년 10월 전국 유명중학교 과학연구컨소시엄 북경지부 사무국이 주관한 베이징시 주요 15개 중학교 표본조사를 통해 얻은 조사결과로 여기에 참여한 고등학교 1학년생 총 3,331명이 대상이었으며, 남학생 46.1%, 여학생 44.46%으로 구성된 설문조사 데이터이다(郭涵 1996). 이 연구에서 궈한은 '사회연결망'은 중국의 청소년들의 이상과 신념을 강화하는데 있어 중요한 요소로 작용하고 있다는 결과를 발견했다. 이상과 신념이 약한 학생들은 사회연결망을 통한 교화의 효과가 약했다는 점이 중요한 요소였음을 결론의 하나로 제시하고 있다(郭涵 1996). 궈한 이 연구는 서양에서 사용하고 있는 사회연결망이라는 개념을 연구의 대상으로 삼아 가족관계가 아닌 교우관계를 포함한 사회적 범위의 연결망이 중국학생들의 신념형성에 미치는 영향을 분석하고 평가했다는 점에서 의미 있는 연구라고 할 수 있다.

사회연결망을 연구의 대상이 아닌 연구방법론으로써 인식하고 있는 초기의 대표적인 연구는 2000년에 발표한 중국인민대학 사회학과 샤젠중

(夏建中) 교수의 「현대 서양 도시의 사회커뮤니티 연구 관련 주요 이론과 방법」(現代西方城市社區研究的主要理論與方法"이다. 여기에서 샤젠중은 서양에서의 사구(社區) 연구관련 한 공동체연구의 가장 영향력 있는 연구 이론과 방법론을 다루면서, 페르디낭드 퇴니스(Ferdinand Tönnies)의 "공동사회"(共同社會) 해체와 같은 "공동체 상실이론", 공동체 해체론에 대한 도시에서 생활양식이 비슷한 사람들 간 공동체를 형성하게 된다고 하는 허버트 갠스(Herbert J. Gans)의 "공동체 지속유지이론", 그리고 교통 및 통신수단의 발달로 공동체가 확대되고 있다고 주장하는 베리 월만(Barry Wellman) 등의 "공동체 확대이론" 등과 관련한 사회학에서의 제기된 도시공동체론은 도시에서의 개인의 이웃관계와 사회연결망과 밀접하게 관련되어 있으며, 이를 대상으로 하는 주요한 연구방법은 사회연결망분석방법(SNA)라고 소개하고 있다(夏建中 2000). 샤젠중의 이러한 연구는 급속한 도시과정에서의 인구유동성 증대되고, 전통적인 도시공동체가 와해되고 있는 과정에 있던 중국 도시 그리고 사구(社區)를 어떤 방법론과 이론으로 가지고 분석하고 설명할 것인지에 대한 고민의 한 단면을 보여주고 있다.

사회연결망분석방법(SNA)을 본격적으로 중국에 소개한 논문은 2004년에 발표된 장춘강(張存剛), 리밍(李明), 루더메이(陸德梅)의 「사회연결망분석: 하나의 중요 사회학연구방법」(社會網絡分析: 一種重要的社會學研究方法)이다. 이 논문은 서양 학계에서 발전되어 온 SNA와 관련된 중요한 개념과 역사를 소개하면서 SNA는 대량의 데이터를 수학적 방법을 활용하여 간명하게 분석함으로써 복잡하고 사회적 현상을 쉽게 직관적으로 이해할 수 있도록 하는 장점뿐만 아니라 기존의 사회적 지위와 역할을 분석함으로써 사회적 연결망이 어떻게 형성되어 있으며 각 행위자 간 어떤 영향을 미치는지를 파악할 수 있도록 하기도 한다. 그러나 아직 안정적 이론이 아니기에 이 방법론에 대한 더 많은 연구가 이루어져야 한다고 제안하고 있다(張存剛 · 李明 · 陸德梅 2004). 이렇듯 1996년 학계에 '사회연결망'이라는 개념이 들어오면서 시작된 중국에서의 관련 연구는 21세기에 들어서면 급속하게 증가하였다. 〈그림 2〉에서 보는 바와 같이 2002년 2편에 지나지 않던 관련 연구가 2012년에는 344편 2021년에는 664편에 이르는 빠르게 성장하고 있음을 보여주고 있다.

〈그림 2〉 중국 사회과학계에서의 사회연결망 분석 연구 추이

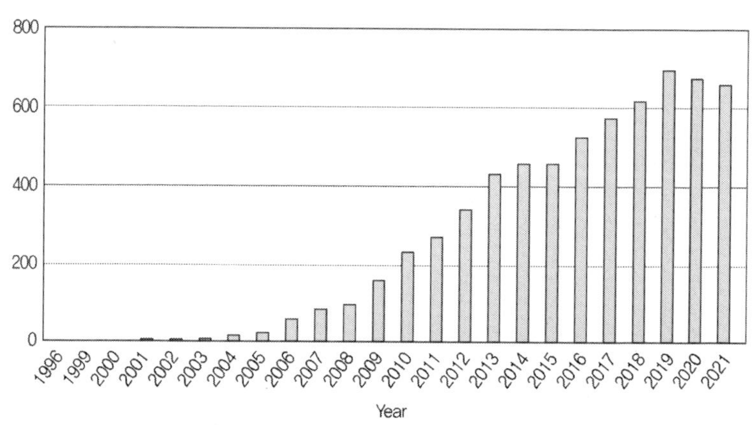

자료: CNKI 데이터베이스

중국에서의 SNA방법론 활용 연구의 특징 중 하나는 전산, 통계 그리고 소프트웨어 및 컴퓨터 응용분야 등과 관련된 분야에서의 연구가 활발하게 이루어지고 있다. 특히 사회과학분야 도서정보 및 디지털도서관(圖書情報與數字圖書館) 관련 분야에서 가장 많은 연구가 이루어지고 있는데, 2022년 초 현재 1,248편의 논문이 발표되었다. 본 연구의 분석자료이기도 한 CNKI 데이터도 그렇지만, 연관검색어 등을 통한 유사논문 찾기 등과 관련된 문헌정보관리에 필요한 연구들이 활발하게 이루어지고 있다.

문헌정보학 분야에서의 연구에 훨씬 미치지 못하지만 다음으로 많은 연구가 이루어지고 있는 분야가 경제 관련 연구이다. 그 중에서 기업경제

(企業經濟)와 거시경제관리 및 지속가능발전(宏觀經濟管理與可持續發展) 분야에서는 각각 758편, 652편 등 SNA를 이용한 연구들이 이루어진 것으로 나타난다. 도서정보 및 디지털도서관 분야에서의 가장 많은 피인용수인 494회 기록한 논문인 주칭화·리량(朱慶華·李亮)의 「사회연결망분석법과 정보학에서의 활용」(社會網絡分析法及其在情報學中的應用)"인데, 이 논문은 SNA가 중국에서 한창 소개되고 있던 시점인 2008년에 발표한 논문인데, 저자들은 여기에서 SNA 대한 기본적인 개념들을 소개하면서, 대표적인 분석방법인 "중심성 분석"과 "응집력 하위그룹분석", "핵심-주변 구조 분석" 등 3가지 주요 분석 방법론을 설명한다. 그리고 중국 내외에서 연구되고 있는 정보과학 분야에서 SNA방법의 활용사례와 그 결과를 간략하게 소개하고 있다(朱慶華·李亮 2008). 기업경제 분야에서의 396회로 인용이 가장 많은 연구는 2012년에 발표한 천윈썬(陳運森)과 셰더런(謝德仁)의 「이사 간 네트워크, 사외이사 지배구조 및 임원 인센티브」(董事網絡, 獨立董事治理與高管激勵)이다. 본 논문은 사외이사(獨立董事)의 지배구조 관련 행위는 그들이 속한 사회연결망의 영향을 받는지를 파악하기 위해 저자들은 이사들 간의 관계 네트워크를 기반으로 SNA방법론을 활용하여 사외이사 네트워크 특성을 밝혀, 사외이사 네트워크 메커니즘에 따른 경영진의 인센티브의 효과성과의 연관성을 파악하였다. 본 연구의 결론은 회사 내에서 사외이사의 네트워크 중심성이 높을수록 경영진의 보상 및 성과 민감도가 더 강해지는 사외이사 네트워크 중심성과 경영진 보상 및 성과민감도 사이의 양(+)의 상관관계가 존재하고 있음을 파악했다. 그리고 비상장기업에 비해 국유상장기업에서 사외이사 중심성은 상대적으로 약하다는 점을 밝혀냈다(陳運森·謝德仁 2012, 168-182).

"거시경제 및 지속가능발전" 분야에서 가장 높은 인용지수를 기록한 논문은 375회의 인용수를 보인 류화쥔(劉華軍), 류촨밍(劉傳明), 쑨야난

(孫亞男)의 2015년에 발표한 「중국에너지소비 공간네트워크의 구조적 특징 및 효과 연구」(中國能源消費的空間關聯網絡結構特征及其效應研究)이다. 이 논문은 1995년~2012년까지 중국의 성(省) 간 에너지 소비데이터를 기반으로 SNA방법론을 활용하여 에너지소비 네트워크의 구조적 특성과 에너지 소비의 공간적 상관관계를 실증적으로 조사했다. 연구결과 중국에서 에너지소비와 관련한 공간적 상관관계는 일종의 네트워크 구조를 형성하고 있으며, 공간 간 상관관계가 점차 증가하고 있는 반면 공간 네트워크 구조의 계층화가 점차 약화되고 있다는 사실과 네트워크 안정성이 점차 향상되고 있음을 밝혀냈다. 네트워크 중심성 분석을 통하여 상하이, 톈진, 장쑤, 저장, 광동 등과 같은 연해지역이 에너지 소비 네트워크의 중심에 위치하고 있고, "브리지"(bridge)와 "중개자"의 역할을 담당하고 있다는 점을 발견하였다. 또한 저자들은 에너지 소비의 공간적 상관관계의 전체 네트워크 견고성 및 안정성을 개선하고 네트워크의 계층구조를 제거하면 중국에서의 에너지 집약도를 크게 줄이고 공정한 에너지 소비를 향상시킬 수 있다는 정책제안을 하고 있다(劉華軍·劉傳明·孫亞男 2015, 83-95).

SNA방법론을 활용한 중국 사회과학 분야에서의 상위 세 연구영역에서의 대표적인 연구결과를 통해서도 알 수 있듯 첫째, 중국에서의 SNA방법론의 활용 관련 연구 특징은 실용적, 정책적 성격이 강하다. 이론과 방법론 발전에 기여할 수 있는 생산적이고 창조적인 연구보다는 서양에서 생산한 이론과 방법론을 '소비'하고 활용하는데 머물러 있는 특징을 보인다. 둘째, 사회과학 전 분야 중 문헌정보 관련 영역, 기업, 거시경제, 사회학 및 통계학 등 몇몇 분야에서의 연구가 차지하는 비중이 높다. 예를 들어 문헌정보 관련 연구가 사회과학연구에서의 약 16.3%, 기업경제 9.9%, 거시경제 8.5, 사회학, 통계학 7.9% 등으로 비중이 높다. 반면 정치학분야의 비중은 그다지 높지 않는데, 행정학 및 국가행정관리(行政學及國家行政

管理) 분야에서의 연구는 2.9%, 중국정치와 국제정치(中國政治與國際政治) 영역에서의 1.9%에 지나지 않았다. 셋째, 사회연결망분석방법론에 대한 소개와 기초적인 활용방법 등에 대한 연구결과들이 상대적으로 많다고 할 수 있다. 21세기에 들어서면서 본격적인 연구들이 진행되고 2010년 이후 활발한 연구들이 이루어지고 있음에도 불구하고 여전히 방법론을 연구분야 및 영역에서 활용하는 방법과 관련된 연구들이 많다는 점은 이론과 방법론을 중국적 맥락에서 변용하거나 재구성할 단계까지는 발전하지 못했음을 방증한다.

2. 중국정치학계의 연구사례와 특징

정치학은 관계를 다루는 학문이기 때문에 정치가 존재하는 사회나 국가에서 SNA방법론이 적극적으로 활용될 수 있는 잠재성을 모두 가지고 있다고 할 것이다. 그러나 중국정치학계에서의 SNA방법론을 활용한 연구결과는 문헌정보학, 경제학, 사회학, 미디어학, 교육학, 무역학 등과 비교해 상대적 낮은 수준에 머물고 있다. 그 원인은 수직적인 국가체제에 기인한 것이라고 할 수 있다. 네트워크의 수평적 관계를 유지할 때가 가장 안정적이고 견고한 구조를 유지하면서 지속성을 확보하는데, 중국정치에는 구조적으로 수직적이다. 연결성, 중개역할 등과 관련된 특징보다는 '관리'를 더 중시하는 정치체제의 특성이 네트워크 연구를 어렵게 하고, 네트워크 연구를 활용하여 연구할 수 있는 데이터의 수집이 다른 국가에 비해 더 어렵고, 그렇기 때문에 연구주제 또한 제한될 수밖에 없는 연구 외적 요인이 작동한다.

본 연구에서는 중국의 학문체계가 서양이나 한국과 정치학 분류가 다르기 때문에 우리의 행정학과 유사한 "행정학 및 국가행정관리" 분야와 함께 지역학과 국제관계학과 유사한 "중국정치와 국제정치" 분야에서의 연구성과를 묶어 '중국정치학'이 산출한 연구성과로 분류해 넣었다. 본 연구에서는 이 연구성과들을 분석하여 중국정치학계의 SNA방법론 활용의 연구동향과 그 특징을 살펴보고자 한다. 먼저 중국정치학 연구에서 2021년까지 SNA의 연구성과는 "행정학 및 국가행정관리" 분야에서 총 220편의 논문이 생산되었고, "중국정치와 국제정치" 분야에서는 총 150편의 논문이 발표되었다. 대체로 2010년을 기점으로 하여 두 분야에서의 관련 연구들이 활발하게 이루어지고 있다.

〈그림 3〉 중국 정치학계의 SNA방법론 활용 연구 추이

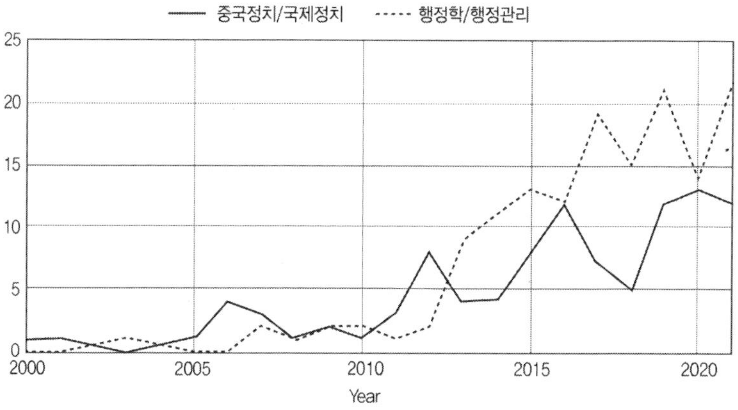

자료: CNKI 데이터

〈그림 3〉은 "행정학 및 국가행정관리"와 "중국정치와 국제정치"의 연도별 연구를 비교해 봤다. 2010년 이전까지는 "중국정치와 국제정치" 관련 연구가 많지는 않지만 "행정학 및 국가행정관리" 분야에 비해 상대적으로 조금 많았다. 그리고 2010년 이후부터는 이런 추세가 역전되고 있는데, 특히 최근에 이르러 그 격차가 커지고 있다. 시진핑 시기에 들어서 '사회관리'에 대한 행정력의 집중과 같은 맥락이다. 최근 10년 동안의 관련된 연구에서 동시출현 키워드를 분석해 보면 왜 그런지 분명해진다.

"社會網絡分析"과 같이 동시에 출현한 키워드 중 출현 빈도 상대적으로 많은 키워드는 "電子政務", "傳播網絡", "應急管理", "社會支持網絡", "突發事件", "治理主體" 등이 출현이 많다. 관련된 연구들이 중국정부의 치안 및 정책홍보 등 관련된 정책연구에 활용되고 있음 알 수 있다. 반면 "중국정치와 국제정치" 분야에서의 동시출현 주요 키워드를 살펴보면, "社會支持網絡", "恐怖分子", "恐怖主義", "恐怖組織網絡" 등 연구들에 상대적으로 많은 관심이 있는 것으로 보인다. 이들 연구주제들은 "테러"와 사회치안을 연결시키고 있으며, 행정분야에서의 사회관리, 사회치리와도 관련한 연구들이다. 이런 유형의 연구들이 SNA방법론을 적극 활용되고 있다.

연구성과를 산출한 연구자들의 소속기관 상의 특징을 살펴보면, "행정학 및 국가행정관리" 분야에서 가장 많은 관련 연구성과를 생산한 연구자의 소속기관은 하얼빈공정대학(哈爾濱工程大學)으로 총 8편, 그리고 푸저우대학(福州大學) 8편, 시안자오통대학(西安交通大學) 6편, 하얼빈공업대학(爾濱工業大學) 5편, 우한대학(武漢大學) 5편, 중국인민대학(中國人民大學) 5편 순이었다. 그 중에서 인용빈도가 높은 대표적인 연구성과를 연구내용과 방법론에 대해 분석해 보면 다음과 같은 결과를 얻을 수 있다. 첫째, 하얼빈공정대학에서는 네트워크 관련 연구는 캉웨이(康偉) 하얼빈공정대학 경영학원 공공관리학과 교수를 중심으로 이루어지고 있다. 그녀는 2013년 천보(陳波)와 공동으로 「공공 위기관리 분야의 사회연결망분석: 현황, 문제 및 연구 방향」(公共危機管理領域中的社會網絡分析: 現狀, 問題與研究方向)을 발표하였는데, 저자들은 EBSCO와 JSTOR 데이터베이스 자료를 활용하여 지난 20년간 중국 외 국가에서 생산한 문헌을 검색하여, 공공위기 관련 대표문헌 22개를 선별하여 분석하였다. 이 연구에 따르면 위기관리를 연구하는데 있어 사회연결망분석의 적용은 갈수록 증가하고 있고, 관련 연구 초점을 네트워크 구조 파악, 그리고 네트워크 내에서의 관계 조정, WEB2.0시대 소셜미디어의 영향 등에 두고 있음을 발견하였다. 저자들은 공공위기와 관련 향후 네트워크 동적인 복잡성에 대한 연구, 위기관리에서 빅 데이터의 효과적인 활용 등의 연구에 주목해야 한다고 제안한다. 그리고 중국정치학계를 향해 위기관리 분야에서 사회연결망분석의 연구 현황과 문제점을 심도있게 분석해야 하며, 최근의 성과 참조하고 이를 흡수하여 위기관리에 있어 사회연결망분석의 활용을 확대함가 아울러 중국정치학계에서의 사회연결망분석 및 위기관리 교차 연구를 제안하고 있다(康偉·陳波 2013, 114-124).

한편 푸저우대학에서 네트워크방법론 관련 연구는 경제관리학원 리용중(李永忠) 교수는 중심으로 하여 이루어지고 있다. "전자정부(電子政務)" 분야의 전문가인 리용중은 차이자(蔡佳)와 함께 2017년 「LDA에 기초한 국내 전자정부 관련 연구주제 진화 및 시각화 분석」(基於LDA的國內電子政務研究主題演化及可視化分析)을 발표하여 텍스트 분석을 본격적으로 중국정치학연구에 활용하고 있다. 잠재 디리클레 할당(Latent Dirichlet allocation, LDA)이라고 하는 이 방법론은 방대한 분량의 문서 속에서 그 문서들이 어떤 내용을 담고 있는지를 큰 맥락으로 묶어 파악할 수 있도록 해준다. 리용중을 비롯한 저자들은 이 논문에서는 중국 전자정부 연구주제의 진화와 모형활용을 제안한다. 이를 위해 CNKI에서 1999년부터 2016년까지 전자정부 주제에 대한 데이터를 수집하고, 각 연구주제를 LDA모델을 이용하여 샘플링하고, 샘플링된 주제를 사회연결망분석방법을 통해 시각적으로 분석하고 있다(李永忠·蔡佳 2017, 158-164).

세 번째로 관련 연구가 많은 기관인 시안자오통대학에서는 지아진샤오(賈金曉) 교수가 주축이 되어 관련연구를 진행하고 있다. 지아진샤오 교수는 2015년 「국가 거버넌스체제 현대화의 네트워크 구조와 실천 경로: 제18기 중앙위원회 제3차 전원회의 〈결의〉에 대한 사회연결망분석」(國家治理體系現代化的網絡結構與實踐路徑: 十八屆三中全會《決定》的

社會網絡分析)에서 텍스트 분석 및 SNA방법론을 활용하여 중국공산당 18기 3중전회의 〈결정〉에 대한 시각적, 정량적 분석을 진행하였다. 저자들의 분석결과에 따르면, 중국의 국가 거버넌스 현대화를 실현하는 두 가지 경로가 있는데, 하나는 '다중참여 및 거버넌스 그 자체의 다중 거버넌스'의 실현이고, 다른 하나는 '사회 거버넌스체제의 혁신'이라고 주장하며, 사회연결망분석에서의 '중심성' 및 '구조적 공백(structural hole)' 분석방법을 활용하여 중국 중앙정부가 거버넌스네트워크에서 중요한 역할을 담당하고 있으며 중국이 현대적 국가 거버넌스체제를 구축하기 위해서는 "유능한 제한된 정부"가 수립되어야 한다고 제안하고 있다(吳建南·鄭燁·賈金曉 2015, 36-47). 사회연결망분석방법을 활용한 "행정학 및 국가행정관리" 분야의 연구 역시 몇몇 기관과 전문연구자의 비중이 크다. 앞에서 언급했듯이, 캉웨이, 리용중 그리고 지아진샤오 등은 꾸준히 이 방법론으로 중국의 행정 및 국정관리 이슈를 다루고 있으며, 연구주제를 확장해 가고 있다. 물론 효율적인 사회관리방법을 이 방법론을 통해 찾고자 한다.

중국 정치학계의 "행정학 및 국가행정관리" 분야와 비교해 "중국정치와 국제정치" 분야의 관련 연구자 소속기관은 지나치게 편중되어 있다. 특히 국방과학기술대학(國防科學技術大學) 소속 연구자들이 총 17편의 다량의 성과를 생산하고 있고, 칭화대학(清華大學) 7편, 난카이(南開大學) 7편, 그리고 중국런민대학 6편, 시안자오통대학, 쓰촨대학(四川大學), 난징대학(南京大學) 소속 연구자들이 각각 5편씩 발표하였다. 관련 연구성과 중 가장 인용빈도가 높은 연구결과를 중심으로하여 대표적인 상위 두 개 연구만 살펴 보면, 먼저 국방과학기술대학에 소속 연구자들이 2013년에서 「사회연결망분석 이론을 기초한 테러조직 네트워크 연구 조사」(基於社會網絡分析理論的恐怖組織網絡研究綜述)가 있다. 이 테러조직 네트워크 연구가 테러조직의 구조 이해와 테러활동에 대한 효과적

대처에 매우 중요한 의미를 가진다는 전제 아래 SNA방법론을 통해 테러 조직 네트워크 연구했는데, 먼저 테러조직 네트워크 모델의 구축 방법과 분석 방법을 검토하고, 테러 조직 네트워크 모델링, 데이터 수집 방법에 대해 논하다. 그리고 테러활동 상황 평가, 조직구조 진화 및 성과 평가, 공간적 상관관계 분석을 진행하고 있다(付舉磊·孫多勇·肖進·汪壽陽 2013, 2177-2186).

한편 칭화대학에서의 네트워크 관련 연구는 특정 연구자에 집중되어 있는 것이 아니라 다수의 연구들이 다양한 주제로 연구를 진행하고 있다. 대표적인 연구사례로 멍톈광(孟天廣)과 궈펑린(郭鳳林)의 2015년 논문인「빅데이터의 정치: 새로운 정보화 시대의 정치 현상과 그 탐색 경로」(大數據政治學:新信息時代的政治現象及其探析路徑)는 정보화와 네트워킹이 심화되면서 데이터사이언스(빅데이터)가 사회과학 방법론의 변화를 추동하고 있다고 지적하면서, 저자들은 빅데이터 정치는 보다 편리하고 비용이 적게 들며, 대규모 데이터 수집, 새로운 데이터 분석 방법의 도입, 양적 및 질적 방법의 통합, 정치학과 같은 학제 간 연구의 방법 혁신 및 학문 개발, 컴퓨터 과학 및 정보과학, 데이터 민주화에 의해 촉진된 정치 지식의 대중화 등 관련 가치가 있다고 본다. 빅데이터 정치학의 부상으로 국제학계에서는 검색엔진 기술, 자동 텍스트 분석, 네트워크 분석, 공간 분석 등을 정치 커뮤니케이션, 사회운동과 전쟁, 정치 텍스트 등의 정치 현상 연구에 적극적으로 적용되고 있고 연구성과들이 축적되고 있기에 중국정치학계도 이러한 빅데이터 정치를 적극적으로 수용하여 정치 커뮤니케이션 및 인터넷 정치를 이해하는 데 유용한 활용해야 한다고 주장한다(孟天廣·郭鳳林 2015, 46-56).

이상에 보는 바와 같이 "중국정치와 국제정치" 분야에서의 네트워크 접근법과 관련된 연구는 국방과학기술대학이라는 특정 기관에 편중되어 집중되어 연구되고 있고 나머지 기관에서는 다양한 연구자들이 다양한 주제로 관련 영역의 연구를 진행해 오고 있는 것으로 파악되었다. 이는 행정관리 분야의 연구와는 다른 특징이라고 할 수 있다. 종합적으로 최근 중국정치학계의 네트워크 방법론과 관련된 연구는, 연구대상과 연구방법론으로서 '네트워크' 사회관리와 치안 등에 활용할 수 있는 방법을 제안하고 정책을 수립하는데 도움이 될 수 있는 실용성을 중시하고 있고, 이들 연구 역시 소수의 특정 연구기관과 연구자에 의해 편중되어 있음을 발견할 있었다.

Ⅳ. 결론

중국정치 연구과 관련 SNA방법론을 통한 중국사회의 분석 이전, 중국 특유의 관계를 중심으로 중국정치와 사회를 이해하려는 노력이 있어 왔다. 그런데 이들 연구들은 실증적 데이터를 기반하여 분석보다는 인류학적, 사회학적, 문화적 연구방법론 활용한 연구가 이루어졌다. 1990년 후반 중국학계에서 이 방법론이 중국정치와 사회를 이해하고 분석하는데 도입되고, 사회학과 통계학, 그리고 도서관학과 언론학, 경제학 분야에서 빠르게 연구성과를 축적해 가고 있다. 이는 중국사회를 실증적 분석과 데이터를 통해 새롭게 중국사회 내 관계를 파악하려고 하는 노력의 일환이라고 할 수 있으며, 보다 수학적 통계학적 방법과 데이터를 활용하여 새로운 영역으로의 연구영역을 확장하려는 시도로 이해할 수 있다.

중국 사회과학계 사회연결망분석 방법의 활용은 여전히 문헌정보학이나, 사회학 그리고 경제학 등에 편중되어 있고, 정치학에서의 활용도는 상대적으로 뒤쳐져 있다. 특히 테러조직연구, 사회치안, 국가거버넌스, 정책네트워크 연구 등 제외하고는 극히 제한된 주제를 다루고 있는 것이 특징이라고 할 수 있다. 네트워크 방법론 상에서도 중국정치학 주로 활용하고 있는 SNA방법은 대체로 "응집하부그룹 분석"이나 "중심성 분석", "역할분석" 등 일부만을 집중하고 있다. 나머지 세부적인 방법 활용은 아직 미흡하다고 할 수 있을 것이다. 그리고 연구성과들이 실용적, 정책적 성격이 강하고, 미국이나 서양에서 개발한 방법론을 소비하는데 머물러 있다는 특징을 보인다. 그리고 연구가 편중되어 있다. 사회과학 전체를 보면 문헌정보학, 기업, 거시경제, 사회학 및 통계학 등 몇몇 분야에서의 SNA방법론 활용 지식생산의 비중이 매우 높다는 특징 또한 발견된다. 비록 관련 연구들이 활발하게 이루어지고 있기는 하지만 서양의 방법론과 연구추세 소개하는 연구가 많아 아직까지는 이 방법론이 중국적 맥락에서 변용하거나 재구성할 수준까지 발전하지 못했다. 그 이유는 여러 가지가 있을 수 있으나, 자유롭게 연구 주제나 방법을 선정할 수 없고, 특히 네트워크 분석에 필요한 데이터에 대한 접근 권한 제한되어 있기 때문이다.

따라서 앞서 멍텐광과 궈펑린이 주장한 바와 같이, 중국 정치학계가 미국을 비롯한 서양의 국제정치학계가 축적해 놓은 SNA방법론의 연구성과를 적극적으로 흡수하고 활용하고 발전시켜 사회적 변화를 분석하자는 제안은 정당하다고 할 수 있다. 기술적으로 중국은 높은 수준의 빅데이타, 인공지능, SNS 등 관련 높은 수준의 기술발전에 상응하는 과학적 방법론인 사회연결망분석방법을 사회과학 연구에 활용한다면, 보다 다양한 연구대상과 내용 그리고 중국정치관련 지식을 생산하고 축적할 있는 기반이 마련될 것이다. 중국정치학계의 사회연결망분석방법론을 활용한 연구의 확대와 발전을 위한 전제조건으로 중국의 모든 연구자에게 보다 자유로운 연구환경이 제공되어질 때 비로소 가능하다는 점은 두말할 나위가 없다.

| 참고문헌 |

빅터·몽고메리·루벨 편저. 서상민·모준영·유희복 역. 2022.『정치네트워크론1. 2』. 학고방.

김상배. 2008.「네트워크 권력의 세계정치: 전통적인 국제정치 권력이론을 넘어서」.『한국정치학회보』. 42(4). 387-408.

康偉·陳波. 2013.「公共危機管理領域中的社會網絡分析: 現狀、問題與研究方向」.『公共管理學報』(04)

郭涵. 1996.「理想信念教育和社會網絡: 中學教育目標和效果的實證分析」.『青年研究』.

劉華軍·劉傳明·孫亞男. 2015.「中國能源消費的空間關聯網絡結構特征及其效應研究」.『中國工業經濟』(05).

李永忠·蔡佳. 2017.「基於LDA的國內電子政務研究主題演化及可視化分析」.『現代情報』(04)

孟天廣·郭鳳林. 2015.「大數據政治學: 新信息時代的政治現象及其探析路徑」.『國外理論動態』(01)

付舉磊·孫多勇·肖進·汪壽陽. 2013.「基於社會網絡分析理論的恐怖組織網絡研究綜述」.『系統工程理論與實踐』(09)

吳建南·鄭燁·賈金曉. 2015.「國家治理體系現代化的網絡結構與實踐路徑: 一十八屆三中全會《決定》的社會網絡分析」.『上海行政學院學報』(02)

張存剛·李明·陸德梅. 2004.「社會網絡分析:一種重要的社會學研究方法」.『甘肅社會科學』(02).

朱慶華·李亮. 2008.「社會網絡分析法及其在情報學中的應用."『情報理論與實踐』(02)

周秀平·周學軍. 2007.「社會支持網絡與農村婦女發展: 女村長與村落發展的案例分析」.『中華女子學院山東分院學報』(01)

陳運森·謝德仁. 2012.「董事網絡、獨立董事治理與高管激勵」.『金融研究』(02).

陳沖·劉豐. 2009.「國際關系的社會網絡分析」.『國際政治科學』(04)

夏建中. 2000.「現代西方城市社區研究的主要理論與方法」.『燕山大學學報』.

Akerman. A.. & Seim. A. L. 2014. "The global arms trade network 1950-2007." Journal of Comparative Economics. 42(3).

Eulau. H.. & Rothenberg. L. 1986. "Life space and social networks as political contexts." Political Behavior. 8(2)

González-Bailón. S. 2013. "Social science in the era of big data." Policy & internet. 5(2).

Hafner-Burton. E. M.. Kahler. M.. & Montgomery. A. H. 2009. "Network analysis for international relations." International organization. 63(3).

Kacziba. P. 2021. "The network analysis of international relations: Overview of an emergent methodology." Journal of International Studies. 14(3).

Kim. I. S.. & Kunisky. D. 2021. "Mapping political communities: A statistical analysis of lobbying networks in legislative politics." Political Analysis. 29(3)

Liang. Y. 2010. "China and the global financial crisis: Assessing the impacts and policy responses." China & World Economy. 18(3).

Maoz. Z. 2012. "How network analysis can inform the study of international relations." Conflict management and peace science. 29(3).

Maoz. Z.. Terris. L. G.. Kuperman. R. D.. & Talmud. I. 2005. "International relations: A network approach." New directions for international relations: confronting the method-of-analysis problem.

Matthew. R.. & Shambaugh. G. 2005. "The limits of terrorism: a network perspective." International Studies Review. 7(4).

McAdam. D.. Tarrow. S.. & Tilly. C. 2009. "Comparative perspectives on contentious politics." Comparative politics: Rationality. culture. and structure.

Morrison. W. M. 2009. "China and the global financial crisis: Implications for the United States." Library of Congress Washington DC Congressional Research Service.

Overbey. L. A.. Greco. B.. Paribello. C.. & Jackson. T. 2013. "Structure and prominence in Twitter networks centered on contentious politics." Social Network Analysis and Mining. 3(4).

Overholt. W. H. 2010. "China in the global financial crisis: Rising influence. rising challenges." The Washington Quarterly. 33(1).

Patrick E. Tyler. 1994. "Visit by Gore to China Is Under Study" https://www.nytimes.com/1994/12/20/world/visit-by-gore-to-china-is-under-study.html

Perliger. A.. & Pedahzur. A. 2011. "Social network analysis in the study of terrorism and political violence." Political Science & Politics. 44(1).

Qiu. Jack Linchuan. 2004. "Chapter 4: The Internet in China: technologies of freedom in a statist society". In The Network Society. Cheltenham. UK: Edward Elgar Publishing.

Ressler. S. 2006. "Social network analysis as an approach to combat terrorism: Past. present. and future research." Homeland Security Affairs. 2(2).

Ribeiro. H. V.. Alves. L. G.. Martins. A. F.. Lenzi. E. K.. & Perc. M. 2018. "The dynamical structure of political corruption networks." Journal of Complex Networks. 6(6).

Ringe. N.. Victor. J. N.. & Cho. W. T. 2016. "Legislative networks." In The Oxford Handbook of Political Networks.

Ringe. N.. Victor. J. N.. & Gross. J. H. 2013. "Keeping your friends close and your enemies closer? Information networks in legislative politics." British Journal of Political Science. 43(3).

Shleifer. A.. & Vishny. R. W. 1993. "Corruption." The quarterly journal of economics. 108(3).

Tarrow. S. G. 2011. Power in movement: Social movements and contentious politics.

Tilly. C.. & Tarrow. S. G. 2015. Contentious politics. Oxford University Press.

UNGASS 2021. "Adoption of the political declaration" https://documents-dds-ny.

un.org/doc/UNDOC/GEN/N21/138/82/PDF/N2113882.pdf?OpenElement

Victor. J. N.. Montgomery. A. H.. & Lubell. M. (Eds.). 2018. The Oxford handbook of political networks. Oxford University Press.

Wendt. A. 1999. Social theory of international politics (Vol. 67). Cambridge University Press.

Wilson. M.. Davis. D. R.. & Murdie. A. 2016. "The view from the bottom: Networks of conflict resolution organizations and international peace." Journal of Peace Research. 53(3).

Zinda. Y. S. 2019. The Transformations of PRC Academic Philosophy: Maoist Features and Their Use under Xi Jinping." Asian Studies. 7(1).

지식권력의 해체와 노자의 정치사상

◉ 윤지원 ◉

Ⅰ. 서론

중국의 역사와 사상 그리고 문화에서 중국 정치가 갖는 위치와 의의는 매우 중요하다. 특히 중국 정치의 특징을 왕권주의라 볼 수 있는데. 유택화에 의하면 왕권주의는 사회 형태나 통상 이야기하는 권력 체계가 아닌 일종의 사회적 통제와 운행 기제를 의미한다(유택화 편 2019, 10-11). 이 같은 사회적 통제와 운행 기제로서의 왕권주의는 다음 세 가지 내용을 포함한다. 첫째, 왕권을 중심으로 한 권력 체계, 둘째, 권력의 체계를 근간으로 하여 형성된 사회구조, 그리고 마지막으로 이에 어울리는 지식체계이다. 왕권이 중심이 된 권력 체계는 어떤 견제나 균형의 기제가 없으며 무한한 권력을 가지게 된다. 그리고 왕권의 형성 과정에서 그에 상응하는 사회 체계가 같이 형성된다. 고대 왕과 귀족 그리고 관료로 이루어진 사회 체계는 정치 체계였을 뿐만 아니라 사회구조 체계로써 정치 경제 문화의 통일체였다. 이 체계의 구성원들은 지식권력[1]을 장악하고 강제력을 통해

---

* 이 글은 『한중사회과학연구』에 투고된 「지식권력의 해체와 선진 정치사상」을 수정 보완한 것이다.

** 단국대학교 일본연구소 HK교수.

1) 지식은 인식체계나 사유방식을 의미하며 이론을 지칭하는 개념이다. 그리고 생산된

대부분 토지와 인민 그리고 사회적 재화를 통제 지배했다.

중국의 왕권주의는 하·은·주(夏·殷·周) 3대를 거치며 형성되었다. 고대 중국은 신권과 왕권의 결합을 정치권력의 특징으로 하는 하대(夏代), 신권과 왕권 그리고 가족 권력의 통일을 정치권력의 특징으로 하는 은대(殷代)를 거쳐 서주(西周)의 융성기를 맞게 된다. 하지만 경제구조의 변화에 따른 사회구조의 재편으로 통치 권력이 위협을 받게 되면서 춘추전국의 난세가 도래하게 된다.

난세는 사상가들의 정치적 각성을 촉진 시켰고, 이를 계기로 통치 질서의 확립과 사회통합을 위해 각종 정치적 주장을 제기한다. 이들은 천과 정치의 관계, 사회관과 정치의 관계, 그리고 인간의 본질과 정치의 관계를 재정립하며 왕권주의를 확립해 갔다. 그리고 서로 다른 관점의 차이로 인해 다양한 학파와 주장으로 갈라지게 된다. 당시 사상가들은 대체로 천인합일론(天人合一論)에 근거하여 천(天)과 정치의 불가분성을 인정하였지만, 인간의 본질과 지식 문제에 관해 자연성을 강조하는 도가와 사회성을 강조하는 유가 및 법가로 갈라졌고, 인성 문제에 접근하는 시각의 차이로 인해 비록 사회성을 강조했지만, 유가와 법가는 다시 갈라서게 된다. 유가는 천인합덕론(天人合德論)에 근거하여 서주(西周)를 이상사회로 삼았고 복고주의적 입장에서 도덕주체의 부활을 통한 덕치(德治)를 주장했다. 이에 반해 법가는 천인상분론(天人相分論)에 근거하여 진화론적 관점에서 개혁을 위한 강력한 법치를 주장했다. 그러나 이들 양가의 덕치와 법치는 왕권주의의 확립과 강화에 목적이 있었으며, 민권이나 신권은 단지 왕권을 보장하기 위한 수단에 불과했다.

지식은 그것을 소유한 사람 또는 무리와 관계를 맺으며 사회적 영향력을 가지게 된다. 지식의 특정한 사유방식이나 학문이론은 필연적으로 사회와 역사에 영향을 미치며 권력의 속성을 가질 수밖에 없다. 즉 지식의 근본적 속성 가운데 하나가 이데올로기적 권력인 것이다.

지식체계로서의 왕권주의는 전체 사상과 문화의 핵심이었다. 대부분의 제자백가 사상은 기본적으로 왕권주의로 귀결된다. 춘추전국 시대의 백가쟁명은 중국 역사에 있어 사상과 문화의 형태가 다양하게 변화한 시기이며, 그들이 주장한 학설과 사유 방식은 왕권주의의 문을 열었다. 이후 새로운 창조가 없었다고 말할 수는 없지만, 근대 이전까지 기본적인 사유는 춘추전국 시대의 창조적 사유 방식과 틀을 벗어나지 못했다고 생각된다.

본 논문은 당시 시대 상황에 대한 이해를 바탕으로 자연성을 강조하며 지식권력의 해체를 주장한 노자의 정치철학[2])에 관해 살펴보는 것을 목적으로 한다. 노자에 대한 기존의 연구 성과는 매우 다양하며 많은 양이 축적되어 있다. 하지만 지식권력의 시야에서 노자의 정치사상을 다시 고찰하는 것은 현대를 살아가는 우리에게 노자의 사유에 대한 또 다른 이해의 지평을 열어 줄 수 있을 뿐만 아니라 중국의 정치사상을 이해하는 중요한 지표가 될 수 있을 것이다.

2) 서구에서 사용하는 '정치철학'의 주제는 '정의로운 국가, 신뢰할 만한 국가'에 관한 문제를 다루며, 또한 "정치적인 것들의 본질 그리고 정의, 선, 정치질서를 포함하는 모든 것들에 대해서 진정으로 알고자 하는 시도"라고 할 수 있다(레오 스트라우스, 『정치철학이란 무엇인가?』 1장 참조). 하지만 동양의 정치철학의 주제는 서양과 다르다. 모종삼 선생은 그의 『政道與治道』에서 중국 정치철학의 특징을 다음과 같이 기술한다."政道는 政權에 상응해서 말하는 것이고, 治道는 治權에 상응해서 말하는 것이다. 중국은 과거에 治道에 대해서는 이미 최고의 자각경계에 진입했지만, 政道에 대해서는 시종 방법이 없었다. 따라서 어떤 사람의 주장에 따르면 중국이 이전에 단지 治道만 있었고 政道가 없었고, 또한 단지 吏治만 있었지, 정치는 없었던 것 같다. 吏治란 治道와 상응해서 말하는 것이고, 정치는 政道와 상응해서 말하는 것이다."

Ⅱ. 사회혼란과 그 원인

춘추시대(김종무 1972, 30-50)[3]는 주나라의 예법과 제도가 붕괴하는 중국 사상 초유의 격동 시대였다. 당시 격변의 성격을 강하게 규정하고 있는 것은 전쟁의 격화와 이를 계기로 강화된 정치사상이었다. 사상은 환상이 아니라 사상의 탄생 배경이 되는 시대를 반사(反射)한다. 한 시대는 다른 시대와 구분되는 그 시대만의 고유한 문제를 가지고 있고 이에 대한 고민의 결과로서 나타나는 것이 사상이다. 춘추시대에는 기존의 사회체제인 정치제도와 사회조직, 경제와 신분질서 등이 붕괴하며 근본적인 변화를 일으켰다. 새로운 질서가 요청되었지만 수립되지 못하였고 기존 사상의 가치와 권위는 나락으로 떨어졌다. 당시 제후들이 직면한 현실 속에서 부국강병의 정치철학은 국가권력을 강화하고 유지하는데 필수적이었다. 춘추 중기 이후 갈수록 심화한 변혁기적 추세는 분권적 봉건 질서의 해체와 중앙권력으로의 예속화를 가속 시켰다.

정치인들과 지식인들은 직면한 현실을 바로잡기 위해 다양한 방법을 모색했고 그 결과 제자백가가 출현하게 된다. 그들의 백가쟁명은 천하 사람들로 하여금 철학적 인식의 지평을 넓히게 하였고, 제자백가로 부터 파악된 백과사전적 지식은 사물에 대한 종합적 고찰과 심오한 분석을 촉진했다. 제자백가의 쟁명은 이후 2000여 년간 봉건사회 역사의 흐름 속에 등장한 다양한 사상의 원형이 되었다. 당시 지식인들은 사회 역사에 대한 새로운 인식을 필요로 했고 백가쟁명은 이 역사 변동이 사람들의 인식 지평 위에 그려진 것이었다.

백가쟁명을 촉진한 주요 원인은 각국의 정치 변혁과 전쟁의 격화였다. 각 제후국의 내정과 외교는 그들의 존망을 좌우하는 정치적 과제였다. 당

3) 春秋時代(B.C770~403)의 연대는 학자마다 다소 차이를 보인다.

시 제후국 간의 투쟁은 물질적 역량의 경쟁이자 지식의 경쟁이기도 했다. 물질적 역량은 소수에 의해 독점되고 통제될 수 있었으나 지식은 독점될 수 없었다. 제후들은 그들이 직면한 문제를 해결할 인재를 경쟁적으로 초빙했고 지식인들은 정치사상으로 자신의 가치를 증명했다.

노자의 정치철학은 시대와 현실에 대한 자신의 깊은 통찰에 그 기반을 두고 있다. 그리고 그의 사상의 바탕에는 당시 혼란한 사회 정치적 현실과 유가 사상의 편협함 그리고 유위에 대한 비판이 깔려 있다. 춘추시기의 혼란은 안으로는 엄격한 통제와 백성에 대한 수탈을 초래했고, 밖으로는 끝없는 겸병전쟁을 일으켰다, 그리고 이로 인해 개인의 삶은 고통과 불안 그리고 혼란에 찬 날들의 연속이었다. 노자는 자신이 살았던 시대를 다음과 같이 비판한다.

> "백성들이 굶주리고 있는 것은 위정자가 세금을 너무 많이 거두기 때문이며, 백성들을 잘 다스리지 못하는 것은 위정자가 유위하기 때문이다. 백성들이 죽음을 가볍게 생각하는 것은 위정자가 자신들의 삶을 지나치게 구하기 때문이다."[4)]

정치 사회사상은 어느 사회의 부조리한 현실을 체험한 사상가의 개혁의식에서 탄생한다. 이는 노자의 정치사상 역시 마찬가지이다. 호적은 그의 『중국고대철학사』에서 당시 이러한 상황 속에서 형성된 사상가 집단을 극단적 파괴파, 극단적 염세파, 적극적 구세파의 세 부류로 나누어 설명하고 있다(胡適 1958, 60). 호적에 의하면 극단적 염세파는 논어에 보이는 신문(晨門) 하조장인(荷蓧丈人) 장저(長沮), 걸익(桀溺) 등으로 그들은 부패한 세태를 보고 비관과 절망에 빠져 사회를 등지고 숨어 사는 사람들

4) 『老子』 75章 "民之饑,以其上食稅之多, 是以饑, 民之難治, 以其上之有爲, 是以難治, 民之輕死, 以其上求生之厚, 是以輕死."

이었다. 공자로 대표되는 적극적 구세파인 유가는 이들과는 다른 입장을 가지고 있었다. 그들은 비록 은자들의 뜻을 알고 있었지만 그들의 행위에 동조하지 않았으며 혼란한 사회를 구제하기 위하여 노력했다. 극단적 파괴파는 노자로 대표된다. 하지만 노자 자신이 전쟁을 반대하고 유가의 제도를 반대하는 입장에 서 있는 것으로 볼 때 호적이 분류한 파괴의 대상은 당시 지식권력의 해체와 문화적 속박으로부터의 해방을 의미한다고 보아야 한다.[5] 공자가 주나라 문화의 계승과 발전을 통해 사회를 개혁해보려 했던 것에 비해 노자는 이러한 방법이 도리어 사람을 속박하고 문화의 몰락을 촉진한다고 보았다. 그 때문에 그는 기존 지식권력의 해체를 통해 사회를 개혁하려 했다. 그는 단순 질박한 인성의 회복과 무위(無爲)를 통한 속박되지 않은 자유로운 인간상을 추구하고 이를 통해 평등한 이상세계의 건설을 갈망했다.

사회는 개별적인 사람들로 구성되며 그들은 일정한 질서를 따르고 일련의 가치를 기준으로 생활하며 관계 맺는다. 하나의 사회가 유지되기 위해서는 질서나 가치들을 따르려는 마음이 존재해야 한다. 그리고 이 같은 마음은 개인의 감정과 욕망을 극복하고 타인의 존재와 권리를 존중하는 본성을 구비하고 있어야 한다. 노자는 사회 혼란의 원인을 이러한 인간의 본성에서 찾는다. 즉 질서의 혼란이 인성의 혼란에서 기인한다는 것이다.

노자에 의하면 역사의 발전으로 인해 문명 시대로 진입하게 되면 사람들의 지식이 확장되고 욕망과 감정이 거세게 되어 악이 발생하게 된다. 그리고 사람들은 자연을 따르지만 하나 될 수 없는 상태에 이르게 된다. 이후 사람들이 질서를 따르기는 하지만 악한 욕망이 안정되지 않아 자연

5) 물론 大國과 小國을 통치하는 방법을 모두 인정한다는 점에서 이론의 여지는 존재하지만, 기존의 사회질서와 문화에 대한 老子의 입장을 胡適은 극단적 파괴파로 분류하고 있다.

을 따르지 않는 상태가 되고 오직 이성과 인위만을 추구하게 된다. 소박하고 순진한 본성이 본연의 자아를 잃고 이성과 지식에 속박되는 시대로의 진입이 곧 혼란의 시작인 것이다. 겉만 그럴듯하게 꾸미고 다양한 지식을 추구하는 것은 마음의 본성을 혼란하게 하여 자신의 본성을 진실로 되돌아가거나 원초 상태로 복귀할 수 없게 한다.[6] 따라서 인성의 소박함이 이성이나 지식에 매몰되고 자연적인 천성이 현실의 욕망에 은폐되면 "소인은 이익을 위해 자신을 희생하고 선비는 명성을 위해 자신의 삶을 해치며, 대부는 집안과 국가를 위해 자신을 희생하고, 성인은 천하를 위해 자신의 몸은 희생하게 된다."[7] 노자는 욕망에 대해 다음과 같이 말한다.

> "다섯 가지 색이 사람의 눈을 가리고, 다섯 가지 음이 사람의 귀를 멀게 하고, 다섯 가지 맛이 사람의 입을 상하게 한다. 말달리며 사냥하는 것이 사람의 마음을 미치게 만든다."[8]

인간은 육신과 이성을 소유한 존재로서 외부사물에 대한 욕망에서 벗어날 수 없다. 문제는 인간의 욕망이 자신의 생을 영위하는 데 필요한 최소한에 만족하는 것이 아니라 끊임없이 그것을 확장한다는 것이다. 심지어 심한 경우 자기중심적인 자의식에 매몰되고 만다. 인간의 이성은 자신과 다른 것을 구별하는 의식을 형성하고 자의식은 신체적 욕구의 충동을 받아 분별지에 빠지게 된다. 그리고 비 본래적인 인위를 행하게 된다. 왕필은 이에 대해 다음과 같이 말한다.

---

6) 이 같은 내용의 비유는 『莊子』에서 찾아볼 수 있다. 「騈拇」 "夫待鉤繩規矩而正者, 是削其性者也. 待繩約膠漆而固者, 是侵其德者也."

7) 『莊子』 「騈拇」 "小人則以身殉利, 士則以身殉名, 大夫則以身殉家, 聖人則以身殉天下."

8) 『老子』12章 "五色令人目盲, 五音令人耳聾, 五味令人口爽,馳騁畋獵令人心發狂."

> “귀, 눈, 입, 마음은 모두 그 타고난 본성에 따르는 것이다. 그런데 성명에 따르지 않으면 오히려 스스로 그러함을 해치게 된다. 그러므로 눈을 가리고 귀를 먹게 하고, 입을 상하게 하고, 미친다고 하였다.”[9]

오관을 가지고 있는 인간은 기본적인 욕망欲[10]의 충동을 넘어서는 순간 ‘스스로 그러함’을 해치게 된다. 필요에 의한 욕망이 아닌 그 이상의 욕망을 충족시키기 위한 욕망은 부정적이며 자신을 해칠 수밖에 없다. 누구나 자신의 욕망을 추구하며 이는 인간의 본질적인 생존과 직결된 중요한 문제이다. 하지만 욕망의 확장을 인간이 제어할 수 없게 될 때 사회적 혼란은 발생하게 된다. 노자는 확장된 인간의 욕망, 즉 탐욕을 가장 큰 허물이라 말한다.

> “지족하지 않는 것보다 더 큰 화는 없다. 얻고자 하는 욕망보다 더 큰 허물은 없다”[11]

문제는 인간의 본성을 어지럽히고 삶을 망치는 욕망이 팽창하는 데 있다. 노자는 말한다.

> “천하에 금지하는 것이 많아지면 백성은 더욱 가난해지고, 백성에게 이로운 물건이 많아지면 국가는 더욱 혼란해지며, 사람들이 재주가 많아지면 기이한 일들이 늘어나고, 법령이 복잡해질수록 도적이 발생한다.”[12]

---

9) 王弼 注『老子』12章 “夫, 耳目口心, 皆順其性也. 不以順性命, 反以傷自然. 故曰盲聾爽狂也.”

10) 許愼,『說文解字』“欲, 貪欲也.”

11)『老子』46章 “禍莫大於不知足, 咎莫大於欲得”

12)『老子』57章 “天下多忌諱, 而民彌貧, 民多利器, 國家滋昏, 人多伎巧,奇物滋起法令滋彰, 盜賊多有.”

형식화된 사회 제도는 사람을 억압하고 통제하는 수단으로 작용한다. 제도를 지키게 하는 것은 스스로 우러난 질서나 가치를 따르려는 마음이 아니라 처벌에 대한 두려움이다. 메마른 제도 아래서 살아가는 인간의 행동은 불편하고 고통스럽다. 이 같은 행위를 노자는 인위적 행위 즉 유위라고 한다. 유위로 인해 인간은 '스스로 그러함'을 잃어버리고 자연스럽게 행동하지 못하게 된다.

노자는 사회 질서의 혼란을 초래하는 또 하나의 원인으로 상대적 지식을 이야기 한다. 그는 『도덕경』에서 인간의 지식을 두 가지로 나누어 설명한다. 첫 번째는 감각 기관의 지각과 이성의 사유작용을 통해 얻는 외재적 지식이다. 그리고 두 번째는 우주본체를 대상으로 하며 수양공부와 실천을 통해 깨닫게 되는 내재적 지식이다. 전자는 외재사물의 속성인 표면성과 국한성을 가지고 있기 때문에 상대적 지식이며 일반 사람들이 유일한 지식으로 생각하는 대상이다. 후자는 그 대상으로 삼는 우주본체가 만물의 궁극적 근원이며 현상계의 준칙이기 때문에 절대적 지식이며 진지(眞知)이다.

노자에 의하면 외재적 지식은 감각기관이 외재사물과의 접촉을 통해 만들어진 표상을 통해 생겨나게 된다. 이 표상은 일반 사람들이 감각기관을 통해 받아들인 정보를 이성의 추상능력을 통해 관념화 시킨 결과이다. 문제는 이러한 지식이 판단에 작용할 때 생겨나게 된다. 인간은 자신의 외재적 지식을 바탕으로 판단하고 그 판단의 배후에는 외부로 향한 욕망이 작용하고 있다. 그리고 가치의 판단이 이루어지면 유위(有爲)가 생겨난다.[13] 노자는 외적 사물에 대한 지식을 추구할수록 진정한 지식으로부

13) 노자는 『道德經』2장에서 "천하가 모두 아름다운 것이 아름다운 줄 알지만 이것은 보기 흉한 것일 뿐이다."라고 말한다. 여기서 노자가 말하는 천하 사람들의 앎은 정욕에 의해 생겨난 주관적 집착이다. 때문에 아름다움과 아름답지 않음의 차이를 판단할 때 본질적인 것을 따르는 것이 아닌 주관적인 좋고 싫음을 기준으로 판단한다.

터 멀어진다고 생각한다. 그는 말한다.

> "배운다는 것은 날로 더하는 것이요 도를 따른 다는 것은 날로 덜어내는 것이다. 덜어 내고 또 덜어 내어 무위에 이르면 무위하되 하지 못하는 것이 없게 된다."[14]

> "배우기를 포기하면 걱정이 없다. 공손하게 대답함과 적당히 응대함이 서로 얼마나 떨어져 있는 것인가? 착함과 악함이 얼마나 다른 것인가? 다른 사람들이 두려워하는 것은 두려워하지 않을 수 없다."[15]

노자가 여기서 이야기 하는 배움은 상대적 지식을 배우는 것으로 이를 통해 지식은 매일 누적 증가된다.[16] 그리고 감각 기관을 통해 얻어진 상대적 지식은 욕망과 결부되어 영향력을 발휘하고 인간을 잘못된 길로 인도하게 된다. 때문에 욕망은 반드시 절제 되어야 하며 인간은 상대적 지식을 초월하여 진정한 지식을 추구해야 한다. 노자는 상대적 지식과 절대적 지식을 추구하는 사람들의 모습을 다음과 같이 묘사한다.

> "사람들은 희희낙낙 큰 잔치를 즐기는 듯하고, 봄날에 대에 오른 듯한데, 나 홀로 담박하구나! … 사람들은 모두 넘치는 것 같고 나만 홀로 부족한 듯하니, 어리석은 이의 마음이로다. 어리석구나! 속인들은 아주 명확한데 나만 홀로 답답하고, 사람들은 살피고 살피는데, 나만 오직 어둡

14) 『老子』48章 "爲學日益, 爲道日損, 損之又損, 以至於無爲, 無爲而無不爲."

15) 『老子』20章 "絶學無憂, 唯之與阿, 相去幾何, 善之與惡, 相去若何, 人之所畏, 不可不畏."

16) 명나라의 학자인 초횡은 "배움은 지식을 구하는 행위"(爲學所以求知) 이다." 라고 정의하고 있으며 이 지식은 외부 사물을 대상화하여 얻게 되는 사물에 대한 앎을 의미한다. 그리고 이 지식에는 자연 현상을 포함한 정치·교육·예악제도 등 모든 인간의 상대적 지식들이 포함된다.

> 다… 사람들은 모두 쓰임이 있는데, 나만 오직 쓰임이 없는 비루하다. 나만 오직 사람들과 다르게 먹고 사는 근원을 귀히 여긴다."[17)]

사람들은 아름다움과 출세에 미혹되고, 영화와 이익에 현혹되어 욕심이 치닫고 마음이 다툰다. 그 때문에 큰 제사를 지내고 잔치를 하듯, 봄날에 대에 오른 듯이 들떠 기뻐한다. 하지만 절대적 지식을 추구하는 자는 텅 비어 이름 붙일 만한 모양이 없고, 별다른 조짐이 없는 모습으로 머무를 곳이 없는 것처럼 보인다. 세상 사람들은 모두 하나하나 살피고 따지지만 절대적 지식을 추구하는 사람은 홀로 어둡다. 노자는 절대적 지식을 추구하는 성인에 대해 다음과 같이 말한다.

> "문밖을 나가지 않아도 천하의 모든 이치를 알 수 있고, 창밖을 보지 않아도 자연의 규율을 알 수 있다. 외부의 사물에 대한 추구가 멀면 멀수록 지식이 더욱 적어진다. 때문에 성인은 밖으로 나가 사물을 접하지 않아도 알 수 있으며 보지 않아도 명료하게 알 수 있으며 유위하지 않아도 성취할 수 있다."[18)]

상대적 지식은 결국 나와 나아님, 이것과 저것을 구별하게 하며 구별은 대립을 대립은 투쟁을 요구함으로써 유위를 촉발하고 인간사회를 혼란하게 하여 타락시킨다.

---

17) 『老子』20章 "衆人熙熙, 如享太牢, 如春登臺, 我獨泊兮其未兆, 如嬰兒之未孩, 儽儽兮若無所歸, 衆人皆有餘, 而我獨若遺, 我愚人之心也哉, 沌沌兮, 俗人昭昭, 我獨昏昏, 俗人察察, 我獨悶悶, 澹兮其若海, 飂兮若無止, 衆人皆有以, 而我獨頑似鄙, 我獨異於人, 而貴食母."

18) 『老子』47章 "不出戶, 知天下, 不窺牖, 見天道, 其出彌遠, 其知彌少, 是以聖人不行而知,不見而名, 不爲而成."

Ⅲ. 노자의 정치사상

『도덕경』의 내용을 살펴보면, 삼분의 이 이상이 인생과 정치의 문제를 논하고 있으며, 그 정치적 이상의 핵심이 '무위지치'의 실현이라는 것에 대부분의 학자들은 동의하고 있다(박승현 2003, 579). 하지만 무위지치의 구체적인 내용과 그 실현의 방법에는 다양한 의견들이 존재하며, 이러한 원인은 노자가 주장하는 도와 무위(無爲)에 대한 이해의 차이로 인하여 생기는 것으로 보인다.[19] 때문에 무위에 대한 이해는 노자의 정치철학을 이해하는데 있어 매우 중요한 의미를 가진다.

1. 무위

주나라가 동천하게 되자, 천자의 권위는 날로 약화되었고, 제후들은 타락하고 부패하였다. 제후들은 끊임없이 토지겸병을 시도하였으며 이로 인해 전쟁이 발생하게 되었다. 당시 주나라 문화는 인간사회의 질서를 바로 잡을 수 있는 행위의 가치규범을 제공할 수 없었고 점차 '형식화' '외재화'를 통해 인간들의 본성을 속박하는 기제로 작용하게 되었다. 노자는 인간이 행복해지기 위해 우선 이러한 외재적인 속박과 구속에서 벗어나야 한다고 생각했다. 노자는 당시 지배계층의 '인의예악'을 자연의 생명력을 잃어버린 형식화된 틀이며, 통치계급의 이익을 위한 강제적인 행위규범으로 파악하였다. 그리고 이러한 형식적 행위 규범을 지키게 하기 위해서는 인위가 필요하다는 것에 주목한다. 노자에 의하면 '인위'는 허위의식을 낳고

19) 유택화는 無爲의 政治를 權謀術數적으로 이해하며(유택화 주편, 장현근 역 2019, 47), 候外廬는 복고주의적 경향으로(候外廬 1957, 296), 胡適은 방임주의로 이해한다(胡適 1953, 60).

하고 인간의 본성을 상실하게 만든다. '인위'가 생기면 부자연스럽고 자유롭지 못하고, 거짓이 발생한다. 그리고 이러한 것들은 우리들 생명의 자유에 대해여 말하면 속박이고 질곡이다. 때문에 노자는 이러한 인위를 강력하게 반대하며 다음과 같이 말한다.

> "억지로 하려고 하는 자는 실패하고 억지로 잡으려 하는 자는 잃게 된다. 따라서 성인은 작위하지 않기 때문에 실패하지 않고 억지로 부여잡지 않기 때문에 잃지 않는다. 백성들이 일에 종사하는 것을 보면 항상 거의 다 이루었다가 실패한다."[20]

이처럼 노자는 구체적인 역사적 현실 속에서 유위의 행위가 낳는 폐해에 반대하여 무위의 관념을 제시하고 있다. 여기서 무위의 관념을 이해하는데 있어 우리가 주의해야 할 점은 노자의 무위는 유위 즉 인위를 거부하는 적극적인 입장에서 제기된 관념이라는 것이다. 즉 아무것도 하지 않는 부동의 의미로 이해되어서는 안된다.[21]

모종삼은 그의 『中國哲學19講』에서 무위의 의미를 다음과 같은 2가지로 정리하고 있다(牟宗三 1983, 89-93).

첫째, 유위가 발생하는 곳은 마음(心)이며, 이러한 유위를 부정하고 제거하기 위한 수양의 공부가 일어나는 곳도 마음이다. 때문에 무위는 우리 마음속에 있는 '유위'를 부정하거나 제거하는 활동을 의미를 가진다.

---

20) 『老子』64章 "其安易持, 其未兆易謀, 其脆易泮, 其微易散, 爲之於未有..."

21) 노자는 무위의 구체적인 내용으로 絶聖棄智, 絶仁棄義(19章), 絶學無憂(20章)를 말한다. 그가 이야기 하는 인의仁義와 배움學 그리고 앎知 등은 인간의 무한 욕망의 원천이며 부정의 대상이 된다. 김충렬은 무위의 爲를 僞로 해석하며 인위적인 지모와 욕망에 구사되어 일어나는 '거짓 행위'로 이해한다. 즉 노자가 이야기 하는 爲는 자연으로부터 타고나서 자연의 섭리에 순응하면서 살아갈 수 있는 자연스러운 삶의 행위를 말한다.

둘째, 무위는 '인위'를 제거하는 과정을 통해 도달하는 경계의 의미를 가진다. 이러한 경지를 명사화하면 '무(無)'또는 '도(道)'라고 표현할 수 있다. 이러한 각도에서 보면 도에 대한 사유는 이성적 추론을 통하여 얻어지는 것이 아닌 무위의 수양과 실천을 통하여 체화되어진다. 즉 무위의 활동이 마음에서 일어난다면 이러한 무위의 활동을 통하여 도달하는 경지도 마음의 경지로 이해할 수 있으며 노자의 도 역시 객관적으로 존재하는 실체의 의미뿐만 아니라 마음 경지의 의미로 이해될 수 있다.

2. 무위지치의 내용

이상에서 무위지치의 근거가 되는 무위의 함의에 대하여 살펴보았다. 노자가 추구하는 정치의 방향은 무위정치였다. 이러한 무위정치론은 도 관념의 정치영역으로의 외연적 확산이며 현실적으로 당시 유가정치이론의 핵심인 유위정치에 대한 부정이었다. 노자에게 있어 도는 인격적 절대자나 만물의 주재자가 아니었다. 도는 다만 "사물의 본성을 따르고, 스스로 운행할 뿐 만물을 낳고도 소유하지 않고, 모든 것을 이루어 주면서도 자랑하지 않으며, 자라게 해 주고도 주재하지 않는"[22] 존재이다. 때문에 무위란 도의 입장에서 보면 도가 인격적이고 의지적인 주재자의 역할을 하지 않는다는 의미이다. 이러한 무위의 관념을 바탕으로 행해지는 무위지치의 이상적인 정치는 현실정치를 비판하고 반성하는데서 시작된다.

> "바름으로 나라를 다스리고, 기이함으로 군사를 쓰며, 백성을 혼란스럽게 하지 않음으로써 천하를 다스린다. 내가 어떻게 그러함을 알겠는가? 다음과 같은 이유에서이다. 천하 사람들이 기휘하는 것이 많으면 백성들

22) 『老子』51章 "夫莫之命而常自然, 故道生之, 德畜之, 長之育之, 亭之毒之, 養之覆之, 生而不有, 爲而不恃, 長而不宰."

은 가난해지고 백성들이 편리한 기계를 많이 소유하면 국가는 더욱 혼미해진다. 백성들이 기교가 많아지면 이상한 일들이 늘어나고, 법령이 복잡해질수록 도적이 많아진다."[23)]

현실정치에서 행해지는 백성들의 행동을 제약하는, 금지조항, 편리한 기계, 지략, 법령 등과 같은 통치적 권위나 물리적 힘에 의존하게 되면 백성들을 다스리기 어려울 뿐 아니라, 국가를 더욱 혼란으로 빠뜨리는 기제로 작용하게 된다. 노자는 이러한 현실정치에 대한 반성을 토대로 최고의 정치적 행위는 백성들이 외부적인 간섭이 없는 자유로운 삶을 누리는 것이라고 생각한다. 노자는 이러한 통치의 모습을 다음과 같이 묘사한다.

"최상의 정치는 백성들이 통치자의 존재를 느끼지 못하고, 그 다음은 백성들이 그를 친근히 여기며 칭찬하고, 다시 그 다음은 백성들이 두려움을 느끼고, 그 다음은 백성들이 무시한다. (통치자에 대한)믿음 부족하므로, (백성들이)자연히 믿지 않게 된다. (최고의 통치자는) 한가하지만 도리어 경솔히 정책을 시행하지 않는다. 공이 이루어지고 일이 제대로 되는 것을 백성 모두 자기가 그러하다고 말한다."[24)]

'최상의 정치는 백성들이 통치자의 존재를 느끼지 못한다.'고 말하는 것은 노자의 무위지치(無爲之治)의 이상을 설명하는 것이다. 또한 '백성들이 친근히 여기고 칭찬하는' 정치적 행위는 유가가 표방하는 인의에 의한 덕화정치를 말하는 것이고, '백성들이 두려움을 느낀다.'는 것은 법에 기초한 법가적인 통치행위를 말하는 것이다. 노자는 통치자가 정치적 권

23) 『老子』57章 "以正治國, 以奇用兵, 以無事取天下, 吾何以知其然哉, 以此, 天下多忌諱, 而民彌貧, 民多利器, 國家滋昏, 人多伎巧, 奇物滋起, 法令滋彰, 盜賊多有."

24) 『老子』17章 "太上下知有之, 其次親而譽之, 其次畏之, 其次侮之. 信不足焉, 有不信焉. 悠兮其貴言功成事遂百姓皆謂我自然."

위를 확장하기 위하여 힘쓰고, 백성들의 위에 군림하려고 하거나, 또는 폭력적 수단이나 법령을 통해서는 이상적 정치를 실현할 수 없다고 생각한다. 이상적 정치를 실현하기 위해서는 오직 통치자 자신이 먼저 진실함과 소박함 즉 도(道) 획득하여야 하며, 백성들에게 믿음을 얻어야 하며, 그것을 통하여 백성들의 자발성을 불러일으키도록 해야 하는 것이다.

> "대도를 지키면 천하 사람들이 모여들게 된다. 모여 들어도 서로 해치지 않으니, 모두가 편안해진다. 음악과 음식은 지나가던 과객을 멈추게 하지만, 도의 표현은 도리어 담박하여 맛이 없고, 보려고 해도 보이지 않고, 들으려 해도 들리지 않는다."[25]

음악과 음식은 인의예악을 강조하는 유위정치를 비유한 것이다. 유위의 정치는 의도적으로 은택(恩澤)을 백성들에게 베푼다. 하지만 이를 통해 어느 한쪽은 그 혜택을 보지만 다른 쪽은 소외되게 되며 온전하게 만물을 보전할 수 없게 된다. 노자는 통치자가 무위·무사를 통하여 백성들이 스스로 자신의 그러함을 실현하게 함으로써 만물을 온전히 보전할 수 있는 무위지치의 이상적 정치를 실현할 수 있다고 생각한다.

3. 성인과 이상국가

노자의 무위지치 실현의 관건은 통치자가 수양을 통해 성인으로서의 덕을 갖추고 사회적 혼란에 대한 해결책을 제시할 수 있느냐에 달려있다. 때문에 노자는 항상 성인의 수양을 강조한다. 노자는 통치자의 수양공부로 위도[26]의 공부를 제시한다. 위도의 공부는 경험세계를 통해 얻게 된

25) 『老子』35章 "執大象, 天下往, 往而不害, 安平太, 樂與餌, 過客止, 道之出口, 淡乎其無味, 視之不足見, 聽之不足聞."

지식과 욕망을 반성적으로 사유하고 부정하는 것이다. 이 같은 과정을 노자는 '덜어낸다(損)'는 표현을 사용한다. 우리 마음속에 있는 욕망과 인의를 일으키는 요소들을 제거하고 우리의 생명을 '스스로 그러한' 자연의 소박함으로 회귀하게 하는 것이다. 노자는 다음과 같이 말한다.

> "현묘한 거울의 때를 깨끗이 닦아내어 흠이 하나도 없게 할 수 있는가?"[27]

여기서 마음의 때를 깨끗이 닦아낸다는 것은 마음에 인위를 일으키고, 어지럽게 하는 요소들을 제거하는 것을 이야기 하며, 현묘한 거울은 우리의 마음이 허정함을 회복한 것을 말한다. 때문에 노자는 "허(虛)함을 궁극적인 곳까지 이르게 하고 정(靜)함을 독실하게 지키라고 말한다." 이러한 허정의 수양을 통하여 통치자의 마음은 고정된 선입관이나 집착에서 탈출해, 현묘한 거울에 비유되는 허정심(虛靜心)을 회복하게 된다. 그리고 이를 통하여 통치자가 정권의 작용을 제약하고, 인간 질서를 방해하는 요소들을 제거하고 실행하지 않는 것이 가능하게 된다.

> "성인은 항심이 없으니, 백성의 마음으로 자신의 마음으로 삼는다. 착한 것은 나도 착하다 하고, 착하지 않은 것도 나 또한 착하게 여기니, 덕이 선하게 되고, 미더운 것은 나도 믿고, 미덥지 않는 것도 나 또한 믿으니 믿음을 얻는다. 성인은 천하에 있어서 자기의 욕념을 거두어 들여, 사람들의 마음을 순박한 곳으로 돌아가게 한다. 백성들은 모두 자신의 눈과 귀에 주의를 기울이지만 성인은 그들을 어린아이와 같은 상태로 회복시킨다."[28]

---

26) 『老子』48章 "爲學日益, 爲道日損, 損之又損, 以至於無爲"

27) 『老子』10章 "滌除玄覽, 能無疵乎."

28) 『老子』49章 "聖人無常心, 以百姓心爲心, 善者吾善之, 不善者吾亦善之, 德善,

성인은 주관적이고 자기중심적인 마음이 없고 청정하고 무위하여 백성의 마음으로 하여금 자신의 마음으로 삼는다. 성인은 자기의 주관적인 견해나 편견을 제거하고 백성들로 하여금 자연의 본성을 회복할 수 있게 도와주는 것이다. 따라서 노자가 이야기 하는 무위지치의 이상의 실현의 관건은 통치자가 스스로 '덜어냄(損)'의 공부를 통하여 사욕과 유위하려는 마음을 버리고 백성의 마음과 자신의 마음을 하나로 여기며 순박한 자연의 본성을 회복, 백성들로 하여금 항상 무지·무욕하게 함으로서 자연의 본성으로 돌아오게 하는 것에 있다.

이러한 무위지치의 실현의 결론으로 노자는 '소국과민'의 이상 국가를 제시하고 있다. 다음 『도덕경』의 원문을 살펴보자.

> "나라는 작고 백성들은 적어 열·백의 기기가 있더라도 사용하지 않도록 하여야 하고, 백성들이 죽음을 중히 여기고 멀리 이사 가지 않도록 해야 한다. 비록 배와 수레가 있어도 타고갈 곳이 없도록 하고, 비록 갑옷과 무기가 있어도 진칠 곳이 없도록 하며, 사람들이 다시 줄을 묶어 사용하도록 해야 한다. 그 음식을 달게 여기고, 그 의복을 아름답게 여기고, 그 거처를 편안하게 여기고, 그 풍속을 즐겁게 여기게 해야 한다. 이웃 나라가 서로 보이고 닭과 개 짖는 소리가 서로 들려도 백성들이 늙어 죽을 때까지 서로 왕래하는 일이 없다."[29]

노자가 꿈꾸는 나라는 백성들이 전쟁의 참화를 피해 유랑하지 않고 그들의 삶의 터전에서 자신이 생산해서 소유하는 의식주를 자급자족하는

信者吾信之, 不信者吾亦信之, 德信, 聖人在天下, 歙歙焉爲天下渾心焉, 百姓皆注其耳目, 聖人皆孩之."

29) 『老子』80章 "小國寡民, 使有什佰之器而不用, 使民重死而不遠徙, 雖有舟輿, 無所乘之, 雖有甲兵, 無所陳之, 使人復結繩而用之, 甘其食, 美其服, 安其居, 樂其俗, 隣國相望, 鷄犬之聲相聞, 民至老死不相往來."

나라다. 이 나라의 통치자는 부국강병의 욕망 때문에 겸병전쟁을 일으키지도 않으며, 제도와 문물로 백성의 삶을 힘들게 하지도 않는다. 그리고 백성들은 소박하고 무욕하여 평화로운 삶을 영위하기 때문에 다른 곳에서의 삶을 꿈꾸지 않는다. 이 나라는 무위정치의 이상적 모델로서 통치자가 무욕과 부쟁(不爭), 유약(柔弱), 처하(處下)의 덕으로 다스려 백성들이 통치자가 있다는 것조차 모르는 자연의 나라이다. 여기서 백성들은 어떤 인위적 행위의 간섭도 받지 않고서, 자신의 본성대로 무지, 무욕한 자연성을 가지고 살아간다. 현실 속에서 이러한 세계가 가능할까? 노자는 80장에서 원시촌락과 같은 집단 사회를 그려내고 있지만 61장에서는 "큰 나라는 오직 모든 나라를 합하여 다 같이 모든 사람을 잘 양육하고자 할 뿐이고, 작은 나라도 오직 큰 나라에 합하여 다 같이 백성을 잘 섬기고자 원할 뿐이다"[30] 라고 말한다. 사실 이러한 주장은 얼핏 보면 서로 모순처럼 보인다. 하지만 노자가 이야기 하는 것은 나라의 크고 작음의 문제는 아닐 것이다. 작은 나라가 합하여 하나의 큰 나라가 되고 그 가운데 작은 나라는 작은 나라대로 큰 나라는 큰 나라대로 자유롭게 살며 이들 모두가 평화를 유지하는 하나의 세계가 되는 것 그것이 노자의 이상 국가에 대한 생각일 것이다.

Ⅳ. 결론

본 논문은 당시 시대 상황에 대한 이해를 바탕으로 자연성을 강조하며 지식권력의 해체를 주장한 노자의 정치철학에 관해 살펴보려 했다. 어느 사회나 지도자의 위치와 사상은 중요하며 그 다스림에 따라 사회 구성원

30) 『老子』61章 "大國不過欲兼畜人, 小國不過欲入事人, 夫兩者各得其所欲, 大者宜爲下,"

이 향유하는 삶의 질은 달라진다. 노자의 사회인식은 당시 지식권력에 의해 통치되던 방식으로는 인간을 보다 낳은 세상으로 이끌 수 없다는 시대적 문제의식의 반영이었다.

그의 정치사상은 혼란스러운 춘추시대의 사회를 어떻게 하면 안정되고 평화로운 사회로 만드는 가에 목적이 있었다. 당시 제후국들은 안으로는 위정자의 사치와 권력의 사유화가 극에 달하였으며, 밖으로는 영토 확장과 약탈을 위한 전쟁이 끊이지 않았다. 그리고 이러한 사회의 피해자는 늘 힘없는 백성들이었다. 그 때문에 노자는 백성들이 어떻게 스스로의 본성을 따르는 안정된 삶을 살 수 있을까에 그 정치철학의 초점을 맞추었다. 그는 당시 사회혼란의 원인을 인간의 욕망과 상대적 지식 그리고 유위에서 찾고 있다. 때문에 무지 무욕 무기교를 바탕으로 하는 무위지치를 주장하며, 바람직한 위정자의 상으로서 성인을 제시한다.

무위정치는 백성들이 자연을 따라 살 수 있도록 해주는 정치이다. 자연은 기교를 부리지 않는 순박함을 바탕으로 하며 이러한 상태에서 각 개체는 평등하며 조화를 이룬다. 자연 상태에서 모든 개체는 평등하며 각각의 개체가 존중될 때 전체는 조화를 이루게 된다. 이것이 노자가 바라는 이상적이 세계였다. 자연계의 질서가 개체와 전체에 내재한 도의 무위작용에 기초해 있듯 노자는 인간사회 역시 도를 체득한 성인의 무위정치에 의해 다스려지고 질서 지워져야 한다고 주장한다.

우리가 살아가는 현대 지구촌은 끊임없는 전쟁과 반목 그리고 다툼에 시달리고 있다. 욕망과 분별지에 의해 왜곡된 지식이 이러한 갈등과 다툼의 원인이 된다. 일반적인 사람들은 대립과 갈등을 대상을 지배 소유하는 것으로 해소하려 하지만 결국은 파국으로 치닫고 만다. 앞서 언급했듯 무위의 이상적 상태는 진지를 통한 사회전체의 자연적 화해이다. 즉 무위의 실현이란 기존의 상대적 지식을 해체하고 절대적 지식을 기준으로 인간의 본래성을 실현하는 일이다. 4차 산업에 의해 갈등과 반목이 가속화 되는 현실 앞에 노자의 정치철학적 사유는 인간의 본래적 가치를 발견하고 다른 존재와의 공존의 모색에 있어 중요한 의의를 갖는다.

| 참고문헌 |

王弼注.『老子』

許愼.『說文解字』

老子翼 卷之二 上篇 漢文大系.

余培林. 1973.『新譯老子讀本』. 臺北: 三民.

候外廬. 1957.『中國思想通史(1)』. 人民出版社.

陳鼓應. 1985.『老子今註今譯』. 臺灣商務.

陳鼓應. 1992.『老子注譯及評介』. 中華書局.

牟宗三. 1983.『中國哲學19講』. 學生.

徐復觀. 1994.『中國人性論史』. 臺灣商務.

馮友蘭. 1930.『中國哲學史』. 商務.

勞思光. 1984.『新編中國哲學史(一)』. 臺北: 三民.

樓宇烈. 1980.『王弼集校釋』. 中華書局.

王卡. 1993.『老子道德經河上公章句』. 中華書局.

김충열. 1999.『노장철학강의』. 예문서원.

김종무. 1972.『제자백가』. 삼성문고.

유택화 주편, 장현근 역. 2019.『중국정치사상사 - 선진』. 글항아리.

林采佑 譯. 1997.『王弼의 老子』. 王弼 著. 예문서원.

劉笑敢. 1996.「老子之自然與無爲概念新詮」中國社會科學 6期.

박승현. 2003.「老子의 無爲之治에 대한 연구」. 中國學報 第四十八輯.

개혁기 중국의 사상정치공작과 비공유제(非公有制) 기업

◉ 박철현 ◉

Ⅰ. 서론

이 글은 중국의 국가와 '비공유제(非公有制)' 기업의 문제를 '사상정치공작(思想政治工作)'을 중심으로 살펴보고자 한다. 중국의 공식입장에 따르면 사상정치공작이란 "경제공작과 다른 모든 공작의 생명선(生命線)"이다.[1] 실제로 사상정치공작은 1949년 건국 이전 혁명운동의 과정에서도 중요했으며, 건국 이후에는 기업, 군대, 사구(社區) 등 다양한 공간에서 당 건설, 선전, 조직 등과 관련한 광범위한 사회적 활동(工作)을 포함하는 개념으로 사용되었고, 도시의 단위(單位)와 농촌의 인민공사(人民公社)에서 사상정치공작을 전담하는 정공간부(政工幹部)가 설치되었으며, 기업에서는 주로 당 조직 서기(書記)가 담당하는 정공사(政工師) 제도가 시행되었다(馮剛·曾永平 2018年 第1期). 1978년 이후 개혁기 들어서 포스트사회주의로의 체제전환을 이데올로기적으로 정당화할 필요가 있는 상황에서 국영기업(國營企業) 노동자를 대상으로 사상정치공작을

* 국민대학교 중국인문사회연구소 HK연구교수

1) 「關於建國以來黨的若干歷史問題的決議」(1981.6.27.)

교육하고 선전하는 '사상정치공작 연구회(思想政治工作研究會, 이하 '연구회')'가 1983년 1월 18일 베이징(北京)에서 설립되었다.

「중국 직공 사상정치공작 연구회 장정(中國職工思想政治工作研究會章程)」에 따르면 '연구회'는 학술지 『사상정치공작연구(思想政治工作研究』를 발행하며, "중국공산당의 지도를 받아서 새로운 시기 직공 사상정치공작의 이론연구를 하는 연구단체"라고 되어 있고, 중공중앙(中共中央) 선전부(宣傳部) 소속이다.

'연구회'는 1980년대부터 성(省), 자치구(自治區), 직할시(直轄市)를 포함하는 각급 행정구(行政區)는 물론, 각급 정부 부처, 국유기업 등에도 설치되어, 포스트사회주의로의 체제전환 과정에서 제기된 문제들에 대해서 체제전환을 정당화하는 관점에서 국가 이데올로기를 교육 선전하는 역할을 해왔다.

이 글의 분석대상 '비공유제 기업'은 '공유제 기업(公有制企業)'을 제외한 모든 기업의 총칭이다. 공유제 기업은 국가가 소유한 국유기업(國有企業)과 집체가 소유한 집체기업(集體企業)으로 나뉘는데, 국유기업은 다시 중앙정부가 소유한 중앙기업(中央企業)과 지방정부가 소유한 지방기업(地方企業)으로 나뉜다. 따라서, 비공유제 기업은 중국 국민인 '사인(私人)'이 소유하거나 외국기업 및 홍콩 마카오 타이완 주민이 소유한 기업을 가리킨다.

'연구회'가 설립된 지 얼마 안 되는 1985년 이미 다수의 국유기업 '총공사(總公司)'에 이 '연구회'가 설립되었고, 그 이후로도 중앙기업과 지방기업을 포함하는 상당수의 국유기업에 '연구회'가 설립되었다. 2004년에는 '상하이 국자 사상정치공작 연구회(上海國資思想政治工作研究會)'와 같이 지역별 국유기업 사상정치공작 연구회가 설립될 정도로, 국가는 각종 국유기업에 대한 사상정치공작을 강화해 나갔다.

하지만, 1992년 '사회주의 시장경제(社會主義市場經濟)' 건설을 목표로 내건 이후 '비공유제 기업'이 전체 경제에서 차지하는 비중은 점점 증가했기 때문에, 국가의 입장에서는 비공유제 기업을 통제하기 위한 노력을 기울여야 했다. 이는 비공유제 기업의 '기업지배구조(公司治理結構 corporate governance)'에서 당 조직의 위상을 강화하는 것으로 나타났다.[2] 이러한 제도적 노력과 함께 중시되는 것이 곧 '사상정치공작의 강화'이다. 사상정치공작은 곧 국유기업과 마찬가지로 비공유제 기업 내부에 '연구회'를 설립하고 이 '연구회'가 주체가 되어 2010년대 비공유제 기업이 당면한 다양한 '도전'에 대한 국가의 이데올로기를 교육하고 선전하는 작업이었다.

이 글은 개혁기 비공유제 기업이 당면한 다양한 문제에 대해서 국가가 전개한 사상정치공작의 내용을 분석하고자 한다.

II. 국가와 비공유제 기업

1. 당 건설과 비공유제 기업지배구조

중국의 국가는 공유제 기업에서 기업 내부에 설치된 당 조직을 통해 기업지배구조를 통제한 것처럼, 비공유제 기업에서도 '당 건설(黨的建設)'에 주력해왔다. 공유제 기업의 경우, 1980년대만 해도 공유제 기업에서는 당 위원회, 공회(工會), 직공대표대회의 이른바 '노삼회(老三會)'가 기업 지배구조를 통제하고 있었지만, 1990년대 국유기업 개혁의 본격화 이후에는 노삼회를 대신하여 주주총회, 이사회, 감사회(監事會)의 '신삼회(新三會)'가 기업 지배구조를 통제하게 되었다. 하지만, 2001년 세계무역기구(WTO) 가입 이후 경제의 세계화가 가속화되고 중국이 글로벌 자본주의의 규범을 본격적으로 수용하게 되면서, 국가는 국유기업에 대한

2) 자세한 내용은 II장을 보라.

통제력 강화의 필요성을 절감하고 기존 신삼회의 역할을 유지하면서도 당 위원회를 강화하고자 노력한다. 특히, 2012년 11월 중국공산당 제18차 전국대표대회 이후 국유기업 기업지배구조에서 당 위원회의 역할을 강화하는 조치가 이뤄졌다.[3]

한편 비공유제 기업과 관련해서, 국가는 2010년 1월 21일 베이징에서 '비공유제 경제조직 당 건설 공작 워크샵'을 개최하고, 비공유제 기업, 개체공상호 등에 있어서 당 건설 공작의 상황을 파악하고 당 건설의 중요성을 강조한다.[4] 이어서, 2012년 3월 베이징에서 개최된 '전국 비공유제 기업 당 건설 공작회의(全國非公有制企業黨的建設工作會議)'에서 시진핑(習近平) 국가 부주석은 당 위원회를 통한 비공유제 기업 통제의 중요성을 강조한다.[5]

비공유제 기업 내부에 '당 건설'을 통한 기업지배구조의 장악을 위해서 다음과 같은 몇 가지 3가지 유형의 조치가 추진되었다(初明利, 2012年 9月). 첫째, 당 건설을 통해서 당 위원회가 기업의 정책 결정구조에 강력하게 개입할 수 있게 함으로써 기업지배구조를 통제하게 하는 조치이다. 구체적으로는, 공산당원인 이사장(董事長)이 기업 당 위원회 책임자를 겸임하는 하거나, 기업 당 위원회가 이사회의 자문조직 역할을 하거나, 공산당원이 3인 이하로 독자적인 당조직(黨組)를 건설할 수 없는 기업의 경우 해당 기업이 소재하는 행정구역의 당 위원회 내부에 '기업지배구조 종합지도위원회'를 설치하고 이를 통해서 해당 기업에 개입하거나, 외국인이

3) 특히 국가가 국민경제를 조정하고 개입하는 핵심 기제라고 할 수 있는 '중앙기업'에 대한 당의 통제가 강화되었다. 자세한 내용은 다음을 참고: 本刊編輯部, 2021年 7期.

4) 「非公有制經濟組織黨建工作硏討會在京召開」 http://www.fgdjw.com.cn/fgdjw/system/2010/01/22/001603000.shtml (검색일: 2023.04.25.)

5) 「習近平會見全國非公有制企業黨建工作會議代表」 http://www.gov.cn/govweb/ldhd/2012-03/21/content_2096653.htm (검색일: 2023.04.25.)

전액 출자한 '외상독자기업(外商獨資企業)'의 경우 기업지배구조에 당 위원회가 개입할 여지가 매우 제한적이므로 당원들로 구성된 '기업지배구조 정보 피드백 위원회'를 만들어 기업의 생산, 경영, 관리 등 주요 부문에 있어서 당원들의 영향력을 발휘하게 하는 조치 등이다. 둘째, 당 건설과 감사회를 결합시키는 조치이다. 구체적으로는, 공산당원을 감사(監事)로 파견하거나, 제도적 감독을 강화하는 조치이다. 이는 당 위원회가 신삼회의 하나인 감사회의 역할을 담당하게 함으로써 기업지배구조를 통제하는 것이다. 셋째, 당 건설과 기업 '인센티브 기제(激勵機制 incentive mechanism)'를 결합시키는 조치이다. 구체적으로는, 공산당원이 기업의 생산, 경영, 관리에서 선진적 역할을 함으로써 당 조직의 역할을 제고하거나, 사장 등 기업 지도층인 공산당원에 대한 당 조직의 사상정치 공작을 강화하거나, 당 조직 명의로 인센티브 기제를 만드는 조치이다.

이상의 3가지 유형은 곧 과거 노삼회의 영향력을 복원하는 것이 아니라, 포스트사회주의로의 체제전환에 따라 부상한 주주총회, 이사회, 감사회라는 신삼회가 기업지배구조에서 가진 영향력을 유지하면서도 이사회와 감사회에 '인적 동일성'과 '조직적 개입'을 통해서 기업지배구조에 있어서 당 조직의 영향력을 강화하고자 하는 것이다.

문제는 이러한 3가지 유형의 조치를 통한 당 조직의 영향력 확대는 주로 제도적인 측면에서 이뤄졌기 때문에, 비공유제 기업에 있어서 '사상정치공작'이 어떻게 이뤄져 왔는지에 대한 분석이 병행되어야 비로소 개혁기 중국에서 국가의 비공유제 기업 통제의 전체상을 파악할 수 있다는 사실이다. 다음에는 비공유제 기업 사상정치공작의 역사를 살펴보자.

2. 비공유제 기업과 사상정치공작의 전개

1992년 '사회주의 시장경제' 건설이 국정목표로 제기되고 국유기업 개혁이 본격화되자, 기존 국유기업의 기업 숫자와 고용 노동자 숫자, 전체 GDP에서 차지하는 비중 등이 감소하고 비공유제 기업은 급속히 발달하기 시작했다. 이러한 현실에 대응하여, 1995년 4월 장쑤성(江蘇省) 난징(南京) 자딩구(嘉定區) 정부와 당 위원회는 비공유제 기업의 발전 상황에 대한 조사를 진행했고, 1999년에는 「자딩구 비공유제 기업의 사상정치공작 16조(嘉定區非公有制企業的思想政治工作十六條)」를 제정하였다.[6] 특히, 1999년 9월 중공중앙은 개혁개방 20년 이래 비공유제 기업의 발전에 주목하여 「사상정치공작의 강화와 개진에 관한 약간의 의견」을 통과시켰는데, 여기에 집체기업과 향진기업(鄕鎭企業)만이 아니라 사영기업(私營企業) 외자기업(外資企業) 개체공상호 등의 비공유제 기업에 대한 사상정치공작의 강화를 요구한다.[7]

2000년대 들어서는 기존의 노동자 농민만이 아니라 '선진생산력(先進生產力)'이 상징하는 자본가와 '선진문화(先進文化)'가 상징하는 중간계층까지 모두 공산당이 대표한다는 '삼개대표(三個代表)'론을 배경으로 개최된 2000년 6월 '중앙사상정치공작회의(中央思想政治工作會議)'에서도 장쩌민(江澤民) 주석은 자본가, 즉 사영기업가(私營企業家)를 대상으로 하는 사상정치공작의 중요성을 강조한다.[8]

서론에서 보았듯이 베이징에서 개최된, 2010년 1월 '비공유제 경제조직 당 건설 공작 워크샵'과 2012년 3월 '전국 비공유제 기업 당 건설 공작회의에서는 당 건설을 통한 사상정치공작의 중요성이 제기되었다. 2013년 8월 개최된 '전국선전사상공작회의(全國宣傳思想工作會議)'와 2018년

6) 「思想政治工作推動非公有制企業發展」 http://m.jiadingbao.cn/Article/index/aid/219886.html (검색일: 2023.4.25.)

7) 「關於加强和改進思想政治工作的若干意見」 http://jtt.sc.gov.cn/jtt/c101702/2016/5/16/6ee8f66eb1084c19a8aeca91914dc1e5.shtml (검색일: 2023.4.25.)

8) 「黨史上的今天 6月28日」 https://m.thepaper.cn/baijiahao_13342595 (검색일: 2023.4.25.)

11월 '민영기업 좌담회'에서도 '민영기업(民營企業)'에 대한 사상정치공작의 중요성이 강조된다.[9] 특히 중국경제에서 '디지털 경제(數字經濟)' 부문의 비중이 커진 현실을 반영하여, 중공중앙은 2019년 2월「민영기업에 대한 금융서비스 강화에 관한 약간의 의견」과 2020년 5월「신시대 사회주의 시장경제체제의 더욱 신속한 완성에 관한 의견」을 발표한다.[10] 2021년 7월에도 중공중앙은「신시대 사상정치공작의 강화와 개진에 관한 의견」을 발표하여 기업 사상정치공작의 중요성을 강조한다.[11]

이상과 같이 중국의 국가는 당 건설과 사상정치공작을 결합시켜서 1990년대 이후 급속히 증가한 비공유제 기업에 대한 지배력을 강화해왔다. 다음 III장에서는『사상정치공작연구』에 나타난 비공유제 기업 사상정치공작의 사례를 분석하도록 하자.

III. 비공유제 기업과 사상정치공작 사례 분석

『사상정치공작연구』는 '연구회'가 설립되던 1983년 제1기가 발행되었다.『사상정치공작연구』은 1985년부터 매년 12期를 발행되고 있는데, 2019년 제8기에는 '非工企業思想政治工作硏修班' 특집을 마련하고 7편

9)「全國宣傳思想工作會議」https://www.12371.cn/special/qgxcsxgzhy/?from=singlemessage&isappinstalled=0.2021-01-30 (검색일: 2023.04.25.);「民營企業座談會」http://www.gov.cn/gongbao/content/2018/content_5341047.htm (검색일: 2023.04.25.).

10)「中共中央辦公廳 國務院辦公廳印發「關於加强金融服務民營企業的若干意見」」http://www.gov.cn/zhengce/2019-02/14/content_5365818.htm (검색일: 2023.04.25.);「中共中央 國務院關於新時代加快完善社會主義市場經濟體制的意見」http://cpc.people.com.cn/BIG5/n1/2020/0518/c419242-31713779.html?ivk_sa=1023197a (검색일: 2023.04.25.)

11)「中共中央 國務院印發「關於新時代加强和改進思想政治工作的意見」」http://www.moe.gov.cn/jyb_xwfb/s6052/moe_838/202107/t20210713_544151.html (검색일: 2023.04.25.)

의 논문이 실릴 정도로 국가의 비공유제 기업에 대한 관심은 점점 커졌다.

이 장에서는 2010년 초부터 『사상정치공작연구』에 등장하기 시작한 비공유제 기업 관련 논문을 중심으로 사상정치공작의 사례를 분석하도록 한다.

2010년 제1기에는 「在非公企業建立“黨員參議會”制度」라는 논문이 실렸다(李恩俠, 2010年 第1期). 이 논문에서는 산동(山東) 린칭시(臨淸市) 당 위원회가 주도하여 만든 ‘당원 참의회(黨員參議會)’ 제도를 통해서 비공유제 기업의 미약한 정책 결정 능력을 강화했다는 점을 강조한다. ‘당원 참의회’는 기업 당 조직의 주도하에 당원인 노동자가 기업의 생산 경영 관리 중에서 중대한 문제들을 정기적으로 수집 토론 연구하도록 조직하여, 기업의 정책결정자에게 합리적인 제안을 제시하고 경영 관리의 수준을 제고하는 제도를 가리킨다. 이 논문은 린칭시 당 위원회가 시 전체 당원을 조직하여 ‘당원 참의회’에 적극적으로 참여하도록 해서 비공유제 기업이 겪는 다양한 노자(勞資) 갈등의 문제를 해결했다고 강조한다. 이렇게 ‘당원 참의회’ 제도의 실시과정에서 당 위원회 조직부는 비공유제 기업 관련 전문팀을 꾸리고 사상정치공작을 펼쳤다. 특히 당원인 기업주가 당 지부(黨支部) 서기를 담당하는 방식으로, 기업 지도부에 당 조직을 침투시키는 데 성공하여, 기업의 생산 경영 관리 모든 측면에서 효율성이 제고되었다고 지적한다.

이렇게 당 위원회는 II장에서 지적한 ‘당 건설을 통한 기업지배구조 장악’ 방식으로 나아가는 하나의 디딤돌로서 ‘당원 참의회’ 제도를 채택하고 이를 통한 사상정치공작을 전개한 것이다.

2010년 제12기 실린 논문 「深圳市非公企業員工思想狀況調硏報告」는 개혁개방 30년이 넘은 중국의 경제특구 선전(深圳) 노동자에 대한 ‘사상 상황 조사 연구보고’를 통해서 드러난 문제점과 그 해결책을 제시하고 있다(李衛星, 2010年 第12期). 이 논문에 따르면, 선전 노동자의 특징은 비공유제 기업의 32%에 가까운 노동자가 신세대 농민공으로 1세대 농민공과 달리 자신의 미래를 개척하려는 강한 의지를 갖고 있으며, 시장경제의 원리와 규범을 잘 이해하고 있다는 점이다. 문제점은, 비공유제 기업의 낮은 수준의 복지, 농촌호구라는 신분으로 인해서 자녀교육, 주택, 의료 등 각종 사회복지에서 배제된 현실에서 오는 신세대 농민공의 심리적 상실감, 이윤증대를 가장 중요한 목표로 하는 시장경제 원리에 충실한 비공유제 기업의 생산 경영 관리 방식에 대한 신세대 농민공의 염증, 높은 물가에 비해서 지나치게 낮은 임금 등이다.

이 논문은 이런 문제는 비공유제 기업의 안정적 발전은 물론 국민경제 전체에도 미치는 악영향이 매우 크기 때문에, 비공유제 기업에 당 건설과 사상정치공작의 강화를 통해서 이러한 문제를 해결해야 한다고 지적한다. 구체적으로는, 시장경제의 현실과 원리에 대한 사고방식의 전환, 기업 생산 경영 관리에 대한 기업 지도층의 인식전환과 사회적 책임 강조, 중소기업의 당 조직 건설 강화, 농민공의 심리와 생활상의 실질적 문제 해결 등에 있어서 당 조직의 적극적인 사상정치공작 활동이 중요성 등을 강조한다.

이렇게 이 논문은 자본주의 기업의 생산 경영 관리에서 발생하는 노자 갈등과 모순의 문제를 당 건설과 사상정치공작의 강화를 통해서 해결할 것을 주문하는 것이다.

2011년 제4기에 실린 「"三合"建家文化興企: 福建晋江非公企業文化建設實踐」은 민영기업, 합자기업(合資企業), 외상독자기업 등의 비공유제 기업이 전체 기업 중 99%를 차지하고 있는 푸젠성(福建省) 진장시(晋江市)의 현실에 적합한 기업문화 건설을 강조한다. 기업문화 건설의 목표를 '가문화(家文化)'로 압축하고, 목표 달성의 방법으로 '삼합(三合)', 즉 융합(融合), 연합(聯合), 정합(整合)을 제시한다(楊國昕, 2011年 第4期).

융합은 노동집약적 산업이 절대다수를 차지하는 산업구조로 인해 전국 각지에서 온 백만 명의 농민공, 특히 80년대생 90년대생 농민공의 현실을 고려하여, '신진장인(新晋江人)'와 '구진장인(舊晋江人)' 사이의 융합을 통해서 농민공에게 진장이 제2의 고향이 될 수 있도록 하는 각종 정책을 가리킨다. 신진장인은 농민공이며, 구진장인은 진장시 도시호구(城市戶口) 소지자를 가리킨다. 특히, 고질적인 임금체불 문제와 농민공 자녀 취학 문제, 권익수호 등 측면에서 농민공이 불이익을 받지 않게 하는 제도적 뒷받침의 강화를 강조한다.

연합은 기업문화 건설에 있어서 기업만이 아니라, 정부 대학 언론 컨설팅기구 등이 연합하여 기업문화협회를 건설하여 '기업문화여행 조직', '기업문화 10대 혁신사례 발굴', '기업문화 건설 산학연(産學硏) 협력', '이론연구 및 소식지 「기업문화통신(企業文化通訊)」 창간', '진장시 기업문화 온라인 전시관 제작' 등을 수행한 것을 가리킨다.

정합은 곧 통합을 의미하는 것으로, 기업 내부의 당지부(黨支部), 공회(工會), 공산주의 청년단의 통합을 통한 기업문화 건설을 가리킨다. 이 '삼두마차' 모델에서는 당 지부가 기업문화 건설을 주도하면서, 공회의 역량을 동원하고, 공산주의 청년단의 자원을 활용하는 것이다.

이 논문은 국가가 소유권을 행사할 수 없는 비공유제 기업이 절대다수인 도시에서 농민공에 대한 구조적 차별 해결과 기업 경쟁력 강화를 위한 기업문화 건설의 문제를 해결하기 위해서 당 지부가 주도하고 공회와 공산주의 청년단이 협력하는 사상정치공작의 사례를 제시하고 있다.

2017년 제6기에 실린 「"四心"推進非公企業思政工作」에서는 '독자민영기업(獨資民營企業)'이 키워드다(吳芸, 2017年 第6期). 독자민영기업이란 기업투자자가 곧 기업 책임자가 되는 기업으로, 간단히 말해서 개인 투자해서 경영하는 개인 기업으로 수익과 부채가 모든 개인에게 귀속되는 기업이다. 이 논문은 네이멍구(內蒙古) 자치구 우하이시(烏海市)에 소재한 독자민영기업 '우하이양광탄소유한책임공사(烏海陽光炭素有限責任公司)'에서의 사상정치공작을 통해서 기업 효율 향상은 물론 노동자의 권익과 애사심 제고라는 긍정적 결과를 가져왔다고 강조한다. 구체적으로 보면, 우하이시에 자리를 잡은 지 얼마 안 되는 2010년 10월 기업 '스스로' 기업 내부에 당 지부를 설치하고 상무(常務) 부사장이 직접 당 지부 서기를 담당하여, 사상정치공작을 통해서 기업발전을 도모했다는 것이다. 당 지부의 선전위원이 안전환경부 부장, 조직위원이 공회 주석 겸 생산부 부장 등을 겸직하는 방식을 통해서 당 조직이 기업의 생산 경영 관리에 적극적으로 개입하고 노동자에게 모범을 보이는 사상정치공작을 전개했다는 것이다. 또한, 전문가 강연, 당원과 노동자 학습, '사회주의 핵심가치관(社會主義核心價值觀)'의 선전과 교육 활동도 역시 당 지부의 사상정치공작의 일환으로 전개되었다는 점을 강조한다. 특히 '공동부유(共同富裕)', 노동자의 생활 곤란 해결, 합리적 수익분배, '양광대학(陽光大學)'을 통한 노동자 직무교육, 기업의 사회적 책임 실천 등도 당 지부가 주도했다는 점을 지적한다.

이렇게 소유권 자체가 국가와 무관한 독자민영기업에도, 당 지부를 건설하고 앞서 II장에서 살펴본 기업 내 주요 직위를 겸무하는 '인적 동일성' 방식을 통해서 당 지부가 사실상 기업의 생산 경영 관리 전반에 사상정치공작이란 명의로 개입한다.

이상과 같이 주로 개별 기업과 지역의 사례를 중심으로 사상정치공작의 현장을 분석한 논문들과 달리, 2018년 제11기의 논문「非公企業思政工作中存在的問題及對策」은 '선양송풍기집단주식유한공사(瀋陽鼓風機集團股份有限公司)' 소속의 류페이화(劉沛華)가 필자다(劉沛華, 2018年 第11期). 선양송풍기집단유한공사는 만주국(滿洲國) 시기인 1934년 설립된 기업으로 1950년대 사회주의 개조를 거쳐서 국유기업이 되었고, 개혁기 들어서 국유기업 개혁을 통해서 국유기업 주식회사가 되었다. 류페이화는 이 기업의 '당 사무실 주임(黨辦公室主任)'이다. 즉, 국유기업 당 위원회 주요 책임자인 류페이화가 비공유제 기업의 사상정치공작에 대한 논문을 투고한 것이다.

류페이화는 이 논문에서는 다음과 같은 문제들을 지적하고 있다. 우선 그는 비공유제 기업 노동자의 숫자가 이미 3억 명을 돌파했는데, 이중 당원은 350만 명에 불과한 현실이 문제라고 지적하면서, 공유제 기업과 마찬가지로 비공유제 기업에도 당 건설을 통한 사상정치공작의 중요성을 강조한다. 또한, 비공유제 기업들 사이에서도 격차가 발생하여 노동자들의 만족도도 크게 차이가 나기 시작하고 정보화 시대가 본격화되어서, '이데올로기 공작'에서 새로운 국면이 도래했고, 이른바 '혼합소유제 개혁(混合所有制改革)'으로 공유제 기업과 비공유제 기업이 상호 융합하면서 생산 경영 관리 등과 관련된 노동자의 가치관과 기업문화의 충돌과 모순이 심화하였다는 것이다.[12] 류페이화는 이러한 문제들은 곧 비공유제 기업에서 사상정치공작의 중요성을 다시 한번 일깨우고 있다는 것이다. 그에 따르면, 비공유제 기업에서 사상정치공작의 핵심 대상은 출자자(出資者), 관리자, 노동자 3가지다. 아울러, 비공유제 기업 내부에 설치된 당 조직에 대한 지도는, 상급 당 조직만이 아니라 관련 공상행정부서, 상급 공회, 공산주의 청년단 등이 함께 참여하는 '통일적 지도'가 중요하며, 기업 내부에서도 당 조직이 주도하고 공회와 적극 분자 등이 결합하는 방식이 되어야 한다는 점을 강조한다.

류페이화는 본인 스스로가 공유제 국유기업 소속 당원이지만, 비공유제 기업에서의 사상정치공작을 강조하는데, 기본적인 논리는 앞서 살펴본 다양한 기업과 지역의 사례와 마찬가지로, 당 조직이 기업의 생산 경영 관리에 관련된 사상정치공작을 주도해야 하고, 이를 위해서는 당 조직의 주요

12) 1990년대부터 국유기업 개혁의 일환으로 추진된 혼합소유제 개혁은, 국유기업의 주식 소유를 기존의 국가만이 아니라 민간자본과 국외자본에도 개방하여 생산력 발전과 효율성 제고를 도모하는 것이다.

책임자와 기업 조직의 주요 책임자를 '동일 인물'로 만드는 '인적 동일성'이 유력한 방안임을 지적하고 있다.

2019년 제9기에 실린 「加强和改進非公企業思政工作的有益探索」은 이른바 하이테크 업종의 기업 '중톈과기집단(中天科技集團)'의 사례를 다루고 있는데, 여기서는 '정신가원공정사공작제(情神家園工程師工作制)'가 핵심 내용이다(鄭言, 2019年 第9期). 중톈과기집단은 1992년 설립된 민영 하이테크 기업으로 중국 500대 기업에 속할 정도로 높은 기술력과 넓은 사업영역을 보유하고 있는데, 기업의 쾌속 성장의 과정에서 맞닥뜨린 다양한 문제들을 해결하는 데 있어서 당 건설과 사상정치공작이 매우 중요한 역할을 했다는 점이 강조된다. '정신가원공정사공작제'는 간단히 말해서, 당 조직이 기업이 맞닥뜨린 문제 해결을 위해서는 '정신가원(情神家園 정신의 집)'을 건설해야 하는데 이러한 정신가원 건설의 주체가 곧 정신가원공정사라는 것이다.

다시 말해서, 정신가원공정사는 기업 최상층부에서 현장 작업장까지 모든 층위에 배치되는 주체로서 그 기본 직책은 기업의 생산 경영 관리 및 노동자 생활에서 발생하는 정신적인 문제들을 해결한다.

이는 결국 시장경제의 심화와 함께 발생하는 치열한 경쟁 속에서 겪는 노동자들의 다양한 고민, 어려움, 번뇌 등의 문제를 해결하기 위해서 당 조직이 전개하는 사상정치공작을 담당하는 주체를 정신가원공정사로 명명했다는 내용이다.

IV. 결론

이 글은 개혁기 포스트사회주의로의 체제전환 과정에서 국가가 비공유제 기업을 통제하기 위해서 진행한 사상정치공작을 분석했다. 우선 중앙정부와 지방정부가 직접 소유한 국유기업과 집체가 소유한 집체기업이 아닌 비공유제 기업의 지배구조를 장악하기 위해서 취한 3가지 조치를 살펴보았다. 3가지 조치는 '당 건설'을 통해서 기업의 정책 결정구조에 개입하는 것, 당 건설과 감사회를 결합시키는 것, 당 건설과 기업 인센티브 기제를 결합시키는 것이다.

중요한 것은 이러한 기업지배구조 장악만이 아니라 사상정치공작이 병행되었다는 사실이다. 기업지배구조 장악이 비공유제 기업에 대한 제도적 구조적 접근이라고 한다면, 사상정치공작은 곧 이데올로기적 접근이라고 할 수 있을 것이다. 비공유제 기업의 사상정치공작은 무엇보다도 1992년 '사회주의 시장경제' 건설이 국정 목표로 제시된 이후 사영기업, 외자기업, 개체공상호 등의 비공유제 기업이 급속히 발전하기 시작한 현실에 대해서 국가가 적극적 개입의 필요성을 절감한 결과로 나타났다고 할 수 있다. 이미 1990년대 중반부터 비공유제 기업의 사상정치공작이 당 건설의 관점에서 진행되었고, 특히 2010년대 들어서는 국민경제의 디지털 경제로의 전환의 가속화에 대응하여 이를 지원하고 동시에 이들 디지털 기업에 대한 관리의 중요성에 강조점을 둔 사상정치공작도 시작된다.

아울러 이 글은 비공유제 기업의 사상정치공작의 실제를 『사상정치공작연구』에 게재된 논문 내용을 통해서 분석하였다. 이 논문들은 '당원 참의회' 제도 건설, '신세대 농민공의 사상상황' 분석, '기업문화' 건설, '독자민영기업', 비공유제 기업 사상정치공작의 절박성, '정신가원공정사' 등의 키워드를 통해서 국가가 당 건설을 통해서 비공유제 기업 사상정치공작의 필요성을 강하게 주장하고 있다.

이 주장을 분석하면 다음과 같다. 첫째, II장에서도 지적한 '인적 동일성'이다. 즉 기업지배구조의 핵심인 이사회, 경영진, 감사회, 공회 등의 주요 인사를 공산당원으로 하고 이 공산당원이 기업 내부 당 조직의 서기 등의 주요 직위를 겸직하게 하는 방식이다. 둘째, '조직적 개입'이다. '당 건설'은 단지 당 조직을 설치하는 것이 아니라 사상정치공작을 통해서 당 조직이 기업의 생산 경영 관리 전반에 적극적으로 참여하는 것을 가리킨다. 셋째, 사상정치공작은 단지 국가의 '국정 이념'의 교육과 선전만이 아니라 기업의 일상적인 활동 모두에 관련되는 매우 다양한 활동이라는 의미로 확장된다.

2012년 중국 '인력자원과 사회보장부(人力資源和社會保障部)' 부(副)부장 츄샤오핑(邱小平)은 민영기업을 대상으로 하는 '기업민주관리제도(企業民主管理制度)'를 강화해야 한다고 강조했다. 2012년 2월 13일 중공중앙을 비롯한 당과 정부의 6개 주체가 발표한 「기업민주관리규정(企業民主管理規程)」에 따르면, 기업민주관리제도는 '직공대표대회, 업무공개, 단체협상, 노동자 이사, 노동자 감사 등을 통해서 기업에 대한 민주적 관리를 강화하는 제도'라고 되어있다.[13] 즉, '직공대표대회를 통해서 직공이 민주관리권력을 행사하도록 해야 한다'는 것이다. 일견 '노동자 자주 관리' 같은 사회주의적 공장 관리를 연상시키지만, '차이나 레이버 불리틴(China Labour Bulletin 中國勞工通訊)'에 따르면, 이러한 민주관리제도 실현을 위한 조치가 2014~2018년 5년 동안 시행되었지만, 임금체불 등에 저항하는 노동자 집단행동은 연해/내륙, 전통업종/신흥업종을 가리지 않고 증가일로에 있고, 노동자는 임금결정 등에 여전히 목소리를 내고 있지 못하다는 것이다.[14] 노동자 권익보장은커녕, 오히려 기업민주관리제도를 명목으로 민영기업 내부 당 조직의 권력 강화와 당 조직의 지도를

13) 「六部門聯合下發「企業民主管理規程」」 https://www.workercn.cn/45/120405/17/120405173715516944121.shtml (검색일: 2023.04.25.)

14) 「民企推行民主管理制度：雷声大、雨点小」https://clb.org.hk/zh-hans/content/%E6%B0%91%E4%BC%81%E6%8E%A8%E8%A1%8C%E6%B0%91%E4%B8%BB%E7%AE%A1%E7%90%86%E5%88%B6%E5%BA%A6%EF%BC%9A%E9%9B%B7%E5%A3%B0%E5%A4%A7%E3%80%81%E9%9B%A8%E7%82%B9%E5%B0%8F (검색일: 2023.04.25.)

받는 공회 강화를 통해서, 민영기업에 대한 통제력을 제고하려는 것이 국가의 의도라는 분석이다.[15)]

결국, 비공유제 기업에 대한 사상정치공작은, 중국의 국가가 체제전환의 방향을 단지 포스트사회주의가 아니라 '국가자본주의(國家資本主義 state capitalism)'로 가닥을 잡아가는 추세와 발맞추어 그 형식과 내용을 만들어가고 있는 것으로 분석된다.

이상과 같은 분석을 토대로 향후 필자는 다음과 같은 후속연구를 진행하고자 한다. 첫째 개혁기 비공유제 기업과 관련해서 시대별로 제기된 구체적인 과제에 대해 전개된 사상정치공작 내용 분석, 둘째 선벨트(Sunbelt) 광동(廣東)과 러스트벨트(Rustbelt) 동북(東北) 등 상호 다른 사회경제적 차이를 보이는 두 지역에서 전개되는 사상정치공작의 차별성 분석, 셋째 특히 2010년대 이후 급성장했다가 최근 국가의 통제 강화가 집중되고 있는 '빅테크(BigTech)'라 불리는 정보통신기술 부문 비공유제 기업에서 전개되는 사상정치공작 분석, 넷째 비공유제 기업에서 최근 심화되고 있는 미중 패권경쟁에 관한 사상정치공작의 내용 분석 등이다.

| 참고문헌 |

本刊編輯部. 2021.「以高質量黨建引領中央企業高質量發展 黨的十八大以來中央企業黨建工作綜述」.『國資報告』. 7期.

初明利. 2012.「黨的建設在非公有企業公司治理中的作用與途徑」.『中州學刊』.

15) 실제로「기업민주관리규정」이 발표되고 얼마 안 되어서 중국 정부는 이것이 단지 공유제 기업만이 아니라 비공유제 기업에도 실행되어야 한다는 점을 강조하고 있다. 다음을 참고.:「「企業民主管理規程」: 非公企業也實行民主管理」 http://www.gov.cn/jrzg/2012-04/01/content_2104828.htm (검색일 : 2023.4.25.)

第5期.

馮剛 曾永平. 2018.「"思想政治工作"與"思想政治教育"概念辯析」.『思想政治教育研究』. 第1期.

李恩俠. 2010.「在非公企業建立"黨員參議會"制度」.『思想政治工作研究』. 第1期.

李衛星. 2010.「深圳市非公企業員工思想狀況調研報告」.『思想政治工作研究』. 第12期.

劉沛華. 2018. 非公企業思政工作中存在的問題及對策」.『思想政治工作研究』. 第11期.

吳芸. 2017.「"四心"推進非公企業思政工作」.『思想政治工作研究』. 第6期.

楊國昕. 2011.「"三合"建家文化興企: 福建晋江非公企業文化建設實踐」.『思想政治工作研究』. 第4期.

鄭言. 2019.「加强和改進非公企業思政工作的有益探索」.『思想政治工作研究』. 第9期.

「關於建國以來黨的若干歷史問題的決議」(1981.06.27.)

共産黨員網.「全國宣傳思想工作會議」. https://www.12371.cn/special/qgxcsxgzhy/?from=singlemessage&isappinstalled=0.2021-01-30 (검색일: 2023.04.25.)

嘉定報.「思想政治工作推動非公有制企業發展」. http://m.jiadingbao.cn/Article/index/aid/219886.html (검색일: 2023.04.25.)

澎湃.「黨史上的今天 6月28日」. https://m.thepaper.cn/baijiahao_13342595 (검색일: 2023.04.25.)

四川省交通運輸廳.「關於加强和改進思想政治工作的若干意見」. http://jtt.sc.gov.cn/jtt/c101702/2016/5/16/6ee8f66eb1084c19a8aeca91914dc1e5.shtml (검색일: 2023.04.25.)

中工網.「六部門聯合下發「企業民主管理規程」」. https://www.workercn.cn/45/120405/17/120405173715516944121.shtml (검색일: 2023.04.25.)

中國勞工通訊.「民企推行民主管理制度：雷声大、雨点小」. https://clb.org.hk/zh-hans/content/%E6%B0%91%E4%BC%81%E6%8E%A8%E8%A1%8C%E6%B0%91%E4%B8%BB%E7%AE%A1%E7%90%86%E5%88%B6%

E5%BA%A6%EF%BC%9A%E9%9B%B7%E5%A3%B0%E5%A4%A7%E3%80%81%E9%9B%A8%E7%82%B9%E5%B0%8F (검색일 : 2023.04.25.)

中國非公企業黨建.「非公有制經濟組織黨建工作硏討會在京召開」. http://www.fgdjw.com.cn/fgdjw/system/2010/01/22/001603000.shtml (검색일: 2023.04.25.)

中國共産黨員網「中共中央 國務院關於新時代加快完善社會主義市場經濟體制的意見」. http://cpc.people.com.cn/BIG5/n1/2020/0518/c419242-31713779.html?ivk_sa=1023197a (검색일: 2023.04.25.).

中國政府網.「民營企業座談會」. http://www.gov.cn/gongbao/content/2018/content_5341047.htm (검색일: 2023.04.25.)

中國政府網.「「企業民主管理規程」: 非公企業也實行民主管理」. http://www.gov.cn/jrzg/2012-04/01/content_2104828.htm (검색일: 2023.04.25.)

中國政府網.「習近平會見全國非公有制企業黨建工作會議代表」. http://www.gov.cn/govweb/ldhd/2012-03/21/content_2096653.htm (검색일: 2023.04.25.)

中國政府網.「中共中央辦公廳 國務院辦公廳印發「關於加强金融服務民營企業的若干意見」」. http://www.gov.cn/zhengce/2019-02/14/content_5365818.htm (검색일: 2023.04.25.)

中華人民共和國教育部.「中共中央 國務院印發「關於新時代加强和改進思想政治工作的意見」」. http://www.moe.gov.cn/jyb_xwfb/s6052/moe_838/202107/t20210713_544151.html (검색일: 2023.04.25.).

레이페이홍(雷沛鴻)과 민국시기 광시성(廣西省) 근대 교육의 분기(分岐)와 확장

◉ 최은진 ◉

Ⅰ. 머리말

교육을 수단으로 구국(救國)을 하고자 하는 '교육구국'을 주창하며 각종 노력이 전개되던 시기였던 민국시기는 중국이 제국에서 국민국가로 전환되는 역사적 분기의 시대이기도 하였다. 전통시대와 다른 근대적 교육을 통해 국민국가의 주체인 국민이 양성되어져야 한다는 것은 당시 레이페이홍(雷沛鴻)을 비롯한 지식인들의 일반적인 신념이었다. 이러한 교육구국을 목표로 한 많은 지식인들 가운데 레이페이홍은 크게 주목받지 못했는데, 이는 그의 주요 활동무대가 군벌이 통치하던 낙후한 광시성(廣西省)이었다는 점과 그가 군벌의 성(省)건설을 도왔다고 평가되었기 때문이었다.

광시성은 빈한한 곳이기는 하였지만 근대적 변화를 추구하던 곳이었고 그러한 변환의 과정에서 레이페이홍(1888-1967)을 주목하게 된다. 그는 광시성 출신으로 이 지역을 무대로 1930년대와 항일전쟁시기와 그 이후까

* 이 글은 「雷沛鴻과 廣西省 근대 교육의 중국화」, 『동국사학』, 제73집, 2022를 수정·보완한 것이다.

** 국민대학교 중국인문사회연구소 교수.

지 자신의 교육사상을 실천에 옮겼기에 당시를 역사적 분기라고 볼 때 낙후된 광서성이 경계를 넘어 새로운 변화를 모색하고 어떠한 실천적 경험을 확산시켰는가를 살펴봄으로써 역사적 분기의 상황을 포착할 수 있을 것이다.

특히 그가 광시성에서 시행한 국민기초교육보급운동(國民基礎教育普及運動)이 비교적 성공적인 것으로 간주되어 향후 전국적으로 시행하도록 채택되었던 것을 보면, 근대 교육이 중국의 각 지역에 안착되는 과정뿐 아니라 성경계를 넘어 전국적인 확산이 가능했던 이유를 이해하는데 그의 활동이 중요한 사례가 될 수 있을 것이다. 더욱이 광시 군벌 신계계(新桂系)가 장제스(蔣介石)와의 갈등에도 불구하고 광시성을 기반으로 건재할 수 있었던 요인은 먼저 교육보급운동을 포함한 성건설이 이룬 성과에 기반한 것이라고 볼 수 있고, 광시지역이 일본과의 전쟁에서 적극적으로 대항할 수 있었던 것 역시 교육보급을 통한 항일(抗日) 애국 교육을 실시한 것과 관련이 있었다고 볼 수 있다. 그러므로 광시성의 사회변화와 교육보급운동의 관계는 긴밀한 관련이 있다고 볼 수 있을 것이다.[1] 그러므로 광시성에서 시행된 교육보급운동을 이를 주도한 레이페이홍의 사상과 교육실천 지향을 중심으로 살펴본다면 광시성 지방에서의 교육의 사회적 역할과 그 함의를 분석해 낼 수 있을 것이다.

당시 교육을 보급하는 것은 시대적 과제였으며 남경국민정부 또한 이를 지방자치의 시행을 위한 근간이 되는 것으로 보아 여러 정책적 시도를 하였다. 이러한 교육보급의 과제에 대해 레이페이홍은 미국 등 서구에서 장기간 유학을 하면서 서구의 교육실태를 잘 파악하면서도 중국에 적합한 교육의 토착화를 이루어져야 한다고 강조하였다. 당시 교육계 인사들도

1) 新桂系의 廣西省 建設에 관한 성과 등은 許中繼(2004); 谭群玉·曹又文(1997); 譚肇毅(2001)에서 언급하고 있다.

중국의 상황에 적합한 교육제도와 내용을 수용해야 한다는 점을 주장했지만, 도시가 아닌 농촌 또한 낙후된 지역에서 어떠한 교육을 시행해야 하고 실제 가능한 것인지를 실천한 경우는 1920년대 중반 이후부터 1930년대 시행된 향촌건설운동에서 주로 나타났다.[2] 그러나 시행한 경우라도 지역 차원에 그치는 경우가 대부분이었는데 省 전체 범위에서 시행된 것은 레이페이홍이 주도한 廣西省에서만이었다. 한편 레이페이홍은 주로 廣西省을 중심으로 활동하였으나 1922년 수립된 新學制가 미국의 6·3·.3제를 도입하여 시행하는 것에 대해 반대한 이래 중국에 적합한 교육제도에 대해서도 의견을 표방했다. 그는 6·3·3제는 중국 현실에 부합하지 않는다고 보면서 기존의 학제를 대체할 대안을 제시하게 되는데 이점이 향촌건설운동의 교육실천과는 다른 점이었다. 그러므로 레이페이홍이 교육의 중국화를 교육의 대중화로 구현하고자 했던 구상과 실천의 내용과 과정을 고찰하면, 분기의 시기에 다양한 경계를 넘어선 교육을 통한 사회적 실천의 의미를 파악할 수 있을 것이다.

한편 교육보급을 위해 당시 교육계에서는 중국의 현실에 부합하는 교육의 방법을 소학교육을 의무교육화(義務教育化) 하고 민중교육으로 대표되는 사회교육을 확산하는 것에서 찾고자 하였다. 그러나 레이페이홍은 교육의 중국화의 맥락에서 교육보급을 아동과 성인교육(成人教育)의 확산뿐 아니라 중등교육과 고등교육까지 포괄하여 시행하고자 했다. 사실 레이페이홍에 대한 기존의 연구에서는 그의 교육사상, 국민중학이나 국민기초교육운동 등을 소개하는 등 그의 교육실천과 사상의 한 부분에만 초점이 맞춰져 있어 교육사상과 활동의 전체적 맥락 속에서 국민기초교육운동을 파악하는데는 한계가 있었다. 그러나 그가 중등교육과 고등교육에까

2) 당시 교육보급을 중심으로 시행된 향촌건설운동의 전반적 지형에 대해서는 최은진(2020) 참고.

지 교육대중화를 실현하고자 한 것을 학제를 중국화 하고자 했던 그의 교육이상에 비추어 살펴보면, 그의 교육실천이 유기적으로 연계되어 이해될 뿐 아니라 그의 교육사상의 특징도 명확해 질 수 있지 않을까 한다. 즉 국민기초교육보급운동, 사범교육, 중등교육, 대학교육 등으로 나누어 검토되고 있는 그의 교육사상을 학제에 대한 주장을 고찰할 때 그의 교육사상도 통일적으로 이해할 수 있게 될 것이다.[3] 그러므로 본 고에서는 그의 교육사상과 실천을 관통하는 핵심을 '학제(學制)의 중국화(中國化)' 라고 보고 이를 구상하게 된 배경과 그 구체적인 내용과 실천과정, 그리고 한계에 대해 살펴보고자 한다. 기존의 연구에서 언급되었듯이 레이페이홍은 쑨원(孫文)과 깊은 관련이 있었다.[4] 본고에서는 이러한 부분에 주목하여 레이페이홍이 쑨원의 교육사상을 관철시키고자 하는 가운데 국민기초교육보급운동과 국민중학, 시장(西江)대학의 설립 등을 실행해 나갔음을 드러내 보고자 한다.

그러므로 본 고에서는 먼저 레이페이홍이 학제의 중국화를 모색하게 된 배경으로서 1921년 신학제 제정 전후의 그의 교육사상의 형성 배경과 특징을 살펴보고[5] 다음으로는 이러한 학제의 중국화를 민족교육체계(民

3) 小林善文(2013)은 국민중학에 대해 집중적으로 분석하고 있으며 국민기초교육이론과 운동에 대해서는 陳時見(1996); 蔡梓權(1998); 李明剛(1996); 楊啟秋 등이 있고 黃文華(2008)는 교육경비에 주목하여 군사비의 증대와 교육보급을 위한 교육비 책정에 대한 설계 자체에 내재적 모순이 존재하였음을 고찰했다.

4) 曹天忠(2001a); 曹天忠(2001b)은 孫文의 영향으로 黨化教育을 시행하고자 한 부분을 평가하고 민족교육체계는 쑨원의 유훈을 완성시키고자 한 것이라고 보았다. 이외 曹又文(1994)이 있고 韋韓韞(2001)은 쑨원의 보급교육사상이 소학의무교육, 중등교육, 성인교육, 부녀교육, 소수민족교육 등을 시행하는 것이라고 보았다. 한편 曹又文·譚群玉(2009)는 레이페이홍의 교육실천을 현대화에 부응하는 교육개조운동의 일환으로 보고 이를 민족교육체계의 건립이라고 하였는데 여기에서는 쑨원과의 연관성은 배제되어 있다.

5) 曹天忠(2001a)은 레이페이홍의 교육사상에 서구학문이 끼친 영향을 고찰하고 있고

族教育體系)라고 보고 1930년대 국민기초교육운동의 전개과정을 이를 주도한 광시기초교육보급연구원과 연계하여 고찰해 볼 것이다. 이를 통해 레이페이홍 교육사상과 실천의 한계와 의미도 드러나게 될 것이다. 본고는 학제의 중국화를 핵심적인 교육사상으로 파악하는 접근을 통해 단편적으로만 연구된 레이페이홍 관련 연구들을 종합하고자 하며, 이를 통해 전통교육에서 근대교육을 수용하는 분기에 나타난 지식수용과 확산의 과정이 드러날 수 있을 것이다.

Ⅱ. 레이페이홍 교육사상의 형성 배경

1. 동맹회(同盟會) 가입과 신해혁명(辛亥革命)에의 참여

레이페이홍의 교육사상은 정치적 활동과 인식에 기반하여 형성된 것으로 신해혁명은 교육의 사회적 역할에 대한 인식을 하게 한 중요한 계기가 되었다.

레이페이홍의 자는 빈남(賓南)이고 필명은 노유(魯儒)로 광시성(廣西省) 난닝부(南寧府) 선화현(宣化縣) 동먼향(東門鄉) 진터우촌(津頭村) 즉 현재 난닝시(南寧市) 진터우촌(津頭村)에서 태어나 14세에 과거에 응시할 정도로 전통교육을 충분히 받았다(韋善美·潘啓富 選編 1998, 3). 자신의 일생을 회고한 그의 글에 따르면 그가 신학문을 배우는 것으로 전향한 것은 팔고문이 아닌 책론을 공부하게 된 것과 관련이 있었다. 그의 고향 난닝은 궁벽한 곳이었으나 1898년 무술변법의 영향을 받아 신파(新

이외 曹又文(1993)에서는 레이페이홍의 교육사상을 4개의 시기로 구분하여 신해혁명 후부터 1921년까지 맹아흡수기, 정리내화기(1921-1931), 일본의 침략이후 항전기의 교육실천을 전개한 실천창조기(1932-1945), 총결제고기(1946-1951)로 나누어 보았다.

派)와 구파(舊派)가 다투게 되었고 이후 새로 부임한 지현이 책론고시를 시행하고 간행하는 과정에서 신파가 득세하게 된 지역의 분위기가 그에게 영향을 주었다. 또한 책론에 선발된 인사들은 난닝 장서루(藏書樓) 해서(海曙) 학회 회원들이었고 레이페이홍도 과거시험에 합격해 수재가 되었지만 서구 의회제도가 인민을 대표로 선출해 정부의 잘못을 지적하는 것에 관심을 갖을 정도가 되면서 신학문을 배우는 것으로 방향을 전환해서 광둥(廣東)의 광저우(廣州)로 갔다(雷沛鴻 1998, 532).

뿐만 아니라 그는 광시는 남명(南明)이래 반청(反淸)투쟁이 오랫동안 지속된 곳으로 태평천국운동이 발생하고 그 이후에도 각종 회당의 기의가 지속된 것을 인식하고 있었으며 청불전쟁이후 광시와 광둥지역의 반(半)식민지화가 심화되고 있다는 판단 하에 혁명운동에 참여하게 되었다(雷沛鴻 1998, 529-531).

레이페이홍은 1903년 광주의 광주간이사범학당(兩廣簡易師範學堂)의 문과(文科)에 입학했지만 각기병으로 졸업하지 못하고 1904년 양광고등실험학당(兩廣高等實驗學堂) 예과(豫科)에서 화학을 공부하면서 신식교육을 받았다. 쩌우룽(鄒容), 장빙린(章炳麟), 캉유웨이(康有爲), 천톈화(陳天華) 등의 글과 홍콩을 통해 들어온 청정부의 금서와 혁명당원과 보황당의 신문을 읽었다. 그는 마쥔우(馬君武)를 존경했으며 그가 번역한 루소의 『민약론』, 옌푸(嚴復)가 번역한 아담스미스의 『원부(原富)』 등을 읽고 “사람들의 자유와 평등의 쟁취를 위해 인민의 인권을 쟁취하기 위해 민중의 생활의 큰 길을 열고자” 결심했다고 한다(韋善美·潘啓富 選編 1998, 3).

또한 동맹회에 가입하게 되는데 평소 쑨원을 숭배하여 동맹회에 가입하고자 하면서 셰잉보(謝英伯)와 연락이 닿게 되었고 홍콩에 가서 판다징(潘達徵)에게 동맹회남방 총지부를 소개받아 1906년 여름 동맹회 회원이 되었다. 또한 일본에서 돌아온 주즈신(朱執信)에게 삼민주의(三民主

義)를 소개받고 이론적 이해를 하게 되었다(雷沛鴻 1998, 537). 본격적인 혁명활동에 들어간 레이페이훙은 1910년에는 난닝에 가서 신군(新軍)을 혁명에 포섭하는 활동을 전개했다. 이후 1911년 황하강 기의가 실패하자 구이린(桂林)으로 가서 교사로 있으면서 자신의 가정에서 남녀교육의 평등을 시행하여 신학문을 배우도록 했고, 또한 동맹회 회원들을 조직하고 혁명을 선전하였다. 한편 광시성이 무창기의 이후 청정부로부터 독립할 수 있도록 루룽팅(陸榮廷)을 촉구하는 일에 적극 참여하여 봉건군벌이던 루룽팅이 독립을 선포하기는 하였지만 레이페이훙은 신해혁명의 성과가 탈취당한 것이었다고 보았다. 이러한 혁명활동을 통해 레이페이훙은 쑨원의 삼민주의를 내재화하였다(曹天忠 2001, 10).

신해혁명에 적극 참여하면서 레이페이훙은 좌강사범(左江師範)의 학감, 난닝중학(南寧中學)의 교장이 되었지만(小林善文 2013, 2) 혁명당원이 관료화되어 변질되었다고 보고 유학을 가기로 결심하였다(韋善美·潘啓富 選編 1998, 4).

2. 서구 유학 생활의 영향

레이페이훙은 1912년 1월 30세의 나이로 구이린에서 공비유학 시험에 합격하여 1913년 국비유학생으로 영국 캠브리지 대학에 진학해 화학을 공부하였다. 그러나 이후 경제적 문제로 인해 우즈후이(吳稚暉)의 도움을 받아 1914년 다시 미국으로 건너가게 되었다.

영국과 미국에서의 유학 생활 중에도 혁명 활동을 지속하였는데 레이페이훙은 중화혁명당(中華革命黨)에 적극 참여하여 뉴욕에서 린산(林森), 셰잉보(謝英伯), 덩자옌(鄧家彥) 등과 『민기주보(民氣週報)』를 발간하였고 미시간 대학과 오벌린(Oberlin) 대학에서 정치를 주전공으로 교육을 부전공으로 하였다. 이후 하버드 대학 연구원에서 연구를 하면서 서구의 각종 책들을 번역하여 소개하며 공부와 일을 병행하는 반독반공(半讀半工)의 유학생활을 1920년까지 6년 6개월 지속하였다(雷沛鴻 1947; 韋善美·潘啓富 選編 1998, 526-528).

미국의 유학생활에서 그가 형성한 중요한 교육관은 노동을 중시하는 것이었다. 레이페이훙은 유불근검학회(留佛勤儉學會), 유미공독회(留美共讀會) 회원으로 활동하고 있었는데 유미공독회는 미국 오벌린대학의 학문과 노동의 중시라는 교풍에 영향을 받아 조직된 것으로 평민정치를 위한 평민교육 보급과 노동의 중시를 강조했던 조직이었다(小林善文 2013, 2-3). 1916년에 유미공독회가 만든 잡지 『공독잡지』창간호에 레이페이훙이 발표한 「공독주의와 교육보급」에서 그는 J. S 밀의 평민정치를 시행해야 한다고 주장하고 그 전제조건이 평민교육의 보급이라고 하였다. 그리고 평민교육을 보급하기 위해서는 공부와 노동을 병행하여야 한다고 했다(雷沛鴻 1916; 陳友松 1992, 1). 그는 서구의 지방자치와 대의정치를 실현하고자 했으며 이를 평민정치라고 인식하면서 교육이 이러한 민주정치의 전제를 마련할 수있다고 본 것이다(韋善美·潘啓富 選編 1998, 5). 그러므로 교육은 대중화되어야 했는데 빈부귀천과 남녀노소의 구분 없이 모두가 교육받을 권리를 누려야 한다는 미국에서의 교육의 천부인권론(天賦人權論)을 받아들여 인식의 기반으로 삼았다. 그에게 교육받을 권리가 천부인권이라는 것은 쑨원의 천하위공(天下爲公)과 교육보급(教育普及)을 수용한 그의 인식을 더욱 공고히 하게 했다. 유학기간 동안 그는 교육기회를 잃은 대중의 교육을 위해 교육을 보급시킬 방안을 덴마크의 그룬트비(Nicolai Frederik Severin Grundtvig, 1783-1872)의 평민학교와 영국 노동자교육협회가 창시한 성인교육운동과 노동자대학에서 찾았다. 한편 미시간 주립대학, 오벌린 대학, 하버드 대학에서 정치와 교육, 법학, 경제학 등을 두루 공부하면서 교육의 문제를 정치와 경제, 법제도 등과 긴밀하게 관련지어 보는 그만의 방식을 형성하게 되었다.

더욱이 미국에서 결혼도 하고 10년의 세월을 보냈으나 레이페이홍은 "혁명건국에 많은 힘이 필요할 것이라 느꼈고 교육이 건국 대업의 근본적인 길이라고 여겨 교육방면에서 일대 이후 몇 세대 국민의 심신을 발전시키기 위해 힘을 다하고자"(韋善美·潘啓富 選編 1998, 527-528) 귀국하였던 것은 교육 대중화를 실현하는 것이 귀국의 주요한 목적이었음을 알 수 있다.

Ⅲ. 역사적 분기와 교육의 중국화 모색

1. 신학제 비판과 학제(學制)의 중국화 모색

레이페이홍은 1921년 난닝 진두촌으로 다시 귀국하면서 성공서(省公署) 교육과장(教育科长)이 되었다. 당시 광시는 쑨원의 영향 하에 놓이게 되었고 1921년 8월 쑨원은 마쥔우(馬君武)를 광시성 성장으로 임명하였다. 그리고 마쥔우는 레이페이홍을 교육과장으로 영입했다. 레이페이홍은 10월에 광둥성 광저우에서 열린 전국교육연합회 제 7차년회의에 광시성 대표로 참가하여 전국학제개혁에 대한 토론에 참가했고 6·3·3제를 채용하는 것에 대해 회의적임을 표명했다.

쑨원은 1921년 11월 29일 광시를 방문해서 구이린 양쉬(陽朔)에서 삼민주의의 실행을 서로 권면하라고 하면서 실행의 방안으로 교육보급, 과학제창, 삼민주의선전을 내세웠다. 또한 "지난이행(知難行易)"라는 강연을 통해 소년을 교육해야 하며 소학의무교육 시행을 교육보급의 중요한 사항이라고 강조했다(曹天忠 2001, 12).

레이페이홍은 교육과장으로 먼저 광시성의 중등교육 개혁 의견서를 제출하여 비준을 받았으며 교육행정관리를 강화하고자 각 현(縣)에 독학국(督學局)을 설립하게 했다. 또한 남녀가 같이 공부할 수 있게 하라고 지시하였다. 진두촌(津斗村)에는 촌치(村治)협회를 조직하고 자치선언과 촌약(村約)을 제정해서 지방자치와 기층정치 건설을 실험하고자 했다(韋善美·潘啓富 選編 1998, 6). 귀국 후 레이페이훙은 중등교육 개혁을 강조하고 쑨원의 교육방침을 따라 지방자치를 시행하기 위한 교육보급을 하기 위해 행정관리를 강화해 나갔다.

그러나 1922년 천중밍(陳炯明)이 쿠데타를 일으켜 광둥군(廣東軍)이 광시를 떠나게 되고 구계계(舊桂系) 군벌들이 다시 재기하면서 성장공서가 우저우(梧州)로 옮겼다가 해산되어 버렸고 결국 레이페이훙도 광시를 떠나 광둥으로 가게 되었다. 그러므로 광시에서 정책을 거의 시행해 보지 못하였고 광둥성 교육위원회위원 겸 광둥갑종공업학교 교장으로 광둥에서 일하게 되었다. 또한 1922년 5월에는 필리핀으로 교육시찰을 떠났다가 귀국 후 상하이 국립기남학교(國立暨南學校)에서 사범과와 중학과 주임을 맡아 화교(華僑)교육을 돕는 등 광시성 밖에서 활동을 하고 있었다.

한편 1922년 11월 새로운 학교계통개혁안 즉 신학제가 공포되었다. 사실 1912년에서 1913년 학제개혁은 충분한 준비나 검토 없이 채택된 것으로 문제가 제기 되었기에 이 학제는 충분한 준비를 거쳐 제정되었다. 그러나 레이페이훙은 미국이 이 6·3·3제를 시행할 수 있는 것은 경제가 발전했기 때문이며 중국이 6년의 의무교육을 시행하는 것은 국민경제에 부합하지 않는다고 지적했다. 그는 신학제는

> "중국 고유의 문화 선택도 경시했고 외래의 것을 차용한 모래 위에 고층건물을 지으려는 몽상과 같아 실패할 수밖에 없을 것이다. 산업혁명으로 형성된 유럽 사회와 본질적으로 중국 사회는 다른데, 중국은 농업사회, 향촌사회, 종법사회의 구사회가 분해되기는 하였으나 새로운 질서를 형성하지 못한 상황이기 때문이다. 이러한 상황에서 외국의 것을 형식적으로만 모방해서는 국민생활의 기초를 수립할 수가 없다."(雷沛鴻 1946; 陳友松 1992, 42-45)

라고 하였다. 그는 신학제는 미국 교육이 지닌 정신과 목적, 내용이나 효능을 상실한 것이며 효력도 지니지 못할 것이고 중국화 하는데도 적절한 방안은 아니라고 하였다(雷沛鴻 1940; 陳友松 1992, 201-205). 즉 중국은 종법사회인 구사회가 해체되어가고 있으나 아직 새로운 질서가 형성되지 않았는데 새로운 질서가 형성된 서구사회에서 시행한 학제를 그대로 가져와서는 안된다는 것이었다(小林善文 2013, 26).

1924년 리쭝런(李宗仁), 황샤오훙(黃紹竑), 바이충시(白崇禧)는 광서 군벌 구계계를 토벌하고 국민당에 가입하고 신계계(新桂系)로 불리며 세력을 확장해갔다. 신계계는 쑨원이 사망하고 국민혁명이 진행되면서 이에 참여하였다. 당시 국민혁명을 진정한 민주정체를 만들 계기로 본 레이페이홍은 1927년 3월 신계계 리쭝런의 초청을 받아들여 광시성정부위원회 위원 겸 교육청청장으로 부임했다. 그리고 1927년 3월에 열린 2차 국민당 전성대표대회에서 황샤오훙(黃紹竑)은 성(省)의 전부(田賦)를 배로 증가시켜서 교육경비로 만들자고 제안하여 호응을 받았다. 교육방면에 대해 신계계는 특별히 지원을 강화했던 것이다.

레이페이홍은 우선 〈사범교육의 개량과 확대초안〉을 발표해서 사범교육의 문제를 해결하고자 했는데 그는 '본당 제 1차 전국대표대회선언'의 내정 정책에서 "본당의 당강은 현재 중국에서 가장 먼저 구제해야 하는 방안의 세목에 … 교육보급을 이행하고 전국의 아동본위교육을 발전하게 한다 … "라고 되어 있다고 하면서 소학교육의 발전에 소학교사의 문제가 걸림돌이 되고 있으며 광시성 역시 마찬가지라고 지적하였다(雷沛鴻 1927; 陳友松 1992, 5). 이렇게 레이페이홍은 사범교육의 문제를 먼저 구체적으로 지적하였다. 광시성 전체의 남녀사범학교는 5개이지만 이것으로 성전체의 수요를 만족시키지 못하고 있다고 지적하였으며 또한 사범학교 입학생들은 책임감도 없으며 소학교사들은 자격검정도 치르지 않고 무자격자도 많다. 사범학교의 지도내용도 문제가 많은데 너무 추상적인 이론만 배우고 있어서 졸업 후 곤란한 문제에 직면해도 해결하지 못한다고 하고 실제 광시성 같은 가난한 성에서 거액을 사범학교에 투자하지만 사범생은 충족되지 못하고 있고 학비나 기숙사비를 지원하지만 중도 퇴학하는 경우에도 이를 돌려받지 못하고 있다고 총체적으로 비판하였다(陳友松 1992, 6-9).

이를 해결하는 방안으로는 국민당 제 1차 전국대표대회에서 제기한 남녀평등에 비추어 여자사범학교를 초급중학사범과로 고치고 고급중학사범과로 여성도 진학을 할 수 있도록 해야 한다고 주장하였다. 아동의 개성을 더 많이 이해하고 모성애가 있는 여성의 교사로서의 장점을 강조하고 여성을 참여시켜 더 많은 소학교사를 확보하게 하려면 중등교육 시스템을 간소화하여야 하고 예산도 효율적으로 운용해야 한다는 주장이었다. 여성교사 필요성에 대한 이론적 근거와 사회경제적 조사에 기반한 경제적 법적 제도적 조치를 취해야 한다고 본 것이다. 이는 1921년 성공서 교육과장 시기 제안한 중등교육 제안서와 같은 맥락이라고 볼 수 있다. 이러한 제안에는 레이페이홍이 교육보급의 문제를 정치적 경제적 제도적 맥락에서 접근하고 있다는 것과 교육의 대중화에 기반한 중국에 적합한 학제의 개선을 고려한 점이 드러나고 있고 사범교육의 개선을 내용으로 하는 중등교육의 학제의 개편도 고려한 것을 알 수 있다(雷沛鴻 1927; 陳友松 1992, 11-13).

2. 黨化教育과 민중교육

한편 레이페이홍은 1927년 7월 13일에 교육방침초안으로 '당화교육黨化教育)'을 제출했다. 이 당화교육은 국민당 제 1차 전국대표대회의 방안에 의거한 것이었다. 그는 프랑스혁명을 예로 들어 교육은 국가의 중요한 도구이며 혁명과 밀접한 관련이 있다고 하며 국민혁명이 완성되지 않았기에 새로운 정치질서, 경제질서, 사회질서를 수립하여야 한다고 하였으며, 그는 기본 당의는 쑨원의 삼민주의라고 규정하고 전국의 교육도 이를 근거로 실시해야 한다고 주장했다.

레이페이홍이 발표한 당화교육의 17개 교육정책은 국민당 제 1차 전국대표대회선언의 제 1조에 열한 번째, 열여섯 번째와 열일곱 번째 조항의 아동본위 교육에 전력하고 학제계통을 정리하며 교육경비를 늘이며 독립을 보장한다는 것이 포함되어 있다.

당시 리쭝런, 바이충시, 황샤오홍 등 신계계는 광저우의 교육정책을 따랐고 레이페이홍은 "광시와 광둥은 국민혁명의 책원지로 당화교육의 사항에 대해서는 계획을 먼저 수립하여 전국의 선구가 되어야 한다"고 선언했는데(曹天忠 2001c, 12). 당화교육에는 사회개조와 교육개조의 내용이 모두 포함된 것이라 볼 수 있다.

그러나 레이페이홍은 4·12 정변이 일어난 이후 광시에서도 청년들이 투옥되자 각계 인사들 400여명과 이들의 석방을 요구했고 이것이 수용되지 않아 항의의 표시로 9월 1일 교육청장직을 사직하였다.[6] 이후 레이페이홍은 광시대학주비위원회 특파원의 신분으로 10월 유럽으로 시찰을 떠났다.

광시대학은 신계계파 황샤오홍(黃紹竑)이 설립을 주도하였는데 황샤오홍은 우저우(梧州) 시장(西江) 근처에 성정부의 경비를 지원하여 설립하고자 했다. 당시 광시는 중등교육도 발달하지 못하고 대학도 하나 없는 실정이었다.

레이페이홍은 영국과 프랑스, 독일, 이탈리아, 스웨덴, 노르웨이, 덴마크 등 7개국의 고등교육을 시찰하고 덴마크 국제평민대학의 학생으로 등록

6) 당시 新桂系 내에서 白崇禧는 장개석 4.12쿠데타를 도왔고 북벌에서 공로를 세웠지만 黃紹竑은 공산당과 비교적 친밀한 관계였다(曹天忠 2001c, 12).

하는 등 교육대중화를 위한 서구의 경험을 적극적으로 수용하였다(雷沛鴻 1947; 韋善美·潘啓富 選編 1998, 526-528). 그러나 귀국 후 광시의 정국이 혼란하자 광시로 가지 못하고 중앙대학구 민중교육원에서 교편을 잡았고 1928년 9월 완성된 광시대학에는 마쥔우가 교장으로 취임하였다.

1929년 4월 장개석과 신계계간의 전쟁에서 신계계가 패배하고 7월 1일 위줘바이(俞作柏)가 광시성 정부 주석이 되면서 레이페이홍은 다시 2차로 광시성 교육청장으로 초빙되었다. 그러나 다시 장개석에 도전했던 위줘바이의 시도가 실패하면서 레이페이홍은 10월에는 3개월도 채 안되어 다시 상하이로 돌아가야 했고 우시(武錫)의 강소민중교육학원(江蘇民衆教育學院)과 노농학원(勞農學院), 국립중앙대학(國立中央大學)의 교수를 겸임하게 되었다. 이후 이 두 학원이 강소성립교육학원(江蘇省立教育學院)으로 개칭되었고 레이페이홍은 연구실험부 주임이 되었다.

1929년 말부터 1933년 광시성에 가기 전까지 레이페이홍은 강소성립교육학원에서 민중교육에 관련한 연구와 활동을 하면서 그의 교육 대중화 주장을 펼쳐 나갔다. 1928년과 1929년에는 『교육잡지(教育雜志)』를 통해 그룬트비와 영국성인교육운동을 소개하였고 1931년에도 성인교육에 대한 이론을 소개하고 영국의 성인교육책을 번역 출판했다. 강소성립교육학원에 근무하던 시기에 그의 성인교육인 평민교육, 민중교육 등에 대한 이론과 생각이 정립되었다고 하겠다.

당시 교육부는 평민학교를 일률적으로 민중교육기관으로 바꾸었는데 이는 쑨원의 '민중을 환기하라'는 유촉과 북벌의 영향에 기인하여 민중이란 용어가 강조되었던 상황과 관련이 있다.

레이페이홍은 1931년 10월에는 『동방잡지(東方雜志)』에 〈신해혁명의 의의로 중국의 교육문제를 자세히 살피다〉라는 글을 썼고 이를 통해 신해혁명의 사회적 변혁의 의의를 강조하고 민중교육의 시작을 신해혁명에서 비롯된 것이라 주장했다. 그는 신해혁명이 새로운 정치와 질서로 나아가는 계기가 되었고 정치혁명이 주였지만 내적으로는 광의의 사회구조가 변혁되는 계기가 되었다고 평가하며 사회변혁과 교육변혁의 관계를 언급했다. 또한 독일 공화혁명과 신교육의 관계를 논증하면서 독일혁명의 사회발전에서 교육의 작용이 중요했음을 설명하고 신해혁명 후 중국인이 교육을 선용하지 않고 혁명과 교육이 결합하지 않아 사회질서를 변화시키는 것으로 연결하지 못하였다고 하였다(雷沛鴻 1931; 韋善美·潘啓富 選編 1998, 70-77).

그는 또한 교육도 사회개조의 일부라고 보면서 사회개조운동을 중시하였는데 그는 농촌교육에 관심을 갖을 것을 강조하였다. 농촌의 성인교육, 산업교육, 의무교육(학비를 받지 않는 교육)의 필요성을 주장하고(雷沛鴻 1930; 陳友松 1992, 19) 레이페이홍은 제갈량의 출사표를 인용해서 심신을 다해 국사에 주력한다는 결의를 민중교육을 담당하는 자는 지녀야 한다고 하였다(雷沛鴻 1931; 陳友松 1992, 22). 또한 교육의 내용도 민중생활에서 벗어나지 않는 것이어야 한다고 보고 글을 아는 것이 중요하지만 그 자체가 교육의 목적은 아니라고 하고 이는 교육의 하나의 단계에 불과하다고 하였다(雷沛鴻 1932; 陳友松 1992, 30).

레이페이홍은 국민당의 1차전국대표대회의 당화교육에 근거해 교육보급을 이해하고 사범교육을 포함한 중등교육의 개혁과 농촌교육을 포함한 민중교육의 확대를 교육대중화의 과제로 확장해 나갔다. 역사적 분기의 시점에서 레이페이홍은 중국에 적용하기 위한 방안으로 교육대중화를 주창했다고 할 수 있다. 그리고 교육의 천부인권적 권리를 통해 민치를 실현하는 사회적 과제로서 교육보급을 자리매김하였는데, 레이페이홍이 주장하는 교육대중화는 민중교육을 포함하는 학제의 중국화로 귀결되고 있었다.

Ⅳ. 민족교육체계의 수립

1. 광시성 국민기초교육운동과 광시보급국민기초교육연구원

레이페이홍이 교육 대중회를 본격적으로 시행하게 된 것은 1933년 광시성 교육행정에 다시 참여하게 되면서부터였다. 1931년 광시성 교육청장 리런런(李任仁)이 초등교육의 개혁을 시행했으나 잘 진행되지 못했다(譚群玉·曹又文 1997, 104). 그러나 1933년 신계계 군벌의 지도자 리쭝런이 상하이에 와서 레이페이홍에게 교육청장으로 부임할 것을 청함에 따라 레이페이홍은 51세의 나이에 세번째로 광시성 교육청장이 되었다(陳友松 1992, 1). 그는 광시성 교육청장을 두 번 역임했지만 그가 실제적으로 교육개혁을 적극적으로 단행했던 때는 이때부터였다고 할 수 있다.

1930년 리쭝런을 수뇌로 하는 신계계가 다시 광시를 통일하였다. 그런데 이들이 광둥의 천지탕(陳濟棠)을 수뇌로 하는 중국 서남의 반장(反蔣) 세력에 가입하면서 1931년 5월 양광(兩廣)의 실력파를 기반으로 하는 광저우국민정부가 수립되었다. 신계계는 1차 양광(兩廣)사변에 참여한 뒤 1932년 4월 다시 광시성에 정부를 수립하였다. 1931년 9·18사변과 1932년 1·28 사변에 대한 장제스의 부저항 정책에 대해 신계계는 항일반장(抗日反蔣)을 기치로 하여 자신들의 기반을 강화하기 위해 광시 건설을 강조하고 특별히 항일교육을 강화하고자 했던 것이다. 그러므로 광시의 교육도 이러한 방향으로 진행되었다.

특히 신계계 군벌은 쑨원의 삼민주의에 기반한 광시성건설을 할 것을 주창했고 물론 당시 광시당국이 시행한 삼자정책(三自政策)인 자립(自衛), 자치(自治), 자급(自給)과 삼민주의(三民主義)는 다소 차이가 있었지만 삼민주의를 신조로 하는 면에서는 레이페이홍과 일치하였다. 광시당국은 기층사회조직을 반영한 향진(鄉鎭), 촌가장(村街長) 등이 군사상의 민단장(民團長), 문화교육상 국민기초학교 교장(國民基礎學校 校長)이 되는 방식인 일인삼장제(一人三長制)를 삼민주의를 실현하는 방안으로 추진했다.

특히 신계계와 레이페이홍은 모두 교육과 정치의 결합을 중시했으며 레이페이홍 역시 정치역량을 통해 교육을 발전시키고자 했다. 레이페이홍은 이전 교육의 실패 원인을 "원동력이 없고 교육과 정치가 분리되었고 교육과 경제가 분리되고 사회기초가 결핍되고 교육설비의 정체성과 일관성이 결핍되었기 때문"이라고 지적하고 교육의 발전은 사회정치경제 모든 역량이 추동하고 상호합작할 수 있도록 노력해야 한다고 주장했다(張燕 2006, 156-157).

레이페이홍은 1933년 9월 취임하면서 교육기회의 평등을 실현할 교육의 대중화를 주장했고 이를 위해 도시에 중점을 두고 향촌을 경시하는 편향을 바로 잡아야 한다고 했다(雷沛鴻 1933; 陳友松 1992, 33).

이러한 대중화의 시행을 위해 주요한 기관을 설립했는데 그것은 1933년 12월 11일에 진두촌(津斗村)에 성립된 광시국민기초교육연구원(이하 연구원)이고 레이페이홍이 원장이 되었다. 연구원에는 보도원, 행정원 등도 두었으며 이들을 '동공同工'이라고 불렀고 이들이 조사연구를 하고 경험을 거쳐 전성에 파견되었다.

연구원은 국민기초교육을 5년 내에 완성하기 위해 전성 차원의 민중의 생활수요와 사회상황을 조사하고 연구하며 교육실험을 시행하였고 국민기초교육의 각종 교재를 편집하였다.

레이페이홍은 연구원 설립의 의미를 국민기초교육체계가 복잡함에 따라 일반적인 보급성 교육과 달리 연구계획이 중요하기 때문에 설립된 것이라 하고 "먼저 계획이 있어야 되며 일이 시작된 후에 편의로 조정을 하면 인적 관계로 인해 경중을 둘 수 없게 된다"고 하였다 (肖朗·王有春 2013, 78).

또한 레이페이홍은 국민기초교육을 제도화하기 위해 〈광시보급국민기초교육오년계획대강〉 등 구체적인 법안을 소개하고 이를 시행해야 하는 이유 등을 글로 썼고 연구원은 〈광시국민보급기초교육연구원조직대강廣西普及国民基础教育研究院組織大綱〉, 〈23년도광시보급국민기초연구원사업진행계획二十三年度廣西普及國民基礎教育研究院事業進行計劃〉,〈본원24년도공작진행계획총강초안本院二十四年度工作進行計劃總綱草案〉 등 단계적인 계획을 수립했다.

1934년 6월 광시성정부는 삼위일체를 시행했고 1934년 10월 광시성 정부위원회 제 152차 회의에서 〈광서보급국민기초교육육년계획대강〉으로 바꾸어 이를 포함한 4종 법안을 통과하여 국민기초교육운동을 정식으로 시작하였고 법안은 연구원의 것을 근간으로 하였다. 이는 기초교육, 유치교육, 성인교육의 단계로 계통적인 국민기초교육제도를 수립한 것을 의미한다. 레이페이홍은 "이법치교以法治教"를 강조했는데 그는 행정법령의 역량 없이 교육개혁을 수행하기 어렵다고 보았고 교육의 정식화, 조직화, 제도화가 필요하다고 하였다. 이 때문에 학교를 실험의 중심에 두고 중시했으나 학교는 아동교육과 성인교육을 함께 실시하도록 하였다. 즉 국민기초교육운동은 아동교육과 성인교육을 일체화하고자 한 것이자 학교교육과 사회교육을 일체화하는 조직을 만들고자 한 것이다.

당시 광시는 99개현, 2,312개 향진, 24068의 촌가(村街), 247,425리(甲), 2,620,742호(戶), 총 13,651,167명이었다. 연구원의 조사를 근간으로 레이페이홍이 구상한 계획은 1,280만 명이 광시성 총인구이므로 24,000촌의 촌(村)마다 국민기초학교를 하나씩 설립하고 향진(鄕鎭)에는 국민기초중심학교를 설립해 중화민족부흥의 기초이자 광시성(廣西省) 성정부 건설의 기초가 되게 한다는 것이었다. 또한 생산교육을 중심으로 하고 중심국민기초학교나 국민기초학교는 향촌사회의 중심이 될 수 있게 했는데 이미 광서는 항일을 목적으로 1932년부터 민단(民團)을 창립하고 군사훈련을 통해 기층간부와 소학교사들을 양성해 내고자 했던 것이었다(雷沛鴻 1937; 陳友松 1992, 139-140; 雷沛鴻 1946; 陳友松 1992, 100-103).

또한 과거 교육은 경비와 인재의 부족이 문제이나 정치적 역량을 기반으로 경제와 긴밀하게 관련지어 해결해 나갈 수 있다고 하였고 6·3·3제의 문제를 지적하고 이를 개조하기 위한 계급교육이 아닌 대중화된 교육이 필요하며 사회개조운동의 중심은 도시가 아닌 농촌에 두어야 하며 교육개조운동과 함께 이루어야 한다고 주장했다.

레이페이홍은 '광서국민기초교육운동의 시대적 사명'이라는 글에서

> "교육은 매 아동이 일생에 걸쳐 지니는 권리이다. 때문에 교육에 대한 우리의 기본적인 개념은 교육은 인민의 권리이며 인민의 의무가 아니라는 것이다. 강제적으로 시행하고 비용을 면제하는 것은 정부의 의무이지 정부의 권리가 아니다. 그러므로 교육은 세 가지의 특성을 지녀야 하는데 첫째 생장성, 둘째 보편성, 세째 현대성이다. … 이것이 우리의 교육에 대한 근본적인 신념이다. 안타깝게도 사실상 현재 교육은 이와 상반된다. 이것은 우리에게 필요한 것은 대중화 교육이라는 것이며 현행교육은 오히려 소수를 위해 시행되는 교육임을 말하는 것이다. 우리에게 필요한 교육은 생장성, 보편성, 현대성의 교육이며 현재 교육은 이러한 정책이 결핍되어 있는 특수계급적이고 타인을 약탈하는 것이고 독립적이고 자주적일 수 없게 하며 사회와 민중 생활의 수요에 부합하지 않는다. 때문에 중화민국의 현행교육에 대한 철저한 개조가 요구된다(雷沛鴻 1937 ; 陳友松 1992, 139-140).

고 한 것은 국민기초교육운동을 중화민국의 현행교육에 대한 개조운동으로 파악했던 것으로 볼 수 있다.

그러므로 국민기초교육의 보급을 위해서는 각촌에 국민기초학교를 설립하고 각향에는 중심국민기초학교를 한 개씩 설립할 것을 목표로 하였다. 국민기초학교의 반을 초급전기반, 초급후기반, 고급반, 단기반, 성인반

의 5개 종으로 나눈 것도 이러한 취지에 부합하는 것이었다.

〈광서보급국민기초교육육년계획대강〉에서 레이페이홍은 광시성 전체 누구나 기초교육을 받을 수 있게 했고 아동은 13-18세, 교육을 받지 못한 청년남녀는 일년간 국민기초교육을 받게 하고 18에서 45세 성년남녀 중 교육을 받지 못한 경우 6개월간 국민기초교육을 받도록 규정을 만들었다(雷沛鴻 1936; 陳友松 1992, 134-135). 이것은 광시성의 경제력을 고려한 것으로 일본과의 전쟁으로 전체국민이 총동원되는 상황 하에서 8세 이상의 학령아동만을 중시하는 태도를 수정하고 학령전 유치교육에 주목하고 성인에게도 주목하려는 취지였다. 이에 따라 국민기초학교와 유치원 사이에 몽양반을 두어 입학 전에 읽기, 쓰기, 계산을 예비적으로 학습하게 하기도 하였다.

광시성은 또한 교육부의 〈소학과정표준〉을 적용하지 않고 새로운 과정표준을 제정하기도 했는데, 1934년 6월 연구원이 국민기초교육과정연구위원회를 설립해 전문적으로 국민기초교육 과정문제를 연구하고 〈국민기초학교과정편제강요国民基础学校课程编制纲要〉를 제정해 교재편찬의 기준으로 삼았다. 과목은 국어, 산술, 상식, 창유, 공작이 중심이었으며 상식은 사회, 자연과 위생지식을 포괄하고 창유는 음악, 체육을, 공작은 미술과 노작을 포함하였다. 고급반, 단기반, 성인반에 따라 과목을 달리했으나 모두 집단활동과 사회복무를 중시하도록 했다.

한편 교육내용은 연구원과 광시성 교육청이 합동으로 방법을 검토하였고 교과서 등 교재와 커리큘럼도 완성했다. 교재는 국어, 산술을 중시해서 내용에서 향토의 개황, 본성의 건설, 민족의 역사와 현상, 세계 대세라는 4개의 단원을 증설했다. 레이페이홍은 애국교육과 생산교육의 방향을 중시했고 교과서에 이를 관철시키고자 했기 때문에 중국의 유구한 역사와 문화, 과학 창조, 위대한 산하, 광시성의 특산물, 풍속, 전통 등을 중요한 내용으로 하였으며 과학으로 봉건적 미신을 타파하고 인민의 습관을 개조하며 보국(保國)을 위한 상무정신을 키우고자 하였다.

교과서는 초등학생과 청소년을 대상으로 하므로 상용자, 짧은 문구를 주로 채택하고 시가와 민요, 그림 등도 많이 활용하였다. 이렇게 2년 정도 걸려 18종 32책의 교재를 출판하였다(雷沛鴻 1936, 5; 肖朗·王有春 2013, 56).

한편 1935년 광시성은 당시 일인삼장제(一人三長制)를 채용하여 중심학교의 교장이 촌장과 민단후비대 대장을 겸임하고 있어서 가르치는 것에 주력할 여력이 없었다. 레이페이홍은 이를 해결하기 위해서 호교(互教)와 공학(共學)을 제안했다. 이의 근거를 후한서(後漢書) 마융전(馬融傳)과 영국 노동자계급의 호교와 공학의 역사에서 취했다. 레이페이홍은 영국 노동자 계급의 호교와 공학은 자발적 모금으로 많은 학회를 성립시키고 자학자교의 기풍을 열었다고 소개했고 이것은 이후 노동자들의 열정에 공감한 뉴튼대학과 캠브리지 대학 교수들이 노동자들에게 수업을 한 것을 교육적 과정(Educational Settlement)으로 노동자대학도 창립될 수 있었다고 소개하였다(雷沛鴻 1935; 陳友松 1992, 118). 레이페이홍은 성인도 아동도 서로를 교육하는 방법으로 타오싱지(陶行知)의 소선생제(小先生制), 전습제(傳習制) 등도 적극 채용하고자 했다.

한편 1935년 1월 14일에는 후스(胡適)가 연구원을 방문했다(雷沛鴻 1935; 陳友松 1992, 104). 당시 후스는 광서보급국민기초교육육년교육대강의 규정에 있는 학문과 노동합작 방법 즉 성전체 청년을 농촌으로 보내고 상점으로 보내고 공장으로 가게 하는 것에 대해 의문을 표시하였다. 후스는 사회학의 관점에서 사람들이 도시로 모이는 것은 시대적 추세라고 하면서 이러한 방법은 시대적 추세를 거스르는 것이라고 보았다. 이에 레이페이홍은 광시성의 국민기초교육은 교육적 사회기초에 근거해 또 민족국가의 입장에서 새로운 사회질서를 조성하고자 계획을 확정한 것이라고 대응하였다.

농촌이 붕괴되는 상황에서 농촌을 중심으로 사회개조운동, 교육개조운동이 일어나야 하며 학문과 노동합작에 뜻이 있는 청년들이 향촌의 교사와 기층간부, 향촌장이 되는 민족국가의 계획된 교육이 필요하다고 주장했으며 노동과 학문의 분리, 농촌과 도시의 분리가 없어져야 한다고 근거를 제시하자 후스도 이에 동의했다(雷沛鴻 1935; 陳友松 1992, 104-108).

교육의 전반적인 서구화를 주장하는 후스에게 사회개조와 교육개조의 필요성을 농촌의 문제해결을 위한 교육의 방안으로 설명하였던 것도 연구원의 활동에서 비롯된 것이므로 레이페이훙의 교육실천은 연구원을 통해 이루어진 것이라고 볼 수 있을 것이다.

연구원은 1935년 2월에는 량수밍(梁漱溟)을 초청하였으며 량수밍선생학설연구회를 내부에 조직했고 옌양추(晏陽初), 타오싱지, 중산대학교육연구소의 추이자이양(崔載陽), 장쥔마이(張君勱), 마쥔우(馬君武), 주커전(竺可楨), 페이샤오퉁(費孝通) 등을 초청하고 이들과 교류하였다(廖秋萍 2013, 7).

이외 연구원은 1935년 10월에서 1936년 7월까지 연구원 내에 고급중학사범생이 24개 향진의 국민기초학교에서 일할 수 있게 했다. 또한 1935년 말에는 겨울강습반을 시행해서 연구원들을 루촨(陆川), 핑난(平南), 구이린(桂林), 몽산(蒙山), 창우(苍梧), 뤼청(柳城) 등 24개의 향진중심기초학교에서 순회하여 장학하도록 하였다. 그러므로 교사양성은 국민기초교육연구원에서 직접 관리하였던 것이다.

그러나 교사의 생활비가 해결되지 못하면서 질적으로 제고되어야 만 했다(雷沛鴻 1940; 陳友松 1992, 230). 앞의 〈육년계획대강〉에서 교사의 문제는 민단간부훈련대대 졸업생도 활용한다는 총동원체제와 지방공유자산의 활용 등이 제시되었지만, 성정부가 교육경비를 군사비에 전용하였기 때문에 시행되지 못하였고 오히려 강제의무교육령을 1936년에 반포해서 민단을 조직하여 군사화된 건설에 동원하였다(黃文華 2008, 42-26).

이러한 실행에서의 문제가 발생하는 한편으로 해결하기도 어려운 상황이 전개되었는데 1936년 6월 광시에 6·1사변으로 인한 내전이 발생하면서 레이페이홍은 교육청장직에서 면직되었다. 더욱이 그가 미국에 간 사이에 광시 당국은 연구원을 광시교육연구소로 격하시키고 광시대학에 부속시켜버렸다. 이 때문에 연구원을 중심으로 전개되던 레이페이홍의 활동은 어려워졌다. 이렇게 된 이유는 연구원에 공산당원과 진보적인 인사들이 활동하고 있었기 때문이었다(馮力行·唐國英 1999, 14). 이에 레이페이홍은 6월 24일 〈본원 결속 중 주의해야 할 문제 토론討論本院結束中應注意的問題〉과 6월 28일 〈본원 최후 회의에서의 강화在本院最後一次周會上的講話〉를 발표하여 연구원 활동을 정지시킨 것에 대해 불만을 토로하면서 유주사당농업기술인원훈련반(柳州沙塘農業技術人員訓練班)에서 활동을 이어나갔다.

광시성의 기층건설과 관련된 국민기초교육의 일환인 아동과 성인에 대한 교육은 레이페이홍의 연구원이 통제되었어도 그럼에도 지속적으로 진행되었기에 수적으로는 상당한 성과를 내었다.

그리고 광시성 당국은 4대건설과 항일운동을 위해 성인교육이 중요하다는 것을 깨닫고 1938년 리쫑런이 다시 네 번째 교육청장으로 레이페이홍을 불렀고 그는 구이린으로 복귀하였다. 1939년에 본격적으로 '성인교육의 해'를 지정하였고 1938년에는 성정부전시민중교육지도위원의 신분으로 국민기초교육운동을 대대적으로 활성화시키면서 다시 국민기초교육운동이 활발히 전개될 수 있었다.

이에 1933년에서 1936년까지 광시성의 국민기초학교는 만개에서 2만개로 늘어났고 입학한 아동도 120만 명에서 1941년에는 150만 명으로 증가했다. 1939년에는 성인 247만 명이 더 입학하였으며 1941년에는 성인의 입학률이 88%에 달할 정도가 되었다(張燕 2006, 157). 그러므로 1940년 충칭(重慶)에서 열린 국민교육회의에서 결정된 〈국민교육실시강요〉에서는 광시의 국민기초교육보급운동을 수용하여 전국에 시행하도록 결정하였다(曹又文 1993, 44). 이는 광시성의 국민기초학교의 경험이 전국에 수용된 것을 의미하는 것이다. 이외 국민정부가 시행한 신현제(新縣制) 도 광시성 성건설의 삼위일체적 성과와 경험이 바탕이 된 것이었다는 것은 (曹天忠 2021, 124) 광시성의 경험이 성의 경계를 넘어 다른 지역으로 확장된 것을 의미하는 것이기도 하다.

그러나 삼장제를 통해 기층사회의 통제가 강화되고 학교도 많이 설립되었으나 1933년과 1936년에는 학교설립 비용의 전가로 농민들의 항세운동과 폭동을 일으킨 것을 보면 농민들의 발적 참여가 이루어졌는지에 대해서는 의문이 제기된다.

레이페이홍은 삼장제에 기반한 삼위일체의 운용문제에 대해 "그것의 의의는 권력과 책임을 집중하고 정치와 경제와 군사, 문화의 여러 부분의 일을 연결하며 국민기초교육을 보급하여 각종 건설사업을 도와 이룩하게 하는 것이다. 나는 여러분이 나의 이 말을 듣고 불편한 부분이 있을 것이라 생각하는데 내 말은 삼사년 전에도 일부인이 반대의견을 제출하기도 했었기 때문이다." 라고 하고 "우리가 건설하려는 것에 대해 이해할 수 없는 비평을 들었다"라고 하였다. 하지만 일본의 침략으로 점령당하는 상황에서 오랜 민중조직과 훈련이 필요했고 중요했던 것은 아니었는가라고 반추하기도 하였다(雷沛鴻 1940; 韋善美·潘啓富 選編 1998, 343). 그가 군사화에 적합한 국민양성의 효율적인 방안을 더욱 강조했던 것은 지속되는 전쟁 상황을 고려했기 때문이었을 것이다.

2. 국민중학과 국민대학의 설립

1935년 봄 강소교육학원(江蘇教育學院)에 있던 둥웨이촨(董渭川)이 광시성에 와서 국민중학연구계획에 참여하고 9월 옹녕현립(邕寧縣立)간

이사범학교를 옹녕현립국민중학으로 변경하여 광시성에서 첫 번째 국민중학을 설립했다(韋善美·潘啓富 選編 1998, 24). 그리고 1936년 2월 3개의 국민중학이 설립되었다.

학제에 대한 개혁은 중등과정도 연결되어 있었기에 1936년 레이페이훙은 국민중학의 시행을 계획하기 시작했다. 사범교육의 문제에서도 신학제의 문제를 바라보았던 레이페이훙은 국민중학의 창설로 이를 해결하고자 했다(雷沛鴻 1940; 陳友松 1992, 204-205). 이는 광서국민기초교육운동이 시작된 몇 년 후 국민기초교육을 받는 학생의 수가 증가하면서 교육체제에 한계가 있어 수용하기 어려웠던 상황과도 관련이 있었다. 레이페이훙은 광시성 보통중학은 이미 시행되고 있는 국민기초교육과 광시 사회의 수요에 부합하지 않는다고 보고, 이를 해결하기 위해 성정부위원회의 논의를 거쳐 현립 각사범학교를 국민중학으로 바꾸고 국민중학은 현립 혹은 여러 개 현립이 건립하는 것을 원칙으로, 학교는 농촌에 두는 것을 원칙으로 하여야 한다고 주장했다. 국민중학은 현의 중심이 되도록 기획되었는데 이는 민주정치를 현단위로 하는 지방자치를 발전시키기 위한 의도와도 관련이 있는 것이었다(雷沛鴻 1942; 陳友松 1992, 263).

또한 국민중학은 공중(公衆)학교의 다른 신형이라고 하면서 종전의 가숙(家塾), 의학(義學)의 전통이나 세계 각국의 사립학교제도가 아닌 쑨원의 천하위공(天下爲公)의 정신을 기반으로 교육위공(教育爲公)을 실현하기 위한 학교라고 강조하였다. 그러므로 국민중학은 삼민주의를 중심사상으로 하고 있으며 삼민주의 건설이 국민중학이 발전하는 선결조건이라고 하였다(雷沛鴻 1942; 陳友松 1992, 312-313).

레이페이훙은 국민중학을 구상하면서 덴마크의 서민고등교육을 참고하였는데 이는 본래 덴마크 학제에 존재하지 않았으나 시대의 요구에 맞춰 생겨난 학교였다. 그룬트비는 북방인민의 선각자로 칭해졌는데 이를 통해 덴마크 농민의 평민정치체제가 만들어졌기 때문이다(雷沛鴻 1928;

韋善美·潘啓富 選編 1998, 169).

레이페이훙은 광시성의 지리적 특성을 중시하며 광시성은 동남과 동북, 남부에 인구가 집중되어 있고 서남과 북부는 인구가 적다고 하면서 아동교육과 성인교육의 개조 뿐 아니라 전체적인 교육 발전 차원에서 중등교육도 중시해야 한다고 주장했다(雷沛鴻 1934; 陳友松 1992, 353).

레이페이훙은 초등교육이 입국의 근본이나 중등교육도 관계가 많다고 보면서 중등학교는 도시에 위치하고 교육경비도 성진에만 주로 집중되어 인구가 많이 거주하는 농촌은 성차원에서도 전국차원에서도 소홀히 되고 있다고 하였다.

레이페이훙은 당시 전개되던 향촌건설운동의 주요한 활동을 참관하고 그 성과가 한계가 있다고 보았는데(胡德海 2001, 66-67) 즉 학령기 아동을 대상으로 하는 교육과 결부되지 않고, 정부당국의 유력한 지지를 받지 않으며 성인교육에서 현저한 성과를 내지 못하고 있다고 평가하였다(胡德海 2001, 150).

그러므로 레이페이훙의 국민중학 주장을 살펴보면 교육을 기축으로 하는 향촌건설운동의 수준을 넘어서는 교육성과를 내기 위한 방편이었음을 알 수 있다.

특히 국민중학은 국민기초학교와 연계되는 학제의 일환으로 설립된 것이었다. 중등교육의 단계에 속하는 것으로 초급, 고급 중학과 중복될 가능성이 크고 초중, 고급중학은 3·3제이지만 국민중학은 2·2제라는 점이 달랐다. 또한 초급중학과 고급중학을 합병하여 성립모구(某區)중학으로 하여 학제의 효율화를 도모했다.

학제의 효율화를 추구했다는 것은 기존 중등교육기간은 6년간이었던 것을 중 4년으로 단축하면서도 진학과 취업을 다 가능할 수 있게 했다는 데 있었다. 국민중학의 학생은 3학년 과정을 수료한 이후 대학 진학준비를 할 수도 있고 다른 중등교육과정 학교를 배우고자 하는 경우에는 고급중학, 사범학교, 고급직업학교를 다닐 수 있게 했다. 또한 전문훈련을 강화하여 국민중학 졸업생은 국민기초교육의 교사나 공무원이 될 자격을 지닐 수 있도록 하였다. 이외 졸업생은 이년이상의 근무경험을 하고 성적을 얻으면 농, 공, 상, 사범 등 전문학교를 다닐 수 있게 하였다. 이러한 국민중학의 학제상의 독자성으로 그 교사를 도사(導師)라고 하고 교육활동과 사회사업을 지도하도록 규정했다. 이는 모두 지방건설을 위한 것으로 민중의 공민훈련과 공민도덕의 보급, 실천을 하게 하고 성인교육도 국민중학을 중심으로 추진하도록 했다(雷沛鴻 1942; 陳友松 1992, 281-4).

그러므로 국민중학은 독자적인 학제였고 교육대중화를 실현하기 위한 교육 중국화의 중요한 교육실천이라고 할 수 있다. 또한 민족교육체계의 중요한 부분이며 국민기초교육의 연장으로 광서성의 성건설 수요에 적응하여 간부를 육성하기 위한 것이기도 하였다(雷沛鴻 1942; 陳友松 1992, 249-250).

레이페이홍은 '국민중학은 하나의 신형중등학교이며 현재와 장래에 국민기초교육보급운동, 중등교육개조운동, 전국학제재설립운동, 전체 민족교육체계구성운동에서 중요한 역할을 하고자 교육세계에 출현한 것'이라고 주장했다(雷沛鴻 1942; 陳友松 1992, 275). 그는 민족교육체계은 중화민족 교육체계의 전국학제라고 하고 국민중학은 전국학제인 이 민족교육체계(National EducationL System)를 구성하는 학제의 일부라고 하였다(韋善美·潘啓富 選編 1998, 43).

국민중학은 1936년 봄 구이핑(桂平), 옹닝(邕寧), 창우(蒼梧) 세 현에 3개 학교를 설립하는 것을 시작으로 1938년 40여개로 증가했고 1942년에는 80개에 달했다(胡德海 2001, 107-108). 즉 5년 내에 두 개현에 한개 이상, 중등학교학생 가운데 매 3의 1인 이상이 국민중학 학생이 되었던 것이다. 1942년에는 학생 수도 1.6만 명을 넘었다. 또한 국민중학은 약 2만명의 졸업생을 배출하였다. 그들 중 적지 않은 졸업생이 향장이나 진장, 촌장, 가장(街長)이 되었고 국민기초학교 교사가 되어 농촌건설의 골간 역량이 되었다. 광서성 인재의 신속한 배출에 적극적인 작용을 한 셈이었다.

그러나 1936년 5월 교육청장직에서 사직한 이후 레이페이훙이 제정했던 국민중학과 관련된 법안과 규정은 다 폐지되면서 그 기본취지는 훼손되었다. 국민중학은 전기는 간이초중으로 후기는 간이사범으로 인식되기에 이르렀으며(馮力行·唐國英 1999, 15) 국민중학을 취소하자는 취소파와 개진파의 논쟁이 지속되는 등 국민중학을 둘러싼 논쟁이 끊이지 않았다(謝文慶 2012, 114). 뿐만 아니라 1936년 레이페이훙 후임의 교육청장은 호남인 추창웨이(邱昌渭)는 국민중학제도에 대한 이해가 전혀 없었다.

그러므로 1938년 다시 네 번째 교육청장으로 구이린(桂林)에 복귀한 레이페이훙은 국민중학의 여러 문제를 해결하고자 노력했다.

그는 우선 국민중학이 주로 사회와의 접촉이나 노동훈련을 중시하게 하였다. 이는 지방의 필요에 적합하게 하기 위함이었다. 즉 국민중학은 정치훈련과 토론으로 지방자치를 실험하도록 유도되었고 창우현(蒼梧縣) 국민중학의 경우도 국민신촌(國民新村)이라 불렸다. 현(縣)에서 농사관리도 국민중학 학생이 지도하도록 하였다.

국민중학의 교육수준을 제고하기 위해서 교육과정, 교과서, 교사(校舍)와 설비, 비품 등도 확보하고자 했다. 교과서는 중화서국(中華書局)과 상무인서관(商務印書館)이 발행했던 초급중학용을 채용했고 내용을 간소화했으며 교육개론은 전국적으로 통용되는 간편교과서를 사용하고 농업개요는 광시성에서 독자적으로 편집했다. 교사는 보통중학의 방법으로 수업을 했다고 한다(胡德海 2021, 180).

이렇게 레이페이훙에 의해 국민중학은 일반중학과 다른 학제 계통으로 국민기초학교를 잇는 중등학교체제로 설립된 것이었으나 여전히 실상은 간이초급중학 2년, 간이고급중학 2년으로 인식될 뿐이었다. 원래의 취지와 본질은 망각되었고 국민중학은 자신의 내용을 지니지 못하였으며 보통중학의 내용을 차용하고 자신의 과정을 갖지 못하면서 저급한 중학으로 인식되기에 이르렀다.

뿐만 아니라 교사의 보수 또한 보통 중학 보다 한등급 낮게 평가되었다. 그러므로 이를 해결하고자 졸업생의 취업을 가능할 수 있도록 국민중학의 과정을 수료한 학생은 사회에서 초급중학, 사자훈련반, 단기간부학교 등의 졸업생과 동등한 지위를 얻게 하였고, 취업문제를 합리적으로 해결할 수 있게 하는 실제적 조치가 요구 되었다(雷沛鴻 1942; 陳友松 1992 288).

한편 1940년 8월 마쥔우가 갑자기 사망하면서 광서대학 총장으로 부임하게 된 레이페이홍은 국민중학에 대한 지원을 지속하기 어려웠다. 그리고 1940년 천리푸(陳立夫)가 적색분자를 대학 내 용인했다는 이유로 배제되어 재야신분이 되었다.

이러한 상황에서 시장(西江)학원의 설립이 모색되었다(曹又文 1993, 45; 韋秋傑 2014). 대학의 건립은 일본의 침략에서 광복된 후 난닝 지방 인사들이 구이난(桂南) 광복 기념학교를 건립하자고 한 것에서 시작되었다. 레이페이홍은 사립난닝(私立南寧)농업전과학교를 창립하는데 참여했다. 그는 농업전문학교를 설립하여 중국이 농촌경제의 향촌사회가 근간인 국가로 하고, 교육을 통해 농업문명을 발전시켜서 현대화 요구에 적응하도록 해야 한다고 하였다. 또한 현대물질문명을 따라 과학민주와 생산기술을 민간에 적용시켜 민중의 생활을 개선하고자 한다. 이에 따라 노동과 생산을 교육의 목표로 하고 수준 높은 학술연구를 하며, 전문인재를 양성하여 지방과 국가건설을 하게하고, 대중의 행복을 도모하고, 민중의 풍속을 바로잡는 민중복무를 위한 인재양성이라는 사회적 책무를 다한다고 대학설립의 목적을 설명했다.

그러나 농업전문학교는 위의 목적에 부합하기 어려워 시장(西江)학원으로 확대하고자 했는데 시장학원은 문리과 대학과 농업, 공업, 법률 등의 전문교육을 주도할 뿐 아니라 황하유역과 양자강 유역의 문화를 연결하여 서강유역의 문화를 발전시키고 나아가 말레이반도, 남양군도 일대 해양문화와도 교류하여 중화문명을 거듭 새롭게 창조하는 곳이 될 것이라고 하였다(韋善美·潘啓富 選編 1998, 501) 그러므로 이러한 대학의 설립계획 역시 그의 민족교육체계의 일환으로 진행된 것이었다.

한편 1940년 5월에는 레이페이홍이 재차 주장해서 〈광서교육연구소조직대강(廣西教育研究所組織大綱)〉이 통과되고 8월 초 광시교육연구소(廣西教育研究所)가 정식으로 설립되었다. 소장은 리런런(李任仁)으로 1941년 1월 1일에는 『광서교육연구(廣西教育研究)』를 창간하여 국민기초교육에서 국민중학, 사범교육, 직업교육, 고등교육의 문제까지 다루었고 특히 국민중학에 대한 연구도 다시 진행하여 1941년 9월에는 광서교육연구소 내에 국민중학연구실을 설립하였다. 레이페이홍은 지도주임으로 1942년에 '사범(師範)연구소'도 설립하고 『광서교육연구·국민중학교육전호(廣西教育研究·國民中學教育專號)』上下집을 발간하여 황쉬추(黃旭初), 쑤시쉰(蘇希洵), 동웨이촨(董渭川), 린리루(林礪儒), 량수밍(梁漱溟), 통룬즈(童潤之), 탕셴즈(唐現之) 등 20여 명의 글을 알렸다.

한편 연구소는 〈광서국민중학판법대강(廣西國民中學辦法大綱)〉 등 법규를 제정하여 국민중학의 문제를 개선하고자 했고 1942년 8월 5일 성정부위원회 제 608차 회의에서 〈광서국민중학판법대강〉이 통과되면서 현재의 초급중학을 국민중학으로 바꾸고 졸업생에게 현(縣) 이하 공무원 자격을 부여하게 되면서 1944년까지 국민중학은 78개로까지 증가하게 되었다.

1943년 1월 광서성정부는 〈광서교육연구소조직대강(廣西教育研究所組織大綱)〉을 제정하고 12월에는 광서성정부회의에서 교육연구소를 독립적으로 경영할 수 있게 결의하였고 레이페이홍이 소장이 되었다.

1943년 1월 연구소가 회복되어 독립적으로 설치된 후 당시 광시성 교육

전문가 린리루(林礪儒), 동웨이촨(董渭川) 등은 〈광서국민중학신과정표준(廣西國民中學新課程標准)〉을 전면 수정했다. 또한 교재를 편찬하기 위해 노력하였으나 진척되지 않아 강소성립교육학원에서 편찬한 교재를 참고하는데 그쳐 독자적인 교재 편찬을 해내지 못하였다. 결국 중화서국, 상무인서관 등 교과서를 채용하고 지도법도 독자적으로 내지 못했다. 국민중학을 담당하던 교장이나 교사도 열등한 중학교라고 인식하여 열정적으로 수행하지 않았으며, 1946년 2월 광시당국이 조정을 선언하고 옹닝(邕寧), 빈양(賓陽), 징시(靖西)만 존속시키고 초급중학, 간이사범, 현립사범으로 다시 개정하면서 국민중학은 사실상 문을 닫게 되었다(小林善文 2013, 21).

한편 1944년 9월 일본이 다시 광시성을 침략하면서 연구소도 류저우(柳州), 이산(宜山), 난닝(南寧), 텐양(田陽)으로 옮기다 마지막에 바이써(百色)에 이르렀고 1945년 9월 중순 난닝의 과거 소재지로 돌아왔다. 그리고 1945년 레이페이훙은 바이써에 서강학원을 건립했다. 그러나 1948년 초 광시성정부는 교육연구소도 없애고 연구소 인원은 성립서강학원으로 편입시켰으며 1953년에는 원계(院系)조정의 여파로 시강학원은 광서인민혁명대학으로 전환되었다.

Ⅳ. 맺음말

레이페이훙은 빈곤한 광시성 출신으로 이 지역을 무대로 1930년대와 항일전쟁시기와 그 이후까지 천부인권적 교육권리에 기반한 교육대중화 사상과 학제의 중국화를 실현하기 위해 분투하였다. 이는 역사적 분기의 시기에 근대적 교육을 수용하되 중국적 상황에 부합하는 변용의 과정을 통해 이루어진 것이었다. 그는 미국에서 유학하였으나 신해혁명에 적극 참여했던 혁명활동으로 삼민주의를 실현하는 것을 중요한 과제로 여겨 중국의 상황에 적합한 교육의 실천을 모색하였다. 즉 지방자치를 근간으로 하는 중화민국의 수립을 목표로 하였기 때문에 교육은 중요한 국가건설의 수단이라고 인식했다. 그는 미국에서 유학하면서 정치와 경제, 교육이 모두 긴밀하게 관련이 되어 있다는 점과 노동을 중시하는 것을 중요한 교육이상으로 간주했다. 따라서 대중에게 교육을 시행하기 위한 경제적, 법적 방안을 모색했고 덴마크의 그룬트비의 평민학교를 통한 평민정치체제의 실현과 영국의 노동대학 등에서 찾았다. 귀국 후 4차례에 걸친 광시성 교육청장을 역임하면서 교육 대중화를 위한 실천을 전개해 나갔다.

그는 쑨원의 교육보급 사상에 영향을 받고 신해혁명의 의미를 사회문화의 개조의 계기로 해석하면서 민족국가건설을 위한 교육의 보급을 구상했다. 그러므로 미국의 영향을 받은 6·3·3제는 중국의 실정에 부합하지 않으며 교육의 대중화를 실현하기에 적절하지 않다고 보고 이러한 학제의 중국화를 시도하고자 했다. 특히 향촌에 기반한 낙후된 광시성을 정치, 경제, 사회, 문화 전반에서의 개조를 도모하고 이를 교육을 통해 이루려면 교육개조가 함께 이루어져야 한다고 보았다. 그리고 이러한 교육개조는 소학교육의 확대에서 시작하지만 민중을 환기하라는 쑨원의 유촉을 계승해 성인을 대상으로 하는 교육의 확대와 함께 진행되어야 가능하다고 인식하면서 국민기초교육운동을 전개했다. 더욱이 향촌에 기반하도록 하여 기층사회 건설에 필요한 인재를 바로 양성할 수 있도록 도모하여 기존 향촌건설운동과 달리 교육에만 집중되지 않는 향촌건설과 긴밀히 인재양성을 모색하였다. 이는 레이페이훙과 신계계와의 협력 속에서 가능하였다고 볼 수 있다. 뿐만 아니라 연구원을 설립하여 과학적 연구와 조사에 기반하여 효율적이고 제도적으로 교육보급을 시행하고자 했고 이를 통해 전국의 교육활동의 경험을 수용하고 확산하는 작용도 가능하게 하였던 것이다.

나아가 중등교육체계의 문제점을 인식하고 국민기초학교와 연계할 수 있는 국민중학을 縣단위로 설치할 것을 주장하고 지방자치의 근간을 형성하고자 하였다. 그러나 전쟁이 지속되고 기존의 학제와의 병행이 쉽지 않았고 차별적인 교재와 교육내용 등의 문제를 넘지 못하였다. 그러나 함께 진행되었던 국민대학의 설립을 통해 학제의 중국화라 할 민족교육체계를 완성하고자 했다.

하지만 신계계 군벌과 장개석 정권과의 갈등 속에서 신계계 군벌은 자신들의 기반을 형성할 성건설을 위한 활용의 목적에서 접근한 측면이 있었고 레이페이홍이 연구원과 연구소를 기반으로 하였으나 이를 해체하거나 통합시키는 방식으로 지속적인 성과를 거두기가 어려웠다.

이러한 한계에도 불구하고 레이페이홍이 서구의 경험을 교육 대중화의 방향에서 선택적으로 수용하고 중국화 하기 위해 모색하였던 점은 큰 의의가 있다. 또한 아동교육과 성인교육을 결합하고 중학교육을 다변화하며 대학의 진학으로 이어갈 수 있게 한 대중화교육의 학제 건립의 경험과, 성건설과 지방자치의 실현을 위해 지속적으로 노력했다는 점은 광시성의 교육과 사회발전에서 의미가 있을 것이다. 이는 중국의 상황에 부합한 근대교육의 중국적 적응 경로의 한 사례로도 중요한 의미를 지닐 뿐 아니라 낙후된 지역에 적용가능 한 실제적 근대교육의 내용을 구현했다는 점에서도 의미가 크다고 하겠다.

| 참고문헌 |

최은진. 2020.「中國 鄕村建設運動의 확산과정과 鄕村敎育의 함의」.『史林』. 제72호.

蔡梓權. 1998.「國民基礎教育運動與雷沛鴻教育思想」.『廣西右江民族師專學

報』. 第3期.

曹又文. 1993.「雷沛鴻教育思想的演進」.『廣西師範大學學報(哲學社會科學版)』. 第2期.

______. 1994.「雷沛鴻對孫中山思想的繼承和發揚」.『中山大學學報論叢』. 第1期.

曹天忠. 2001a.「哈佛, 歐柏林大學留學工讀與雷沛鴻的教育思想」.『廣東社會科學』. 第2期.

______. 2001b.「20世紀30-40年代廣西的初等教育改革運動」.『曆史檔案』. 第3期.

______. 2001c.「雷沛鴻與孫中山」.『廣西地方志』. 第5期.

陳時見. 1996.「雷沛鴻國民基礎教育理論與實踐及其借鑒意義」.『廣西師範大學學報(哲學社會科學版)』. 第3期.

陳友松. 1992.『雷沛鴻教育論著選』. 北京: 人民教育出版社.

馮力行·唐國英. 1999.「雷沛鴻在桂林 — 兼論雷氏民族教育體系」.『廣西右江民族師專學報』』. 第2期.

胡德海. 2001.『雷沛鴻與中國現代教育』. 桂林: 廣西師範大學出版社.

黃文華. 2008.「民國時期"廣西普及國民基礎教育運動"經費籌集及其矛盾困境」.『桂林師範高等專科學校學報』. 第4期.

覃延歡·廖國一 主編. 1995.『廣西史稿』. 桂林: 廣西師範大學出版社.

韋善美·潘啓富. 1998.『雷沛鴻文選』. 桂林: 廣西師範大學出版社.

黃文華. 2007.『救亡與救窮的雙重使命 — 廣西普及國民基礎教育運動(1933-1940)』. 四川大學碩士論文.

雷沛鴻. 1942.「國民中學與學制改革」.『廣西教育研究月刊』. 第 3卷 5期.

李林波. 2002.『新桂系時期中學教育投資研究』. 廣西師範大學碩士論文.

廖秋萍. 2013.『廣西省教育會研究(1935-1949)』. 廣西師範大學碩士論文.

劉東霞. 2007.『雷沛鴻普及國民基礎教育策劃活動研究』. 西南大學碩士論文.

劉傑. 2011.『雷沛鴻國民基礎教育實驗研究』. 湖南師範大學碩士論文.

許中繼. 2004.『新桂系鄉村建設研究(1931-1945)』. 廣西師範大學碩士論文.

李露. 1998.「論雷沛鴻教育行政管理思想與實踐」.『華東師範大學學報(教育科

學版)』. 第2期.

李明剛. 1996.「論雷沛鴻的民族教育體系——普及"國民基礎教育"運動」.『四川教育學院學報』. 第3期.

李業才·吳佩傑. 1999.「雷沛鴻教育方法論析」.『廣西右江民族師專學報』. 第4期.

劉兆偉·趙偉. 1998.「論雷沛鴻師範教育改革思想與其現實意義」.『遼寧高等教育研究』. 第4期.

呂雲飛.「略論雷沛鴻的民眾教育思想和實踐」.『河南大學學報(社會科學版)』. 第5期. 1998.

苗體君. 2000.「教育革新家雷沛鴻」.『青海師專學報』. 第1期.

蒙貴恩·黃祐. 2011.「民國時期廣西的國民基礎教育運動」.『教育評論』. 第6期.

潘啟富. 1997.「雷沛鴻創立的國民中學制度」.『廣西教育學院學報』. 第1期.

______. 2005.「雷沛鴻教育法治思想與實踐淺析」.『廣西師範學院學報』. 第4期.

錢宗範. 1997.「雷沛鴻民族教育體系理論研究」.『廣西右江民族師專學報』. 第4期.

曲铁华. 1994.「試論雷沛鴻改革高等教育的理論與實踐」.『遼寧教育學院學報』. 第2期.

全紅·劉占貴·王建梁. 2001.「雷沛鴻教育立法思想及實踐研究」.『廣西右江民族師專學報』. 第4期.

宋恩榮. 1993.「民族主義教育家雷沛鴻」.『廣西師範大學學報(哲學社會科學版)』. 第2期.

谭群玉· 曹又文.1997.「雷沛鸿和新桂系的思想比较」.『廣西社會科學』. 第1期.

譚肇毅. 2001.「評新桂系的"四大建設"」.『廣西師範大學學報(哲學社會科學版)』. 第1期.

王炳照. 1993.「雷沛鴻教育思想的創新, 求實精神」.『教育評論』. 第2期.

王慧. 2004.「師範教育改革的一個成功範例 — 雷沛鴻師範教育思想及實踐」.『河北大學學報(哲學社會科學版)』. 第3期.

汪灝. 1999.「雷沛鴻教育思想研究發展概述」.『廣西右江民族師專學報』. 第2期.

韋秋傑. 2014.「新桂系時期留俄生的選派」.『懷化學院學報』. 第4期.

吳桂就. 1993.「陶行知與雷沛鴻教育實踐的相互關系」.「中國教育學刊」. 第4期.

夏康開. 1997.「雷沛鴻教育思想簡論」.『重慶教育學院學報』. 第4期.

肖朗·王有春. 2013. 「雷沛鴻與廣西教育研究機構的創辦 — 學術史的視角」.『天津師範大學學報』. 第2期.

謝文慶. 2012.「雷沛鴻教育思想研究綜述」.『貴州師範大學學報(社會科學版)』. 第2期.

徐建奇. 2005.「雷沛鴻教師思想探微」.『樂山師範學院學報』. 第11期.

徐衛紅. 1998.「雷沛鴻的教育理想及其時代命運」.『江西教育科研』. 第5期.

楊啟秋. 1991.「論三十年代的廣西國民基礎教育運動」.『社會科學探索』. 第4期.

楊芳·李露. 2006.「雷沛鴻高等教育思想及啟示」.『高教論壇』. 第3期.

易慧清. 1993.「略論雷沛鴻的民眾教育思想」.『廣西師範大學學報(哲學社會科學版)』. 第3期.

喻本伐. 2006.「論雷沛鴻的教育實驗思想」.『教育研究與實驗』. 第6期.

喻本伐·方玉芬. 2010.「"中國的格龍維":雷沛鴻」.『教育研究與實驗』. 第2期.

張改先·程剛.1994.「雷沛鴻高等教育思想淺識」.『教育科學』. 第1期.

張燕.2006.「雷沛鴻與晏陽初鄉村教育實驗比較」.『內蒙古農業大學學報(社會科學版)』. 第2期.

小林善文. 2013.「雷沛鴻と広西教育」.『神女大史學』. No.30.

제2부

중국 지식 공간의 확장과 새로운 공간 창출

한-중 과학기술 지식교류의 한계와 새로운 지향

은종학

I. 서론

1992년 한중수교 이래 양국의 과학기술 협력 사업은 끊임없이 이어져 왔다. 양국은 '과학기술이 경제발전의 근간'이라는데 인식을 같이 하고 그를 함께 도모해왔다.[1] 특히 과학기술은 구체적인 제품·서비스의 상업화 개발 이전 단계의 활동인 만큼(Quintas & Guy 1995), 민감한 이해관계의 충돌과 갈등을 피하면서 양국 관계를 증진시킬 수 있는 실용적이면서도 바람직한 공공외교의 채널로 인식되고 또 작동하였다.

더욱이 수교 당시는 한국의 기술과 경제 발전이 성과를 드러내기 시작

---

* 본고는 『중국지역연구』 제9권 제3호에 실린 필자의 논문 "한중 과학기술 30년에 대한 진단과 새로운 협력 전략"을 부분 수정하여 재수록한 것이다.

** 국민대 중국학부 중국정경전공 교수.

1) 농업 분야에서 시작된 1978년 중국의 점진적 개혁개방은 1985년 과학기술체제 개혁을 거치며 공업·과학기술 분야로까지 확대되었는데, 1985년 과학기술체제 개혁의 가장 포괄적인 지도방침은 '의고(依靠)-면향(面向)'이었다(教育部科学技术司 1999). 즉, 경제발전은 과학기술에 기대고 과학기술 연구는 경제발전을 지향해야 한다는 것이었다. 이에 비춰볼 때, 과학기술과 경제를 연계하여 그 발전을 도모하는 것은 당시 중국의 장기 정책적 맥락에서도 매우 잘 부합하는 것이었다.

하던 때였고, 중국은 1989년 6월 천안문 사건으로 중단되다시피 한 개혁개방을 덩샤오핑이 '남순강화(南巡讲话)'를 통해 재개·확대·심화를 천명한 때였던 만큼, 양국은 기술과 시장의 교환(技术换市场) 혹은 공유를 통해 각자의 미래 발전 가능성을 상대에게 투영해 볼 수 있었다. 그런 인식의 토대 위에서 한중 양국은 다양한 과학기술 협력 사업을 시도해 왔다.

하지만 기술과 시장의 교환을 통한 발전이라는 초기의 비전은 가치사슬(value chain) 측면에서 볼 때 상류(upstream)의 기술과 하류(downstream)의 시장을 상하로 결합하는 '수직적 협력 구조'여서, 후발국인 중국이 고도화하는 과정에서 한국과의 격차를 줄이게 되면 그 구조의 해체와 수평적 구조로의 재편이 불가피하다는 도전 과제를 내포하고 있는 것이기도 했다.

한중 과학기술 협력이 양국 정부 및 공공기관 간 접촉, 그리고 그들의 조율 하에 추진되는 정부 주도의 협력에 국한된 것은 아니다. 실제론 양국의 과학기술자들이 다양한 채널을 통해 (양국 정부 및 공공기관의 조율을 거치지 않고도) 상대국의 협력연구 파트너를 찾고 협력연구를 수행해왔다. 양적인 측면에서는 후자가 전자에 비해 압도적이었다. 물론 그럼에도, 정부 주도의 협력은 양국간 전체 과학기술 협력의 큰 흐름을 조향하고 협력을 촉진·심화하는데 부분적으로 기여할 수 있다는 점에서 중요성이 작지 않다. 더욱이 한중 기술 및 경쟁력 위계의 구조적 변화(즉, 한국 우위의 수직적 관계 완화 혹은 해체)와 미중 전략적 경쟁 속에 변화하는 글로벌 지형 속에서(은종학 2021a), 한국 정부는 기대에 미치지 못했던 대중국 과학기술 협력에 새로운 의미와 방향을 설정하고 그에 부합하는 효과적 추진방안을 마련해야 하는 시대적 요구 앞에 서 있다고도 할 수 있다.

위와 같은 관점에서 본고에서는, 정부 주도의 한중 과학기술 협력과 양국 과학기술 연구계 전반의 교류·협력이라는 두 가지 차원의 논의를 종합하고, 그 공통의 배경이 되는 두 나라 각국의 과학기술 연구역량을 비교 관점에서 검토한 뒤, 그 논의를 바탕으로 한국 정부가 대중국 과학기술 협력에 있어 전략적으로 고려할 접근법과 방안들을 시론(試論) 차원에서 제기해 보고자 한다.

방법론적으로는, 한중 정부간 과학기술 협력에 관한 공적 문서들을 검토하고, 전 세계 과학기술 연구논문들의 서지데이터를 제공하는 Web of Science DB로부터 관련 수치를 추출하여 다양하게 분석하는 계량서지학적 방법을 혼용한다. 더 나아가 과학기술 혁신을 둘러싼 학계의 이론적 논의들을 참고하여 한국의 대중국 과학기술 협력 전략 수립에 도움이 될 함의를 도출해보고자 한다.

II. 정부주도 한중 과기협력의 미진한 성과와 새로운 전략의 필요성

한국과 중국의 정부간 과학기술 협력은 1992년 한중수교 이후 본격화하였지만, 경제계의 교류와 마찬가지로 1980년대 후반부터 협력의 초석이 다져지기 시작하였다. 구체적 사례로는, 1986년 아시안 게임 및 1988년 서울 올림픽을 통해 축적된 한국의 전산관리, 도핑테스트, 기상관리 기술을 중국에 공유하며 1990년 베이징 아시안게임 준비를 중국에 지원하기로 한 조치 등을 들 수 있다(김병목·은종학 2012).

공공 연구기관 간 협력도 같은 시기에 병행되었는데, 한국 과학기술 연구계의 맏형격인 한국원자력연구소가 1991년부터 중국원자력총공사에 비파괴검사 등 과학기술 자문을 제공한 것을 그 초기의 사례로 꼽을 수 있다(과학기술처 1997; 김병목·은종학 2012).

한중수교와 함께 양국은 《한중 과학기술협력협정》을 체결하고, 양국 과기부 장관이 수석대표를 맡는 《한중 과학기술공동위원회》를 설치하기로 하였다. 매년 1회 양국을 오가며 개최키로 한 한중 과학기술공동위원회는 1993년 북경에서 제1차 회의를, 1994년 서울에서 제2차 회의를 개최하였다.

〈표 1〉 한중 공동연구센터의 미흡한 지속성

기관명	설립일자	참여기관	설립 근거	현재 활동
한·중 동양의학 연구협력센터	'92.9 서울 '92.12 베이징	서울대 천연물과학(연)/ 베이징중의학원	중국 중의학 외사사 국장 등으로 구성된 동양의학 실무협의단이 방한, 전통동양약물에 대한 협력 협의	X
한·중 대기과학 연구센터	'93.10 청주 '93.11 베이징	한국교원대/베이징대	-	X
한·중 해양과학 연구센터	'95.5 칭다오	해양과학기술(연)/ 국가제1해양연구소	'94 한국 과학기술처와 중국 국가해양국의 '해양과학기술협력에 관한 양해각서' 체결	O
한·중 신소재 협력센터	'97 서울/베이징	한국과학기술(연)/ 베이징유색금속연구총원	'97 양국 과학기술 부처 비준	X
한·중 생명공학 협력센터	'98.6	한국과학기술(연)/ 상하이과학기술위원회	-	X
한·중 광기술 공동연구센터	'99.2	한국원자력(연)/ 상하이광학정밀기계(연)	'98 기관간 협력차원에서 설립 후, '02 한·중 과기공동위원회 승인 획득	X
한·중 원자력 수소 공동연구센터	'04.4	한국원자력(연)/ 칭화대	'03.11 제4차 한·중 원자력공동위에서 공동연구센터 설립 합의	X
한·중 나노 공동연구센터	'05.7.26 베이징	나노종합팹센터/ 국가나노과학센터	'03.9 한·중 장관회담에서 공동연구센터 합의, 제8차 한·중과학기술 공동위에서 양해각서 체결(공동연구센터 설립 명기)	X
한·중 생명공학 공동연구센터	'05	한국생명공학(연)/ 상하이생명과학(연)	-	X
고에너지밀도레이저 물리 공동연구센터	'10 상하이	한국원자력(연)/ 상하이광학정밀기계(연)	-	X
한·중 사막화방지 생명공학 공동연구센터	'09.11 대전	생명공학(연)/ 중국과학원물토양보존(연)	'08.8 한·중 정상회담에서 "사막화방지를 위한 과학기술협력"에 관한 한국 교육과학기술부와 중국 과학기술부의 양해각서 체결(공동연구센터 설립 명기)	X

자료: 이춘근(2017: 61)

그러나 제4차 회의 이후에는 격년제로 개최 빈도를 낮추었으며, 실제로는 3년에 한번 개최되기도 하는 등 둔화의 과정을 겪었고 2019년 제14차 회의 이후 코로나 팬데믹까지 겹쳐 양국 정부간 교류가 크게 둔화된 채로 현재에 이르고 있다.

한중수교 및 한중 과학기술협력협정 체결 이후 한중 양국은 공동연구센터를 설립하여 운영하였으나 설립 이후의 연구가 지속적으로 활성화되지 못한 경우도 많았다(〈표 1〉 참조). 한중 협력 프로그램을 통한 연구성과 중 괄목할 만한 것도 찾아보기 어려웠다.

전반적으로도, 양국 정부가 주도한 과학기술 협력 프로그램들의 성과는 미흡했다는 평가가 양국 협력 채널의 담당자들과 자문위원들로부터 나오고 있다. 미흡한 성과의 배경으로는, 양국 정부 조직간 미스매치[2], 한국의 잦은 정부 조직 개편, 부족한 예산 지원, MOU 체결 등 보여주기식 일회성 행사 위주의 교류, 한국 내 주요 과학기술연구자들의 대중국 협력에 대한 무관심, 쌍방 국가에 대한 개인적 인연 중심의 연구팀 구성 등이 지적되어 왔다(비공식 세미나 자료 종합).

하지만 한중 정부간 과학기술 협력의 현장에 존재하는 위와 같은 미시적 애로사항들 위에 보다 크게 드리워진 한국의 문제점은 대중국 협상력의 점진적 하락이었다. 단적으로, 한중 정부간 과학기술 교류의 중국측 주요 채널은 중국 과학기술부 국제합작사 '아시아·태평양처(亚太处)'였는데 십 여 년 전 그것은 '아시아·아프리카처(亚非处)'로 대체되었다. 90여개 국가를 상대하는 아시아·아프리카처가 수많은 국가 중 하나로 한국을 상대하게 된 것이고 그것은 한국의 대중국 교류·협상채널이 좁아지게

2) 일례로 한중 과학기술 협력의 최고위 채널은 한국 과학기술정통부와 중국 과학기술부 사이의 장관급 채널인데, 중국의 경우 IT 분야는 과학기술부가 아닌 공업정보화부(工业信息化部)에서 맡고 있어 IT분야 과학기술 협력에는 행정적 문제가 발생하곤 했다.

된 것을 의미하는 것이었다.

위와 같은 중국측 행정편제의 변화는, 과학기술과 혁신에 정책적 무게 중심을 두기 시작한 후진타오 시기에 국제 과학기술 교류·협력을 대폭 확대하는 과정에서 이뤄진 것이었다. 하지만 이후 시진핑 시기에 들어서서는 아시아·아프리카처가 중국의 경제·외교적 영향력을 주변국 및 제3세계 국가로 확대하기 위한 일대일로(一带一路) 사업을 중시하게 되었고 그런 만큼 한중관계를 특별히 여길 담당자로서의 역할은 희석되었다.

보다 최근에는 그 흐름을 일부나마 뒤바꾸는 반전이 있기도 했다. 즉, 미중 전략적 경쟁이 심화하고 자국 중심의 블록을 확대하려는 노력 속에서 중국도 한국의 전략적, 도구적 의미를 새롭게 재평가하고 전보다 적극적으로 한국과의 과학기술 연계를 도모하는 움직임을 보이고 있다. 하지만 그것이 얼마나 안정적인 중국의 지향일 것이냐에 대해서는 상당한 의문이 남아 있다.

한편 미국도 '인도·태평양 경제 프레임워크(IPEF, Indo-Pacific Economic Framework)'란 새로운 제안을 갖고 한국의 참여와 역할을 기대하고 있다. 이처럼 한국은 갈등·경쟁하는 두 거대 국가의 불편한 손짓을 받고 있다. 중국에서 '아시아·태평양'이 '아시아·아프리카'로 대체되고, 미국에 의해 '아시아·태평양'이 '인도·태평양'으로 대체되는, 다시 말해 '아시아·태평양'이란 개념의 지형이 재편·해체되고 있는 변화를, 과거 아시아·태평양의 중심국가로 자임했던 한국은 냉정하게 직시하고 전략적 각성 속에 대안을 디자인해야 할 시점에 다다른 것이다. 그러한 모색의 일환으로 본고 이하에서는, 한중 과학기술 연구역량의 변화와 특징, 그리고 그를 배경으로 하는 한중 과학기술 연구협력의 전체상을 분석하여, 향후 한국의 대중국 협력 전략 설계에 도움이 될 함의를 도출해보고자 한다.

III. 한중 과학기술 협력의 전체상과 양국의 배후 역량에 대한 계량서지학적 분석

한중 정부 및 공공기관 간의 조율을 거쳐 이뤄지는 양국 과학기술 협력은 전체 한중 과학기술 교류·협력의 한 부분에 지나지 않는다. 그럼에도 전자는 한중 과학기술교류사적 회고의 주된 소재가 되어 왔다(김병목·은종학 2012; 이춘근 2018). 전자가 후자에 미치는 정책적 영향 등 중요성이 인정된다는 것이 명목상의 이유였다. 보다 현실적으로는, 그 구체적인 사업 진행이 상당 부분 공적 기록물로 남아있어 정리가 용이하기 때문이기도 하였다.

그런데 과학기술 연구논문 편수나 기술 특허 건수 기준으로 공히 세계 10대 과학기술 대국에 포함되는 한국과 중국의 경우, 정부 주도의 과학기술 협력 과제들이 양국 과학기술자 간 다양한 연계 속에 이뤄지는 방대한 전체상을 조형하는 정도가 절대적이라 보기는 어렵다. 오히려 전자가 후자의 맥락 위에 종속되거나, 후자의 흐름과 별개로 전자가 정치적·정책적 이유로 결정·추진되는 경우도 많은 게 사실이다.

따라서 한중 과학기술교류사적 흐름 위에서 미래에 유용할 전략적 함의를 도출하기 위해서는, 기존 연구에서 많이 다뤄지지 않았던 양국 과학기술 협력 연구의 전체상을 살펴보는 것이 필요하다. 더 나아가, 그 협력의 토대라 할 수 있는 양국의 과학기술 연구 내용과 역량도 분석할 필요가 있다. 위와 같은 연구 필요에 따라 필자는 Web of Science DB로부터 SCIE(Science Citation Index Expanded) 국제 과학기술 학술논문 서지데이터를 추출하여 다각도의 계량서지학적 분석을 실시하였다.

우선, 〈표 2〉는 논문 저자의 소속기관 소재국가를 기준으로 SCIE 논문을 국가별로 집계한 것으로, 1988년을 기점으로 매 10년 단위로 최근 2018년까지의 변화를 보여준다. 이를 통해 우리는 중국 과학연구 역량의 급속

〈표 2〉 국가별 과학기술연구논문(SCIE) 출간 추이

	1988년(총 473,343편)			1998년(총 691,721편)			2008년(총 985,326편)			2018년(총 1,470,331편)		
	국가	편수	%	국가	편수	%	국가	편수	%	국가	편수	%
1	USA	163,646	34.57	USA	218,774	31.63	USA	269,127	27.31	PEOPLES R CHINA	377,866	25.70
2	JAPAN	35,951	7.60	JAPAN	68,004	9.83	PEOPLES R CHINA	105,604	10.72	USA	343,746	23.38
3	ENGLAND	32,457	6.86	GERMANY	61,818	8.94	GERMANY	74,127	7.52	GERMANY	100,111	6.81
4	USSR	32,135	6.79	ENGLAND	50,047	7.24	JAPAN	73,510	7.46	ENGLAND	88,575	6.02
5	FED REP GER	31,312	6.62	FRANCE	45,500	6.58	ENGLAND	60,231	6.11	JAPAN	77,256	5.25
6	FRANCE	27,248	5.76	CANADA	29,151	4.21	FRANCE	55,912	5.67	INDIA	68,465	4.66
7	CANADA	21,628	4.57	ITALY	28,846	4.17	ITALY	43,862	4.45	FRANCE	67,756	4.61
8	ITALY	13,966	2.95	RUSSIA	26,379	3.81	CANADA	43,769	4.44	ITALY	61,888	4.21
9	INDIA	11,019	2.33	SPAIN	19,664	2.84	INDIA	36,002	3.65	CANADA	60,346	4.10
10	AUSTRALIA	10,238	2.16	PEOPLES R CHINA	19,632	2.84	SPAIN	35,160	3.57	SOUTH KOREA	57,693	3.92
11	NETHERLANDS	9,903	2.09	AUSTRALIA	18,406	2.66	SOUTH KOREA	32,965	3.35	AUSTRALIA	55,190	3.75
12	SWEDEN	8,814	1.86	NETHERLANDS	16,976	2.45	AUSTRALIA	28,420	2.88	SPAIN	52,947	3.60
13	SPAIN	7,114	1.50	INDIA	16,095	2.33	BRAZIL	26,968	2.74	BRAZIL	46,758	3.18
14	SWITZERLAND	7,049	1.49	SWEDEN	13,959	2.02	RUSSIA	26,503	2.69	RUSSIA	37,462	2.55
15	PEOPLES R CHINA	5,608	1.19	SWITZERLAND	12,624	1.83	NETHERLANDS	22,827	2.32	IRAN	36,752	2.50
16	POLAND	5,396	1.14	SOUTH KOREA	10,447	1.51	TAIWAN	20,856	2.12	NETHERLANDS	34,548	2.35
17	ISRAEL	5,241	1.11	BELGIUM	9,090	1.31	TURKEY	18,094	1.84	SWITZERLAND	28,876	1.96
18	GER DEM REP	4,892	1.03	TAIWAN	8,666	1.25	SWITZERLAND	17,776	1.80	POLAND	27,315	1.86
19	SCOTLAND	4,848	1.02	BRAZIL	8,659	1.25	POLAND	17,567	1.78	TURKEY	27,239	1.85
20	BELGIUM	4,656	0.98	POLAND	8,439	1.22	SWEDEN	16,361	1.66	SWEDEN	25,542	1.74
21	DENMARK	4,058	0.86	SCOTLAND	8,306	1.20	BELGIUM	13,466	1.37	TAIWAN	22,572	1.54
22	CZECHOSLOVAKIA	3,747	0.79	ISRAEL	8,239	1.19	IRAN	11,095	1.13	BELGIUM	19,717	1.34
23	FINLAND	3,360	0.71	DENMARK	7,155	1.03	ISRAEL	10,015	1.02	DENMARK	17,689	1.20
24	AUSTRIA	3,147	0.67	FINLAND	6,459	0.93	SCOTLAND	9,743	0.99	MEXICO	15,185	1.03
25	SOUTH AFRICA	2,935	0.62	AUSTRIA	6,294	0.91	AUSTRIA	9,382	0.95	AUSTRIA	15,036	1.02

자료: WOS DB로부터 필자정리.

한 증가(1998년 10위(2.84%), 2008년 2위(10.72%), 2018년 1위(25.70%)), 즉 중국의 '과학대국화'를 확인할 수 있다. 특히 2018년은 SCIE 논문편수 기준으로 역사상 처음 중국이 미국을 추월하던 시점이면서 미국의 트럼프 행정부의 대중국 공세가 본격화한 해이기도 하다.[3)]

한편 〈표 2〉를 보면, 한국 역시 눈에 띄는 성장(1988년 25위 내에 미포함, 1998년 16위(1.51%), 2018년 11위(3.92%))을 해왔으나 그 절대적 규모에서 세계 선두 대열에 진입한 중국과는 상당한 격차를 갖게 되었다는 사실 또한 확인할 수 있다. 〈표 2〉에는 표시되어 있지 않지만, 보다 최근인 2021년을 기준으로 같은 통계를 집계해보면 중국은 전세계 SCIE 논문 중 25.1%에 기여하며 2위인 미국(22.7%)과의 격차를 조금 더 키웠음을 확인할 수 있었다. 반면 한국은 12위로 내려앉으며 비중도 3.2%로 조금 더 낮아졌다.

〈표 2〉는 'SCIE에 등재된 국제적 학술논문'이라는 질적 기준을 적용하여 각국의 과학기술 연구성과를 비교한 것이지만, SCIE라는 범주가 상당히 넓어 '질적 평가'라기보다는 '양적 평가'에 치중한 논의라는 비판이 있을 수 있다. 같은 맥락에서 위 통계수치가 과연 중국의 과학기술 연구역량이 질적으로 세계 최상위 수준에 도달했음을 보여주는 것인가 하는 회의론이 제기될 수 있다. 그러한 비판과 회의론은 타당한 것이고, 한 나라의 질적인 과학기술 연구역량을 몇 개의 수치로 간단히 평가할 수 없는 것은 방대한 국가 중국은 물론 다른 나라의 경우에도 마찬가지인 일이다. 하지

3) 2010년 MIT 대학의 중국전문가 Steinfeld 교수가 발간한 단행본 제목, 즉 *Playing Our Game: Why China's Rise Doesn't Threaten the West* (서구 게임판 위의 중국: 왜 중국은 서구를 위협할 수 없나)가 당시와 그 이후 한동안 미국 및 세계 지식계 주류의 대중국 인식을 대표했다고 할 수 있는데 그에 비춰보면 2018년은 미국의 대중국 인식에 획기적인 변화가 생겨나기 시작한 해로 볼 수 있다. 2018년 본격화된 미국의 대중국 공세는 그 이전 한동안의 기간에 걸친 중국 과학기술의 성공적 약진을 방증하는 것이라고 할 수 있다.

만 동시에 〈그림 1〉을 추가로 참고하면, 중국의 과학기술 연구역량에 대한 우리 인식의 불확정성을 완화하고, 중국의 과학기술 연구역량에 대한 과장은 거둬내는 한편, 중국이 도달한 수준과 한국을 추월하여 벌린 격차에 대해 좀 더 냉정한 각성을 가질 수 있을 것이다.

〈그림 1〉은 과학기술계에서 가장 권위 있는 학술지로 정평이 나 있는 Nature와 Science에 2021년 한 해 동안 실린 논문만을 국가별로 분류·분석한 것이다. 그를 살펴보면, 두 학술지의 발간국가인 영국과 미국이 각각 2위, 1위를 차지하고 그 뒤를 이어 독일과 중국이 3, 4위를 기록하고 있다. 전체적으로는 (SCIE 논문 분석에서와는 달리) 미국이 압도적인 지위(2,190편, 38.2%)를 차지하고 있지만, 영국(660편, 11.51%), 독일(536편, 9.35%), 중국(463편, 8.08%)이 그 아래 수위에서 상당한 비중을 구축하고 있음도 확인할 수 있다.

〈그림 1〉 2021년 Nature, Science에 실린 논문의 국가별 분포

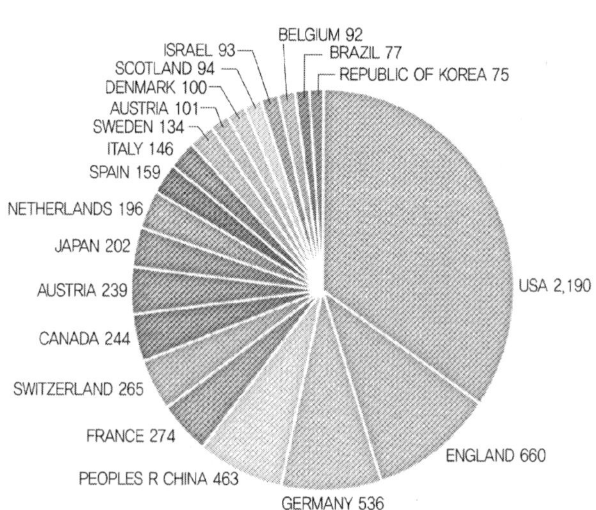

자료: WOS DB로부터 필자정리.

참고로 한국은 75편(1.31%)으로 국가별 순위로는 20위에 랭크된다. Nature, Science에 한국인 학자가 논문을 게재하면 '미래를 바꿀 첨단 과학기술 성과'로 국내 언론에 소개되곤 한다. 다소간 과장이 섞이기 쉬운 자부심어린 자평은 논외로 하더라도, 그러한 논문의 게재 빈도에 있어 중국이 한국보다 6배 이상 많다는 현실도 직시할 필요가 있다. 그리고 그것은, R&D 총지출에서 명목가액으로도 중국과 5배, 대졸 인재 규모에서 중국과 20배의 차이가 나는 한국의 현주소라 할 수 있다(中国统计局 2022). 유념할 것은, 그러한 격차는 한국이 과학기술 연구에 투입을 일부 증대시키는 방식으로 극복 가능한 게 아니란 점에서 (과학기술의 중요성 강조와 관련 예산 증대에 관한 대중적 담론을 넘어) 보다 심도 있는 전략적 고민을 요한다는 점이다.

〈그림 2〉 한중 연구 협력을 통한 SCIE 논문 발간 추이

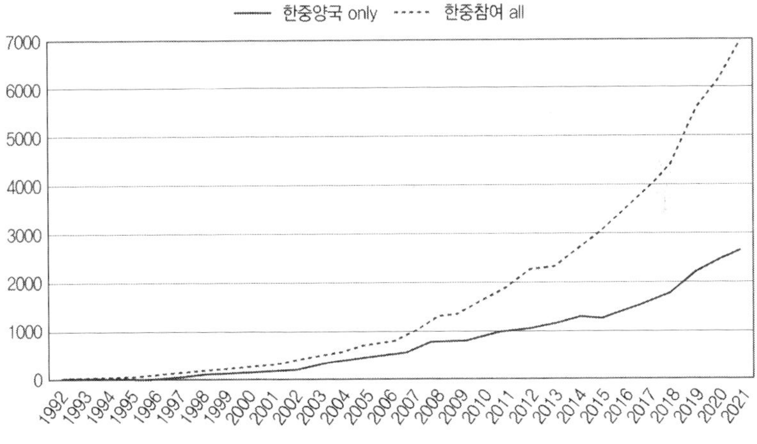

한중양국 only ----- 한중참여 all

자료: WOS DB로부터 필자 정리.

이제 다시 초점을 한중 과학기술 협력(정부 주도의 협력에 국한된 것이 아닌 한중 양국간 과학기술 연구협력의 전체상)에 맞추어 보자. 〈그림 2〉

는 한국과 중국 소재 과학기술자의 공동 참여 속에 발간된 SCIE 논문편수 추이를 보여준다. 더 가파른 증가세를 보이는 곡선은, 한국과 중국 뿐 아니라 제3국 소재 과학기술자(들)도 참여한 '다자구도 속의 한중 협력연구' 성과 추이이다. 다자구도 속의 한중 협력연구는 지난 10년 사이 그 성장세가 더욱 가팔라졌음을 알 수 있다. 그보다 증가세는 완만하지만, 한국과 중국 양자만의 협력도 꾸준히 늘어왔음을 위 그래프를 통해 알 수 있다. 특히 한중 양자만의 협력연구는 지난 3년 사이 종래보다 의미 있게 더 많은 연구 성과를 산출하였다는 사실도 주목할 만하다.

〈표 3〉은 제3국의 참여 없이 한중 양자간 협력만으로 SCIE 학술지에 게재한 논문 성과를 학문분야별로 분류해 가장 큰 비중을 차지한 10개 분야를 정리한 것이다. 표의 좌측은 역대 누적 성과 전체를 분석한 것이고, 우측은 최근년도인 2021년 성과만을 분석한 것이다.

분석 결과, 한중 양국의 협력연구는 다학제적 재료과학 분야에서 가장 활발하며, 그 외 응용물리, 다학제적 화학, 전기전자, 물리화학, 나노 분야가 뒤를 잇는 것으로 나타났다. 특히 최근년도인 2021년에는 전기전자, 물리화학, 환경과학, 인공지능 컴퓨터과학 등이 역대 평균 비중에 비해 2%p 이상 상승하며 주된 연구협력 분야로 각광받고 있음이 드러났다.

위와 같은 한중 양국간 협력연구의 학문분야별 분포는 한국과 중국의 연구역량과 최근의 연구수요를 대체로 잘 반영하고 있는 것으로 판단된다. 실제로 다학제적 재료과학은 2021년 기준 한국과 중국에서 각기 가장 많은 연구성과가 보고되고 있는 학문영역이다. 또한 최근 반도체, 환경, 인공지능을 둘러싼 산업기술·사회경제적 수요가 폭발적으로 증가했던 것을 감안하면, 양국간 협력연구의 증감 분야도 수요에 조응하여 진화한 것으로 추론할 수 있다.

〈표 3〉 한중 양자간 과학기술 협력연구의 학문분야별 성과

	역대 한중 양자간 협력연구(총25,022편)			2021년 한중 양자간 협력연구(총2,932편)		
	분야	편수	%	분야	편수	%
1	Materials Science Multidisciplinary	3,816	15.3	Materials Science Multidisciplinary	416	14.2
2	Physics Applied	2,204	8.8	Engineering Electrical Electronic	317	10.8
3	Chemistry Multidisciplinary	2,026	8.1	Chemistry Multidisciplinary	276	9.4
4	Engineering Electrical Electronic	1,960	7.8	Chemistry Physical	269	9.2
5	Chemistry Physical	1,748	7.0	Physics Applied	223	7.6
6	Nanoscience Nanotechnology	1,320	5.3	Environmental Sciences	213	7.3
7	Mathematics Applied	1,172	4.7	Nanoscience Nanotechnology	199	6.8
8	Environmental Sciences	1,009	4.0	Computer Science Info Sys	139	4.7
9	Biochemistry Molecular Biology	1,007	4.0	Engineering Chemical	132	4.5
10	Physics Condensed Matter	990	4.0	Computer Science Artificial Intelligence	127	4.3

자료: WOS DB로부터 필자 정리.

위와 같은 한중 양국의 과학기술 협력은 자연스런 양상을 보여주지만, 전략적 관점에서는 추가로 점검할 부분이 남아있다. 그 중 중요한 한 가지는 상대국에 대한 의존도이다. 상대국에 대한 과도한 의존 혹은 그 정도의 심화는 자국의 협상력과 주도권을 제약할 수 있고, 그로 인해 낮아진 협상력과 주도권은 향후 건강한 협력을 지속·발전시키는데 걸림돌이 될 수 있는 만큼 전략적 차원에서 관심을 기울일 필요가 있다.

〈그림 3〉은 한중 양국간 협력연구가 각자의 전체 과학기술 연구에서 차지하는 비중, 다시 말해 한중 양국이 상대국에 의존하는 정도를 보여준다. 그를 살펴보면 다음과 같은 사실을 확인할 수 있다. 한국의 대중국 의존도는 2016년 이후 가파르게 상승해 2021년 역대 가장 높은 수준인 3.1%에 도달하였다. 반면, 중국의 대한국 의존도는 2008년 최고치인 0.65%를 기록한 뒤 추세적으로 하락하여 2021년에는 0.4%까지 낮아졌다.

〈그림 3〉 과학기술 연구협력에서 한국과 중국의 상대국 의존도

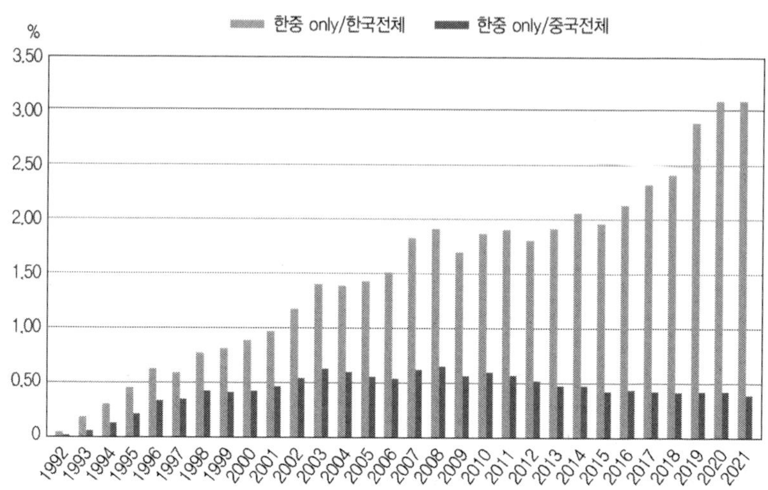

자료: WOS DB를 활용, 필자 분석.

〈표 4〉 한, 중의 과기협력연구 주요 파트너 국가(2021년 기준)

순위	한국의 파트너	공저논문 편수	%	중국의 파트너	공저논문편수	%
1	**USA**	**11,617**	**12.96**	**USA**	**60,859**	**8.81**
2	**CHINA**	**7,279**	**8.12**	ENGLAND	19,020	2.75
3	INDIA	4,006	4.47	AUSTRALIA	18,246	2.64
4	JAPAN	3,129	3.49	GERMANY	13,109	1.90
5	ENGLAND	2,775	3.10	CANADA	12,867	1.86
6	GERMANY	2,764	3.08	JAPAN	10,589	1.53
7	AUSTRALIA	2,145	2.39	PAKISTAN	7,645	1.11
8	CANADA	1,914	2.14	FRANCE	7,636	1.11
9	FRANCE	1,909	2.13	**SINGAPORE**	**7,536**	**1.09**
10	SAUDI	1,845	2.06	**KOREA**	**7,201**	**1.04**
11	ITALY	1,843	2.06	ITALY	5,751	0.83
12	PAKISTAN	1,828	2.04	TAIWAN	5,698	0.83
13	SPAIN	1,668	1.86	INDIA	5,467	0.79
14	VIETNAM	1,527	1.70	SAUDI	5,071	0.73
15	TAIWAN	1,468	1.64	NETHERLANDS	4,961	0.72

자료: WOS DB를 활용, 필자 분석.

시간 흐름 속의 변화를 좀 더 세부적으로 살펴보면 다음의 네 시기를 구별해낼 수 있다(〈그림 3〉 참조). 첫 번째 시기는 1992년 한중수교 이후 2003년까지로, 양국의 상대에 대한 의존도가 함께 높아지던 시기다. 두 번째 시기는 2003년 이후 2008년까지로, 한국의 대중국 의존도는 상승한 반면 중국의 대한국 의존도는 큰 변화 없이 정체한 시기이다. 세 번째 시기는 2008년 이후 2015년까지로, 한국의 대중국 의존도가 정체하고 중국의 대한국 의존도는 하락한 시기이다. 네 번째 시기는 2015년 이후 최근까지로, 한국의 대중국 의존도가 다시 상승한 반면 중국의 대한국 의존도는 지속적으로 하락한 시기이다.

위와 같은 시간적 흐름의 결과는 〈표 4〉에서도 확인할 수 있다. 〈표 4〉는 2021년 현재 한국 및 중국의 관점에서 주요한 과학기술 연구협력 파트너 국가를 SCIE 공저논문 편수를 기준으로 순위를 매겨 나열한 것이다. 그를 보면, 한국에게 있어 가장 큰 연구협력 파트너는 미국이지만 2위인 중국도 매우 큰 비중을 차지하고 있음을 알 수 있다. 중국의 관점에서도 미국은 가장 큰 연구협력 파트너인 반면 중국에게 한국은 싱가포르보다도 한 단계 낮은 10위로 자리매김 되었다.

위와 같은 추이와 양상은 협력 의제의 설정 등에 있어 한국의 대중국 협상력이 추세적으로 약화되고 있음을 시사하는 것이다. 물론 그 변화 추이는 근본적으로는 중국 과학기술 연구역량의 팽창에 의한 것이어서, 한국의 정책적 노력으로 간단히 변화시킬 수 있는 것은 아니다. 그럼에도 한국은 위와 같이 달라진 지형과 구도를 인식하고 그 위에서 새로운 전략적 설계를 할 필요가 있을 것이다.

새로운 전략적 설계에는 또 하나의 근본적 이해가 필요하다. 한국과 중국에서 이뤄지는 과학기술 연구 간 유사성 정도가 그것이다. 즉, 한국과 중국의 수많은 과학기술자들이 수행하고 있는 과학기술 연구의 내용상 유사성, 다시 말해 양국 과학기술 연구의 세부 학문분야별 분포의 유사성을 점검해볼 필요가 있다. 그에 있어 높은 유사성은 경쟁, 나아가 상호대체의 가능성을 높이는 한편, 공유지식의 폭을 넓혀 상호 협력의 가능성을 키우는 효과도 있다. 국가간 과학기술 연구 포트폴리오의 유사성 정도는 때로 상호 모순적인 복합적 효과를 만들어내지만, 그런 만큼 세심한 전략적 운용에 참고의 가치가 있다.

위와 같은 유사성 분석을 위해 본 연구에서는, 서로 다른 벡터(vector)의 유사성 정도를 측정하는 '코사인 유사도(cosine similarity)' 분석법을 채용하였다. 우선 Web of Science의 세부 학문 분류법에 따라 과학기술 분야를 229개 세부영역으로 나누고, 2021년 한 해 동안 한국, 중국을 포함한 세계 주요국의 과학기술연구가 229개 영역에 걸쳐 어떻게 분포하고 있는지를 파악하고, 그 유사성 정도를 계산해보았다. 코사인 유사도는 0~1 사이의 값을 가지며, 1에 가까울 수로 양국간 과학기술 연구 포트폴리오가 유사함을 보여주는 것이라 할 수 있다. 구체적인 계산식은 다음과 같다.

$$\sigma(D, Q) = \frac{\sum_k (t_k \times q_k)}{\sqrt{\sum_k (t_k)^2} \times \sqrt{\sum_k (q_k)^2}}$$

설명: t_k와 q_k는 비교대상 양국의 과기연구에 포함된 k라는 세부 학문영역의 순위.

코사인 유사도 분석의 결과는 〈표 5〉에 보는 바와 같다. 한국의 과학기술 연구 포트폴리오는 대만과 가장 유사(0.974)하며 바로 그 다음으로 중국(0.962)과 유사하다. 미국과는 그 유사도(0.723)가 상대적으로 크지 않은 것으로 나타난다. 중국의 관점에서도 한국(0.962)은 인도(0.964)에 이어 유사도가 가장 큰 나라이다. 요컨대, 한국과 중국의 과학기술 연구내용이 주요국 간 비교를 통해볼 때 상당히 유사하다는 것을 알 수 있다.

〈표 5〉 주요 국가 간 과학기술 연구의 코사인 유사도(2021년)

	중국	미국	한국	일본	대만	독일	프랑스	영국	인도
중국	1.000	0.711	**0.962**	0.856	0.947	0.850	0.855	0.745	**0.964**
미국	0.711	1.000	0.723	0.910	0.787	0.925	0.928	0.974	0.710
한국	**0.962**	0.723	1.000	0.885	**0.974**	0.863	0.847	0.761	0.945
일본	0.856	0.910	0.885	1.000	0.897	0.963	0.955	0.897	0.842
대만	0.947	0.787	0.974	0.897	1.000	0.884	0.886	0.829	0.943
독일	0.850	0.925	0.863	0.963	0.884	1.000	0.980	0.929	0.841
프랑스	0.855	0.928	0.847	0.955	0.886	0.980	1.000	0.934	0.851
영국	0.745	0.974	0.761	0.897	0.829	0.929	0.934	1.000	0.758
인도	0.964	0.710	0.945	0.842	0.943	0.841	0.851	0.758	1.000

자료: WOS DB에서 추출한 자료를 SPSS 26을 활용하여 필자 계산.

물론, 코사인 유사도의 높고 낮음으로 간단히 선악을 논할 수는 없다. 앞서도 언급한 바와 같이, 한국과 중국 사이의 높은 유사성은 상반된 가능성들을 내포한다. 우선, 유사성으로 인한 치열한 경쟁과 상호 대체 가능성이 그 하나다. 또 다른 하나는, 공유지식의 광범위한 존재로 인한 폭넓은 협력 가능성이다.

경제력 및 과학기술력 측면에서 중국의 부상이 이뤄지면서 한국은 전자의 가능성에 경쟁압력을 받아온 게 사실이다. 중국의 추격 속에 한국의 설자리가 좁아질 것에 대한 우려가 커졌던 것이다.

다만 미중 갈등이 불거진 2018년 이전에는 전반적으로 글로벌 협력을 지향하는 분위기 속에서 한국과 중국도 후자 즉 과학기술협력의 확대 가능성을 추구해왔다. 그런데 이후 미중 디커플링(de-coupling)과 블록화 기조가 형성되는 세계정세 속에서 한중 과학기술의 강조점은 다시 전자, 특히 상호대체의 가능성으로 옮겨 간 측면이 있다. 미국이 중국과의 과학기술 협력에 상당한 제약을 가하기 시작하였고(은종학 2021a), 중국을 배제하는 듯한 IPEF 등 새로운 전략적 구도 속에 한국을 참여시키고 있기 때문이다. 그리고 그 구도 속에서 서구 세계는 중국과 과학기술 연구 포트폴리오가 유사한 한국을 부분적으로나마 중국의 대안으로 인식하는 경향이 커질 것이기 때문이다.

그와 같은 변화는 한국에도 도전이지만, '아시아·태평양'이 쪼개지고 '인도·태평양'으로 재편되는 새로운 판 위에서, 한국은 중국의 직접적 추격·추월에 경쟁압력을 받던 종래의 구도에서 벗어나 새로운 네트워킹과 협력의 가능성을 모색할 수도 있다. 그리고 그 새로운 판 위에서 한국은 더 높은 지위와 더 큰 가능성도 배제할 수 없다. 다만 그를 현실에 구현하기까지는 많은 변수가 가로놓여 있어 그 실제적 전개는 향후의 과제이자 관찰의 대상이다.

IV. 과학기술에 대한 새로운 인식과 중국 특색의 협력 지점에 대한 전략적 접근 제안

앞서 우리는 한중 수교 이래 30년간의 과학기술 협력을 비판적·분석적으로 살펴보며 향후 한국이 추구해야 할 전략적 방향에 관한 몇 가지 힌트를 얻었다. 그에 이어 본 장에서는 한국이 대중국 과학기술협력에서 가져야 할 새로운 인식과 접근법을 제안해 보고자 한다.

우선 과학기술에 대한 본질적 인식을 새롭게 할 필요가 있다. 최근 미중 양국의 전략적 경쟁을 '과학기술 패권전쟁'으로 칭하는 언론보도와 대중적 담론이 많아졌다. 실제로 최근의 미중 갈등 및 전략적 경쟁의 신호탄은 2018년 트럼프 행정부의 무역대표부(USTR)가 작성·공개하고 이후 대중국 공세의 기초를 이룬 보고서, '중국의 기술이전, 지식재산권, 혁신에 관한 법, 정책, 관행에 대한 조사 결과(Findings of the Investigation into China's Acts, Policies, and Practices related to Technology Transfer, Intellectual Property, and Innovation)'이었다. 그렇게 과학기술과 혁신이 양국 간 경쟁의 핵심적 이슈로 떠오른 것은 분명하다. 그리고 그 배경은 중국은 과학기술 역량 강화였다고 할 수 있다. 더불어 그러한 변화를 촉진한 15년에 걸친 중국의《중장기 과학기술 발전계획(2006~2020년)》이 상당한 성과를 누적하며 거의 마무리되는 시점에 미국이 중국에 대한 인식을 크게 수정하며 공세로 돌아선 것도 우연은 아니다.

그럼에도 '과학기술 패권전쟁'이란 우리 언론과 대중의 용어엔 부적절한 측면이 있다. 무엇보다 그 용어는 인식을 오도하고 상상의 공간을 제약할 가능성이 크다. 그에 담고자 한 당초의 뜻은 최첨단 과학기술 선점을 향한 양국의 치열한 경쟁을 뜻하는 것이겠으나, 그에는 은연중 과학기술을 '제로섬(zero-sum) 게임'으로 보는 인식이 담긴다. 그런데 과학기술이라는 지식은 정치적 권력과 달리, 일방이 가졌다고 다른 일방이 갖지 못하는 것이 아니다. 경쟁하는 쌍방은 같은 지식을 공유할 수도 있다. 또한 경쟁적 추구의 대상이 되는 구체적 과학기술 지식과 다른 대안적 과학기술 지식의 새로운 창출 또한 불가능한 것이 아니다.

물론 단기적·정태적으로는 우월한 과학기술을 장악한 일방이 (개발된 과학기술의 사용을 법적, 제도적으로 제약함으로써) 상대를 압박할 수 있고, 그것이 미중 간에 현재 벌어지고 있는 현실이기도 하다. 그럼에도 과학기술의 연구와 개발이란 과정 혹은 중장기적·동태적 관점을 갖고 제로섬 게임이란 인식의 굴레를 벗고 더 많은 가능성들을 검토할 수 있어야 한다. 특히 중국과 관련해서는 아래와 같은 잠재적 가능성이 존재한다.

현재 중국이 최우선으로 추진하는 정책방향은 아니지만, 중국이 미국을 위시한 서구 자유진영과의 갈등·대결 관계를 풀지 못해 후자가 장악한 첨단 기술의 사용 제약을 지속적으로 감내해야 한다면 대안적 기술 개발의 경로로 나아갈 수 있다. 가장 우월한 첨단기술이 아닌 접근가능한 차선의 기술을 활용하는 쪽으로 선회할 수 있다는 뜻이다. 명명컨대, '-1 기술 전략' 혹은 '중국식 적정기술(appropriate technology) 전략'이라 할 수 있다(Basu & Weil 1998; Hipkin 2004).

물론 그러한 차선의 전략들로 대외적 압박을 완전히 벗어날 수는 없고, 세계 시장에서 국제경쟁력을 획득하기도 어렵고, 전략적 경쟁을 하는 상대에도 (협상력의 상승을 가져올 수는 있으나) 위협적이기는 어렵겠지만, 블록화의 심화 속에서 자국 중심의 경제를 운영하는 방식이 될 수는 있다.

더 나아가, 차선의 기술로도 혁신이 가능하다. 흔히 '파괴적 혁신'으로 국내에 잘못 번역·사용되는 'disruptive innovation(판을 뒤엎는 혁신)'은, 최고 기술에 못 미치는 차선의 기술을 지속적으로 고도화하여 그 완성도를 높이면 수요상황이 변화할 때 기존에 최고로 알려졌던 기술을 대체하며 시장에서 주도적 지위를 차지하는 것을 지칭한다(Christensen 1997; Christensen & Raynor 2003). 요컨대, 중국발 판을 뒤엎는 혁신의 가능성을 완전히 배제해서는 안 된다.

앞서 살펴보았듯, 중국은 과학기술 연구논문의 양측 측면에서 이미 미국을 추월했고, Nature, Science와 같은 최고 권위의 과학학술지에도 많은 논문을 게재하는 세계 4위의 중견 과학기술 강국으로 발돋움했다. 바로 그 사실과 무관치 않게 미국을 위시한 서구 선진국들의 경계를 사고 제약을 받기 시작한 중국은 한국의 과학기술 프런티어를 전반적으로 향상시켜 줄 선도국가로서는 최적이 아니다. 따라서 중국에 앞선 과학기술이 있다고 무작정 그를 좇는 종래 한국의 대중국 과학기술 협력 의제설정 방식은 재고될 필요가 있다.

과학기술 협력은 공공외교 및 경제실리외교의 중요한 한 채널이다. 상업적 이해관계가 형성되기 전의 연구과정인 만큼 미래를 향한 우호적 협력의 가능성이 크고, 비즈니스 가치사슬의 상류(upstream)에 위치함으로써 협력연구의 성과를 참여국의 경제발전으로 연결시킬 수 있다는 점에서 현실적 동력을 갖는다고 할 수 있다.

중국은 스스로 체제적 경직성을 해소하지 못하고 있으며 미국과의 전략적 경쟁 속에서 서구 선진국의 과학기술에 대한 접근권이 위축되고 있는 등 도전에 직면해 있다. 하지만 과학기술 연구에는 지속적·적극적으로 투자를 늘려 그 역량을 배가해 가고 있는 것도 사실이다[4]. 무엇보다 중국은 세계 최대 내수시장을 가진 나라인 까닭에 과학기술 연구성과의 상업적 구현을 추구하는 혁신가들이 포기하거나 무시할 수 없는 대상이다. 같은 맥락에서 한국도 중국과의 과학기술 협력을 지속하되 그 초점과 방식에 있어서는 변화하는 구도에 비추어 재검토·재조정해야 할 것이다.

물론, 전세계적 과학기술 의제와 관련해서 한국은 다자적 구도 속에서 중국과 적극적으로 협력할 필요가 있다. 한중 양국의 경쟁우위를 바탕으로 세계를 선도하는 과학기술 연구협력도 권장할 일이다. 거대한 중국 시장에서 채택될 가능성이 큰 국제 표준 기술의 개발에 중국측과 협력하는 것도 중요하다. 하지만 그 외에 일견 지엽적으로 보일 수 있는 중국 특색의 지점에도 초점을 맞추는 것이 전략적으로 중요하다.

무엇보다, 대안적 기술과 판을 뒤엎는 혁신(disruptive innovation)을 뒷받침할 영역에 주목할 필요가 있다. 또한 판을 뒤엎는 혁신에는 못 미치더라도 중저위 개발도상국에서 광범위하게 통할 '검약식 혁신(frugal innovation)'을 위한 연구개발 등에 있어서도 한국은 싱가포르 등 여타 국가의 모범을 참고하여 관심을 기울이고 관련분야의 대중국 협력을 강화할 필요가 있다.

그러한 분야는 비록 블록화가 더욱 심화하더라도 상당한 규모를 가질 중국 시장으로 한국 기업들의 성공적 진입을 뒷받침하는 근간이 될 수 있기 때문이다. 또한, 민감한 최첨단의 기술을 피할 수 있어 블록 간 경쟁과 갈등에 크게 휘말리지 않으며 한국에 필요한 우호적·미래지향적 대중

4) 중국의 2021년 GDP 대비 R&D 지출총액은 2.44%로, 이는 코로나 팬데믹 이전 OECD 국가의 평균수준(2.47%)에 근접한 것이다(中国统计局 2022).

국 연계를 유지할 수 있는 지점이기 때문이다.

수교 이후 지난 30년간 과학기술 분야 한-중 정부간 교류·협력이 성과 면에서 미흡했던 이유 중 하나는 대중국 과학기술 협력의 비전과 방향, 프로그램 선별의 전략적 잣대가 없거나 모호했다는데 있다. 그런 점에서 위에 언급한 중국 특색의 지점은 그 빈자리를 채우는 의미 있는 내용이 될 수 있을 것이다.

더불어 그러한 영역에서는 한중 정부와 공공기관 간 교류에 대체로 국한됐던 한중 과학기술 협력사업에 민간 기업들의 참여가 좀 더 활성화될 수도 있을 것이다. 한국 첨단기술 기업들이 참여하는 산학연 협력사업은 중국의 오랜 희망사항이기도 했다. 그에 호응하여 물꼬를 트되, 산학연 협력의 초기 연구 성과를 산업적 성과로 전환시키는 속도와 시스템 경쟁에서 한국이 중국에 뒤쳐지지 않도록 제도와 인프라에 투자하는 것도 한국이 대중국 협력의 이면에서 수행해야 할 과제다.

한편 한국은 중국과의 정부간 과학기술 연구협력을 수행함에 있어 그 공적 중개조직을 시스템화·플랫폼화할 필요가 있다. 지원할 연구 프로젝트 및 연구자를 선정함에 있어, 사전에 정립한 협력 전략에 비추어 광범위한 후보군을 체계적으로 검토할 수 있어야 한다. 또한 중국의 경우 중앙정부 뿐 아니라 성(省)급 지방정부 산하에도 유의미한 특색 연구기관이 지역에 산재해 있는데, 그들 중 한국과 시너지 효과를 일으킬 수 있는 곳을 발굴하고 적합한 한국의 연구자, 연구기관을 효과적으로 연결하는 것도 시스템화·플랫폼화한 공적 협력 중개조직의 몫일 것이다.

V. 논의의 확장: 과학기술을 넘어서

위에서 우리는 지난 30년에 걸친 한중 과학기술 협력의 양상과 구조 변화를 살피고, 미중 전략적 경쟁이라는 국제정세의 변화를 고려하여, 한국 정부가 중국을 상대로 과학기술 협력을 도모할 때 전략적으로 고려할 사항과 초점을 맞출 지점들을 제안하였다.

그리고 그 말미에, 과학기술 협력의 성과를 달성하기 위해서는 과학기술 협력 연구 그 자체를 넘어 관련 인프라와 제도 등에 대한 사전적 준비와 투자가 필요함도 지적하였다. 그런 필요는 본질적으로, 한중 과학기술 협력의 목표가 과학기술 지식의 진전이라는 순수 학문적 성과에 머무는 것이 아니기 때문이다. 새로운 과학기술 지식을 시장 혹은 사회에 도입하여 경제적 혹은 사회적 가치를 창출하는 이른바 '혁신(innovation)'이 과학기술 협력의 실질적 목표이기 때문이다.

과학기술 협력의 목표가 혁신임을 명확히 하고, 그를 위한 협력의 상대로 중국을 상정할 경우, 우리는 추가적으로 다음과 같은 이론적, 정책·전략적 이슈도 마주하게 된다.

혁신이란 개념의 이론적 창시자라 할 수 있는 경제학자 슘페터(Schumpeter, 1883~1950)는 말년의 저작 『자본주의, 사회주의, 민주주의』(1942)에서, 과학기술 연구와 대기업의 R&D에 의해 혁신이 일상화·자동화하는 단계에 도달하고 나면 자본주의는 종말을 맞고 사회주의로 이행할 것이라는 전망을 내놓은 바 있다.

80년 전의 것이지만 그의 전망은 자본주의를 대표하는 미국에게는 분명 우울한 것이다. 반대로 사회주의를 표방하는 중국에 대해서는 언뜻 축복인 듯도 보인다. 하지만 슘페터가 실질적으로 전망한 것은 역동성과 생명력이 사라진 세상으로의 전락이었기에 사실 중화인민공화국에도 축복일 수는 없다.

결국 슘페터는 체제적으로 대립·경쟁하는 미국과 중국에 공히 드리워질 그림자를 경고한 셈이다. 다시 말해, 미국과 중국은 서로 다른 각도에 서이지만 같은 도전, 이른바 '슘페터리안 도전(Schumpeterian Challenge)'

을 마주대하고 있는 것이다. 과학기술 기반 경쟁력 강화를 꾀하되, 고도의 과학기술 발전이 사회경제의 역동성과 생명력을 감퇴시키지 않을 방안을 찾아야 할 과제를 안고 있는 것이다(은종학 2021b).

물론 슘페터리안 도전은 미중 양국에만 국한된 것이 아니다. 한국도 슘페터리안 도전에 적극 응전해야 한다. 즉, 한편으론 과학기술 발전을 도모하되, 그를 혁신으로 이끌 제도와 인프라 조성에 균형 있는 노력을 기울여야 하고, 비(非)과학기술 요소가 중요한 역할을 담당하는 새로운 혁신의 길도 개척해야 한다.

오늘날은 모두가 과학기술의 중요성을 강조하는 이른바 제4차 산업혁명의 시대인 듯하다. 그러나 분출하는 과학기술 혁신 시도가 사회적으로 소화되지 못하고 누적되어 병목현상을 일으킬 때 혁신기업은 기대했던 이윤을 창출하지 못하고 기존 사회경제 체제에 대한 불만은 증가하며 좋게는 '창조적 파괴(creative destruction)', 나쁘게는 '경제위기'를 겪게 된다는 학자들의 해석도 귀담아 들을 필요가 있다. Dubina(2006), Dubina et al.(2012) 등은 다다익선의 과학기술 혁신 예찬보다는 그 빈도의 최적치를 향한 '합당한 억제(reasonable containment)'가 필요할 수 있다고 지적하고 그 현실적인 방안으로 비(非)과학기술 영역으로의 투자 다변화를 제안했다.

비슷한 맥락에서 은종학(2021a)은 제4차 산업혁명을 추동하는 과학기술 영역(4th) 이외의 여집합 공간을 '4c'라 칭하고 그 중요성을 환기시킨 바 있다. 인간의 육체 및 지적 노동을 대체하는 로봇 및 인공지능 기술혁명이 일어날 때 고용의 창출과 경제 활성화는 4c 영역이 얼마나 활성화되었는지에 따라 좌우될 것이기 때문이다.

더욱이 과학기술 연구 그 자체는 앞서 본 바와 같이 중국이 한국을 이미 상당한 격차로 추월한 현재 상황에서 과학기술만을 재차 강조하는 것이 한국의 온전한 미래 전략일 수는 없다. 과학기술을 중시하더라도 그에 매몰되지 않고 그 전후방의 토양을 비옥하게 만드는 비(非)과학기술 영역의 정책·전략적 노력이 다채롭고 창의적으로 이뤄져야 할 것이다. 그런 노력이 성공한다면 그것은 미래 한국이 중국을 선도하는 또 다른 경쟁우위를 구성할 수 있을 것이다.

| 참고문헌 |

과학기술처. 1997. 『과학기술30년사』. 서울: 과학기술처.

김병목·은종학. 2012. 『한·중 수교 20주년기념 공동연구: 한·중 과학기술협력 20년의 회고와 전망』. 북경: 한중과학기술협력센터.

은종학. 2021a. 『중국과 혁신: 맥락과 구조, 이론과 정책 함의』. 파주: 한울아카데미.

은종학. 2021b. 「사회주의 현대화 강국'을 향한 중국의 과학기술: 명암 속 기회와 과제」. 『아시아브리프』. 1(31)(통권31호).

이춘근. 2018. 『한·중 과학기술협력 25년 성과분석과 협력방안 모색: 기반 구축에서 성과 도출』. 세종: 과학기술정보통신부.

教育部科学技术司. 1999. 『中国高等学校科技50年』. 北京: 高等教育出版社.

中国统计局. 2022. 『2022 中国统计摘要』. 中国统计出版社.

Basu, S. and Weil. D. 1998. "Appropriate Technology and Growth," *The Quarterly Journal of Economics*. 113(4). pp.1025-1054.

Christensen, C. M. 1997. *The Innovator's Dilemma: When New Technologies Cause Great Firms to Fail*. Boston: Harvard Business School Press.

Christensen, C. M. and Raynor M. E. 2003. *The Innovator's Solution: Creating and Sustaining Successful Growth*. Boston: Harvard Business School Press.

Dubina, I. 2006. "Optimizing Creativity Management: Problems and Principles," *International Journal of Management Decision Making*, 7(6). pp.677-691.

Dubina, I. Carayannis, E. and Campbell, D. 2012. "Creativity Economy and a Crisis of the Economy," *Journal of Knowledge Economy*. 3(1). pp.1-24.

Hipkin, I. 2004. "Determining technology strategy in developing countries," *Omega*. 32(3). pp.245-260.

Quintas, P. and Guy, K. 1995. "Collaborative, pre-competitive R&D and the firm," *Research Policy*. 24(3). pp.325-348.

Schumpeter, J. A. 1942. *Capitalism, Socialism and Democracy*. Harper & Brothers.

Steinfeld, E. 2010. *Playing Our Game-Why China's Rise Doesn't Threaten the West*. Oxford University Press.

‘유가(儒家)’와 ‘사회주의’는 결합할 수 있는가?

◈ 피경훈 ◈

Ⅰ. 들어가며

주지하듯이 한 때 중국에서 ‘유가(儒家)’는 폐기의 대상이었다. ‘유가’를 절체절명의 위기에 빠뜨렸던 ‘현대 중국(modern China)’의 성립 자체가 ‘서구의 충격’에서 비롯된 것이었기에, ‘현대 중국’의 구축을 위해 분투했던 20세기 초 대부분의 중국 지식인들은 ‘유가’로 대표되는 ‘유가’를 폐기시키는 것이 ‘봉건 중국’을 ‘현대 중국’으로 변모시킬 수 있는 길이라고 생각했다(전인갑 2016). 이러한 생각은 20세기 내내 이어졌고, 마르크스-레닌주의에 입각해 성립된 중화인민공화국에 이르러 그러한 흐름은 극단에 이르게 되었다.[1] 1960년대 중반 시작된 ‘문화대혁명(이하 ‘문혁’)’

---

* 이 글은 『중국문화연구』57(2022)의 「유가와 사회주의는 결합할 수 있는가?」을 수정 보완한 것이다.

** 목포대학교 중국언어와 문화학과 부교수.

1) ‘문화대혁명’ 기간 ‘유가’는 타도의 대상으로 지목되었고, 1972년 린뱌오(임표) 사건 이후에는 ‘비림비공(批林非孔) 운동’이 시작되었다. 당시 ‘유가’는 곧 반동사상이자 낙후된 봉건 시대의 산물로 격하되었고, 대신 ‘법가(法家)’ 사상이 추앙되었다. 1970년대 중후반 상하이 푸단대학(復旦大學)의 학보(學報)로 간행되었던 『학습과 비판(學

시기 '사구타파(四舊打破),' '비림비공(批林批孔)', '비유평법(批儒評法)' 등, '유가'를 비판하고 나아가 폐기하려는 사회적 열기는 흡사 광기로 치닫는 듯했다. 그리고 당시의 광기는 곡부의 공자 사당의 묘비에 새겨져 오늘날에도 그 흔적을 확인할 수 있다.

하지만 21세기에 이르러 '유가'에 대한 평가는 완전히 바뀌고 있다. 중국의 지식인들은 물론이거니와 시진핑(習近平) 주석을 비롯한 중국공산당 지도부들까지도 '유가'를 중국의 '우수한 전통 문화'로 복위, 복권시키는 데 힘을 보태고 있다.[2] 나아가 '유가'의 역할 역시 단순히 자본주의적 발전에 대한 보조적 수준에서 벗어나 중국의 정체(政體) 자체를 쇄신하는 이론적 근거가 되어야 한다는 관점까지 등장하고 있는 상황이다.[3] 이러한 '유학' 부활의 움직임이 중국의 국력 신장과 밀접한 관계를 맺고 있음은 물론이다. 중국이 미국을 잇는 제2의 강대국, 이른바 'G2'로 성장하면서 중국은 '미국의 길'이 아닌 '중국의 길'을 강조하고 있으며, '유학'이 부활하고 있는 것은 중국이 '미국'(혹은 '서구'와는 다른) 독자적인 노선을 추구하는 데 있어 유학이 이데올로기적 지렛대로 기능할 수 있다는 기대에서 비롯된 것이다.

그러나 이와 같은 '유가' 부활의 움직임은 상당한 이데올로기적 위험성을 내포하고 있는데, 그 이유는 중국공산당을 통치 핵심으로 하는 중국의 정체가 마르크스-레닌주의를 중심 이데올로기로 삼고 있기 때문이다. 앞

習與批判)』이 '비림비공운동'을 주도하였다(上海學習與批判雜志編輯部 1973).

2) 예컨대 시진핑(習近平) 중국국가 주석은 2015년 영국 런던에서 개최된 '전영국 공자학원 및 공자학당 개막식'에 참석해 연설을 하기도 했다. http://www.xinhuanet.com//world/2015-10/23/c_128347954.htm, (검색일: 2022.7.4.)

3) 이러한 관점을 대표하는 이는 장칭(蔣慶)이다. 장칭은 『政治儒學』 등의 저서를 통해 중국의 민족적 정수는 유가에 있으며, 그에 따라 중국의 정치체제 역시 유가에 기반을 둔 것으로 쇄신해야 한다는 주장을 제시했다(송인재 2015).

서 언급한 '문혁'의 경험이 방증하고 있듯 '유가'와 마르크스-레닌주의 그리고 사회주의의 관계는 결코 우호적이지 않았다. '유가'와 마르크스-레닌주의 그리고 사회주의 사이의 관계는 오랜 기간 적대적이었으며, 마르크스-레닌주의 및 사회주의에 내재되어 있던 '진화론적 역사관'이 '유가'를 과거 봉건 시대의 유물론 치부하게 했던 것은 부정할 수 없는 역사적, 이론적 사실이다. 그렇기에 오늘날 '유학' 부활의 움직임은 실상 매우 복잡하면서도 민감한 이데올로기적 조정을 필요로 하는 작업이다. 만약 '유가'를 새로운 가능성으로 불러들이는 과정에서 자칫 그것이 마르크스-레닌주의와 갈등과 충돌을 일으킬 경우, '유학'은 통치 이데올로기와 중국공산당의 정체성 및 정통성 자체를 흔들 수 있는 위협 요인으로 돌변할 수도 있다.

이러한 관점에서 보았을 때, '유가'와 '사회주의'의 관계를 어떻게 재조정할 것인가의 문제는 중국의 문화-정치적 정체성과 체제의 안정성을 규정하는 매우 민감하면서도 결정적인 사안이라고 해야 할 것이다. 다시 말해 '유학'을 어떻게 규정하고 또 그것을 '사회주의'와 어떠한 논리 구조 안에서 연계시킬 것인지는 곧 통치 주체와 그 이데올로기의 논리적 일관성 및 정당성의 문제와 직결되는 문제인 셈이다.

지난 2015년 10월 31일부터 11월 1일까지 중국 광저우(廣州)시에서 학술지 〈開放時代〉의 주최로 열린 〈개방시대 논단(開放時代論壇)〉은 '유학과 사회주의(儒學與社會主義)'라는 표제하에 중국의 여러 지식인들이 모여 그러한 시대적 과제를 어떻게 대면하고 있는지를 보여주는 매우 중요한 계기를 마련했다. 대략 6-7년 정도의 시간이 지났지만, 본 논단이 '유가'와 '사회주의' 사이의 관계를 중국의 지식인들이 어떻게 설정하고 있는지를 파악할 수 있는 중요한 담론장이었음은 부정할 수 없다.

편폭의 제한과 필자의 과문함 탓에 본 대담에서 망라된 주제를 모두 다룰 수는 없었다. 본 논단은 비록 '사회주의와 유가'라는 표제 하에 개최되었지만, 다루고 있는 주제의 범위는 이를 벗어나, 역사와 철학의 문제까지 확대되고 있다. 이에 본 논문은 주로 본 논단에서 논의된 주제 중에서 '사회주의와 유가'를 다룬 부분에 초점을 맞춰 각 논자의 관점과 쟁점을 정리하고 그것을 비판적으로 검토하는 것을 최종 목적으로 삼았다. 그리고 이러한 비판적 검토를 통해 중국의 지식 담론장 안에서 '유가'와 '사회주의'가 어떻게 만나고 있으며, 그 만남의 논리가 과연 타당하고 또 가능한지를 비판적으로 검토해볼 것이다.

Ⅱ. 논의의 재구성

모두 발언을 진행한 이는 간양(甘陽)이다. 간양은 자신의 저서 〈통삼통(通三通)〉에서 이른바 '3통(三通)', 즉 '유가', '마오쩌둥 시대의 유산' 그리고 '덩샤오핑의 개혁 개방 노선'이 서로를 보완하며 어우러져 오늘날 중국의 번영을 이룩했다는 견해를 제시한 바 있다(甘陽 2007). 본 학술대회에서도 간양은 자신의 논지를 이어가면서 '유가'와 '사회주의'의 관계에 관한 자신의 견해를 제시하고 있다.

간양은 '유가'의 핵심 역할을 보수주의적 가치의 보존이라고 본다. 그가 보기에 '현대 사회', 즉 자본주의가 주축이 된 오늘날의 사회는 철저하게 '도구이성'의 시대이다. 모든 것이 자본을 위한 수단이 되는 것이 '현대 사회'의 근본 특성인 것이다. 이러한 시대적 흐름에 맞서 '유가'는 일종의 보수적 가치의 수호자로서 '도구이성'이 아닌 '가치이성'을 보호하는 역할을 담당해야 한다. 이에 대해 간양은 다음과 같이 말하고 있다. "현대 사회는 도구이성의 사회입니다. 이 점은 오늘날에도 여전히 변하지 않았죠. 그래서 유가는 더 이상 전면적으로 지도적 역할을 담당하지 못합니다. 그것은 보수주의적 작용을 할 뿐입니다. (중략) 유가의 방향성은 현대 사회

-과학기술, 기술이성, 도구이성이 주도하는-에 대해 규범, 절제, 조화를 더하는 것입니다."(甘陽 2016, 12)

간양의 발언을 이어 받은 샤오빈(肖濱, 中山大學)은 논의의 초점을 좀 더 정밀화할 필요가 있다고 언급하면서 본 논단의 주제인 '유가와 사회주의'로 방향성을 맞춘다. 샤오빈은 간양의 '유가'와 '사회주의'에 관한 과거의 언급을 상기시키면서 간양이 제시했던 '사회주의'가 이른바 '과학적 사회주의'가 아닌 '유럽의 고전적 사회주의'가 아니었냐고 질문하면서 간양에게 '유가'와 '사회주의'의 관계에 대한 좀 더 상세한 설명을 부탁한다. 샤오빈의 이러한 부탁에 간양은 '유가'와 '사회주의' 사이의 관계가 적대적인 것이 아니라 친연성을 갖는 것이라고 주장한다.

> 나는 줄곧 중국의 사회주의가 유가의 앞길을 끊어 버렸다는 것은 잘못된 관점이라는 시각을 견지하고 있었습니다. 사회주의는 전통, 보수주의와 한 가지 기본적인 특징을 가지고 있는데, 그것은 바로 가치이성이 우선이라는 것입니다. 그래서 이 가치이성은 유학에 대해서도 그렇고 서구의 비교적 전통적인 것에 대해서도 그렇고 사회주의와 어울리는 것입니다. 오직 자본주의만이 도구이성을 유일한 지도적 경제이론으로 삼습니다. 내가 볼 때 예를 들어 사회주의 시대, 즉 마오쩌둥 시대는 가장 근본적으로 도덕 이상의 모델입니다. 나는 당시 레이펑을 특별히 언급했는데, 관방의 차원에서 레이펑은 무산계급 전사였습니다. 하지만 레이펑은 각 측면에 있어 유가적 표준에 부합했습니다. 그것은 사회주의를 보충해주었고 공산주의적 이상을 포함해 당시 중국에서 커다란 영향력을 가지고 있었습니다. 그리고 그것은 그 자체로 이전의 유가적 도덕 이상주의 전통에서 벗어나는 것은 아니었습니다(甘陽 2016, 13).

간양 스스로 요약하고 있듯 '유가'가 '사회주의'와 친연성을 갖는 이유는 '가치이성 우선, 개인 권리에 대한 집단 이익의 우선'으로 요약된다. 다시 말해 간양은 집단의 이익을 우선시하고 도구이성이 아닌 가치이성을 우선한다는 측면에서 '유가'가 '사회주의'가 친연성을 갖고 있다고 판단하고 있는 것이다.

샤오빈은 간양의 발언을 이어 받으면서 "사회주의의 적은 분명 자본주의"(甘陽 2016, 15)라고 언급하며 '유가'와 '사회주의'가 자본주의에 대한 비판이라는 저류를 공유하고 있다고 인정한다. 하지만 그는 양자 사이의 차이점 역시 짚어내고 있는데, 그는 '사회주의'가 서구의 지적 환경의 산물임을 상기시키면서 '유가'가 '민주주의', 특히 '공민 권리'의 문제에 있어 서구적 전통과는 다르다는 점을 지적한다. "유가는 공민 권리라는 사상적 자원을 가지고 있지 않습니다. 하지만 유가는 인애(仁愛)를 핵심으로 하는 사상자원과 정신전통을 제공해줄 수 있습니다. 이것은 유가만이 가지고 있는 것입니다."(甘陽 2016, 16) 하지만 이어서 샤오빈은 '유가'의 사상적 자원이 세 가지 차원, 즉 '천하위공(天下爲公)'을 통한 사유제의 제한, '인애(仁愛)에 근간한 사회도덕 규범', 그리고 '인애에 근간한 정감'에서 사회주의와 연합해 자본주의를 제한할 수 있다는 견해를 제시한다. 요컨대 샤오빈은 '법'을 근간으로 삼는 현대 사회의 문제점과 결락을 '유학'의 '인애'를 통해 수정, 보충할 수 있다는 주장을 내세우고 있는 셈이다.

'치우펑(秋風)'이라는 필명으로도 활동하면서 '유가 헌정론(儒家憲政論)'을 주장하고 있는 야오중치우(姚中秋, 베이징 항공항천대학)는 '자본주의에 대한 경계 혹은 반대'라는 중심 축선 위에서 '유가'와 '사회주의'가 서로 수정, 보완의 관계를 이루어야 한다는 간양과 샤오빈의 견해에 동의를 표하면서도 '사회주의'에 포함되어 있는 '사회'라는 개념에 방점을 두면서 '유가'와 '사회주의'의 관계를 제대로 파악하기 위해서는 우선 '사회'라는 개념 자체를 좀 더 깊게 생각해 봐야 한다고 주장한다. "사회주의란 사회를 주체로 삼는 이론 체계입니다. 그렇다면 우리는 사회가 무엇인지, 무엇이 사회를 구성하는지, 사회는 무엇을 하는지 물어야 합니다."(秋風 2016, 18) 이러한 관점에 근간해 야오중치우는 '사회'라는 개념의 본질을

'문명(文明)'으로 연계시킨다. 야오중치우가 볼 때, '문명' 개념이야말로 '사회'를 구성하는 핵심축이며 이 '문명' 개념을 명확히 함으로써 '유가'와 '사회주의'의 관계가 구체화될 수 있다.

> 사회주의는 기반이 되는 가치를 가집니다. 인성론적 기초를 필요로 하고 문명론적 기초를 필요로 하는 것이죠. 유럽에서 그러한 가치는 당연히도 기독교와 연관 관계를 가지고 있었습니다. 그렇다면 중국에서는? 중국에서 사회주의는 어떠한 문명론적 기초를 갖는 것입니까? (중략) 우리가 사회에 대해 말할 때, 사람들의 신앙, 광대한 인민 대중의 기본적인 가치관에서 이탈한다면 아무 것도 말할 수가 없습니다. 예를 들어 사회주의는 공평을 필요로 한다고 말하는데, 문제는 누구의 공평이며, 어떠한 공평이냐는 것입니다. 방금 간양 선생님께서 공평을 언급하셨는데, 분명 서구의 사람들이 공평에 대해 갖는 이해는 우리 중국인들의 그것과 다릅니다. 기독교에서 출발한 박애는 원자화된 개체를 사랑하는 것이고 원자화된 개체들 간의 사랑, 무차별적 사랑을 말합니다. 하지만 중국인의 사랑은 고대부터 차등을 갖는 것이었습니다. 이렇게 차등에 근간을 둔 사랑으로부터 생겨난 공평과 평등에 대한 요구는 원자화된 개인 사이의 무차별적 사랑에 대한 요구와는 분명 다릅니다(秋風 2016, 19).

야오중치우의 견해는 결국 '중국 사회의 문명적 특수성'에 그 핵심을 두고 있다고 할 수 있을 것이다. 인용문을 통해 드러나듯 그는 '중국 사회'가 서구의 그것과는 다른 문명론적 독특성을 가지고 있으며 그러한 독특성을 고려할 때야 비로소 '유가'와 '사회주의'의 관계를 정립할 수 있다는 것이다. 야오중치우의 이러한 견해가 갖는 중요성은 그가 '사회'라는 개념을 제시했다는 데 있다. 다시 말해 간양과 샤오빈은 '자본주의 대 사회주의'라는 거시적이고도 관념적인 차원에서 '유가'와 '사회주의'의 관계를 조망하고 있다면 야오중치는-여전히 거시적이고 추상적이긴 하지만-'사회'라는 좀 더 실체에 가까운 개념에 방점을 찍음으로써 논의의 장의 좀 더 현실에 근접한 차원으로 가져왔다고 할 수 있을 것이다.

이렇게 '자본주의 대 사회주의'에서 시작한 논단의 흐름은 점차 중국의 '현실 사회'에 대한 논의로 이어지게 된다. 루후이린(盧暉臨, 베이징대 사회학과)은 '현실 사회'라는 맥락에서 매우 중요한 차원을 지적하고 있는데, '농민공'과 그들의 '가족 및 가정'을 축선으로 삼아 '유가'와 '사회주의'의 문제를 논하고 있다. 루후이린은 2014년 베이징에서 진행한 농민공 가정에 대한 사회조사를 논의의 근거로 제시하고 있는데, 그에 따르면 "농민공은 자신이 일하는 도시에서 가정을 이룰 수도 정상적인 가정 생활을 영위해 나갈 방법도 없는 상황이며, 가족의 이산과 해체는 농민공들에게 막대한 손해를 입히게 되어 심각한 사회 문제를 만들어내고 있다."(盧暉臨 2016, 37)

루후이린은 이러한 구체적인 '현실' 속에서 '유가'가 내포하고 있는 '전통 가치'가 어떠한 의미를 갖는 것인지를 첨예하게 묻고 있다. "중국 혁명이 가정의 가치에 가한 충격은 최근 30년 간 농민공 생산 체제에 가한 그것과 비교할 수 없습니다. 2억 농민공에 대해 말한다면 중국의 거대함과 안주할 가정이 없다는 것은 반드시 대면해야 할 현실입니다. '가족이 유가를 구할 수 있다(家可以救儒家)'는 명제로 되돌아 가자고 하는데, 제가 말하고 싶은 것은, 가정이 없는데, 유가가 어디에 있냐는 것입니다." (盧暉臨 2016, 38) 루후이린은 '유가'와 '사회주의'의 문제를 '현실'로 가져왔다고 할 수 있는데 그러한 '현실' 위에서 '유가'와 '사회주의'의 관계에 대해 다음과 같이 묻고 있다.

> 첫째, 사회주의적 실천은 유가와 어떠한 관계를 갖습니까? 오늘날 되돌아보면 사회주의는 비단 공평과 공정을 추구하는 가치이성일 뿐만 아니라 자본주의의 위협에 대한 대응으로 나타난 또 다른 현대성을 추구하는 방안입니다. 사회주의는 공평과 공정을 요구하지만, 또한 도구이성을 사용

> 할 것을 요구하며 급속한 공업화를 통해 경제 현대화의 기초를 마련할 것을 요구합니다. 사회주의는 일찍이 유가 전통에 일격을 가했는데, 사회주의가 사(小家)보다는 공(大家)을 주장했다는 맥락에서 좀 더 공감이 가는 것은 아닌지 궁금합니다. 둘째, 개혁 개방은 집단 농촌을 해체하고 소농 경제에 의한 생산과 경영의 기능을 회복시키는 것으로부터 시작했기에 개혁 개방은 소농경제를 공고화하려는 노력의 일환이라고 할 수 있습니다. 하지만 더욱 약탈적인 자본주의적 시장 경제가 전면에 나서면서 소농경제의 자주성과 완정성은 큰 충격을 받게 되었고 빠르게 붕괴의 상태로 접어들게 되었습니다. 소농 경제와 촌락 구조는 전통 유가 생존의 토양이라고 할 수 있는데, 유학의 부흥은 이러한 문제에 어떻게 대면하고 있습니까? 오늘날의 시각에서 우리는 사회주의야말로 비로소 유가를 구원한다고 말할 수 있는 것 아니겠습니까?(盧暉臨 2016, 38)

루후이린의 이러한 질문에 대해 야오중치우는 중국의 모든 지역이 자본주의에 침탈당하고 있는 것은 아니라고 대답하면서, 예컨대 첸탕강(錢塘江) 이남 지역에서는 "중국의 전통 문화와 유가 정신이 보존되어 있고, 그것이 자본을 순화시키고, 부를 통제해 사회 구조의 완정성을 유지시키고 있다."(錢塘江 2016, 40)고 언급한다. 야오중치우는 앞서 자신이 제기한 '중국 문명' 속의 '유가'와 '사회주의'의 관계성을 근거로 이를 통해 '자본주의'가 제어되고 있다고 주장하고 있는 것이다.

이후 논의는 '현실'에서 '국가'로 이동한다. 서두에서 언급했던 것처럼, '유가'와 '사회주의'의 관계가 중국에서 특별한 의미를 갖는 것은 비단 '유가'가 중국 전통의 산물이기 때문만은 아니다. 양자 사이의 관계를 더욱 첨예하고도 민감한 문제로 만드는 것은 오늘날의 중국 국가, 즉 '중화인민공화국'이라는 국가가 마르크스-레닌주의 및 사회주의를 핵심으로 하는 정치체제라는 사실이다. 때문에 '유가와 사회주의'를 표제로 내세우고 있는 본 논단에서 '유가'와 '국가'의 문제는 피해갈 수 없는 문제가 된다고 할 수 있을 것이다.

리창춘(李長春, 중산대학)은 '혁명 건국(革命建國)'의 문제를 제기한다. 그가 보기에 '유학'은 결코 '혁명'을 부정하지 않았다. "유가는 혁명을 긍정합니다. 그리고 그러한 근본으로부터 한왕조(漢王朝)의 정치적 합법성을 긍정했고, 한왕조가 정치적 곤경으로부터 벗어나는 것을 도왔죠. 때문에 혁명을 언급하는 것은 유가의 곤경이 아니라 오히려 유가의 이론적 우월성입니다. 최근 중국의 사상계에서 벌어지고 있는 논쟁에는 이러한 문제가 내재되어 있는데, 우리가 혁명 건국을 긍정할 것인지 말지의 문제가 그것입니다. 혁명 건국을 긍정할 것인지 말지의 문제는 우선 혁명을 긍정할 것인지 말 것인지의 문제입니다. 우리는 혁명을 부정할 수 있습니까?"(李長春 2016, 60) 이러한 언급으로부터 확인할 수 있듯 리창춘은 '혁명 건국'이라는 중화인민공화국의 정체성이 '유가' 전통과 모순되지 않는다고 주장하고 있다. 다만 그는 '유가'와 '사회주의'를 구성하는 핵심가치에 있어 무엇이 우선하는가의 문제를 결정해야 한다고 주장한다.

> 공화국과 유학이 처리해야 하는 핵심 문제는 덕성 정치, 계급 정치, 그리고 권리 정치가 어떻게 서로 조화를 이룰 것인가입니다. 덕성 정치, 계급 정치 그리고 권리 정치가 어떻게 조화를 이룰 것인가의 문제는 실상 누가 주도하는가의 문제입니다. 그렇다면 누가 주도하는가라는 문제가 의미하는 것은 무엇인가요? 이는 곧 이 정치 공동체의 정치적 품성이 어떠한 것인가를 의미합니다. 권리 정치가 주도하는가 계급 정치가 주도하는가? 아니면 덕성 정치가 주도하는가? 이 문제에 있어 나는 비단 좌파와 우파만이 아니라 심지어 우리처럼 유가 사회주의를 말하는 사람들이 단결해야 한다고 생각합니다. 만약 당신이 좌파이면서 동시에 유가라면 당신은 계급 정치가 주도한다고 생각합니까 아니면 덕성 정치가 주도한다고 생각합니까? 나는 결국에는 유가의 입장에 서야 한다고 생각합니다(李長春 2016, 60-61).

'건국'의 문제를 제기했다는 점에서 리창춘의 관점은 '유가'와 '사회주의'라는 주제를 '권력' 문제의 결으로 한 걸음 더 가깝게 가져왔다는 데서 그 의미를 찾을 수 있을 것이다. 하지만 인용문을 통해서도 확인할 수 있듯, 여전히 그의 논의는 다소 단순하고도 추상적으로 '혁명 건국'의 정당성을 '유학'을 통해 뒷받침하는 수준에 머물고 있다.

이러한 리창춘의 시각과 비교하여 뤄청(羅成, 중산대학)은 '사회주의'가 중화인민공화국의 건설에 있어 수행한 역할을 좀 더 본격적으로 제기하면서 '유학'과 '사회주의'의 관계를 논하고 있다. "만약 단순하게 사회주의와 유학을 하나의 이상으로 삼아, 그것들을 사회적, 역사적 층위에 적용시킬 수 없다면 그것은 단순한 공상일 뿐입니다."(羅成 2016, 63) 이러한 문제의식을 제기한 뒤 뤄청은 "내 연구의 출발점은 사상사와 사회사의 시각을 결합시켜 유학 전통과 사회주의 이 두 가지의 문제를 사상적, 실천적 차원에 두고 바라보는 것"(羅成 2016, 63)이라면서 '유학'과 '사회주의'를 바라보는 자신의 관점을 요약, 개설하고 있다.

뤄청은 특히 일본의 중국학자 미조구치 유조(溝口雄三)와 미국의 중국학자 필립 쿤(Pillip A. Kuhn)의 관점을 비판 대상으로 삼아 자신의 견해를 전개한다. 뤄청의 논의에 따르면 미조구치는 중국의 전통 사상인 '유가'와 서구에서 유입된 '사회주의' 사이의 관계에 있어 지나치게 연속성만을 강조해 양자 사이에 존재하는 차이점을 제대로 파악하지 못했다. 또한 미조구치의 '사회주의' 자체에 대한 이해가 여전히 역사화, 이데올로기화된 상태에 머물러 있고, 그 결과 마오쩌둥의 사회주의 노선 혹은 농업개조를 '농업 사회주의'라는 개념으로 규정했는데, 정작 마오쩌둥은 '농업 사회주의' 자체에 반대하는 입장이었다. 쿤 역시 미조구치와 비슷하게 마오쩌둥과 그 이전 시대의 황제를 동일시하고, 중국의 사회주의를 상명하달식의 국가주의적 관점으로 해석하는 오류를 저질렀다.

미조구치와 쿤의 관점을 톺아 봄으로써 뤄청이 강조하고 있는 것은 '유가'와 '사회주의' 사이에 존재하는 공통성과 차별성을 분명하게 인식해야 한다는 것이다. 뤄청에 따르면 농민에 관한 관심, 예컨대 농민에게 대출을 해주고 양식을 나눠주는 등 '유가' 전통에 내포된 기본적인 시각은 '사회주의'와 일맥상통하는 부분이 있는 것이 사실이다. 하지만 그 정도의 수준을 '사회주의'와 등치시키는 것은 곤란하다. "중국 혁명의 진정한 '대의'는 "사람의 마음을 세밀하게 파고드는 역사적 실천이고 이것은 미조구치 유조와 쿤의 이해를 넘어서는 것"(羅成 2016, 66)인바, 뤄청는 "중국 사회주의가 과거의 유가와 맺고 있는 관계는 결코 단순하고 직접적인 계승이 아니고, 중국 기층 사회에 대한 재조직화와 중국 일반 인민들의 재주체화를 통해 사회사와 사상사를 결합해 이해와 실천을 도모하는 것으로 이것이 비로소 마오쩌둥이 말하는 '조직화'와 '중국 작풍과 기질의' 역사적 의미라고 할 수 있습니다."(羅成 2016, 66-67)라고 말하면서 '유가'와 '사회주의'가 서로 다른 차원의 것일 수 있음을 강조하고 있다.

앞선 논의의 초점이 주로 '국가', 특히 중화인민공화국이라는 특정한 정체(政體)의 차원에서의 '유가'와 '사회주의'에 맞춰지면서, 이후의 흐름 역시 그에 따라 '유가'와 '사회주의'가 담당하는 '통치(治理)'의 문제로 이어지게 된다. 장샤오쥔(張小軍, 칭화대학)은 '유가'라는 사상 체계가 가지고 있는 통치의 기능과 그 사상적 자원의 차원에서 논의를 전개한다. 장샤오쥔에 따르면 '유가'의 통치는 '문(文)'에 의한 통치다. '유가'의 문화주의와 문치(文治) 사상은 "수신제가에서 치국평천하로 이어지는 것으로 모두 권력에 기반한 통치를 다루는 것이 아니라 문화적 통치를 말하고 있는 것"이다. 때문에 '유가'의 권력에 기반한 통치에 대한 논의는 상대적으로 빈약하며 격렬한 혁명도 주장하지 않는다. 그리고 '유가'가 최종적으로 이룩하고자 하는 것은 권력에 근간한 국가가 아니라 문화에 근간한 국가이다. 이러한 측면에서 장샤오쥔은 "과연 유학과 유가를 사회적 통치의 자원으로 삼을 수 있는가?"(張小軍 2016, 70)라는 질문을 제기한다.

이러한 질문에 대해 야오중치우는 중국에서의 '유가'와 '사회주의'의 관계를 '친화-적대-친화'의 3단계로 구분한 뒤, 자신은 양자 사이의 관계를 낙관한다고 언급하면서, 만약 '유가'와 '사회주의'가 적절하게 결합한다면 다음과 같은 네 가지 측면에서 의미 있는 혁신을 이루어낼 수 있을 것이라고 주장한다. 첫 번째는, 가정(家)을 기초로 한 '정(情)' 본위의 사회주의이고 이는 '정'을 기초로 한 사회주의이자 그것의 핵심은 가정이다. 두 번째는 '유가'를 통해 '사회주의'를 '인문 사회주의' 혹은 '정신 사회주의'로 만들 수 있다. '유가'는 기본적으로 '교화(教化)'를 중시하는 사상체계로서 '사회주의'를 물질적 공동체일 뿐만 아니라 '정신 공동체'로 만드는 데 일조할 수 있다. 세 번째는 '유가'가 '사회주의'에게 협조적인 통치의 원리를 제공할 수 있다는 것이다. 분열되어 있는 자유주의 사회와는 달리 '유가'는 통합의 원리를 제공할 수 있고 그를 통해 안정적인 사회질서를 확보하는 데 도움을 줄 수 있다. 네 번째로 '천인합일(天仁合一)'의 사회주의를 만드는 데 유용한 점이다. 이 '천인합일'의 유가적 세계관은 인간과 자연의 조화를 강조함으로써 '생태 사회주의(綠色社會主義)'를 만드는 데 일조할 수 있다.

이렇게 낙관적인 전망과는 달리 뤼신위(呂新雨)는 '유가'와 '사회주의'의 관계에 대해 다소 비관적인 시각을 제시한다. 뤼신위는 앞서 샤오빈이 언급했던 '자본주의에 대한 유가와 사회주의의 공통 전선'을 상기시키면서, 자본주의의 원천은 가정에 근간한 사유 재산제이고 가정과 사유 재산은 곧 혈연관계임을 지적한다. 그러면서 뤼신위는 '유가'와 '사회주의'가 '자본주의'를 공통의 적으로 삼고 있다는 명제가 어떻게 성립할 수 있는가를 따져 묻고 있다. '유가'는 '가정'을 근간으로 삼는바, 그러한 '유가'의 가족 중심적인 성격이 어떻게 '사회주의'와 조화를 이룰 수 있는지를 따져 묻고 있는 것이다. 뤼신위는 또한 오늘날 '유가'의 포부는 비단 '심성(心性)'의 차원에 머무르는 것이 아니라 일종의 '제도화'를 추구하는 것인데, 그렇다면 '제도화된 유가'는 '제도화된 사회주의'와 어떻게 조화를 이룰 것인가의 문제 역시 심각한 문제라고 지적한다. 그에 따르면 만약 '유가'가 중국 사회에서 '제도'의 차원으로까지 확대, 심화된다면 이미 제도화되어 있는 '사회주의'는 그 실질적인 내용과 그간의 역사를 반영한 '헌법'까지 모두 바꾸어야 할 처지에 놓이게 된다(呂新雨 2016, 76-77).

위에서 정리한 내용을 통해 확인할 수 있듯 본 논단의 주제인 '유가'와 '사회주의'의 관계에 대한 토론은 현재 중국 사회가 마주하고 있는 거의 모든 문제를 논하고 있다고 해도 과언이 아닐 정도다. 논의의 출발점이었던 '유가'와 '사회주의' 그리고 '자본주의' 사이의 관계는 물론이거니와, '사회'라는 개념 자체를 통해 촉발된 중국 '현실'의 문제 그리고 그러한 현실이 '유가' 및 '사회주의'와 어떠한 관계를 맺고 있는지 그리고 '유가'와 '사회주의'는 그러한 '현실'의 문제에 대응할 수 있는 사상적 자원과 능력을 가지고 있는지가 논의의 핵심 쟁점이었다. 또한 이러한 논의의 흐름은 이후 국가 통치 능력의 문제 그리고 나아가 '사회주의'라는 통치 정당성의 문제가 '유가'와 어떠한 관계를 맺고 있는가의 문제까지 제기되었다.

이제 우리는 위에서 추려진 논의의 핵심 사안들을 좀 더 이론적이고도 비판적으로 검토해볼 필요가 있다. 서두에서 언급했던 것처럼 '유가'와 '사회주의'의 관계는 오늘날 중국의 정치적 안정성과 정체성을 설정하는 데 있어 매우 핵심적인 주제다. 하지만 위의 논의는 구두를 통해 대담 형식으로 진행되었던 탓에 현장감 있게 중국 학자들의 논의를 살펴볼 수 있었다는 장점에도 불구하고, 좀 더 체계적이고 이론적으로 그들의 사유가 정리되지 못했다는 한계를 노정하고 말았다. 다음 장에서는 '유가'와 '사회주의'를 이론적인 차원에서 검토함으로써 중국에서 제기되고 있는 '유가'와 '사회주의'의 관계가 어떠한 인식론적 층위에서 설정되고 있는지 그리고 그러한 인식론적 차원의 설정이 어떠한 의미를 갖는 것인지를 비판적으로 검토하려 한다.

Ⅲ. 정체(政體)와 정체성(正體性)

대륙의 신유가를 연구해 온 미국의 학자 대니얼 벨(Daniel A. Bell)은 그의 저서 *China's New Confucianism－Politics and Everyday life in a Changing Society*의 서문에서 다음과 같이 말하고 있다. "공산주의는 중국인에게 영감을 줄 수 있는 능력을 상실했다(Communism has lost its capacity to inspire the Chinese)"(Bell 2008, ix).

한데 이 문구는 같은 책의 중국어 판본에서 다음과 같이 번역되고 있다. "오늘날 이전의 이데올로기는 중국인을 계발시키는 역량을 상실하였다(原有意識形態如今已經失去激勵中國人的力量)"(貝淡寧 2010, 1). 또한 본문에서 벨은 자신이 마르크스의 저작을 중국어로 번역하는 업무를 담당하고 있는 중공중앙편역국(中共中央編譯局)을 방문했던 경험을 회고하면서, 마르크스 저작의 번역을 담당하고 있는 학자들이 마르크스주의와 중국의 현실 문제를 연결하려 하지 않는다고 말하면서 다음과 같이 언급한다. "나는 다음과 같이 추측할 수 있었다. 중국의 공무원들과 학자들이 공산주의에 대해 언급하지 않는 것은 누구도 마르크스주의가 중국의 정치적 미래에 대한 생각에 기준선(guide line)을 제공해줄 수 있다고 생각하지 않기 때문이라고 말이다"(Bell 2008, 8).[4]

이 부분에 대한 중국어판 번역은 다음과 같이 되어 있다. "나는 다음과 같이 추측할 수 있었다. 중국의 공무원들과 학자들이 공산주의에 대해 언급하지 않는 것은 마르크스주의라는 이데올로기가 극도로 남용되고 있고 그 결과 그 명성이 파괴되는 결과를 초래하였기 때문이라고 말이다"(貝淡

---

4) 원문은 다음과 같다. "I would surmise, however, that the main reason Chinese officials and scholars do not talk about communism is that hardly anybody really believe that Marxism should provide guidelines for thinking about China's political future."

寧 2010, 14).[5)]

벨의 저서와 그 중국어 판본 사이에 존재하는 위와 같은 번역상의 확연한 차이는 무엇을 말하고 있는가? 위에서 인용한 대로 벨은 직접적으로 '중국에서 공산주의는 더 이상 유효한 이데올로기가 아니다.'라는 취지로 말하고 있다. 그리고 이러한 판단에서 그는 '유가'가 '공산주의'를 '대체할' 새로운 이데올로기가 되어야 한다고 말하고 있는 것이다. 하지만 중국어판의 역자는 벨의 이러한 핵심 취지를 애써 에두르고 있다. 다시 말해 오늘날 중국인을 계발시키는 능력을 상실한 이데올로기인 '공산주의'를 '이전의 이데올로기'로 모호하게 바꾸었으며, '누구도 마르크스주의가 중국의 정치적 미래에 대한 생각에 가이드라인을 제공해줄 수 있다고 생각하지 않는다'는 취지의 문장을 '마르크스주의라는 이데올로기가 극도로 남용되고 있고 그 결과 그 명성이 파괴되는 결과를 초래하였다.'는 취지의 문장으로 번역해 놓음으로써 자칫 민감할 수도 있는 문제를 비껴가고 있는 것이다.

이러한 번역상의 차이가 말하고 있는 것은 분명하다. '유가'라는 중국 전통 사상과 '사회주의' 혹은 '공산주의'라는 정체(政體)를 규정하는 지도 사상 사이에 존재할 수 있는 '갈등'의 가능성은 중국의 담론 공간 안에서 자유롭게 표현 혹은 거론될 수 없는 것이다. 다시 말해 '유가'가 '사회주의' 혹은 '공산주의'를 대체할 수 있다는 식의 관점은 공식화될 수 없고, 양자 사이의 관계는 되도록 조화로운 것으로 해석 '되어야만' 하는 것이다. 이는 곧 전통 사유 체계인 '유가'와 공식 이데올로기인 '사회주의' 및 '공산주의' 사이의 관계는 모종의 권력이 그것을 지켜보고 있다고 가정되는 강력한 권력장(power field) 안에서 설정되는 것이며, 동시에 양자 사이

5) 원문은 다음과 같다. "我猜測, 中國官員和學者不討論共産主義的主要原因是馬克思主義這個意識形態已經被極度濫用, 導致名聲遭到嚴重破壞)

의 관계는 자연적인 것이 아니라 상당한 이론적 여과(filtering)의 과정을 거쳐야만 설정될 수 있다는 것을 의미한다. 물론 이러한 이론적 필터링을 무조건 비판할 수만은 없다. 어느 사상 체계라도 그것이 전용될 가능성은 있으며 그러한 전용이 새로운 사상을 탄생시킬 수도 있기 때문이다.

하지만 문제는 이러한 '전용'을 통한 '유가'와 '사회주의'의 상보적 관계가 지속될 수 있는가이다. 다시 말해 '유가'와 '사회주의'가 각기 '현실'을 어떻게 파악하고 있으며 그 파악으로부터 도출된 결론이 서로 상충하지 않는다는 조건에서만 양자의 관계는 상보적인 것으로 유지될 수 있는 것이다. 이와 더불어 가장 핵심적이면서도 심각한 사안은 과연 '유가' 자체의 영향력이 어느 정도로 조정 혹은 제한될 수 있을 것인가의 문제다. 앞선 논의를 통해 확인할 수 있었던 것처럼 '유가'와 '사회주의' 사이의 관계를 친화적으로 해석하려는 학자들은 '유가'를 최대한 '사회주의'라는 맥락으로 끌어오려 한다. 이는 결국 '유가'를 '사회주의'라는 정체(政體, the form of regime)에 맞게 위치 지으려 하는 것이고 '유가'라는 것이 그 정체 자체를 위협 혹은 대체하지 않으면서 민족적 정체성(正體性, identity)의 '상징'으로 머물러야 한다는 전제를 상정하고 있는 것이다.

위에서 제기한 두 가지 쟁점은 다음과 같이 집약될 수 있다. 첫째, '유가'와 '사회주의'는 '현실'을 파악하는 일종의 패러다임으로서 같은 성격을 가지고 있는가 그리고 그렇게 파악된 '현실'에 대한 처방을 동일하게 도출할 수 있는가. 둘째, '유가'는 민족적 정체성으로서의 역할에 머물면서 실제적인 제도로서의 '정체'를 결코 침범하지 않을 수 있는가. 이 두 가지 쟁점을 명확하게 검토해야만 '유가'와 '사회주의'의 관계를 좀 더 정치(精緻)하게 파악할 수 있을 것이다. 본 논문은 미셸 푸코가 제시한 '진실의 체제(regime of the truth)' 그리고 C. 카스토리아디스(Cornelius Castoriadis)의 '사회의 상상적 제도(imaginary institution of society)'라는 방법론을 통해 이와 같은 쟁점을 검토할 것이다.

푸코는 『담론의 질서』에서 '진리에의 의지'에 관해 다음과 같이 말하고 있다. "진리에의 의지는 배제의 다른 체계들에서처럼 어떤 제도적 토대 위에 입각해 있다. (중략) 그것은 또한 의심할 바 없이 더 근본적인 방식으로 지식이 한 사회에서 사용되는 방식, 그것이 가치 부여받고, 분배되고, 어느 면에서 부과되기도 하는 방식에 의해 갱신된다."(푸코 2020, 21) 푸코가 '진리에의 의지'를 통해 말하고 있는 요지는 특정한 대상에 대한 지식 그리고 그것이 진실이라고 말해줄 수 있는 조건은 자연적으로 생성되는 것이 아니라는 것이다. 오히려 특정 대상에 대한 지식과 그것이 갖는 진리로서의 성격은 특정한 제도와 규칙의 강제적 부여에 의해 구축되는 것인바, 그렇게 생성된 지식은 사회를 바라보는 방식을 규정하게 된다.

이후 이 '진실에의 의지'라는 개념은 '진실의 체제'라는 개념으로 전환되는데, 이에 대해 푸코는 다음과 같이 말하고 있다. "각 사회는 자신의 진실 체제(régime de vérité), 진실에 관한 자신의 일반 정치를 가진다. 즉, 각 사회가 참인 것으로 수용하고 작동케 만드는 담론 유형, 참인 언표와 거짓인 언표를 구별하는 것을 가능케 해주는 메커니즘과 심급, 서로 간에 제재를 가하는 방식, 기술과 과정, 참으로 기능하는 바를 말하는 임무를 담당하는 이들의 지위."[6] 요컨대 한 사회 속에서 모종의 '진리' 혹은 '진실'로 규정된 것은 특정한 담론 체계 안에서 '구축되는' 것이다.

'진실의 체제' 그리고 앞서 언급한 '진리에의 의지'를 참조하면 특정한 지식 체계 혹은 담론 체계는 한 사회 안에서 모종의 대상을 포착하는 인식론적 틀(paradigm)이 됨을 알 수 있다. 이러한 시좌가 '유가'와 '사회주의' 사이의 관계를 해석하는 데 있어 제공해주는 쟁점은 '유가'와 '사회주의'

6) 이 인용문은 본래 푸코의 대담집 『말과 글(Dits et Ecrit)』에 실린 것이다. 본 대담집의 한국어 번역본은 아직 없는 상태로, 본 논문에서는 자크 비데의 『마르크스와 함께 푸코를(Foucault avec Marx)』에 실려 있는 번역문을 인용한다(자크 비데 2021, 126).

라는 인식론적 체계 - 즉 '진실의 체제' - 가 중국 사회를 포착하는 방식에 있어 어떠한 공통점과 차이점을 형성하고 있는가이다.

앞서 정리한 대담을 통해 확인할 수 있었던 것처럼 몇몇 중국의 논자들, 특히 간양과 야오중치우와 같은 학자들은 '유가'와 '사회주의'가 인민에 관한 관심 그리고 자본주의에 대한 경계라는 지점에서 서로 교접할 수 있다고 보았다. 하지만 루후이린과 뤼신위가 질문했던 것처럼 과연 '유가'를 통해 포착할 수 있는 '현실'이 '사회주의'로써 포착할 수 있는 '현실'과 동일할 수 있는지는 여전히 미지수다(앞서 루후이린은 이미 '가족'이 해체된 농민공들의 '현실'을 언급하면서 '가족'을 기본 단위로 하는 '유가'가 그러한 '현실'을 포착할 수 있는가라는 질문을 제시했고 뤼신위는 '유가'가 제도의 차원에서 '사회주의'와 공조할 수 있는지를 물었다).

또한 '유가'와 '사회주의'가 모종의 교집합, 즉 자본주의에 대한 공동 전선을 구축할 수 있다는 주장 역시 문제적이다. 예컨대 대니얼 벨은 '유가'가 자본주의적인 '이익 사회'에 대한 모종의 치유 방안을 제시할 수 있다고 주장했는데, 이에 대해 마이클 왈저는'인권'과 같은 서구의 가치는 이미 오래전에 중국에 이식되었고, 중국인들 역시 그러한 언어를 사용하고 있다. 그렇다면 '유가'는 과연 그러한 서구적 '언어'에 어떻게 대응할 것인가? 그것을' 자연화(naturalize)'하여 그대로 사용할 것인가 아니면 '유가' 나름의 시각으로 변용할 것인가? 그리고 변용한다면 그러한 변용은 '인권'과 같은 서구적 언어와 근본적으로 어떻게 다른가? 왈저의 이러한 비판에 대해 벨은 이렇다 할 답변을 하지 못하고 있다(Bell 2010, 100-101).

벨의 주장에 대한 왈저의 비판은 '자본주의에 대한 비판'에서 '유가'와 '사회주의'의 '공동 전선'을 찾고 있는 중국의 논자들에도 해당되는 것이다. 만약 '유가'와 '사회주의'가 모두 '자본주의'에 대한 비판을 핵심으로 하는 것이라면 - 실상 이러한 주장 자체가 상당한 이론적 여과를 거친 것이지만 - 왜 굳이 '유가'를 내세워야 하는가? 다시 말해 중국은 이미 '사회주의'를 정체(政體)의 내핵으로 삼고 있는바, 굳이 '유가'를 내세워야 하는 이유는 무엇인가에 대한 답변이 도출되어야 하는 것이다. 하지만 논단에 참여했던 중국의 지식인들은 이러한 문제를 제기조차 하지 않았다.

중국의 지식인들이 명확히 언급하지 않았지만, 우리는 '유가'가 중요한 논의의 대상으로 부상한 이유를 '정체성(identity)'에 대한 고려 때문으로 짐작해볼 수 있다. 중국의 지식인들은 20세기 이래로 '전반서화(全般西化)'를 계속해서 경계해 왔고 그 이유는 당연히도 중국적 정체성을 완전히 포기하지 못했기 때문이다.[7] 그리고 21세기에 들어선 후 중국의 국제적 위상이 높아지면서 중국의 자신의 문화적 정체성에 대한 욕구는 점증해 왔다.[8] 이러한 맥락에서 보았을 때, '유가'와 '사회주의' 사이의 관계가 다시 쟁점으로 등장한 것은 '사회주의'라는 '정체'를 유지하면서도 '유가'라는 문화적 '정체성'을 되살려야 한다는 중국 지식인들의 열망이 반영된 결과일 것이다. 그렇다면 '정체성'으로서의 '유가'는 '정체'로서의 '사회주의'와 순조롭게 결합할 수 있는가?

카스토리아디스는 사회 제도의 '상징적(symbolic) 측면'을 언급한다. 그의 논의에 따르면 특정한 사회적 제도는 비단 기능적인(functional) 측면에서만 설명될 수 있는 것은 아니다. 당연하게도 제도는 모종의 기능을 수행한다. 제도는 권력과 자원을 분할·배치하고 사회 속에서 발생하는 문제에 대한 해결책을 제공하는 것을 기본 기능으로 한다.[9] 하지만 제도

7) 서구 문화에 대한 중국 지식인들의 다양한 대응 방식에 대해서는 (Metzger 2006) 참조.

8) 21세기에 들어선 이후 '유가'가 재차 핵심 쟁점으로 등장한 것은 20세기 후반, 좀 더 구체적으로 말해 1990년대 이후 등장한 '민족주의' 사조의 결과라고 할 수 있을 것이다. 1990년대 이후 중국 민족주의의 발흥에 대해서는 Peter Hays Gries(2004)와 쉬지린·뤄강(2014) 참조.

는 단순히 그러한 기능의 차원에서만 설명될 수는 없는데, 특정한 제도는 그것이 설치된 사회의 '상징'체계와 분리될 수 없기 때문이다.

> 경제적-기능적 해석의 이상(理想)은 제도화된 규칙들이 기능적이거나, 실제적이거나, 논리적으로 기능적 규칙들에 의해 함축되는 것으로 나타나야만 한다. 그런데 이러한 실제적이거나 논리적인 함축은 단번에 주어지지 않고 체계의 상징적 논리와 자동적으로 동질적인 것은 아니다. (중략) 제도들의 상징적 논리와 그것의 점진적 '합리화'를 획득하는 것은 그 자체가 역사적 절차들이다(그리고 상대적으로 최근의 역사적 절차이다)(카스토리아디스 1994, 219).

인용문에서 언급되고 있듯이 제도의 기능은 한 사회가 가지고 있는 상징체계와 자연적으로 일치하지 않는다. 제도의 기능적 측면과 상징체계는 서로 불일치할 수 있으며, 그에 따른 모순과 충돌이 발생할 수도 있는 것이다.

한데 이와 더불어 더욱 심각한 문제는 상징체계 자체의 성질에 관한 것인데, 상징체계는 그 자체로 임의적으로 생성되고 존재하는 것이 아니라 부단한 해석과 선택의 결과로써 구축되는 것이다. "모든 수준에서 사회는 개인이 할 수 있는 것 이상으로 극히 다른 의미에서 그것의 상징적 질서를 구성한다. 그러나 이 구성이 '자유로운' 것은 아니다. 또한 그것은 '이미 거기에 있는 것'으로부터 그것의 재료를 가져와야만 한다."(카스토리아디스 1994, 216). 그리고 이렇게 선택·해석된 상징체계는 "사회생활

9) 이에 대해 카스토리아디스는 다음과 같이 말하고 있다. "사회가 특정한 기능이 충족되기를 요구하면서 거기에서 발견된 것을 붙들어서 그것에 그러한 기능을 부여했는지 또는 신, 이성, 역사의 논리가 그것들에 상응하는 사회들과 제도들을 조직해 왔는가, 그것도 지속적으로 조직해왔는가를 문제 삼을 수 있다. 이 모든 경우에 강조점은 하나로 모아지는데, 그것은 기능성이다." (카스토리아디스 1994, 206).

을 '형성'하는 데 기여한다."(카스토리아디스 1994, 221).

카스토리아디스는 그러한 예를 소비에트에서 찾고 있는데, 상징체계와 제도의 관계에 대해 다음과 같이 말한다. "주인-노예, 농노-영주, 프롤레타리아-자본가, 임금 소득자-관료라는 관계는 이미 하나의 제도이고, 그러한 관계들이 제도가 되지 않고서는 사회적 관계로 등장할 수 없다." (카스토리아디스 1994, 222) 다시 말해 모종의 사회적 제도는 그것을 정당화시켜주는 혹은 논리적인 것으로 설정해주는 상징체계 - 소비에트 같은 경우 마르크스주의 - 의 뒷받침이 없이는 사회 속에 안착할 수 없는 것이다.[10)]

이러한 관점에서 바라보면 '유가'와 '사회주의'의 관계는 매우 복잡한 함수가 된다. 우선 현존하는 '정체'로서의 '사회주의'가 '제도'인지 아니면 '상징체계'인지 혹은 둘 다 인지가 문제가 된다. 이와 함께 '정체성'이라는 차원에서 호명된 '유가'의 역할이 단순히 '상징체계'에 머물 것인지 아니면 '정체'라는 제도적 차원으로까지 확장·전용될 수 있는 것인지의 문제 역시 제기될 수 있다. 이와 더불어 만약 '유가'의 역할이 상징체계에 머물지 않고 제도적 차원으로까지 확장된다면, 그것은 '사회주의'라는 '정체'와 어떠한 관계를 맺을 것인지 역시 쉽게 확정할 수 없는 사안이다.

논단에 참여했던 논자 중 '유가'와 '사회주의'의 관계를 최대한 친화적인 것으로 해석하려 했던 이들은 '사회주의'를 현존 '제도'로 전제하고 최대한 그것에 맞추어 '유가'에 '상징체계'로서의 위치를 할당한 것이라고

10) 이러한 소비에트의 사례는 '문화대혁명' 시기 중국에서도 그대로 나타난 적이 있다. '문화대혁명' 기간에 생산된 문건을 보면, '프롤레타리아 독재'라는 정체(政體)를 강조하고 있으며, 그러한 제도는 마르크스-레닌주의라는 역사 그리고 그것에 근간한 중국 공산당의 역사, 즉 당사에 의해 뒷받침되고 있다. 이에 대한 내용은 中國共産黨中央委員會 主辦, 『紅旗』, 1966년 제6기와 제7기에 실린 「高擧毛澤東思想偉大紅旗積極參加社會主義文化大革命」, 「千萬不要忘記階級鬪爭」 등의 내용 참조.

볼 수 있다. 하지만 논의 과정 중 어렴풋하게나마 드러났던 것처럼 양자 사이의 관계를 그렇게 해석하는 방식 자체가 확정적인 것은 아니다.

앞서 리창춘은 "당신이 좌파이면서 동시에 유가라면 당신은 계급 정치가 주도한다고 생각합니까 아니면 덕성 정치가 주도한다고 생각합니까? 나는 결국에는 유가의 입장에 서야 한다고 생각합니다."라고 말했다. 또한 장샤오쥔은 '유가'에 의한 통치가 '문(文)'에 의한 통치라고 주장하면서 그것이 과연 현대 국가의 운영 원리로서 적합한가라는 의문을 제기하기도 했다. 리창춘의 언급 그리고 장샤오쥔의 질문은 '유가'와 '사회주의'가 각각 '제도'적 차원과 '상징체계'의 차원에서 복잡하게 뒤얽히고 있다는 것을 암시하고 있는 것이다.

본 논단에 참여하지는 않았지만, '정치유학'이라는 개념을 제기해 상당한 파장을 일으켰던 장칭(蔣慶)의 관점이 바로 '유가'가 정체성의 상징에서 벗어나 실제적인 권력 운용의 방식, 즉 정치 제도가 되려고 했을 때, '사회주의'라는 정치 제도와 충돌할 가능성이 있음을 가장 선명하게 보여주는 사례다. 장칭은 『정치유학』 등을 통해 현존하는 당-국가 체제와는 완전히 상이한 중국적 정치체제를 수립해야 한다고 주장하고 있다. 그의 주장에 따르면 중국의 '국체(國體)'는 중국의 전통 사상인 유가에 그 뿌리를 두어야 하며 유가에 뿌리를 둔 정치체제는 구체적으로 중국공산당을 영도핵심으로 삼는 당-국가 체제가 아닌 '허군공화제(虛君共和制)'가 되어야 한다(蔣慶 2011, 169-171).

또한 본 논단에 참여했던 야오중치우의 저작 역시 위와 같은 갈등을 예고하고 있다. 앞 장에서 자신의 견해를 본격적으로 언급하지는 않았지만 야오중치우는 꾸준히 '유가헌정론(儒家憲政論)', 즉 유가를 헌정 체제의 사상적 자원으로 삼아야 한다는 주장을 개진해 오고 있다. 자신의 주장을 전개하는 방식에 있어 야오중치우는 과거 중국의 사상가들 중 장쥔마이(張君勱)의 사상에 특히 주목하고 있는데, 그 이유는 장쥔마이가 '헌정'

을 통해 중국의 국체를 구성해야 한다는 주장을 강력하게 제시했기 때문이다. 이러한 관점에 따라 야오중치우는 『嵌入文明』이라는 저서에서 '5·4'시대를 이끌었던 '자유주의' 및 '계몽주의' 사조의 극단성을 비판적으로 고찰하면서 '입헌주의'의 필요성을 제기하고 있다.

> 계몽철학의 이성 중심주의(唯理主義)는 반이성적이며, 그것의 정신에 대한 사고는 기실 반영혼적이고, 물질주의적인 것이다. 그것의 정치에 관한 사고 역시 비정치적, 반정치적인 것이다. 후스와 그 계몽주의적 자유주의 동료들은 진정한 정치를 인식하지 못했고 효과적인 입국의 진로와 전략을 제시하는 데에도 어려움을 겪었다. 더욱 난처한 것은 계몽적 지식인의 이러한 비정치적 정치관이 이데올로기화된 혁명 시대를 열어젖혔다는 점이다. 이로써 현대 국가를 구성하기 위한 중국의 진로에 근본적인 변화가 일어났다(秋風 2014, 50).

이러한 판단하에서 야오중치우는 중국이 극단적인 무정부적 상태를 추구하는 자유주의가 아닌 질서를 추구하는 자유주의를 중심축으로 삼아야 하며, 중국 현대사의 여러 인물 중에서 장쥔마이야말로 자유주의와 질서를 적절하게 결합한 입헌주의의 가능성과 필요성을 가장 잘 보여주었던 인물이었다고 평가하고 있다(秋風 2014). 또한 별도의 저작에서 야오중치우는 '입헌', 즉 '헌법을 세우는 작업'에 있어 중국의 유가 사상을 주요한 사상자원으로 활용해야 한다고 주장하면서 '유가 헌정론'의 사상 원리를 좀 더 상세하게 밝히고 있다(秋風 2017).

장칭과 야오중치우의 주장은 결국 앞서 카스토리아디스가 언급한 제도의 상징적 차원의 문제를 상기시킨다. 카스토리아디스가 언급했듯 모종의 사상 체계는 제도화되며 그렇게 생성된 제도는 역으로 자신을 만들어낸 인식론적 뿌리를 끊임없이 소환한다. 사회주의 제도가 마르크스주의의 이론적 얼개와 역사관을 부단히 소환했던 것처럼 말이다. 이러한 시각을 유가와 사회주의의 관계에 적용해 보면, 만약 유가가 제도의 차원으로 전환·승격되면 사회주의 혹은 좀 더 구체적으로는 중국공산당의 역사와는 다른 차원의 역사를 소환할 수 있다. 장칭과 야오중치우의 이론적 구상은 바로 그러한 징후가 단순한 기우가 아님을 보여준다.

앞서 살펴봤던 것처럼 장칭은 중국적 정통성의 근원을 유가에서 찾고 있고 심지어 공자의 후손을 '허군'으로 삼아야 한다고 주장했다. 또한 야오중치우는 중국 현대사의 극단주의를 맹렬하게 비판하면서 '헌정'을 내세우고 있는바, 그가 내세우고 있는 '헌정'의 핵심은 중국공산당과 마오쩌둥이 아니다. 이러한 이론적 동향은 '유가'와 '사회주의'사이에 심각한 갈등을 일으킬 가능성이 존재하고 있음을 보여준다. 요컨대 '유가'라는 '정체성(正體性)'과 '사회주의'라는 '정체(政體)'가 원만한 관계를 유지하기 위해서는 또 다른 이론적 투쟁이 발생할 가능성도 존재하고 있는 것이다.

Ⅳ. 나가며

'문화대혁명'이 종결된 이후 냉전의 해체와 함께 '사회주의'라는 이데올로기가 중국 사회를 규정하는 기축 이데올로기로서의 지위를 상실하고 '민족주의'가 그 위치를 대신하게 되었다는 것은 이미 상식이다(Shen 2007, 1). 2000년대 이후 본격적으로 그 모습을 드러내고 있는 '대륙 신유가'는 바로 그러한 변화를 가장 잘 반영하고 있는 사상 흐름이라고 할 수 있을 것이다.

하지만 위에서 살펴보았던 것처럼 '유가'와 '사회주의'의 관계가 어떻게 설정될 것인가는 매우 심각하면서도 복잡한 문제다. 앞선 논단에 참여했던 논자들은 '유가'와 '사회주의'의 관계를 되도록 우호적이면서도 친화적인 것으로 해석하려고 노력했다. '유가'와 '사회주의'가 '자본주의'에 대항하여 공동 전선을 구축할 수 있으며 중국 사회의 여러 문제를 포착하고 해결하는 데 있어 협력할 수 있다는 것이 그들 주장의 요체였던 셈이다. 물론 이들의 관점이 바람대로 실현될 수도 있다. '유가'와 '사회주의'가 기존의 정치적 안정성을 유지해야 한다는 대전제 아래에서 서로 친화적인 관계를 유지할 수도 있는 것이다.

그러나 앞서 살펴보았던 것처럼 그러한 친화적인 관계는 특히 '유가'가 자신의 역할을 어느 정도로 '한정'할 수 있을 것인가에 달려 있다. '문화대혁명'과 '냉전'의 해체 이후 '사회주의'는 그 내핵을 상실한 채 그저 수사적인 차원에서 동원되고 있을 뿐이라는 주장도 있다.[11] 만약 이러한 주장이 사실이라면 '사회주의'와 '유가'가 친화적인 관계를 유지할 수 있을 것인가의 문제는 결국 '유가'에 의해 결정된다. 다시 말해 장칭 등의 주장이 징후적으로 보여주었던 것처럼 만약 '유가'가 '사회주의'에 대한 보충적인 역할을 벗어나 정체(政體) 및 그것의 정당성을 문제 삼게 된다면 그것은 곧 중국공산당을 중심축으로 삼는 정체 자체의 정당성 위기(legitimacy crisis)로 확산될 수도 있기 때문이다.

'유가'와 '사회주의'의 관계는 앞으로도 중국의 문화 정치적 상황을 결정짓는 핵심적인 변수로 작동할 가능성이 있다. '유가' 자체의 성질 변화와 함께 그것이 '사회주의'와 어떤 관계를 맺어가고 있는지에 대한 꾸준한 연구가 필요한 시점이다.

---

11) 데이비드 샴보는 China's *Communist Party -Atrophy and Adaptation*이라는 저서에서 '문화대혁명' 이후 중국공산당은 꾸준히 탈이데올로기화의 길을 걸어 왔으며, 이러한 과정 속에서 사회주의 및 마르크스-레닌주의는 실질적인 기능을 상실한 상태라고 주장한 바 있다. 샴보의 의견에 대해서는 Shambaugh(2008)을 참조.

| 참고문헌 |

푸코. 이정우 옮김. 2020. 『담론의 질서』. 서울: 중원문화

비데. 배세진 옮김. 2021. 『마르크스와 함께 푸코를』. 서울: 생각의 힘.

카스토리아디스 C.. 양운덕 옮김. 1994. 『사회의 상상적 제도 1』. 서울: 문예출판사.

전인갑. 2016. 『현대중국의 제국몽』. 서울: 학고방.

송인재. 2015. 「21세기 중국 '정치유학'의 이념과 쟁점」. 『儒學硏究』. 第33輯.

貝淡寧. 2010. 吳萬衛 譯. 『中國新儒家』. 上海: 上海三聯.

甘陽. 2007. 『通三統』. 北京: 三聯書店.

秋風. 2014. 『嵌入文明』. 南京: 浙江文藝出版社.

姚中秋. 2017. 『道統與憲法秩序』. 北京: 中央編譯出版社.

蔣慶. 2011. 『再論政治儒學』. 上海: 華東師範大學出版社.

甘陽. 2016. 「儒學與社會主義」. 開放時代. 1月.

李長春. 2016. 「儒學與社會主義」. 開放時代. 1月.

呂新雨. 2016. 「儒學與社會主義」. 開放時代. 1月.

羅成. 2016. 「儒學與社會主義」. 開放時代. 1月.

錢塘江. 2016. 「儒學與社會主義」. 開放時代. 1月.

秋風. 2016. 「儒學與社會主義」. 開放時代. 1月.

盧暉臨. 2016. 「儒學與社會主義」. 開放時代. 1月.

張小軍. 2016. 「儒學與社會主義」. 開放時代. 1月.

上海學習與批判雜志編輯部. 1973. 『學習與批判』. 上海: 上海人民出版社. 第1期-第4期.

中國共産黨中央委員會 主辦. 1966. 『紅旗』. 第6期-第7期.

Bell, Daniel A.. 2008. *China's New Confucianism－Politics and Everyday life in a Changing Society*. NewJersey: PrincetonUniversity.

Bell, Daniel. 2010. "Reconciling Socialism Confucianism?: Reviving Tradition in China," *Dissent*. Volume 57. No.1. Winer.

Shambaugh, David. 2008. *China's Communist Party－Atrophy and Adaptation.*

Washington D.C.: Woodrow Wilson Center Press.

Gries, Peter Hays. 2004. *China's New Nationalism.* University of California Press.

Metzger, Thomas. 2006. *A Cloud Across the Pacific: Essays on the Clash Between Chinese and Western Political Theories.* HK: Chinese University Press.

Shen, Simon. 2007. *Redefining Nationalism in Modern China.* Palgrave Macmillan.

http://www.xinhuanet.com//world/2015-10/23/c_128347954.htm(검색일: 2022.07.04.)

중국 SF소설의 과학기술과 문학적 상상

박남용

Ⅰ. 들어가는 말

2021년 11월 12일 한국의 언론보도에 따르면, 최근 중국은 공산당 19기 제6차 중앙위원회 전체회의(6중전회)를 개최하여 40년 만에 새 역사 문제를 결의했다. 그 주요 내용은 시진핑 주석의 총서기 연임을 위한 정치적 기반을 확보하는 한편, 마오쩌둥과 덩샤오핑에 이어 중국의 핵심 지도자의 반열에 오르며 '시진핑 사상'을 중화 문화와 중국 정신의 정수라고 평가하는 것이었다. 그중에서도 "중국 공산당이 왜 성공할 수 있었나, 어떻게 계속 성공할 것인가"하는 문제를 새로운 과제로 바라보며 덩샤오핑의 '선부론(先富論)'에서 모두가 함께 부자가 되자는 '공동부유(共同富裕)'로 대체하고자 주장한다. 이렇게 중국은 공산당 100년 역사상 세 번째 결의를 통하여 대외적으로 국력을 과시하고 대내적으로 인민을 통합시키며 미래 중국에 대한 중국몽(中國夢)을 실현시키고자 한다.

중국 공산당의 이런 노선을 볼 때 사회주의 중국 현실 속에서 문학과

---

* 이 글은 2022년 4월 『중국인문과학』 제 80집에 게재한 논문을 국민대학교 중국인문사회연구소 HK사업단 기획총서에 맞게 수정 보완한 것이다

** 한국외국어대학교 미네르바 교양대학 조교수.

예술 각 측면도 그 영향을 받지 않을 수 없다. 중국의 과학소설(SF소설)이나 공상과학영화(SF영화)도 바로 이러한 중국의 꿈을 실현하기 위한 새로운 문학예술의 창작 성과라고 할 수 있다. 중국의 SF소설이나 SF영화는 지구공동운명체라는 이름 아래 중국이 주도하는 우주 프로젝트에 대한 거대한 꿈에 대한 선전 기능도 함께 지니고 있다. 과거의 미국을 대체하고자 하는 중국의 대국굴기와 우주 프로젝트 속에서 우리는 중화민족주의적 패권주의 모습이나 지나친 애국주의의 발로를 비판적으로 바라보아야 할 것 같다. 그럼에도 여전히 중국에서는 새로운 내용의 과학소설들이 계속해서 출현하며 과학기술 지식과 문학적 상상을 결합하여 기존에 볼 수 없었던 새로운 장르문학의 위상을 더욱 넓혀 나가고 있다.

중국당대소설사에서 2000년대 이후 가장 주목할 만한 성과로는 과학소설이라고 할 수 있다. '과학소설'이란 용어는 영어의 'Science Fiction'을 우리말로 옮긴 것으로, "1923년 휴고 건스백(Hugo Gernsback, 1884-1967)이 『과학과 발명』지 전부를 과학소설 특집호로 꾸미면서, 과학소설의 개념을 '과학적 사실과 예언적 비전이 뒤섞인 멋진 로맨스'로 설정하고 있다."(대중문학연구회 편 2000, 5) 주에르바움(Suerbaum)은 "과학소설이란 장르는 현재의 상황에서는 있을 수 없는, 따라서 믿을 수 없는 상태나 줄거리가 묘사되는, 가상적으로 만들어진 이야기 전체를 말한다"고 정의하였다(대중문학연구회 편 2000, 25-26). 이처럼 과학소설은 "과학적으로 입증된 사실로서의 과학적 지식의 활용이 아니라 과학에 의탁하여 문학적 상상력을 발휘한 것"(대중문학연구회 편 2000, 6)이라는 의미를 가지고 있다. 그래서 우리 주변에서 이야기되는 많은 과학적 상상을 거쳐 문학적으로 재구성한 소설이라고 볼 수 있다. 따라서 이러한 과학소설은 "20세기와 21세기 사회의 핵심적인 사회적 정치적 움직임들과 관계가 있으며 미래 사회의 방향에 진지한 고찰을 유도하기 때문"에 주요 장르로 부각되어 각종 현대 매체들과 결합하여 새로운 문화콘텐츠를 구성하고 있다(장정희 2014, 13-14).

오늘날 중국 사회에서는 이전의 중국 소설에서 볼 수 없는 최신 과학기술 이론들과 문학적 상상을 결합한 과학소설들이 새롭게 등장하고 있다. 중국의 과학소설은 1900년대 초의 근대 사회로의 전환 속에 새롭게 흥기하여 발전하는 모습을 보여주고 있다. 최근에는 이런 과학소설들이 영화화됨으로써 문학과 영화의 새로운 결합 양상을 찾아볼 수 있다. 2019년 중국의 궈판(郭帆) 감독에 의해 『유랑지구(流浪地球)』(The Wandering Earth)가 개봉되어 엄청난 인기와 더불어 큰 성공을 거두었다. 이러한 성공의 배경에는 '중국의 꿈'을 실현하고자 하는 중국의 중화민족주의와 애국주의가 한 몫 했음은 말할 것도 없다. 그리하여 달과 우주 탐사로 향하고 있는 중국의 '대국굴기', '우주굴기' 현상을 다시금 실감하지 않을 수 없다. 그래서 이 영화의 국내 DVD판에는 '거침 없는 스토리, 황홀한 비주얼, 독보적인 상상력'이 발휘되어 목성과 충돌하기 직전의 37시간을 아주 스펙터클하게 묘사하며 인류 생존의 마지막 프로젝트로 '지구를 옮겨라' 라고 말하고 있다.

이런 SF영화의 성공 이면에는 중국의 과학소설 분야에서 최고의 인기를 누리고 있는 류츠신(劉慈欣)의 소설 창작과 깊은 연관이 있다. 즉, 2015년 SF문학상인 휴고상을 수상한 소설 『삼체(三體)』와 더불어 이 『유랑지구』도 크게 주목할 만하다. 류츠신 과학소설의 엄청난 인기와 독해 현상은 중국 당대 대중문학의 새로운 면을 선보임과 동시에, 중국 당대 과학소설의 서사와 상상력을 무한히 확장시켰다. 또한 류츠신 이래 중국에서 가장 주목받는 젊은 SF소설 작가인 하오징팡(郝景芳)이 2016년에 「베이징 접기(北京折疊: 번역본에서는 '접는 도시'로 되어 있음)」로 다시 휴고상을 수상하며 엄청난 인기를 얻고 있다. 그리하여 국내 출판계에서도 최근 중국 SF소설 번역이 대세를 이루고 있을 정도로 많은 번역들이 나오고 있는데 김택규의 왕웨이롄(王威廉) 등의 과학소설을 번역한 『포스트라이프(後生命)』도 대표적인 경우라고 할 수 있다.

이렇게 최근 류츠신을 비롯한 몇몇 과학소설 작가들의 문학과 영화에 대한 중국과 한국의 연구는 매우 다양화되고 있다. 중국에서는 SF소설 개념에 대한 연구부터 류츠신의 소설과 영화에 대한 전반적인 연구와 더불어 해외의 번역과 영향 등을 비교 연구하고 있다. 한국에서도 2013년 이후 류츠신의 『삼체』(2013-2019)가 3권으로 나누어 '자음과모음' 출판사에서 번역되었으며 류츠신의 SF유니버스 소설 5권도 '자음과모음' 출판사에서 번역되었다. 이러한 류츠신 과학소설에 대한 번역과 함께 그의 작품 연구도 진행되었다. 현재 국내에는 류츠신 『삼체』에 대한 박민호와 박정훈의 연구와 류츠신 『시골선생님』에 대한 서유진의 연구가 있고, 류츠신의 원작소설을 영화화한 영화 『유랑지구』와 관련한 김진공, 김남희, 김정수 등의 연구가 진행되었다. 그리고 하오징팡에 대한 연구로는 권혜진과 김봉연의 연구가 있다. 그 외 왕웨이롄의 작품에 대한 심예진의 석사학위논문도 있다.

이러한 국내외의 기존 연구를 바탕으로 본고에서는 먼저 20세기 중국의 과학소설의 기원과 발전 맥락을 간단히 살펴보고 작품에 대한 분석을 시도해 보고자 한다. 류츠신의 소설에서 태양계와 지구의 위기, 그리고 인류공동체의 생존과 미래 문제를 검토하며, 하오징팡 소설에서는 제3공간에서 살아가는 쓰레기 노동자가 다른 공간으로의 이동을 통해 보여주는 중국의 모순된 사회상황과 시대현실을 반영해 주고 있는 작품세계를 알아본다. 그리고 왕웨이롄의 소설에서는 의식 칩을 개발하며 나노머신, 클론, 사이보그, 블랙홀을 향한 인간의 영생과 불멸을 꿈꾸는 유토피아적 세계를 지향하는 새로운 과학적 상상과 포스트휴먼의 문제를 검토해 보기로 한다. 이러한 과학소설들을 검토하며 오늘날 당대 중국 사회에서 그것이 어떤 의미를 지니는지 살펴보기로 한다.

Ⅱ. 중국 SF소설의 기원과 발전 과정

서구 사회에서 근대적 의미의 SF소설이라고 하면 1818년에 출판된 메리 셸리의 『프랑켄슈타인(Frankenstein)』이라는 소설일 것이다. 하지만 중국에서 이와 같은 근대적 의미의 과학소설이 등장한 것은 사실상 두 차례이다. 한 차례는, 1900년 초기 중국 근대전환기 때 신중국에 대한 미래 구상과 더불어 입헌군주제를 지향하는 가운데 달과 해저에 대한 쥘 베른의 과학소설의 번역과 창작, 새로운 신기원을 예언하는 작품의 창작들이 있었다. 그리고 다른 한 차례는 2000년을 전후하여 '중국의 꿈'을 실현하기 위해 강한 대국으로의 굴기, 또는 우주 강국으로서의 굴기를 꿈꾸는 시기라고 말할 수 있다.

중국의 SF소설이 지니는 과학기술과 문학적 상상을 겸하고 있는 것은 고대 신화와 전설에서 과학소설의 원형과 그 영향을 찾을 수 있다. 달로 달아난 항아의 이야기나 곤륜산에서 불로장생약을 구해오는 이야기, 그리고 『산해경』 속의 신선술 추구와 신화적 환상 같은 기이한 짐승이나 동식물, 천리안, 순풍이(順風耳), 나무새의 제작 등이 그러한 예일 것이다. 이러한 신화 전설로부터 중국에서는 화약, 나침반, 인쇄술 등 고대 과학기술이 발전하며 신선술과 외과 수술로 상징되는 의학 기술의 발전이 이루어졌다. 그 후, 위진남북조 시기의 지괴와 지인소설, 당대의 전기소설, 송대의 화본소설, 명청대의 소설 특히 『요재지이』 등 귀신 세계의 환상적 결합이나 불로장생을 꿈꾸는 선약(仙藥)을 제조하는 도가적 이야기나 서역으로 불경을 구하러 가는 서유기와 같은 공상과학 소설들이 나타났다고 할 수 있다. 하지만 더 직접적인 과학소설의 출현이라면 근대의 량치차오(梁啓超)와 루쉰(魯迅)의 등장부터라고 할 수 있다.

량치차오는 근대 계몽적 지식인의 대표자로 소설과 시, 산문 등 문학을 통하여 정치를 혁신하며 국민을 계몽하고자 하는 문학혁명을 추구하였다.

하지만 그 자신이 직접 잡지를 창간하고 소설을 창작하고 외국문학 작품들을 직접 번역하여 소개하였다. 프랑스의 쥘 베른(Jules Verne: 1828-1905)의 『15소년 표류기(十五小豪杰)』를 1901년에 직접 번역하였는데 쉐사오훼이(薛紹微)가 1900년에 번역한 『80일 간의 세계일주(八十天環游地球)』, 그리고 루쉰이 1903년 번역한 『지구에서 달까지(大炮俱樂部)』와 더불어 최초의 현대적 과학소설로 간주하기도 한다(고장원 2017, 43).[1] 서구 사회에서 메리 셸리가 『프랑켄슈타인』을 1818년에 출판한 것에 비할 수 있는 바, 현대적인 과학소설의 의미에 대해 다양한 측면에서 생각해볼 수 있다.

량치차오는 1902년에 『신중국미래기(新中國未來記)』이라는 과학장편을 발표하였는데, 미래의 중국 사회를 무대로 한 과학소설이다. 이 책을 번역한 이종민은 발간사에서 "중국 근현대사상이 던진 삶의 근본문제와 대안세계의 의미를 이해하고, 나아가 우리 시대가 만들어가야 할 문명사회를 상상하는 유익한 사상자원이 되기를 바란다"(량치차오 2003, 7)[2]고 서술하고 있다. 량치차오의 말에 따르면 그가 『신소설』 잡지를 창간한 것도 이 소설에서 연유했으며, 중국의 앞날에 커다란 도움이 되기를 희망하고 있음을 서언에서 밝히고 있다. 하지만 미국의 하버드대학 교수 왕더웨이(王德威)는 만청시기 과학소설 신론을 쓰면서 홍루몽의 가보옥이 잠수정을 타고 해저 탐사를 떠나는 이야기를 제목으로 삼고 있다. 량치차오의

1) 참고로 郭延禮는 "현재까지 파악된 자료에 의하면 중국에서 가장 최초로 번역된 과학소설은 쥘 베른의 『80일간의 세계일주』이다. 이 작품을 번역한 사람은 중국 福建의 女流詩人인 薛紹徽이다"라고 하였고, "중국의 근대번역문학사상 가장 최초로 번역된 과학소설"이라고 하였다(郭延禮 2003, 307-308).

2) 이종민은 이 소설을 "미래 신중국에 대한 구상과 만청시기 중국 현실에 대한 고뇌가 잘 표출된 미완의 정치소설"이라고 명명하고 있다. (량치차오, 이종민 옮김 2003, 179). 하지만 미래의 중국 사회를 상상하며 새롭게 구성하고자 하는 근대적 기획임을 감안하면 일종의 미래 과학소설로도 읽을 수 있으리라고 여겨진다.

이 소설을 입헌유신 이념을 중시하는 정치소설로 간주하는 것에서 "과학소설의 관점에서 이 작품을 보자면 만청시기의 작가가 시간의 전쟁터에서 취한 각종 행위를 볼 수 있다"고 서술하고 있다. 물론 그 역시 량치차오가 구상하는 "신중국의 미래가 '도대체' 어떤 것인지, 신중국이 '어떻게' 그러한 미래에 도달할 수 있는지"에 대한 상상력의 부족으로 5회로 그치고 말았다고 그 원인을 찾고 있다(대중문학연구회 편 2000, 228).

이에 비해, 루쉰은 1903-1904년 일본 유학 중에 쥘 베른의 『달 세계 여행』와 『지구에서 달까지』를 직접 번역하였고 『타임머신』과 『투명인간』을 쓴 영국의 과학소설 작가 허버트 조지 웰스(H.G.Wells: 1866-1946)를 중국의 정기간행물에 소개하며 과학소설에 대한 평론도 직접 쓰고 있다. 그는 '베른 식의 과학소설들을 과학장편(科學長篇)'이라고 부르며 "중국인들이 앞으로 나아가도록 문학에서는 과학장편이 선두에 서야 한다"고 하였다(고장원 2017, 41-44). 루쉰이 이러한 과학소설들을 번역(루쉰은 번역이라 말하지 않고 '편역' 또는 '개작'이라고 부름)하게 된 이유는 그가 "젊었을 때에 자연과학을 좋아했던 것과 관계가 있다"고 할 수 있으며, 과학을 배우며 "대중을 계도하고 과학을 제창하려는 목적이 있었다"고 할 수 있다(郭延禮 2003, 317-318). 루쉰은 1907년 1월에 『과학사교편(科學史教篇)』이란 글을 지어 인류 문화의 역사적 사실이 교시하고 있는 오늘날의 문명을 바라보며 과학의 진보 역사를 서술하였다. 그는 "과학이란 지식을 가지고 자연현상의 심오하고 미세한 것을 두루 탐구하는 것"이라고 했으며, 그리스 시대부터 17세기 중엽과 오늘에 이르기까지, 과학의 역사적 발달 과정을 살펴보고 있다(루쉰전집번역위원회 옮김 2010, 53-72).

량치차오와 루쉰 이래로 주목할 만한 작가는 라오서(老舍)로, 그가 창작한 『고양이 성 이야기(猫城記)』(1932)가 대표적인 과학소설로 분류된다. 이 작품은 화성 착륙과 동시에 부서진 우주선의 유일한 생존자인 주인공은 얼굴이 고양이처럼 생긴 화성인을 따라 그네들의 도시에서 살게 되는데, 외계인 사회에 대한 묘사를 통해 중국 사회의 부조리를 비판하고 있다(고장원 2017, 50).

중국현대문학에서는 SF 과학소설 명칭을 '科幻小說'이라고 부르고 있는데 과학기술과 문학적 환상이나 상상의 요소가 결합되어 있기 때문이다. 이른바 신화를 한 민족의 정체성을 이해할 수 있는 허구적 상상의 산물이라고 하는 것처럼 과학소설은 과학과 문학적 환상이나 허구적 상상, 즉 문학적 상상력과 결합된 산물이라고 할 수 있다. 1949년 이후 중국 당대문학에서 과학소설은 두 가지 원칙을 따라야 했다. 즉, 첫째 과학소설은 과학기술적 발전을 이룰 수 있게 과학적인 정신이 활발하게 상상을 발휘하는 과정을 기술해야 한다. 둘째 과학소설은 공산당의 미래와 계급투쟁으로부터 해방을 그려야 하며 인류와 자연 간의 화해를 중재해야 한다(고장원 2017, 53-54). 이러한 과학소설의 창작 원칙에 따라 정원광(鄭文光)은 『지구에서 화성으로(從地球到火星)』(1954), 『화성건설자(火星建設者)』(1957) 등을 창작하였다. 이러한 소설의 창작 속에 1960년 『과학화보』와 같은 과학잡지가 창간되어 과학소설들이 실리게 되었다.

중국의 과학소설은 1980년대 덩샤오핑 시대에 이르러 전국과학대회를 개최하며 인류의 평화와 지구 밖으로 향하는 우주선 이야기나 소행성과 지구 충돌의 이야기가 창작되었다. 당대 과학소설 작가는 정원광, 통언정(童恩正) 등이 작품을 발표하였다. 특히 통언정의 『산호섬 위의 살인광선(珊瑚島上的死光)』(1978)은 과학과학이 최초로 영화화 되어 본격적인 SF영화의 출발을 알렸다. 1991년 중국 청두(成都)에서 세계과학소설협회의 국제학술대회가 개최되었고, 1997년 베이징, 2007년 세계SF대회가 개최되며 중국의 과학소설은 비약적인 발전을 거두었다. 21세기를 전후하여 류츠신과 같은 하드SF작가가 등장하며 그를 이어 허시(何夕), 천추판(陳

楸帆), 하오징팡…등 많은 작가가 출현하였다. 그후 류츠신과 하오징팡이 수준 높은 SF소설을 창작하여 SF계의 노벨문학상이라고 불리는 휴고상을 수상하며 과학소설의 흥성을 가져왔다.

Ⅲ. 류츠신 SF소설과 영화의 지구 위기와 인류공동체

류츠신(劉慈欣)[3)]의 소설 『유랑지구(流浪地球)』(2000)를 영화화한 『유랑지구』(2019)는 중국적 하드SF영화의 새로운 원년을 이루었다고 할 정도로 SF영화로서 큰 주목을 받았다. 중국 영화라면 보통 무협 영화, 르와르 영화, 문화대혁명 관련 영화 등을 생각해 볼 수 있다. 최근에는 중국 하세편(賀歲片) 대작 영화들이 매년 연말연시 또는 명절에 엄청난 관객들을 끌어모으며 새로운 영화 시장을 주도하고 있다. 하지만 이런 중국의 대작 영화들 속에서 나타나는 지나친 중화 민족주의나 애국주의적 요소들로 인해 한국을 비롯한 외국인들이 이런 영화에 대한 평가는 매우 부정적이

3) 중국을 대표하는 과학소설가. 중국작가협회 회원, 산시(山西)성 작가협회 부주석. 1963년 베이징에서 광산 엔지니어인 아버지와 교사인 어머니 사이에서 태어났고, 1985년 화베이 수리수력원 수리공정학과를 졸업하고 산시 냥쯔관 발전소에서 컴퓨터 엔지니어 근무하였다. 20대 초반 마작으로 800위안을 잃고 "계속 이렇게 살 수는 없다. 저녁에 돈을 벌진 못할지언정 잃지는 말아야 하는 것 아닌가" 반성하며 소설을 쓰기 시작했다. 1999년 「고래의 노래(鯨歌)」로 데뷔했고, 같은 해 『그녀의 눈과 함께(帶上她的眼睛)』로 SF은하상을, 2000년 중편소설 『유랑지구(流浪地球)』로 SF은하상 대상을 수상하였다. 2010년 자오수리(趙樹理)문학상을 수상하고, 2015년 『삼체(三體)』(2006년부터 쓰기 시작하여 2010년 제3부 死神永生을 출판함)로 휴고상을 수상하였다. 중국 포털사이트 바이두(baidu)의 작가 소개를 비롯해 국내 번역본 『삼체-1부 삼체문제』의 작가 소개를 참고함.

다. 그럼에도 중국 영화는 계속해서 그들 나름의 독자적인 제작 기술과 미학성을 가미한 영화들을 제작하며 오늘날의 중국몽을 실현해 나가며 강대국 위상에 부합하는 사회주의 영화들을 만들고 있다. 이러한 중국 영화의 흐름 속에서 휴고상을 수상한 류츠신의 문학작품을 영화화하여 중국 SF영화의 신기원을 이루었다고 높이 평가받고 있는 『유랑지구』를 통해 오늘날의 중국 사회의 모습을 찾아볼 수 있다.

이 영화는 과학소설을 영화화한 것이기 때문에 수많은 과학기술 지식을 동원해 지구가 목성과 충돌하기 직전에 인류의 미래와 운명을 구해내는 영화이다. 소설 속에서 2075년 태양계의 소멸이 다가오자 전 세계 연합정부는 지구를 다른 공간으로 옮기려는 범우주적 인류이민계획을 세우게 된다. 지구 밖에 우주정거장을 건설하고 지구 엔진을 만들어 지구를 옮기다가 목성과의 충돌 직전 37시간에 인류의 피나는 사투 끝에 충돌을 피하게 된다는 줄거리다. 이러한 대략적인 줄거리 속에서 지구는 얼음으로 둘러싸인 영하 70도, 지상에서는 특수한 방호복을 입지 않고는 살 수 없어 지하도시를 건설하고 지구 각 곳에 대규모 엔진을 가동하여 지구를 움직인다. 미국의 많은 SF영화에서 본 듯한 느낌도 (대표적으로 『인터스텔라』 등) 있지만, 지구의 종말과 인류의 생존을 위해 지구 전체를 이동시킨다는 내용 설정은 그 나름의 많은 공을 들여 만든 또 하나의 독특한 SF영화가 되었다고 할 수 있다.

이 영화 앞부분에서는 무엇보다 지구의 환경 위기에 대한 현실을 고발하고 있다. 지금까지 아무도 크게 주목하지 않던 화산폭발, 산불, 해수면 상승과 가뭄, 생물종 멸종, 흉년, 사라지는 도시 등 엄청난 재난이 초래된다. 그리고 태양이 급격히 노화되며 지구를 삼키고 300년 후에는 태양계가 멸망시키는 위기 속에서 인류를 단결하여 연합정부를 구성한다. 인류 생존을 위해 지구를 태양계로부터 분리하는 계획을 세워 4.2광년 떨어진 새 낙원으로 2500년 동안 인류를 이주시키는 프로젝트, 곧 ‘유랑지구 프로젝트'를 추진하게 된다. 그리하여 인류는 지구를 추진시키는 1만개의 행성 엔진을 달고 그 밑에 지하도시를 건설해 지상과 지하 두 세계를 넘나들며 지구를 서서히 움직인다. 그와 더불어 30년에 걸쳐 우주정거장을 건설하여 지구와의 100,000km 거리에서 지구와 통신하며 조기 경보 및 위치 서비스 활동을 담당한다. 하지만 지구 지상의 온도는 영하 70도, 지하도시로 갈 수 있는 인원은 매우 제한적이었기에 국제우주비행사인 류페이창(劉培强: 배우 吳京) 중령은 그의 아들과 외할아버지를 지하도시로 보내고 자신은 우주정거장 비행사로 떠나간다. 이러한 영화의 설정은 지구의 위기와 태양계의 종말 속에 인류 생존의 위기를 그리고 있다는 점에서 과학소설의 내용을 그대로 답습하고 있다. 아울러 이러한 유랑지구 프로젝트를 추진하는 주인공들의 지구에서의 위기와 우주정거장에서의 통신과 위기 등이 중첩되며 목성 충돌 직전에 지구를 구해낸다. 영화는 원작과 다르게 각색된 곳들이 있는데, 이에 대해 김정수는 "소설에서는 태양의 폭발이 거짓말이었다는 루머가 퍼지면서 연합정부에 대한 전세계적 반란이 일어나며, 영화에서는 목성 궤도를 지날 때 목성 인력에 끌려 목성과 충돌할 위기에 처한다"라며 시작과 결말, 지구파와 우주선파의 대립 등 여러 장면들을 지적하였다(김정수 2019, 212). 태양이 죽어 폭발하고 지구가 유랑을 떠나는 이러한 공상과학 소설과 영화를 통해 중국의 과학소설의 새로운 발전과 더불어 류츠신 과학소설의 창작을 새롭게 조명하였다.

영화 속에서 시종일관 보여주는 스펙터클한 장면들은 관객으로 하여금 시선을 돌릴 수 없게 만들며 목성 충돌 직전 지구 내에 있는 주인공 아들 류치(劉啓: 배우 屈楚蕭)와 여동생 한뒤뒤(韓朵朵: 배우 趙今麥妹), 외할아버지 한쯔앙(韓子昂: 배우 吳孟達), 지구 엔진 구조대원들과 지구 밖의 우주정거장에서 20년간 떠돌며 인류 생존과 이동프로젝트를 책임지고 있는 우주비행사 아버지 류페이창의 끈끈한 가족애에 바탕을 두고 마지막에는 아버지와 그의 동료의 희생으로 지구 충돌의 위기를 극복하게 된다. 하지만 주인공 아버지의 희생은 다시 아들로 이어져 아들이 대신 우주비행사가 되어 우주 탐사를 떠나는 것으로 끝나게 된다. 이러한 영화 속의 결말로 볼 때 아버지의 대를 이어 아들이 계속 진행해 나가는 우공이산의 정신을 드러내며 영화는 광활한 우주와 지구, 인류의 미래를 비추고 있다.

이러한 작가의 과학적 상상력은 과학주의라고 할 만큼 과학기술에 대한 맹신을 넘어 지구와 외계, 인류의 위기와 지구공동체의 미래 등에 대한 하나의 철학적 사고를 보여준다. 심지어는 서유진의 지적처럼 "류츠신의 과학주의는 과학을 지고지상의 목표로 삼아야 한다는 주장에 면죄부를 주는 듯하다. 게다가, 과학기술을 사용해 인간을 통제할 수 있다는 주장은 다름 아닌 과학이 불러올 재앙적 사태를 예견할 가능성이 농후하다. 류츠신이 과학소설에서 보여주는 딜레마는 과학문명이 인류사회의 도덕성을 회복하고 심지어 정신을 개조할 수 있는가와 관련되어 있다"고 말하고 있다(서유진 2017, 82). 그리하여 류츠신의 과학소설에서 주목할 문제는 인간에 대한 끊임없는 신뢰와 믿음 속에 다양한 과학기술을 바탕으로 자신의 상상력을 펼쳐 보이고 있다는 점이다. 그리하여 그의 과학소설은 공상과학적 미래 세계를 보여주고 있음에도 현실주의적 세계관이 그 밑바탕에 깔려 있음을 볼 수 있다. 특히 우주로 나아가고자 하는 중국의 우주 굴기, 우주 프로젝트의 이면에서 중국몽을 실현하며 강대국 중국의 국제적 위상에 대한 야심찬 계획이 추진되고 있다는 점이다. 중국이 최근 우주 탐사를 위해 각종 우주선을 쏘아 올리며 달 탐사를 본격화하고 있는데 그러한 우주 굴기의 모습은 미국이 주도하는 우주 탐사에서 중국 주도로 바꾸고자 하는 숨은 의도가 숨어 있다. 인류의 지구공동체를 중국이 주도하며 인류가 당면한 생존의 위기 앞에서 한국, 미국 등 다수의 참여가 공동으로 이 위기를 극복해 나가게 된다. 하지만 영화 속에서 중국을 제외한 다른 나라는 부차적인 국가로 존재할 뿐이며 '지구공동체'로서의 역할에도 한계가 있다.

류츠신의 SF소설에서 가장 유명한 작품 『삼체(三體)』는 이 분야의 노벨문학상이라고 하는 휴고상을 2015년에 수상한 작품이다. 이 소설을 창작하며 류츠신은 작가의 말에서 "우주에는 공동의 도덕 준칙이 있을까. 이것은 작게는 과학소설 팬들이 흥미를 갖는 문제고, 크게는 인류 문명의 생사와 존망에 관한 것이다"라고 말하고 있다. 또한 우주의 대문명을 생각하며 그 속에서도 인간의 본성 문제를 생각하며 "우주 범위의 도덕 문제에 대답하려면 과학을 통한 이성적 사고로만 사람들을 설득할 수 있다"고 말했다(류츠신 2013, 444-445). 그는 이 소설에서 과학소설이 갖추어야 하는 과학기술을 섬세하게 묘사하면서 환상문학과는 다른 차원의 우주 삼체 문명을 빌어 지구의 위기와 인류공동체의 미래를 부각시키고 있다. 이러한 류츠신의 이 소설을 영어로 번역한 켄 리우(KEN LIU)는 "가상현실 게임, 천체 물리학, 문화대혁명, 그리고 외계인에 관한 멋진 소설, 이 걸작을 번역하게 되어 영광이다"라고 말했다(류츠신 2013, 책표지). 역자 후기에서, 2014년 『삼체』를 번역할 때 믿을 수 없을 정도로 영광스러웠고 두려움도 있었고 무거운 책임감도 지니고 있었다"고 말하며 "한 언어, 문화, 독서 공동체에서 다른 언어, 문화, 독서 공동체로 옮겨가는 과정에서 원문의 일부 측면이 상실될 수밖에 없다. 하지만 번역이 잘 되면 얻는 것도 있는데, 그중에서도 두 독자층을 이어주는 가교 역할을 하는 것도 적지 않은 성과이다. 저는 제 동료 미국인 독자들이 이 소설을 즐겼으면 희망합니다"라고 말했다(Cixin Liu 2014, 397-399).

류츠신의 『삼체』는 외계의 삼체 문명에 의해 지구가 멸망하는 위기에 직면했을 때 인간들은 어떻게 문제를 해결해 나갔는지 과학기술과 문학적 상상의 세계를 종합적으로 보여주고 있다. 특히 중국의 문화대혁명 시기 예원제(葉文潔)라는 물리학자가 처음 삼체 세계를 발견하고 그들과 전파를 주고받으며 지구 내에는 이들과 소통하고자 하는 강림파와 구원파가 등장하여 지구가 엄청난 혼란에 휩싸이게 된다. 무엇보다 문화대혁명이라는 광란의 시대 속에서 네이멍구와 헤이룽장에 걸쳐 있는 다싱안링(大興安嶺)으로 보내어져 그 춥고 배고픈 지역에서 천체망원경을 통해 외계의 삼체 문명을 발견하고 접촉을 시도한다. 하지만 삼체 세계의 평화주의자가 인류에게 처음으로 우주에서 보내온 정보는 "대답하지 마라"라는 일종의 경고문이었다. 그곳은 바로 지구에서 4광년 떨어진 항성계 센타우루스자리 알파였다. 하지만 우주 문명의 삼체 세계에서 지구 문명을 바라보는 시각 속에는 '너희는 벌레다(你們是蟲子!)'라는 것이다. 외계 문명이 지구 문명보다 더 우월한 세계라고 한다면 이 지구는 심각한 위기에 처할 수밖에 없다. 이러한 측면에서 인류는 삼체 세계와의 우주 전쟁을 준비하며 각종 우주 함대를 만들고 핵폭탄, 수소폭탄을 만들며 지하도시와 우주도시를 만들며 동면기술을 통해 그들과 대항할 면벽자 뤄지(羅輯)와 검잡이 청신(程心)을 미래세계로 보낸다. 이렇게 지구 문명과 외계 문명의 만남과 충돌, 전쟁, 그리고 그 가운데 인류의 위기를 어떻게 극복할 것인가 하는 과학소설의 전형적인 틀에서 이 소설 역시 새롭고도 광활한 세계를 보여준다. 류츠신의 이 소설은 바로 중국의 과학기술의 발전과 우주를 향한 우주 굴기와 우주 프로젝트를 통해 오늘날의 인류 문명의 현실과 가상의 세계를 스펙터클하게 반영해 주고 있다.

Ⅳ. 하오징팡 SF소설 속의 공간 이동과 시대현실 반영

2016년 하오징팡(郝景芳)은 「베이징 접기(北京折疊)」라는 중편소설로 다시 한번 휴고상을 수상하며 중국의 SF소설의 국제적 위상을 드높인다. 저자 하오징팡[4]은 "SF소설을 쓰는 것은 가능성의 세계를 구상하고 그 세계의 끄트머리에 인물을 세워놓는 일이다. 그때 가장 쉽게 느끼게 되는 것은 탄생과 소외라는 감각이다. 세계에서 떨어져 나오는 느낌보다 더 고독한 것이 있을까"라고 말한다(하오징팡 2018, 6-7). 이 소설에서 무엇보다 주목할 만한 것은 과학적 상상의 방식이라고 할 수 있다. 제목에서 암시하는 바와 같이 '北京折疊'은 베이징이 접힌다는 의미로 한국에서는 '접는 도시'라고 번역하고 있다. 베이징 도시를 접는다는 것을 무엇을 의미할까. 무엇이든 접고 싶은 인간의 상상 속에서 접는 핸드폰이 나오는 것처럼 하나의 도시 전체를 접는다는 것은 어떤 의미를 지닐까. 옮긴이의 말을 참고해 볼 때, 인구가 엄청나게 불어난 베이징의 미래 모습을 그리며 인구 증가 속의 도시 문제에 주목한다. "인구를 감당하지 못한 베이징은 '도시를 접는다'는 기발한 대안을 내놓으며" 도시를 접어 네모반듯한 큐브 형태로 만든 다음 지반을 뒤집으면 또 다른 도시가 나타난다는 것이다(하오징팡 2018, 413) 그래서 24시간을 주기로 서로 전환하며 한쪽이 지상위로 나오면 다른 한쪽은 지하에서 휴면하며 시간을 나누어 쓰고 있다. 하지만 작가가 생각한 이러한 공간과 시간에 대한 분할은 중국 사회의 불평등에 대한 현실적 고발이라고 할 수 있다. 마치 영화 『설국열차』처럼 계급에 따라 나누어진 인류 사회의 모순된 현실이다. 즉 상류층, 중간층, 하류층(서민층)으로 나누어진 사회적 계급에 따른 불평등이 결국 시간과

4) 하오징팡(郝景芳)은 1984년 중국 톈진에서 태어났다. 칭화대학 물리학과를 졸업하고 같은 대학 경영대학원에서 경제학 박사학위를 받았다. 2016년부터 소설을 쓰기 시작했다. 장편 SF 『유랑창궁(流浪蒼穹)』, 중단편집 『고독 깊은 곳(孤獨深處)』, 『먼 곳에 가다(去遠方)』 등이 있다. 2016년 8월 중편소설 「베이징 접기(北京折疊)」로 제74회 휴고상 최우수 중편소설상을 수상했다. 이는 류츠신(劉慈欣)의 『삼체(三體)』에 이어 중국 작가로는 두 번째 수상이다. 그 외에도 「곡신의 비상」으로 2007년 제1회 구주(九州)상 1위에 올랐고, 2017년 「접는 도시」로 제17회 백화(百花)문학상 '개방적 서사'상을 수상했다(하오징팡 2018, 저자 소개 글).

공간의 사용, 직업과 노동, 실업 등 각종 불평등한 현실로 드러나는 구조이다.

하오징팡의 이 소설은 과학기술의 세계와 현실의 모습이 교묘히 결합되어 계급사회의 현실을 과학이라는 이름 아래 정당화시켜 준다. 즉 3개의 공간으로 나누어 각 사람들을 분배하고 직업이나 임금, 수면 시간까지 제한하는 것이다. 물론 이 세 개의 공간으로 나누어 설계하고 건설한 것도 역시 노동자들이었지만 그들은 가장 환경이 열악한 제3공간에 머무르게 된다.

> "'접는 도시'는 세 개의 공간으로 나누어진다. 대지의 한 쪽은 제1공간이고 500만 명이 산다. 활동 시간은 아침 6시부터 다음날 아침 6시까지다. 공간이 휴면에 들어가면 대지가 뒤집힌다. 뒤집힌 다른 쪽은 제2공간과 제3공간이다. 제2공간의 인구는 2500만 명이 살고 있고 둘째 날 아침 6시부터 밤 10시까지 활동할 수 있다. 제3공간에는 5,000만 명이 살고 있고, 밤 10시부터 그 다음 날의 아침 6시까지 활동할 수 있다. 그런 다음 제1공간으로 돌아간다. 각 공간의 할당 시간은 심혈을 기울여 최선의 방식으로 분배되었다. 500만 명이 24시간을, 7500만 명이 그 다음 24시간을 사용한다."(郝景芳 2016, 9)

그래서 '베이징'이란 도시를 접었다 폈다 하며 24시간마다 '전환'하며 각 공간을 적절히 통제한다. 이러한 통제를 통해 이 세계는 그야말로 '멋진 신세계'라고 부를 만큼 이상적 유토피아 사회가 되어 전혀 불만이 없는 안정된 사회 속에서 살아가게 된다. 하지만 이러한 사회 속에서도 생각할 수 있는 힘을 가진 사람이나 그 사회에 부적응하며 더 나은 인간의 욕망을 충족시키려고 생각하는 사람이 있다면 그 사회는 과연 유지될 수 있을까? 바로 여기에서 주인공 인물 라오다오(老刀)는 48세의 남성으로 제3공간에서 살고 있지만, 그 사회에서는 꿈과 이상은 물론, 심지어 딸을 위한 유치원 학비조차도 벌 수 없다는데 절망하며 다른 공간으로의 이동을 통해 많은 돈을 벌기 위해 노력한다. 라오다오는 아버지가 쓰레기 처리공으로 어려서부터 제3공간에 살며 그 역시 대를 이어 쓰레기 처리공으로 살아간다.

> "그는 28년 동안이나 쓰레기 처리공으로 살아왔다. 예견할 수 있는 미래도 쭉 이 일을 해나가는 것이다. 그는 홀로 살아가는 의미와 마지막 회의주의도 찾아보지 못했다. 그는 여전히 누추한 생활의 틈새에서 한 자리만 차지하고 있었다."(郝景芳 2016, 9)

위의 인용문에서 보는 바와 같이, 라오다오는 자신의 존재 의미조차도 느끼지 못하며 인생의 허무감이나 회의감조차도 지니지 못한 채 하루하루 살아가는 평범한 노동자라고 할 수 있다. 하지만 1년 후에 딸 탕탕이 유치원에 가기 위해서는 많은 돈이 필요해서 다른 공간으로의 이동을 통해 벌고자 한다. 그래서 도입부에서 보이는 것처럼 60여 세가 넘은 펑리(彭蠡)의 도움을 받아 다른 제1공간으로 이동한다. 펑리 역시 젊은 시절 술과 담배를 밀수하며 많은 돈을 벌기 위해 다른 공간으로 네 번 다녀오고 다섯 번째에 붙잡힌 인물이다. 자신의 경험을 토로하며 라오다오를 말렸지만 제1공간으로 가서 물건을 전달하며 20만 위안을 벌기 위한 라오다오에게는 그의 조언이 귀에 들어 올리 만무하였다. 그 물건을 전달하고자 하는 것은 제2공간에 사는 유엔 경제부 인턴사원인 친톈(秦天)이 청혼예물로 제1공간에 사는 여자 이옌(依言)에게 투명한 발광체 소재로 장미꽃 모양으로 만들어진 팬던트 목걸이를 준비하여 장래를 약속하는 편지와 함께 전해주는 것이었다. 하지만 라오다오가 실제 제2공간과 제1공간을 넘나들며 느낀 것은 자신이 살고 있는 제3공간과 너무 다른 별천지 세계였다. 이옌은 은행장의 비서로서 정규직으로 이미 결혼하여 남편 우원이 있음에도 불구하고 친톈과 관계를 맺으며 당분간 자신의 실체를 비밀로 해달라며 라오다오에게 5만 위안을 준다. 라오다오는 이러한 사실을 알고 분노하면서도 그의 주머니에 있는 돈을 만지작거리고 있었다. 그가 이옌을 만나기 위해 제1공간으로 갔을 때를 떠올린다.

라오다오는 자신이 사는 공간과 타인들이 사는 공간을 비교하며 순수한 세계라고 할 수 있는 멋진 신세계를 본 것이다. 베이징 도시가 6환(環)에서 전환되어 접혀지며 모든 마천루 건물들이 순식간에 조립되며 새로운 공간으로 탈바꿈된다. 이러한 공간 이동에 대한 기발한 과학적 상상력을 동원하며 베이징의 새로운 모습을 표현한다. 타임머신을 타고 시간 여행이 가능하다면 다른 공간으로의 공간 이동도 얼마든지 가능하다는 상상력이 발휘되어 이러한 과학과 문학의 절묘한 결합이 나타나게 된 것이다.

하지만 하오징팡의 이 SF소설 속에서는 과학적 지식의 동원보다는 물리학과 경제학을 전공한 저자 자신의 지식들을 동원하여 베이징의 어두운 사회현실을 반영해 주고 있다. 그 속에는 수많은 일용직 노동자들의 삶과 쓰레기 처리자들, 고속도로상의 운전자들, 건설 노동자들이 힘겹게 살아가는 현실의 모습이 드러난다. 이것은 마치 미래 공상과학의 세계에서도 계급사회는 여전히 존재한다는 것을 말해준다. 이러한 계급사회 속에 저항하는 한 인간의 자유와 해방의 몸부림은 현실에 저항하고 분노하는 것임을 일깨워 준다. 하지만 작품 속의 주인공은 제1공간에서 제2공간으로 다시 제3공간으로 돌아오면서 다시 일상의 세계로 돌아와 출근해야 한다. 이런 주인공의 또 다른 세계로의 이동 체험을 통해 다른 세계 속에 살아가는 두 젊은 남녀의 사랑과 이 도시 전체를 운영하는 지도부를 대비시킨다. 그들은 쓰레기 재처리를 획기적으로 개선할 안을 마련하고 실직의 문제를 어떻게 처리할 것인지를 논의한다. 그리고 제3공간이 고향으로 제1공간에서 살고 있는 라오거(老葛)와의 만남을 통해 그의 고향에 대한 따뜻한 기억 속에서 그의 부모님이 사는 제3공간으로의 회귀 본능도 느낀다. 하지만 그가 다른 공간을 체험하고 돌아온 뒤에 느끼는 제3공간에서 옆집

여자 란란(蘭蘭)과 아베이(阿貝)가 집세 걷는 할머니와 싸우고 있는 모습을 보고 그는 아베이가 싸우지 않기를 바란다.

> "그는 갑자기 아베이가 싸우지 않기를 바랐다. 이런 사소한 일을 잊어버리고 싸우지 않기만을 바랐다. 그는 아베이에게 여자애라면 마땅히 얌전히 앉아서 치마가 무릎 위를 곱게 덮고, 살짝 미소 지으면서 하얀 치아를 드러내고 나긋나긋 말해야 사랑받는다고 말하고 싶었다. 그러나 그는 그녀들에게 필요한 것이 그런 것이 아니라는 것도 잘 알았다."(郝景芳 2016, 40)

이 소설의 마지막 부분에서 여성에 대한 주인공의 관심을 드러내고 있다. 제1공간의 이옌과 아베이를 대비시켜면서 전통적인 여성상, 이상적인 여성상을 꿈꾸며 자신의 미래는 쓰레기 처리장에서 주워 온 딸 탕탕(糖糖)에게 있음을 암시한다. 탕탕을 데려온 것을 결코 후회하지 않고 오히려 행운이라고 생각한다. 처음 타공간 속으로의 이동 중 다리를 다쳤지만 체포되지도 않고 돈도 벌어 돌아온 것을 다행으로 여기며 출근할 시간을 확인한다. 이러한 소설의 결말을 통해 볼 때, 작가 하오징팡은 라오다오의 시선을 통해 각각의 공간 속에서 살아가는 계급사회 속의 인물 모습을 부각시키면서 각 인물들의 고민과 고뇌, 그리고 자기 존재에 대한 회의와 불안, 향수 등 현대인의 일상에 대한 부조리한 모습을 고발하고 있다. 더욱이 쓰레기 처리공을 주인공으로 삼아 인류의 미래 사회 속에서도 여전히 쓰레기와 환경문제는 뗄레야 뗄 수 없는 관계 속에서 미래 인간들의 직업과 실직의 문제들이 여전히 과학기술의 발전과 더불어 큰 사회문제로 대두되고 있음을 말해준다.

Ⅴ. 왕웨이롄 SF소설 속의 과학적 상상과 포스트휴먼

왕웨이롄(王威廉)[5]은 이른바 80년대 이후에 출생한 '바링허우(80後)' 작가로 최근 중국에서 주목받고 있는 순수문학 작가이다. 그의 『책물고기』가 국내에 번역되어 그의 작품 세계의 서정성과 서사성을 살펴볼 수 있는바 비교적 작품성이 매우 높다고 평가된다. 그는 중산대학 인류학과를 졸업하며 인류의 미래와 미래 세계에 대한 과학소설류의 작품을 창작하였다. 본고에서 소개하는 그의 「포스트라이프(後生命)」는 2017년 『청년문학』에 발표한 작품으로 미래 인간의 모습을 그리며 의식 칩, 나노머신(초소형 기계, 나노봇), 클론(유전적으로 동일한 세포군 또는 개체군, 복제, 복제품, 컴퓨터 호환기종), 사이보그(컴퓨터와 인간의 육체를 결합한 합성인간, 인조인간, 인간로봇), 블랙홀 등 포스트휴먼 시대의 인간의 의식과 몸에 대한 과학적 상상력을 보여주고 있다.

이 작품은 인간 의식의 전이과정을 연구하는 리멍(李蒙)과 그의 동료 '나'를 중심으로 과학실험의 세계를 보여준다. 인간 의식의 전이과정을 연구하며 수많은 실패를 거듭하다 그 자신을 대상으로 실험하다 죽자 주변에서는 나를 살인자라고 몰며 증거를 빼돌리지 못하도록 실험실 밖으로 나가지 못하도록 제한한다. 그래서 나는 "그를 죽인 사람은, 아마도 나일 겁니다"라고 스스로 자인하지만 아무런 증거를 찾지 못하게 된다. 문제는

5) 1982년생. 칭하이성 옌현(宴縣)에서 태어났다. 2004년 중산대학 인류학과를 졸업했다. 주요 작품으로는 장편소설 『구조된 사람(獲救者)』, 중편소설 『법 삼부곡(法三部曲)』… 등이 있으며 단편소설 「전도된 삶(倒立生活)」… 등이 있다. 이밖에 새로운 산문에 대한 탐색에도 열중하여 「잡동사니를 위해 푸가를 작곡하다(爲雜物譜寫賦格)」 등을 썼다. 한국에 단편 작품을 모은 『책물고기(書魚)』(김택규 번역)가 소개되었다(왕웨이롄 2021, 저자 소개).

"나처럼 노련한 칩 연구자가 어떻게 밝고 폐쇄된 실험실 안에서 리멍의 의식 칩을 잃어버렸을까" 하는 궁금증이었다(왕웨이롄 2021, 8). 주인공 나는 "당시 내가 의식 칩과 리멍의 대뇌를 연결하고 막 그의 의식을 그의 클론II의 두뇌 안에 전이시킬 준비를 하고 있었다는 사실을 떠올리며"(왕웨이롄 2021, 11). 칩은 분실된 것이 아니라 원래 존재하지 않았던 것처럼 사라졌다고 말하고 있다.

20년 동안 같은 분야를 연구한 내 절친한 친구인 리멍은 세상을 떠나며 나에게 새로운 사고를 부여해 주었다. 그것은 "생명이라는 게 도대체 무엇인지" "의식의 근원은 신비하다고" 말하며 "죽지 않고 생전의 기억을 가진 채 전자의 세계 속에 있는 '전자화된 존재'로 영생을 얻게 되어 전자의 세계에서 행복하게 살 것이라고" 말한다. 이런 전자의 세계는 마치 유토피아 같은 세계이지만 그런 세계의 존재를 믿을 수 없는 나는 거짓말로 간주한다. 무엇보다 인간의 세계에서 중요한 것은 '영혼의 존재 여부'일진대, "영혼은 고대인의 개념이야. 지금 시각으로 보면 부정확한 비유적 견해일 뿐이라고. 우리는 첨단에 선 과학자로서 영혼의 본질이 뭔지 밝혀내야만 해. 밝혀내지 못하는 비밀이 있다는 건 인류의 지혜가 아직 모자라다는 걸 입증할 뿐이야"(왕웨이롄 2021, 18)라고 말한다. 이처럼 두 사람이 나누는 대화 속에서 "우리 세대는 기억과 신경세포의 신호를 전자 신호로 바꿔 생명과 비생명을 소통시켰어"(왕웨이롄 2021, 19)라는 말처럼 의식이나 영혼을 전자 신호로 바꾸어 피와 살로된 육체를 벗어나 우주선에 장착해 우주 공간을 탐험할 수도 있다는 허무맹랑한 상상을 보여준다.

리멍을 의식 칩을 창조한 위대한 과학자이자 우리 시대의 아버지라고 작가가 표현하고 있는 것에서 미래 세계의 인간의 의식과 몸에 대한 작가의 사유를 엿볼 수 있다. 미래 세계에서 인간은 피와 살로 이루어진 신체를 가진 생명이 아니라 '투명한 유기조직으로 전자 신호와 신경세포 사이를 연결하는' 의식 칩으로 유지되는 인간이었다. 이른바 합성인간, 인조인간이랄 수 있는 수많은 사이보그들(가정용 시장에서 크게 환영을 받아 집사, 하녀, 섹스 파트너, 대리모 등의 역할을 하는), 대뇌를 빼고는 모든 것이 인간과 똑같은 인조인간들이 파티장에서 수치심 모르는 섹스의 쾌감을 즐긴다. 이처럼 미래세계에서는 인간의 생명에 대한 전반적인 성찰을 해 볼 수 있는바, 인간의 유한한 생명을 개조하여 의식만 존재하는 사이보그 인간으로 대신하며 인류의 부활과 영생을 꿈꾸게 되는 것이다.

> 이렇게 거대하고 찬란한 우주에서 인류는 먼지처럼 미미한 존재다. 하지만 아무리 미미해도 인류는 의식이 있고, 살아 있는 존재로, 이렇게 황홀한 광경을 볼 수도 있다. 나는 문득 인류로서 이에 대해 깊은 자부심을 느꼈다. 나는 생명을 위해 자부심을 느꼈다. 그 자부심이 나를 희열에 빠트렸다. 나는 그런 희열의 감정을 품은 채 블랙홀 내부로 들어가기로 결정했다(王威廉 2017, 20-21).

리멍에 대한 '살인 아닌 살인'에 대한 의문 속에서 속죄하는 마음으로 자신의 몸을 없앤 채 의식이 있는 머리만 남기고 200년간 자동운항 우주선을 타고 양자화된 블랙홀에 진입하게 된다. 블랙홀에서 대뇌만이, 의식 그 자체만이 남은 나는 죽음의 공포도 잊은 채 의식이 흩어지는 순간 리멍이 세상에 전한 말 한마디를 떠올리게 된다. "원래 이랬군." 이 소설의 마지막 부분에서의 이런 말처럼, 내가 리멍의 칩이 우주의 규칙에 의해 소멸되었다고 말하고 의식이 흩어지는 순간을 묘사하고 있는 것이다. 나는 블랙홀에서 리멍을 그리워하며 베토벤 9번 교향곡을 들으며 황홀한 느낌에 빠지게 된다. 그러면서 하나의 깨달음을 찾는다. 그것은 내가 우주이고 우주가 나이고, 리멍이 나이고 내가 리멍이었다는 일원적론 우주론의 세계관을 드러낸다.

> 나는 동시에 우주의 어떠한 사물도 다 느낄 수 있었다. 크게는 우주의

> 전체적인 존재, 구체적으로 말하면 성운의 집합과 분산, 항성의 연소, 행성의 형성, 에너지의 분출에서부터 작게는 인류의 존재, 생명의 비밀, 그리고 분자, 원자, 기본 입자의 무한 형식에 이르기까지. 그것들이 다 무한한 의식 속에 있었다. 시간이 사라졌으니, 혹자는 우주의 모든 과거와 현재와 미래가 다 의식 속에 있다고 말했다. 그것들은 다 나였고 나는 그것들이어서 분리시킬 수가 없었다. 그 의식은 우주와 구조가 같았다. 그래서 더 이상 인류의 작은 의식처럼 탐구하고, 이해하고, 변화시키려는 욕망이 없었다. 그 의식은 우주 그 자체가 되었다. 만약 당신들이 계속 '나'라는 말로 그 의식을 가리키려 한다면 내가 바로 우주였다. 리멍에 관해 말하자면 그는 나였고 나도 그였다. 그가 이미 나의 모든 것을 이해한 것처럼 나도 그의 모든 것을 이해했다(王威廉 2017, 21).

이처럼 왕웨이롄의 소설 속에서는 인류의 미래세계의 모습을 '의식과 몸'에 대한 새로운 인식 속에서 '포스트라이프'에 대한 과학적 상상의 세계를 펼쳐 보이고 있다. 미래의 인간 세계에서 인간의 생명에 대한 작가의 문학적 상상력은 그야말로 황홀감 그 자체였다고 할 수 있다. 드넓은 우주 속에서 미미한 인간 존재의 위상을 우주 공간으로 더 넓혀 영생을 꿈꾸는 유토피아적 세계를 찾아가고자 하는 그 마지막에는 모든 것이 '무'의 세계로 돌아가며 인간 해방의 세계를 보여주고 있다. 이러한 작가의 인식 속에서 최근의 과학계에서 논의되는 나노기술, 로봇기술, 그리고 우주의 블랙홀 등 과학기술의 응용을 통한 끊임없는 문학적 상상과 서사를 파악해 볼 수 있다.

이러한 작가의 과학적 상상력을 통한 과학소설의 서사 속에는 최근의 과학적 지식들의 잡다한 동원들이 유기적 맥락 속에서 서로 잘 연결되고 있는지 회의가 들기도 한다. 하지만, 포스트휴먼 시대에 포스트라이프에 대한 탐구를 통해 인류 생명 이후의 문제와 인류의 생존과 위기, 그리고 영원하고 무한한 삶에 대한 인간의 영원한 소망에 대한 지적 호기심을 자극해 준다는 점에서 이 소설은 매우 의미 깊다고 여겨진다.

Ⅵ. 나오는 말

중국의 과학소설들은 무엇보다 중국의 당대 정치와 경제의 급부상 속에서 새로운 과학기술의 발전과 달과 우주를 향한 우주프로젝트의 실현을 위해 그 과학적 상상을 더해 주고 있다. 또한 중국 고전소설문하사에서의 신화 전설을 통해 과학소설의 원시적 원형의 모습을 계승 발전시키며 20세기가 시작되는 근대 이래 '신중국'을 찾고자 하는 량치차오와 루쉰, 라오서 등의 새로운 문학적 계몽프로젝트를 더욱 발전시키고 있다. 그리하여 2000년을 전후하여 중국 당대 과학소설들이 개혁 개방의 정책 속에서 더욱 발전하며 SF계의 문학상이라 할 만한 휴고상까지 연속으로 수상하며 우수한 작품들을 영화화하고 있다.

이러한 SF 과학소설의 발전을 통해 우리는 중국 사회의 정치경제적 발전과 과학, 그리고 문학예술 간의 상호 결합되고 있는 사회주의 문학예술의 세계를 이해할 수 있다. 그리고 중국의 과학소설들은 도시화와 자본화 현상에 따른 어두운 사회문제들에 직면하고 있음을 알 수 있다. 농촌을 떠난 도시의 일용직 노동자들, 실업 문제, 공해, 쓰레기 등 환경 문제, 유치원, 대학입시 등 교육 문제, 청년 실업자와 노인 복지 등 많은 사회 문제가 과학소설 속에서도 복잡하게 얽혀 드러나고 있다. 그래서 중국의 과학소설은 단순히 과학적 상상력을 통한 인류 미래의 제시라기보다도 과학적 지식과 상상을 통한 우리 삶의 재구성이라고 할 수 있을 정도로 우리 삶의 어두운 모습을 적나라하게 반영해 주고 있다.

이처럼 과학소설 속에서 등장하는 새로운 가상공간 속에서의 삶이 마치 현실의 인간이 아닌 가공된 세계 속, 미래세계 속 인류의 미래와 운명을 제시해 준다는 점에서 미래공상과학소설도 리얼리즘 소설의 연장이라고도 생각된다. 하지만 리얼리즘 소설에서 볼 수 있는 바와 같은 현실의 전형적 인물의 창출이라든지 복잡한 주인공의 내면심리 묘사라든지, 인물들의 개성 속에서 살아 숨쉬는 인간미를 느끼는 것은 조금 어려워 보인다. 흥미와 재미를 추구하며 인류의 미래와 운명을 새롭게 재구성해보자 하는 중국의 SF소설 속에서 중국 사회의 새로운 변화와 당대소설의 새로운 의미를 창출한다는 점에서 우리에게 시사하는 바가 충분하리라 여겨진다.

| 참고문헌 |

고장원. 2017. 『중국과 일본에서 SF소설은 어떻게 진화했는가』. 부천: 부크크.

郭延禮. 오순방 외 옮김. 2003. 「20세기 초기 과학소설의 번역」. 『중국어문논역총간』. 제11집.

권혜진. 2019. 「사라진 정치 문화적 상상 – 北京折疊과 弦歌 속 시공간 구현 양상을 중심으로」. 『중국학보』. 제88집.

김남희. 2019. 「『유랑지구(流浪地球)』. 애국주의를 유랑하다」. 『중국문화연구』. 제46집.

김봉연. 2020. 「하오징팡(학경방)의 『접는 도시(北京折疊)』를 통해 본 이동과 '정치'의 관계」. 『비교문화연구』. 제59집.

김정수. 2019. 「'유랑지구'의 이율배반: '허망'과 '희망' – SF영화 『유랑지구』와 원작 소설 비교를 중심으로」. 『중국어문학지』. 제67집.

김진공. 2019. 「누가 유랑하는 지구를 구할 것인가? – 영화 『유랑지구』와 중국의 '인류운명공동체' 이념」. 『중국어문학지』. 제68집.

대중문학연구회 편. 2000. 『과학소설이란 무엇인가』. 서울: 국학자료원.

량치차오. 이종민 옮김. 2016. 『신중국미래기』. 부산: 산지니.

루쉰. 「과학사교편」. 루쉰전집번역위원회 옮김. 2010. 『루쉰전집1 – 무덤 열풍』. 서울: 그린비.

류츠신. 이현아 옮김. 2013. 『삼체 – 1부 삼체문제』. 서울: 자음과 모음.

______. 허유영 옮김. 2016. 『삼체 – 2부 암흑의 숲』. 서울: 자음과 모음.

______. 허유영 옮김. 2019. 『삼체 - 3부 사신의 영생』. 서울: 자음과 모음.
______. 김지은·박미진 옮김. 2019. 『미래세계구출』(1). 『우주탐식자』(2). 『아인슈타인 적도』(3). 『세계의 끝』(4). 『고독한 진화』(5). 서울: 자음과모음.
박민호. 2018. 「류츠신(劉慈欣)의 『삼체(三體)』를 통해 본 정치적 알레고리와 윤리의 아이러니」. 『중국문학연구』. 제 72집.
박정훈. 2021. 「류츠신(劉慈欣) 『삼체(三體)』의 니힐리즘과 세계관 고찰」. 『중국연구』. 제 86집.
서유진. 2017. 「과학소설의 사실주의 실험 - 류츠신 시골선생님의 루쉰 수용과 변용」. 『중어중문학』. 제 67집.
손나경. 2021. 『과학소설 속의 포스트휴먼』. 대구: 계명대학교출판부.
심예진. 2020. 「王威廉 中短篇小说 研究 : 중단편소설집 『聽鹽生長的聲音』 등을 중심으로」. 서울: 한국외국어대학교 석사학위논문.
왕웨이롄 외. 김택규 옮김. 2021. 『포스트 라이프』. 서울: 글항아리.
임종기. 2004. 『SF 부족들의 새로운 문학 혁명, SF의 탄생과 비상』. 서울: 책세상.
장정희. 2017. 『SF장르의 이해』. 서울: 도서출판 동인.
하오징팡. 강초아 옮김. 2018. 『고독 깊은 곳』. 서울: 글항아리.
郭帆. 2019. 『유랑지구(The Wandering Earth)』(영화). 서울: 아이브엔터테인먼트.
郝景芳. 2016. 『孤獨深處』. 南京: 江蘇鳳凰文藝出版社.
劉慈欣. 2008. 『流浪地球』. 武漢: 長江文藝出版社.
______. 2008. 『三體全集』. 重慶: 重慶出版社.
______. 2016. 『流浪地球』. 北京: 中國華僑出版社.
王威廉. 2015. 『听盐生长的声音』. 廣州: 花城出版社.
______. 2017. 「後生命」. 『青年文學』. 總第539期. 北京: 中國青年出版社.
Cixin Liu. Ken Liu 옮김. 2014. *THE THREE-BODY PROBLEM*. NEW YORK: A TOM DOHERTY ASSOCIATES BOOK.

청초(淸初) 강남 지식인 사(詞)의 현실 인식과 비애 표현

: 진유숭(陳維崧) 「만강홍(滿江紅)」 사(詞)를 중심으로

김하늬

Ⅰ. 들어가며

송대(宋代)에 전성기를 누린 뒤 쇠퇴하였던 사는 청대(淸代)에 이르러 그 활발한 창작물과 사론(詞論)의 발달, 다양한 사파의 출현 등으로 인하여 다시금 '부활'하였다고 평가된다.[1] 특히 주목할 점은 청사(淸詞) 부활의 시작이 주로 명청(明淸) 교체기 강남(江南) 운간(雲間, 지금의 상하이시(上海市) 쑹장(松江)) 지역의 사인(詞人)에 의해 주도된 것으로 평가되며, 이후에 발전한 광릉사파(廣陵詞派), 양선사파(陽羨詞派), 절서사파

---

* 이 글은 김하늬, 「淸初 강남 지식인 詞의 현실 인식과 비애 표현 — 陳維崧 「滿江紅」 詞를 중심으로」, 『중국학보』, 101집, 2022을 수정 보완한 것이다. 본 논문은 「淸代 詞的 흐름을 통해 본 강남 지식인의 의식 세계」라는 제목으로 진행한 한국연구재단 지원 다년차 과제의 초기 결과물임을 밝혀둔다.

** 서울대학교 인문학연구원 선임연구원.

1) 이러한 '부활'의 기미는 왕조가 교체된 직후인 청초(淸初)의 창작 결과물에서 드러나는데, 옌디창(嚴迪昌)의 『청사사(淸詞史)』에 의하면 청인(淸人)의 사집은 전란 등의 영향으로 일실된 것이 적지 않지만 『전청사(全淸詞)』에 수록된 작품으로만 한정하여도 청나라 초 순치(順治, 1644-1661), 강희(康熙, 1662-1722) 연간의 사는 5만여 수이며, 사인의 수는 2,100명이 넘는다(嚴迪昌 1990, 1).

(浙西詞派) 등도 모두 강남 지역을 기반으로 한 사파(詞派)라는 점이다.

중국의 강남은 북방 유목민족을 피하여 한족(漢族) 왕조가 강남지역으로 남하한 육조(六朝) 시기부터 문화의 중심지로 떠오르기 시작하였다. 본디 농·어업에 유리한 지리와 기후적 조건을 갖추고 있어 경제 문화 발전에 유리한 위치였고 여기에 남송(南宋) 왕조가 항저우(杭州)로 수도를 옮기면서 비약적으로 발전하였으니, 송대 이후 지식인 계층에게 강남은 경제적 풍요를 상징하는 지역이면서 그 경제적 기반을 바탕으로 발전한 유교와 문인 문화의 중심지였고, 나아가 전통 한족 문화의 상징이라는 이미지가 공유되었다.

송대 이후 쇠퇴하였던 사(詞) 문학이 유독 명청 교체기에, 그것도 '강남' 지역을 중심으로 부활하였던 데는 본래 강남이 가지고 있던 '한족 지식인의 문화적 공간'이라는 상징성과 이민족 왕조로의 교체라는 시대적 배경을 고려하지 않을 수 없다. 청대 강남 지역은 당시 이민족 왕조에 대한 저항이 가장 큰 지역이기도 하였으니[2] 청초 강남 지역을 중심으로 사가 재발견되고 새로이 유행한 것은 이민족 왕조로의 교체로 혼란을 겪은 강남 한족 지식인들이 그들의 비애를 토로할 새로운 문학 수단을 찾은 것이라 볼 여지가 있다.

2) 강남 지역의 저항의식은 북방 지역에 비해 군사적으로는 약할지언정 문화적으로는 우월하다고 믿는 강남 지역 사대부들의 문화적 자부심에서 비롯된 것으로 볼 수 있다. 청나라 초 강남 지역에서는 유독 '양주십일(揚州十日)(1645)'이나 '가정삼도(嘉定三屠)(1645)' 같은 잔인한 학살이 일어났었는데, 이는 문화적 우월감을 바탕으로 이민족 왕조에게 쉽게 굴복하지 않았던 강남 지식인의 태도에 통치자들이 반감을 느끼고 그것을 폭력적으로라도 제압해야 한다고 판단했기 때문으로 볼 수 있다. 역사학자 양녠췬(楊念群)은 청나라 초기 군주가 처리해야 했던 중요한 문제를 영토를 확장하고 정립하는 것과 강남 지역을 중심으로 한 한족문명에 도전하는 것이라 보고, 청조가 통치 정당성을 확보하는 과정을 '강남 지식인 길들이기'로 보았다(양녠췬 저, 명청문화연구회 역 2015, 28-29).

담헌(譚獻 1832-1901)은 『협중사(篋中詞)』에서 청대 사에 대해 논하면서 강남출신 지식인인 주이준(朱彝尊 1629-1709)과 진유숭(陳維崧, 1625-1682)을 나란히 언급한 바 있다.

> 주이준과 진유숭이 나오고 본조(本朝)의 사파가 비로소 성립되었다. (중략) 주이준은 정이 깊고 진유숭은 필력이 묵직하여 본디 후인들이 이르기 어려운 바였는데, 가경(1796-1820) 연간 이전에 두 사가(詞家)에 속하는 자가 열에 일고여덟이었다.(錫鬯、其年出, 而本朝詞派始成. (…) 錫鬯情深, 其年筆重, 固後人所難到. 嘉慶以前, 為二家牢籠者十居七八.)

담헌의 평에 의하면 가경연간 이전까지 주이준의 절서사파와 진유숭의 양선사파에 속하거나 그들을 추종하였던 이가 열에 일고여덟에 이를 정도로 청초 사단에서 그들의 영향력은 대단히 컸다. 그들이 이토록 청초 지식인들에게 큰 호응을 얻을 수 있었던 것은 당시 지식인들이 공감할만한 정서를 사를 통해 다루었기 때문일 것이다.

그러나 비슷한 시기에 발전하였던 두 사파는 청 중기에 이르면 절서사파가 사실상 사단의 대세가 되고 양선사파는 쇠퇴하게 된다. 나란히 영향력을 끼치던 사파가 한쪽이 대세가 되고 한쪽이 쇠퇴하며 명암을 달리하였던 청대 사단의 흐름은 사회문화적 환경의 변화가 문학 체제에 영향을 끼친 결과로도 볼 수 있다. 즉, 이민족 왕조로의 교체가 준 정신적 충격이 강남 지식인의 사체(詞體)의 재발견을 야기한 뒤, 이들 지식인들이 새로운 왕조와 갈등하고 회유되며 적응하는 과정을 거치면서 사로써 표현하고자 하는 정서가 달라졌고 이것이 사단의 흐름을 바꾸었다고 볼 수 있는 것이다.

본고는 청대 사 발전의 흐름을 통해 중국 강남 지식인의 의식 세계 변화를 살펴보기 위한 연구의 초반부 결과물로, 쇠락했던 '사'의 서정 기능에 다시 주목하여 이를 통해 왕조 교체의 한가운데에서 겪은 정체성의 혼란을 우회적으로 표현하였던 운간사인의 뒤를 이어, 청초에 본격적으로 사를 사대부의 서정 수단으로 사용하여 청대 사 부흥을 주도하였던 인물 중 하나인 진유숭의 사를 분석함으로써 당시 강남 지식인의 비애 의식이 사에서 어떻게 표출되었는지를 고찰하고자 한다.

진유숭은 자(字)는 기년(其年), 호(號)는 가릉(迦陵)이며 장쑤(江蘇) 이싱(宜興) 사람으로, 이 지역을 중심으로 하는 양선사파의 영수로 평가되며, 기존의 '소도(小道)'로 평가되던 사의 가치를 높이고 사 창작에 전력으로 몰두하여[3] 사론의 구축과 실제 창작 양면에서 큰 힘을 쏟아 중국 사사(詞史)에서 그 위상이 대단히 높다. 본 연구자는 우선 진유숭의 사 가운데 「만강홍(滿江紅)」 96수를 연구 대상으로 하여 청초 강남 지식인의 현실 인식과 그 비애 표현에 대한 초보적인 논의를 진행하고자 한다. 1600수가 넘는 진유숭의 사 작품 중 50수 이상의 작품에 사용된 사패는 「만강홍(滿江紅)」(96수), 「염노교(念奴嬌)」(108수), 「심원춘(沁園春)」(73수), 「하신랑(賀新郎)」(135수), 단 네 개로 모두 장조(長調)이며 이중 「만강홍」보다 많은 작품에 사용된 사패는 「하신랑」과 「염노교」뿐이다.[4]

본 연구자가 진유숭의 사 중 「만강홍」사패를 선택한 것은 그것이 진유숭 사의 주된 특징인 장조 선호와 호방한 풍격, 격렬한 감정 표현 등을

3) 사를 '시여(詩餘)'라 평하던 이전의 지식인들과 다르게 진유숭은 사 창작에 전력을 다하였다. 『진유숭연보(陳維崧年譜)』에 의하면 심지어 강희12년(1673)부터 강희15년(1676) 가을까지는 시를 거의 짓지 않고 사에 몰두하였고, 다음해인 강희16년(1677)까지 1년간 지은 시도 그 수량이 매우 적어 1676년에는 12수, 1677년에는 「복어를 먹다[食河豚]」 장구(長句) 1수만이 있다(馬祖熙 2007, 118, 126).

4) 본고는 『진유숭집(陳維崧集)』(上海古籍出版社. 2010)을 저본으로 삼았는데 이 책에 수록된 진유숭의 사는 소령(小令) 111조(調) 390수, 중조(中調) 112조 295수. 장조(長調) 193조 944수로, 평균적으로 사패 하나에 3.9수의 작품이 창작된 정도이다.

잘 보여주는 사패(詞牌)이기 때문이다. 진정작(陳廷焯, 1853-1892)은 "진유숭의 만강홍 여러 수는 자유로이 붓이 가는대로 써서 웅건하지 않은 것이 없다.(其年滿江紅諸闋, 縱筆所之, 無不雄健.)"(『백우재사화(白雨齋詞話)』 권3)라고 평한 바 있다. 『속수사고전서제요(續修四庫全書提要)』에서도 "그(진유숭)의 사는 깊고 웅건하면서 뛰어나고 맑으며, 기백이 위대하니 마치 만 마리의 말이 함께 입을 다문 듯 하면서도 포뇌(蒲牢)가 크게 소리치는 듯하다. 사집에서 「만강홍」, 「수조가두」, 「염노교」, 「하신랑」의 여러 작품들이 모두 창망한 가운데에 그의 웅건한 골기(骨氣)를 드러냈다.(其詞沉雄俊爽, 氣魄偉大, 有如萬馬齊喑, 蒲牢狂吼. 集中滿江紅、水調歌頭、念奴嬌、賀新郎諸闋, 皆於蒼茫之中, 見其骨力.)"라고 하여 진유숭의 「만강홍」을 언급한 바 있다.

「만강홍」은 진유숭이 전사(塡詞) 초기부터 후기까지 꾸준히 사용한 사패이기도 하다. 진유숭은 자신의 초기 사에 만족하지 못하여 이후 사집에는 삭제하여 수록하지 않았으니,[5] 옌디창(嚴迪昌)에 의하면 지금 남아 있는 그의 초기 사는 추지모(鄒祇謨, 1627-1670)와 왕사정(王士禛, 1634-1711)이 편선(編選)한 『의성초집(倚聲初集)』에 수록된 40수 정도로, 이 가운데 31수는 현존하는 진유숭의 사집에는 수록되어 있지 않은 집외사(集外詞)이다(嚴迪昌 1990, 186). 이는 진유숭 스스로 작품이 부족하거나 본인의 창작 기준과 맞지 않다고 판단하여 삭제한 것으로 추정되는데, 그럼에도 『의성초집(倚声初集)』에 수록된 진유숭의 「만강홍(滿江紅)·창창사(悵悵詞)」 5수는 그의 사집 『오사사(烏絲詞)』에 수록하였으니(蘇淑

---

5) 장경기(蔣景祁)는 「진검토사초서(陳檢討詞鈔序)」에서 진유숭이 사집 『오사사(烏絲詞)』를 완성한 과정에 대해 "『의성초집』에 수록된 것은 이윽고 삭제해버렸으니 간혹 어떤 사람이 그 일구(逸句)를 읊으면 토할 정도에 이르러 듣지 않으려 하였다. 이에 갈고 닦는 뜻으로 『오사사』를 이루었다.(然刻於倚聲者, 過輒棄去, 間有人誦其逸句, 至噦嘔不欲聽, 因厲志為烏絲詞.)"라고 설명한 바 있다.

芬 2006, 239). 진유숭의 사론이 완전히 정립된 이후의 시점에서 보아도 그의 창작 경향에 맞는 작품이었다고 볼 수 있다.

또한 진유숭은 이 사패로 회고(懷古)·교유(交遊)·영물(詠物)·영회(詠懷) 등 다양한 주제를 다루었고, 창창사(悵悵詞) 5수, 영설(咏雪) 8수, 강촌하영(江村夏咏) 10수, 변경회고(汴京懷古) 10수와 같이 유독 긴 연작의 형태가 사패 전체의 3분의 1 이상의 비중을 차지할 정도로 많은데, 「만강홍」보다 많은 작품이 남아 있는 「하신랑」이나 「염노교」사패는 이러한 연작의 형태가 없어 진유숭 「만강홍」사만의 특징이라 할 수 있다. 사실 장조는 한편의 길이가 길어 그것을 채우기 위한 구성만으로도 까다롭기 때문에 이를 계속해서 연결해가며 연작사를 짓기에 다소 불리한데,[6] 유독 「만강홍」만이 장조의 연작사로 창작되었으니 진유숭이 특별한 의도로 가지고 사패를 선택했음을 추정할 수 있다.

「만강홍」은 북송대(北宋代)에 만들어진 곡조로 유영(柳永)의 사를 정격(正格)으로 보며, 이후 남송대에 크게 유행하여 악비(岳飛)와 신기질(辛棄疾) 등의 호방사(豪放詞) 작품으로도 유명한 사패다. 특히 악비의 「만강홍」(怒髮衝冠)은 정강(靖康)의 변으로 인한 한을 노래한 애국적 색채의 작품으로 이 사패를 대표하는 작품으로 꼽힌다. 진유숭은 「만강홍」 사패에 '슬픔의 노래[悵悵詞]'라는 제목을 붙이기도 하였으니 「만강홍」사패가 격렬한 비애를 드러내는데 유리한 곡조이기에 의도적으로 이것을 선택한 것으로 보인다. 본 연구자는 그가 표현하고자 하는 '비애'가 왕조교체 후 사대부로서 느끼는 시대적 비애일 것으로 추정한다. 그에 따라 본 연구는 진유숭 「만강홍」96수의 분석을 통해, 운간(雲間) 사인들의 뒤

6) 진유숭의 경우도 연작사는 소령(小令)인 「망강남(望江南)」이나 중조(中調)인 「접련화(蝶戀花)」와 같은 짧은 길이의 사패를 주로 사용하였다. 특히 「망강남」의 경우, 그의 사집에 수록되어 있는 35수가 모두 연작사다.(歲暮雜憶 10수, 宛城五日追次舊游漫成 10수, 商丘雜詠 5수, 寄東皋冒巢民先生幷一二舊游 10수)

를 이어 본격적으로 사를 통해 사대부 자아로서의 '나'를 드러내었던 청초 지식인이 혼란스러운 시대적 상황에서 어떠한 갈등을 겪고 그것을 어떻게 사로써 드러내었는지 살피고자 한다.

Ⅱ. 청초(淸初) 강남 지역의 사(詞) 창작 경향 변화와 유민 의식의 표출

청초에 사가 본격적으로 사대부 비애 토로를 위한 서정수단이 될 수 있었던 것은 강남 지역의 문학장(文學場)을 회복하는 과정에서 주도적인 역할을 했던 이들이 사 창작을 추동하였던 영향이 컸다. 특히 순치(順治)17년(1660)부터 강희(康熙)4년(1665) 7월 베이징으로 돌아갈 때까지 청조의 관리로서 강남 지역에 머물렀던 왕사정(王士禎)에 의하여 추동되었던 양저우(揚州) 지역에서의 문학 활동[7]은 진유숭이 본격적으로 사를 창작하는 계기가 되었다.[8] 이러한 문학 모임은 왕사정과 같은 청조의 관

7) 대표적으로 몇 차례 수계(修禊) 의식을 행하면서 강남 지역 지식인의 문학 모임을 전개한 예가 있는데, 강희원년(1662)과 강희3년(1664) 봄에 양주의 홍교(紅橋)에서 수계를 행하였고, 강희4년(1665) 봄에는 여고(如皐, 지금의 장쑤성 루가오시(如皋市))의 수회원(水繪園) 수계에서 또다시 문학 모임을 가졌다. 진유숭 또한 강희원년과 강희4년의 모임에 참여하여 창화하였다(이석형 2014, 342). 그 외에도 진유숭은 1663년 왕사정의 30세 생일을 기념하여 「하신랑(賀新郞)·완정의 삼십세를 축하하다[賀阮亭三十]」사를 선물하는 등 왕사정과 꾸준히 교류하였고, 그들의 교류는 왕사정이 1665년 7월 수도로 돌아간 뒤에도 계속되었다.

8) 장경기(蔣景祁), 「진검토사초서(陳檢討詞鈔序)」: "제남의 왕사정 선생이 양주에 부임한 이래로 사를 짓는 학문을 이끌었다. (중략) (진유숭) 선생은 같은 지역의 추지모(鄒祇謨), 동이녕(董以寧)과 가까이 함께 하여 밤낮으로 사를 짓기 시작하였다(自濟南王阮亭先生官揚州, 倡倚聲之學. … 先生內聯同郡鄒程村董文友, 始朝夕爲塡詞.)" 장경기의 이 말은 왕사정이 부임하여 사 창작을 추동한 후, 진유숭이 더욱 본격적

리와 모양(冒襄, 1611-1693)과 같이 출사(出仕)를 거부한 유민(遺民), 양쪽의 협력에 의해 이루어졌으니 예컨대 강희4년 모양의 수회원(水繪園)에서의 수계(修禊) 모임은 유민인 모양이 공간을 제공하고 청조 관리인 왕사정의 비호 아래 이루어진 것이었다. 이는 왕사정의 입장에서는 이원화되어 있었던 제도권과 재야의 유민사회를 규합하고 관리로서 지역사회에서 새로이 영향력을 확보하는 방법이었고,[9] 모양의 경우에는 관직 없이도 기존 문단에서의 주도권을 유지하는 방법이었다.

이렇게 마련된 장에서는 이른바 광릉사파(廣陵詞派)라고 하는, 왕사정을 중심으로 하고 추지모(鄒祗謨), 동이녕(董以寧) 등을 포함하는 이들의 사 창작이 활발하게 이루어졌다. 다만 광릉사파의 중심이 되는 왕사정이 강남 출신이 아니라 산동(山東) 신청(新城) 출신인 것과 같이 광릉사인의 모임은 비교적 지역적 한계가 덜하였고, 양저우에서의 문학 모임 또한 다양한 지역과 신분의 지식인들이 참여하였다. 진유숭 또한 광릉사인과 교류를 활발히 하였는데 광릉사파의 남(南)·북송사(北宋詞)와 신기질(辛棄疾) 사 긍정,[10] 장조(長調) 중시, 기탁(寄託) 중시 성향은 초기 염체

으로 사 창작을 하였다는 것이지 진유숭이 이전에 전혀 사를 짓지 않았다는 의미는 아니다. 연보에 의하면 진유숭은 1650년 26세의 나이에 사를 배우기 시작하였다. 다만 진유악(陳維岳)의 「가릉사전집발(迦陵詞全集跋)」에서도 "형님은 중년에 비로소 사 짓는 것을 배웠고 만년에는 더욱 그것을 좋아하여 질리지 않았다.(先伯兄中年始學爲詩餘, 晚年尤好之不厭.)"라고 하였으니 1660년대 이전의 사 창작은 견습 단계로 보는 듯하다.

9) 이동훈(2022)은 강남 지역의 유민들을 적극적으로 찾아가 우대하여 수계에 참여하도록 한 과정을 논하고, 왕사정의 홍교(紅橋) 수계가 당시 문인들의 민족정서 회복과 양주의 경제도시로서의 재도약의 발판을 마련하였으며, 이원화되었던 문인집단을 다시 규합하여 문인 네트워크가 형성되는 계기가 되었으며, 나아가 훗날 양주 일대의 포의(布衣)들이 청조에 출사하여 통합되는 계기가 되었다고 평가한 바 있다(이동훈 2022, 193).

10) 왕사정은 "사가(詞家)에는 곱고 아름다움[綺麗]과 호방함 두 파가 있는데 종종 한쪽

(艶體) 위주였던 진유숭의 사풍 변화에도 영향을 끼쳐 그의 사론 정립에 영향을 끼친 것으로 보인다.

다만 왕사정의 경우, 사 작품 자체는 소령을 위주로 한 완약사(婉弱詞)의 범주에 머물러 운간사파의 여파에서 크게 벗어나지 못했고 강남을 떠나 수도로 돌아간 뒤로는 사 창작에 대한 의욕 자체가 떨어져 성과가 부족하였다[11]는 한계가 있다. 그럼에도 그가 청대 사 발전에 큰 영향을 끼쳤다고 평가할 수 있는 것은 이와 같이 당시 지식인들에게 내재되어 있던 시대적 비애를 표출할 수 있는 창작의 '장(場)'을 열어주어 사 유행의 계기를 마련했다는 것에 있다.

이러한 문학 모임은 왕조 교체 과정에서 가장 큰 타격을 입었던 강남, 특히 '양주십일(揚州十日)(1645)'이 일어난 지 채 20년도 지나지 않은 양저우 지역을 중심으로 이루어졌으며, 시기상으로는 주소안(奏銷案)(1661), 명사안(明史案)(1663)과 맞물려 있어 당시 강남 지식인들에게 내재되어 있었던 망국민으로서의 비애를 표출하는 계기가 되었다. 광릉사파의 일원이자 왕사정과 함께 『의성초집』을 편선한 추지모도 주소안을 겪은 뒤 심경에 변화가 일어나 사풍에 변화가 생겼고 사 창작에 몰두하여 특히 장조에 뛰어나게 되었다고 평가되니(薛竹·石熠 2020, 33) 당시 지식인들의 활발한 사 창작이 이민족 지배 체제 하의 강남 지식인의 비애 표출을 위한

편을 드는 경우가 있다. 나는 정변(正變)만을 나누어야지 우열(優劣)을 나누어서는 안 된다고 생각한다.(詞家綺麗豪放二派, 往往分左右袒, 予謂第當分正變, 不當分優劣.)"(『향조필기(香祖筆記)』권9)라고 주장하는 등 풍격의 다양화를 추구하여 북송 소령 위주의 운간사파에 비해 보다 개방적인 태도를 취하였다. 왕사정의 사론에 대해서는 김규선의 박사학위논문(2008)을 참고할 수 있다.

11) 왕사정의 사 창작은 대체로 순치12년(1655)에서 강희3년(1664)에 이르는 10년 사이에 이루어졌다. 특히 순치 15년(1658)에서 강희3년(1664) 사이에 지어진 사를 모은 『연파사(衍波詞)』를 출판한 이후에는 거의 사를 짓지 않아, 『연파사』 이후 그가 지은 사는 강희 28년(1689) 4월에 지은 「점강순(點絳脣)」 한 수 뿐이다(이석형 2014, 339).

것이었음을 예상할 수 있게 한다. 더욱이 명사안과 같은 문자옥(文字獄)의 위협이 존재하는 시기에 사대부의 대표적인 표현 수단이었기에 감시의 대상이 되었던 '시문(詩文)'보다는 '소도(小道)'로서 낮게 평가되던 사가 오히려 자유로운 표현에 유리하였는데, 특히 이 시기 진유숭은 이론과는 별개로 실제 창작 면에서는 화간풍의 염체 완약사 위주였던 광릉사인의 한계에서 벗어나 격렬한 정서의 호방사를 주로 창작하는 등 보다 확고한 창작 경향을 정립했다.

「만강홍(滿江紅)·창창사(悵悵詞)」(其四) 제4수

一畝書齋,	한 이랑의 서재에
白楊樹、	백양나무
今番滿矣.	이번에 가득해졌구나.
想十載、	생각해보면 십년동안의
墨池滋味,	벼루의 맛이란
不過如此.	그저 이런 것에 불과하지.
芍藥風流可賜緋,	풍류는 작약 같아 붉은 관복을 하사할 만하고
丁香年少宜衣紫.	젊음은 정향 같아 자색빛 옷에 걸맞건만,
問奚爲、	무엇 때문에
蹀躞鸕鶿橋,	서리 내린 다리를 배회하는
無聊子.	곤궁한 신세가 되었나?
簫欲哭,	퉁소 소리는 울먹이는 듯하니,
紅冰墨.	눈물이 인장을 찍는구나.
琴欲笑,	금 소리는 웃는 듯하니,
玄霜蘂.	선약(仙藥)이 꽃술을 피우는구나.
歎騷茵墨寶,	시 읊는 자리와 보배로운 글씨에 탄식하며
命儕歌婢.	가비에게 짝하라 명하고는
硯締半車蘭葉鬼,	벼루로 수레 반쯤 채운 난초 잎의 넋을 엮고
詩斟一斛茶花髓.	시로 한 말 되는 차 꽃의 골수를 붓는데,

也紅顔絶代可憐人,	붉은 얼굴의 가련한 절세가인은
因誰死.	뉘 때문에 죽었는가.

위의 인용 작품은 진유숭의 '창창사(悵悵詞)' 연작사 5수 중 네 번째 작품이다. '창창사(悵悵詞)'는 '슬프고 슬프다[悵悵]'는 제목에 걸맞게 화자가 시종일관 비애에 빠져있는 상태로 묘사된다. 상편에서는 화자의 현재 처지가 그려지는데 "10년 간 갈고 닦은 벼루의 맛[墨池滋味]은 겨우 이와 같아" 한 이랑 서재에 백양나무 가득 자란 것에 만족해야할 따름이다. 또한 화려한 관복에 걸맞은 작약꽃의 풍류와 정향꽃의 젊음은 '무료자(無聊子)'의 신세로 배회하는 현재의 화자와 대비된다. 이는 곧 능력을 발휘하지 못하여 발탁되지 못하였다는 한탄이며, 혼란스러운 시기에 글을 쓰는 지식인으로서의 무력감의 표현이다.

시를 써서 종에게 노래하게 하는 장면을 그린 하편은 '붉은 얼음 같은 눈물[紅氷]', '검은 서리 같은 선약[玄霜]', '난초 잎의 넋[蘭葉鬼]', '차꽃의 정수[茶花髓]', '홍안의 가련한 절세가인[紅顔絶代可憐人]'과 같은 사어(詞語)를 사용하여, 직설적인 표현보다는 『초사(楚辭)』를 연상케 하는 환상적이면서도 다소 모호하고 함의(含意)가 담긴 표현을 하였다. 작품에서 시와 글로 담아내는 것은 난초의 혼백이나 차 꽃의 정수와 같은 고귀한 것이지만 꽃들은 죽어버린 절세가인처럼 시들었고, 작자의 '10년 간의 벼루의 맛'은 별다를 것 없는 것이며 이미 곤궁한 무료자의 신세가 되어버린 처지이니 그의 상황은 더욱 비극적으로 느껴진다.

이 작품에 대해 『의성초집』권15에서는 "…여러 말들이 기이하면서도 아름답고, 글자 하나하나마다 「상군(湘君)」과 「산귀(山鬼)」에 버금가니, 이하(李賀) 이전에 오로지 굴원(屈原)만이 그러함이 있었다.(…諸辭離奇險麗, 字字湘君山鬼之亞, 昌谷而上, 惟有左徒.)"라고 평한 바 있다.

梨園內,　　이원(梨園) 안에서는
絲憎肉.　　현악기가 사람 목소리를 미워하고,
田園內,　　전원 안에서는
花欺粟.　　꽃이 곡식을 기만하네.
更枲麻謗錦,　　더욱이 삼이 비단을 비방하며
蒼葹譏菊.　　더부룩한 도꼬마리가 국화를 참소하는구나.
百隊錢刀爭作横,　　온갖 무리의 화폐가 앞 다투어 횡행하니
一身風雅單爲僕.　　이 한 몸의 풍아는 그저 종노릇 하는 셈이지.
倚酒悲、　　술에 의지하여 슬퍼하나니
亂擊紫珊瑚,　　자줏빛 산호 어지러이 두드려
嗚如筑.　　축과 같은 소리 내네.

-「滿江紅·悵悵詞」(其五) 의 下片

인용한 부분은 「만강홍(滿江紅)·창창사(悵悵詞)」제5수의 하편인데, 작자는 이 작품에서 '비유'의 방식을 사용하여 현실 세계를 비판하였다. 삼이 비단을 비방하고 도꼬마리가 국화를 참소하는 것은 진정한 가치를 알아보지 못하고 대인배가 소인배에게 비난을 받아 인정받지 못하는 세태를 비판한 것이다. 작품의 마지막은 돈이 '풍아(風雅)'보다 우선시 되는 세태 속에서 취한 채 슬피 노래하는 장면으로 마무리가 되니, 이는 곧 사를 짓는 현재의 자신의 모습이기도 하다. 즉, 진유숭에게 사는 혼란스러운 시대에 무력한 자신의 비애를 토로하기 위한 수단이다.

『의성초집』권15에서는 이 작품에 대해서도 "예전에 당인(唐寅)에게 「창창시(悵悵詩)」6수가 있어 독자들의 코가 시큰했다. 진유숭은 강개하고 격정적이기에 그보다 뛰어나니 또한 독자들로 하여금 코를 가리고 '어찌하나' 부르짖게 한다.(昔唐寅有悵悵詩六首, 讀者酸鼻. 其年以忼激勝之, 又令讀者捉鼻喚奈何也.)"라고 평하여 작품에 대한 공감을 표시했다. 「상군(湘君)」, 「산귀(山鬼)」와 같은 『초사』의 작품에 비유하고 굴원에 견주며 '강개하고 격렬하다[忼激]'라고 한 추지모의 평어(評語)에 의

하면, 이 작품들은 단순한 염정에 국한되지 않는 주제를 다루고 함축적인 표현과 기탁을 통하여 격렬한 사대부적 비애를 토로한 것이다.

사실 청대에 부활하였다고 평가되는 사는 명말(明末)부터 부활의 기미를 보이기 시작했으며, 여기에는 명청 교체기에 사를 활발히 창작하였던 운간사파의 공이 컸다고 할 수 있다. 본 연구자는 이전 연구에서 운간사인들이 세기말의 비애 의식을 위주로 하여, 사대부 정서의 표현 수단으로서의 사의 가능성을 재발견하고 사로 회귀하였음을 지적한 바 있다. 기존의 사대부적 정서의 서정수단이었던 시문과 달리 유희성이 강하여 낮은 평가를 받았던 사는 오히려 그 때문에 문망(文網)을 피하여 왕조교체기의 비애를 토로할 수단이 될 수 있었던 것이다.

다만 이 시기 사에 대한 운간사파의 태도에는 다소 모순적인 부분이 있다. 이들은 그들의 창화 행위가 유희에 불과한 것임을 강조하였고,[12] 실제로 동일한 곡조와 주제를 선택하여 창화하며 서로 재주를 겨루는 창작 방식과, '여성의 애정'과 '영물'이라는 한정된 주제에서 운간사파 사의 유희적인 면모를 분명히 발견할 수 있다.

그러나 다른 한편으로는 "사의 뜻은 '스스로를 가련히 여기는 것'에 있으며 '스스로를 가련히 여기는 것'은 규방 미인의 심정과 비슷하다.(詞之旨本於私自憐, 而私自憐近於閨房婉孌.)"(宋徵璧, 「倡和詩餘再序」)라고 주장하니, 이는 실의한 처지에서 느끼는 비애와 애정 관계에서의 좌

12) 「유란초서(幽蘭草序)」에서 진자룡(陳子龍)은 "(이문(李雯)과 송징여(宋徵輿)가) 때로는 반고와 장형의 굉박한 자질과 매승과 소무의 대아(大雅)의 홍취를 굽혀 소사(小詞)를 지어 장기와 바둑을 대신하였다.(時屈其班張宏博之姿, 枚蘇大雅之致, 作爲小詞, 以當博奕.)"라고 언급하여 사를 짓는 것이 장부의 기질과 거리가 있는 사소한 일이며 장기나 바둑을 대신하는 '놀이'에 해당한다고 하였고, 송징벽(宋徵璧) 역시 「창화시여재서(倡和詩餘再序)」에서 "때는 늦봄이었는데 동쪽 교외에서 친구들을 만나 서로 사로 겨루는 놀이를 하며 장기와 바둑을 대신하였다.(時值暮春, 邂逅友人於東郊, 相訂爲鬥詞之戲, 以代博弈.)"라고 하였다.

절 사이의 심리적 유사성에 착안하여 작자의 정서와 유사한 규방 여인의 입을 빌려 사대부적 자기 연민을 표현한 것이며, 그리하여 그들 작품의 기저에 또 다른 의미가 숨겨져 있음을 암시한 것이다. 일견 유희를 위해 선택한 것으로 보이는 '여성'이나 '영물'이라는 주제는 사실 사인들을 '대신'하는 존재로, 운간사인들은 현실의 여성과 사물을 그리는 것이 아니라 그들의 관념 속 비애에 빠져 있는 규방의 여성과 가련한 사물을 '설정'하고 그것을 묘사함으로써 자신들의 비애를 암시적으로 토로하고자 하였다. 운간사인의 이중적 태도는 시대적 비애를 차마 완전히 토로할 수 없고 '유희'라는 명목 뒤에 숨어야했던 왕조교체기 지식인의 불안정한 처지를 드러내는 것이라고도 해석할 수 있다.

왕조 말 비애에 빠진 스스로를 그대로 드러내기 보다는 관념상의 '여성' 혹은 외부의 '사물'의 슬픔을 형상화하는 방식으로 사대부적 비애를 '대신' 전달하는 방식을 사용하였던 운간사파의 작품 경향은 왕조 교체라는 충격적인 사건을 겪은 뒤, 일정 부분 변화를 겪었고 한정된 제재에서 벗어나 보다 더 사대부적 시선을 담은 주제로 확장될 가능성을 보여주었지만, 그것이 본격적으로 나타난 것은 진유숭 등의 청초 사인에 이르러서라고 볼 수 있다. 이 시기에 이르면 '여성' 혹은 '외물(外物)'의 뒤에 숨어있던 사대부 자아로서의 '나'가 사의 서정자아로 복귀하게 되니, 사의 '화자'의 말은 곧 사대부인 작자 자신의 말과 일치하는 것으로 읽히게 된다. 그에 따라 이전에 운간사파가 한정된 제재를 다루며 현실이 아닌 관념상의 '설정'된 찰나의 장면을 묘사하는 것에 집중했던 것과 달리, 다량의 전고를 활용하고 역사적 사건을 논하는 등 사대부적 시선을 담은 주제로 사의 내용이 확대되었다. 이 시기에 사는 비로소 진짜 사대부로서의 '나'의 고뇌를 토로하고 '내'가 살아가는 현실을 기록하는 역할을 하게 되며,[13] 나

13) 여성인 척 노래하거나 전지적 시점에서 여성의 내면을 꿰뚫어보며 노래하는 사에서,

아가 역사 기록으로서의 역할까지 할 수 있게 되었다.

> "하늘이 정이 있다면 하늘이 어찌 늙지 않겠는가? 돌에게 한이 없다면 돌이 어찌 말할 수 있겠는가? (중략) 거슬러 올라가 보면 천지가 시작된 이래로 대대로 마음이 편치 않은[不平] 일이 있었다. (중략) 어떤 것은 하마릉(蝦蟆陵) 위에서 노년의 여인이 한담하는 것이고, 어떤 것은 관작루(鸛雀樓) 옆에서 옛 왕조의 유로(遺老)가 밤에 이야기한 것이며, 어떤 것은 무담산(武擔山)의 지나가는 나그네가 성도(成都)에서 석경(石鏡)을 보았던 것이고, 어떤 것은 주질현(盩厔縣)에 사는 이가 우연히 위수(渭水)에서 구리 쟁반을 얻은 것이니, 눈으로 본 것이 아니면 직접 들은 것이다.(天若有情, 天寧不老. 石如無恨, 石豈能言. (…) 溯夫皇始以來, 代有不平之事. (…) 或蝦蟆陵上, 暮年紅袖所閑談, 或鸛雀樓邊, 故老白頭之夜話. 或武擔過客, 曾看石鏡於成都, 或盩厔居民, 偶得銅盤於渭水, 苟非目擊, 即屬親聞.)(진유숭,「曹實庵詠物詞序」중에서)

위의 인용문에서 진유숭은 "돌이 말하는 것은 한이 있기 때문"이라고 주장하니, 이는 곧 사를 비롯한 문학 창작은 결국 정(情)과 한(恨)으로 인한 것이며, 그 중에서도 대대로 있었던 '불평(不平)'의 사건, 즉 왕조의 몰락과 흥망성쇠로 인하여 촉발되는 감정이 표현의 욕구를 일으킨다는 의미다. 특히 창작에 영향을 미치는 것은 '눈으로 직접 보'거나 혹은 '직접 들은' 현실에서의 직접적인 체험으로 인하여 촉발된 감정이다. 이는 관념

작자와 거의 일치하는 듯 보이는 서정자아로서의 '나'를 내세우는 사로의 변화는 만당오대(晚唐五代)의 화간사(花間詞)에서 남당사(南唐詞), 송사(宋詞)로 넘어가면서 점차 사대부로서의 남성 화자의 존재가 뚜렷해졌던 것과 유사해 보이며, 실제로 사의 발전에 왕조 교체가 영향을 끼쳤다는 점에 있어서도 청대와 그 상황이 유사하다고 볼 수 있다. 다만 화간사의 여성적인 풍격은 1차적으로 그것이 여성인 가기(歌妓)에게 불리기 위한 가사였다는 점에서 비롯된 것이며, 그에 따라 자신들의 비애를 암시적으로 표현하기 위하여 의도적으로 그것과 유사한 정서의 '여성'과 '사물'을 설정하고자 한 운간사파와는 방향성에 차이가 있다.

속 설정된 장면들을 완약한 풍격으로 노래한 운간사인들의 사와는 분명히 다른 경향으로, 이석형은 "불공평에서 비롯된 원망의 감정, 직접 목격하고 귀로 들은 사건에 의해 격발된 감정을 써낸 사의 풍격은 완약의 범주에 머무를 수 없고, 이 때문에 양선사파가 호방 사풍에 호의적인 입장이었다."고 지적하였다(이석형 2009, 17).

이밖에도 진유숭은 "소식(蘇軾)이나 신기질(辛棄疾)이 지은 장조의 사들 또한 두보(杜甫)의 가행이나 서경(西京)의 악부처럼 뛰어나다.(而東坡、稼軒諸長調, 又駸駸乎如杜甫之歌行與西京之樂府也.)"고 지적하며, "사를 뽑는 것은 사를 보존하는 것이고, 그것은 곧 경전을 보존하고 역사를 보존하는 것이다.(選詞所以存詞, 其卽所以存經存史也夫.)"(「詞選序」)라고 주장하니, 이는 사가 '불평지사(不平之事)'를 겪은 유민의 한을 토로하고 그의 시점에서 바라본 현실 사회를 기록함으로써 '역사기록'으로서의 '사사(詞史)'의 역할을 할 수 있다는 의미이다.

양선사파의 진유숭, 절서사파의 주이준 등 이 시기에 기반을 다지며 발전한 강남 지역 사파의 사인들은 명의 멸망을 비교적 어린 나이인 십대에 경험한 세대다. 진유숭의 아버지 진정혜(陳貞慧, 1604-1656)는 복사(復社)의 주요 성원으로 모양(冒襄)·후방역(侯方域)·방이지(方以智)와 함께 '명말사공자(明末四公子)'로 칭해졌으며, 명이 멸망한 뒤에는 은거하며 두문불출하여 십여 년간 도시로 나오지 않은 유민이었다. 진유숭 역시 아버지를 따라 어린 시절 은거하였고 아버지의 사후에 경제적 곤란을 겪자 모양의 도움을 받아 수회원에서 기거(寄居)하는 등 유민 네트워크의 영향 아래 있었고 자연히 유민 정서를 내재하게 되었으니, 이를 사를 통해 토로하고자 하는 욕망이 있었을 것이다. 다만 그와 같은 유민 후세대는 시간이 흐름에 따라 서서히 망국민으로서의 비애에서 벗어나 청 왕조에 회유되며 분화하였는데, 자연히 이전의 운간사인의 사와 진유숭의 사가 표현하는 정서에도 차이가 발생하게 되었다. 그리하여 왕조 교체 과정의 한가운데 있었던 운간사인의 사가 확고하지 못한 정체성과 자신의 처지를 스스로 결정할 수 없는 데서 오는 비애나 변절한 것에 대한 죄책감을 부유하는 사물14)의 이미지를 통해 우회적으로 토로하였다면, 진유숭은 망국에 대한 회한을 넘어 세상을 재건하는 일에 능력을 발휘하고 싶다는 욕망과 그것이 받아들여지지 않는다는 데서 오는 좌절15)을 작자 자신의 분신으로서의 '나'를 서정자아로 하여 사에서 노래하였다. 이에 대해서는 다음 장에서 자세히 논하고자 한다.

Ⅲ. 진유숭(陳維崧)「만강홍(滿江紅)」사의 현실 인식과 그 비애

사대부로서의 현실 인식과 그 비애를 표현하기에「만강홍」은 대단히 적

14) 대표적으로 '버들꽃[楊花]'의 이미지를 들 수 있다. 이문(李雯)의「낭도사(浪淘沙)·버들꽃[楊花]」에서는 "금 실가지에 새벽바람 사그라지고 흰 눈은 날 개어 날리는데, 누굴 위해 옥 조각 난간으로 날아오르나. 안타깝게도 장대(章臺)에 새로 비 내린 뒤 모래사장에 밟혀 들어갔구나.(金縷曉風殘, 素雪晴翻. 為誰飛上玉雕闌. 可惜章臺新雨後, 踏入沙間.)"라는 구절이 있는데, 여기서 '새로 온 비'는 새 왕조를 상징하며, 모래사장에 밟혀 더럽혀진 버들꽃은 절개를 잃고 새 왕조에서 벼슬하게 된 작자 자신을 상징하는 것으로 볼 수 있다.

15) 실제로 진유숭은 여러 차례 과거에 도전하였으나 번번이 실패하였고, 강희18년(1679), 박학홍사과(博学鸿词科)를 통해 50대 중반에 관직에 진출하였으나 이후 3년 만에 세상을 떠났다. 다만「허구일시집서(許九日詩集序)」에서 순치19년(1660) 향시(鄉試)에 불합격한 뒤 역시 시험을 보러 왔던 허욱(許旭)을 만났던 사건을 언급하며 "허욱과 내가 금릉에서 다시 모여 이야기하였다. 두 사람이 금릉에 오게 된 것은 두 사람의 뜻이 아니었다.(許生陳生復相聚語於金陵. 兩人之來金陵, 非兩人志也.)"라고 하였으니 초기 과거 시험의 응시는 자발적으로 관직에 진출하고자 한 것이었다기보다는 경제적 빈곤 등 어쩔 수 없는 사정으로 인한 것으로 추정된다.

절한 사패 중 하나다. 류만리(劉曼麗)의 「宋金元『滿江紅』詞硏究」(2014)에 의하면 「만강홍」 사패는 송(宋)·원(元)·금대(金代)에 이미 '염정(艷情)'이나 단순한 '사경(寫景)'의 주제에서 벗어나 사대부의 사회생활이나 인생의 고뇌 등의 주제를 다루는데 자주 사용되어 "악공의 사[伶工之詞]"에서 "사대부의 사[士大夫之詞]"로 변화를 이루었다고 평가된다.16)

「만강홍」사패는 기본적으로 상(上)·하편(下片) 93자로 분량이 긴 편이고 구식(句式)에 변화가 많아 서사에 유리하다. 더불어 유영(柳永)의 정체(正體) 외에도 여러 변체(變體)가 존재하지만 남송대 강기(姜夔)의 변체 하나만을 제외하고는 모두 측성운(仄聲韻), 그 가운데서도 입성운(入聲韻)을 많이 사용하며, 구식도 4자구(字句)·5자구·8자구가 서로 배합되고 과편(過片)에서는 네 개의 3자구가 짧고 조밀하게 이어져 긴박한 느낌을 주어 격앙된 정서를 표현하기에 적합하다(馬甜 2021, 60). 진유숭의 경우, 영사회고류(詠史懷古類) 작품을 창작할 때 가장 많이 사용한 사패가 「만강홍」으로, 총 17수가 있는데 이는 앞서 언급한 사패의 특징 때문으로 보인다.

본장에서는 진유숭의 「만강홍」사에 드러난 현실 인식을 작자와 일치되는 서정자아인 '나'에 대한 인식과 '나'를 둘러싼 '세계'에 대한 인식으로 나누어 보고 그것에서 드러나는 사대부적 비애에 대해서 살펴보고자 한다.

16) 류만리(劉曼麗)의 통계에 따르면 송(宋)·원(元)·금대(金代) 「만강홍」사패의 제재는 애정이 3%, 대언체(代言體) 2%, 사경(寫景)이 3%로 미미한 비중을 차지하는 반면, 가장 많이 사용된 제재는 교유 25%, 축송(祝頌) 15%로, 송원금대 사인들이 「만강홍」사패를 사용하여 사대부적 현실 생활을 자주 노래하였음을 알 수 있다(劉曼麗 2014, 48-49). 진유숭 역시 「만강홍(滿江紅)· 눈을 노래하다[詠雪]」〈규각(閨閣)〉·〈곡중(曲中)〉, 「만강홍(滿江紅)·모란을 바라보며 옛일을 느끼다[看牡丹感舊]」 정도를 제외하면 「만강홍」사패로 염정적인 풍격의 작품은 거의 짓지 않았다.

1. '자아'에 대한 인식 - '늙음'과 '무용(無用)'

앞서 언급한 바와 같이 이전 운간사파의 사가 주로 '여성'과 '사물'을 내세워 자신의 비애를 암시적으로 표현하였다면, 진유숭 시기의 사는 사대부 자아를 반영한 '나'를 서정자아로 내세워 '나'의 현실적 고민을 직접적으로 드러낸다. 특히 진유숭의 「만강홍」에서는 일관된 '자기 인식'이 나타나는데, 그 중 가장 눈에 띄는 것은 자신의 '늙음'에 대한 인식이다.

風乍滿,	바람이 갑자기 가득해져
喧杉漆.	삼나무와 옻나무 시끌벅적하고,
霜漸老,	서리가 점차 오래되어
催機匹.	베틀을 재촉하는구나.
看雁排人字,	기러기가 '人'자로 늘어선 것 보니
瓏瓏幾筆.	영롱하게 몇 차례 붓질한 게로구나.
詩怕殺靑刊復毁,	시는 푸른 죽간에 새겨도 다시 헐어버릴까 두려운데
鬢憎鑷白芟逾密.	귀밑털은 흰 머리 뽑아도 더욱 촘촘해져 밉구나.
只酒悲苦憶婦姑城,	그저 술 마시고 슬퍼하며 婦姑城을 괴로이 생각하다
呼鷹出.	매를 불러내었네.

-「滿江紅 · 寫近況酬寄曹顧庵學士郎用學士來韵」의 下片

위의 인용문은 조이감(曹爾堪, 1617-1679)에게 자신의 근황을 적어 보낸 「만강홍(滿江紅) · 근황을 적어 조고암 학사에게 수창하여 부치다. 조 학사가 보내온 운을 사용하였다.(寫近況酬寄曹顧庵學士郎用學士來韵.)」 사의 하편으로, 이 작품에서는 바람 불고 서리 내려 쇠한 가을날의 풍경과 비애에 빠진 화자의 모습이 병렬된다. 화자는 푸른 죽간에 시를 새겨도 그것이 자꾸만 훼손되어 없어질까 두려운데, 족집게로 뽑아야할 흰머리는 반대로 점점 늘어나는 상황이다. 시는 사라지고 흰 머리는 늘어나는 상황의 대비는 진유숭 사에서 '늙음'이 '재주', 특히 '문재(文才)'를 잃거나, 혹은 '문재(文才)'를 발휘할 기회를 잃고 '쓸모없어'지는 상황과 연결됨을 보여준다. 이 작품의 상편에서 화자는 "신선은 배우기 어려우니 어찌 법술을 단련해야 하리.(神仙難學, 底須煉术.)"라고 하여 신선술을 연마하는 것도 불가능한 상황이라 말하니, 화자가 가진 유일한 재주는 오로지 시를 쓰는 것뿐인데 그마저도 점차 발휘하기 어려워지는 것이다.

'병'과 '늙음'은 기존 시사(詩詞)에서 꾸준히 다루어 왔던 주제로, 주로 반복되는 자연의 순환적인 시간과 한번 지나가면 돌아오지 않는 인간의 단선적인 시간의 대비를 통해 결국은 죽음을 맞이해야 한다는 '존재론적 비애'를 표현하는 방식이었다. 그러나 진유숭이 말하는 자신의 '늙음'은 이와는 분명한 차이가 있으니, 유독 자신의 '쓸모없음', 그리고 문학(文學)과 독서(讀書)의 무의미함과 연결된다. 이 때문에 진유숭 사의 '늙음'은 변함없는 '자연'과 대비되지 않으며 오히려 앞서 본 작품과 마찬가지로 시들어 가는 자연물은 늙어가는 작자 자신의 공감을 일으키는 존재다. 대신 진유숭의 '늙음'은 유능한 젊은 세대와의 대비를 통해 본인의 '쓸모없음'을 처절하게 강조하는 방향으로 나타난다.

> 젊은이들은 시와 술에 관한 일 상관 않건만, 이 노인네는 공교롭게도 문장의 겁에 떨어지셨구나.(兒輩不關詩酒事, 乃公偶墮文章劫.)
>
> -「滿江紅·悵悵詞」제3수 중에서

> 나는 늙어 몸에는 공연히 머리 염색하였는데, 경은 건장하여 해를 삼킬 생각하는구려.(僕老矣, 身空漆. 卿健者, 懷吞日.)
>
> -「滿江紅·賀曹掌公秋捷仍用前韻」 중에서

> 늙은 봉황 우는데 재주는 어찌 이룰까. 어린 봉황 이야기하는데 읊는 것마다 다 만족스럽구나.(老鳳叫, 才何捷. 雛鳳語, 吟都愜.)
>
> -「滿江紅·將發梁溪酒後與吳薗次」 중에서

사에서 '젊은이'는 '늙은이'와 달리 문장에 얽매이지 않으며, 태양을 삼킬 듯한 강렬한 생명력을 내뿜고 심지어 작자의 유일한 재주인 문장마저도 뛰어나다. 그에 비해 작자는 '늙은 봉황' 같은 처지로 재주를 실현시키기 어렵다.

진유숭은 "문장의 겁(劫)에 떨어졌다"고 표현하는데, 이에 의하면 그에게 '문장'은 곧 화(禍)이다. 그는 "어찌 팔지 않는가, 산 중의 옻나무를. 어찌 짜지 않는가, 베틀의 한필 베를. 그저 해마다 가시를 품고만 있으니 언제나 붓을 던져버리려나?(何不販, 山中漆. 何不織, 機頭匹. 只年年懷刺, 幾時投筆.)"(「滿江紅 · 月之初六余將有廣陵之行, 前一夕, 行囊襆被俱被偷兒負去, 戲作二詞示里中諸子, 仍用前韻」제2수)라고 하여 자신의 짐을 훔쳐간 도둑의 입을 빌려 재주를 알아줄 사람을 기다리지만 이루지 못하고, 그렇다고 다른 일을 찾지도 않고 유일하게 할 줄 아는 글쓰기에만 매달려 빈곤한 자신의 처지를 자조하였다. 또한 작자는 오히려 "책을 읽어 도리어 애송이들에게 치욕을 당하는(讀書翻受羣兒恥)"(「滿江紅 · 舟次丹陽感懷二首仍用天山韻」제1수) 상황에 처해있음을 말하니, 글을 쓰고 책을 읽는 것은 지금의 시대에 '유용(有用)'하기는커녕 손가락질 받는 일이라 '화(禍)'라고 볼 수 있는 것이다.

「만강홍(滿江紅) · 창창사(悵悵詞)」(其二) 제2수

日夕此間,	낮밤 사이에
以眼淚、	눈에는 눈물이
洗胭脂面.	연지 바른 얼굴 적시네.
誰復惜、	누가 또 아쉬워하랴
松螺脚短,	소나무의 달팽이는 다리가 짧아
不堪君薦.	그대의 추천을 감당할 수 없건만.
幾帙罵人鸚鵡著,	남을 욕하던 「앵무」의 저작 몇 권

半牀詛世芙蓉譔.	책상 반을 차지하고 있는 세상을 욕하던 「부용」의 찬술,
笑嶔嵜俠骨縛靑衫,	우뚝하니 호기로운 골격으로 청삼을 두른 것 비웃나니
奚其便.	어찌하여 그렇게나 어울리는가.
曷不向,	어찌 향하지 않는가
靑河戰.	청하의 전투로.
曷不向,	어찌 향하지 않는가
靑樓宴.	청루의 연회로.
問何爲潦倒,	무엇 때문에 실의하여
靑藜筆硯.[17]	명아주 지팡이와 지필묵에 빠져있나.
老大怕逢裘馬輩,	나이 먹어서는 가벼운 갖옷에 살진 말 탄 무리들 만날까 두려워하다
顚狂合入烟花院.	미쳐서는 연화원에 함께 들어가는구나.
誓從今、	맹세하나니 지금부터는
傅粉上鬚眉,	흰색 분칠한 수염과 눈썹으로
簪歌釧.	잠가를 부르리라.

「만강홍(滿江紅)·창창사(悵悵詞)」의 두 번째 작품인 위 작품은 『의성초집』에 수록되어 비교적 이른 시기에 완성된 것이지만 그럼에도 불구하고 작자는 '나이 먹었다[老大]'는 표현을 사용한다. 이는 작자가 말하는 '늙음', 즉 '시간의 흐름'은 자연적 시간만을 의미하는 것이 아니라, 득의(得意)하지 못하고 허비한 시간을 의미하기 때문이다.

작품의 상편에서는 뜻을 이루지 못하고 빈곤한 처지가 된 자신에 대한

17) 靑藜(청려) : 후한(後漢)의 유향(劉向)이 밤에 글을 읽는데 한 노인이 나타나 청려장(靑藜杖)으로 땅을 치니 불빛이 나며 환해져서 책을 읽을 수 있었다는 전설과 관련하여, 밤에 책을 읽을 때 비추는 등불을 의미한다.

자조가 드러나니, "다리가 짧은 달팽이"는 곧 능력이 부족한 자신이며, 그동안 호기롭게 세상을 비판하며 「앵무부(鸚鵡賦)」와 「부용부(芙蓉賦)」를 잔뜩 썼지만 지금은 '청삼(靑衫)'이 어울리는 미천한 처지일 뿐이라 스스로를 비웃는다. 하편에서는 세상을 구제하기 위해 '청하의 전투[靑河戰]'에 참여하지도, 풍류를 즐기기 위해 '청루의 연회[靑樓宴]'에 참여하지도 못한 채 실의에 빠져 독서와 글쓰기에 빠져있는 스스로를 탓하고는 차라리 기원(妓院)에 들어가 미친 듯이 노래하겠다고 말하며 작품을 마무리하였다. 작자는 '鸚鵡著', '芙蓉譔', '靑藜筆硯'과 같은 사어(詞語)들을 통해 결국 이 시대에 '문재(文才)'는 무의미한 것이며, 그가 택할 수 있는 것은 전쟁에 나가거나 풍류를 즐기거나 하는 것밖에 없음을 말하며 스스로의 '쓸모없음'에 대해 한탄한다. 이는 역으로 진유숭 자신이 재주를 펼칠 기회에 대한 강한 갈망을 가지고 있었음을 보여준다. 즉, 진유숭 사에 보이는 스스로의 '늙음'에 대한 인식은 이제껏 능력을 발휘하지 못하고 세상에 쓰이지 못한 것에 대한 자괴감과 시간이 너무 지났기 때문에 더 이상 기회를 얻을 수 없을 지도 모른다는 불안감의 표현인 것이다.

「만강홍(滿江紅)·변경회고(汴京懷古)」(其一)
변경에서 회고하다 제1수

壞堞崩沙,	부서진 담장과 무너진 모래밭
人說道、	사람들은
古夷門也.	옛 이문이라 말하네.
我到日、	내가 도착한 날
一番憑吊,	유적을 한번 대하고는
淚同鉛瀉.	맑은 눈물 쏟아냈지.
流水空祠牛弄笛,	흐르는 물 텅 빈 사당에서 피리 부는데
斜陽廢館風吹瓦.	태양이 저무는 닫힌 관사에는 기와에 바람 부네.

買道旁濁酒酹先生	길가에서 산 탁주를 선생에게 올리고는
班荊話.	함께 앉아 이야기하였네.
攝衣坐,	옷을 잡고 앉으니
神閑暇.	정신이 한가롭구나.
北向剄,	북쪽을 향해 칼을 가르니
魂悲吒.	영혼이 슬피 탄식하네.
行年七十矣,	"나이가 칠십이니
翁何求者.	늙은이가 무엇을 구하겠소."
四十斤椎真可用,	사십 근의 망치는 진실로 쓸 만하건만
三千食客都堪罵.	삼천 식객 모두 욕하였지.
使非公、	만약 공이 아니었다면
萬騎壓邯鄲,	만 명이나 되는 기병의 한단을 압도하였겠나,
城幾下.	성 아래에서.

(注: 夷門 이문)

『진유숭연보(陳維崧年譜)』에 의하면 1668년 가을, 진유숭은 44세의 나이로 여러 지역을 유랑하였는데 이 과정에서 변경(汴京)에 이른 뒤 변경의 역사를 되돌아보는 「만강홍(滿江紅)·변경회고(汴京懷古)」10수를 썼다. 위에 인용한 작품은 그 중 첫 번째 작품으로, 이문(夷門)을 방문하고 그곳과 관련하여 『사기(史記)·위공자열전(魏公子列傳)』에 기록되어 있는 은사(隱士) 후영(侯嬴)의 일화에 대해 쓴 것이다.

상편에서는 후영이 노년에 문지기로 있었다고 전해지는 이문에 도착해서 후영의 사당에 방문한 상황을 이야기하였다. 유적을 보고 눈물을 쏟고, 탁주를 바치며 마치 후영과 한 자리에서 이야기를 나누는 듯한 화자의 태도에서 화자가 후영에게 매우 공감하고 있음이 드러난다. 하편에서는 후영이 신릉군(信陵君)에게 인정받아 그에게 역사(力士) 주해(朱亥)를 소개시켜줌으로써 진(秦)나라의 공격을 막았던 역사에 대해 언급하였다. 이 과정에서 작자는 후영의 나이가 일흔이 넘었기에 그의 진가를 알아보지 못하고 욕했던 어리석은 식객들을 지적하며, 후영이 아니었다면 한단에서의 전쟁에서 승리할 수 없었을 것이라 이야기하였다. 이는 나이로 능력을 판단하는 어리석은 세태에 대한 비판이며, 더 나아가 자신이 나이가 들었어도 얼마든지 그 능력을 발휘할 수 있으니 신릉군과 같이 그 능력을 알아줄 사람이 필요하다는 외침으로도 들린다.[18)]

문장·독서의 '쓸모없음[無用]', 거기에 '늙음'으로 인하여 더욱 쓸모없어진 스스로에 대한 처절한 자기 인식은 왕조 교체라는 시대적 상황과 맞물려 혼란스러운 시기에 지식인으로서 아무것도 할 수 없다는 자괴감을 표현한 것이라고도 해석할 수 있다. 이는 옛 왕조에 대한 절개를 지킬 것인가, 아니면 새로운 왕조로 나아갈 것인가 자체가 고민이었던 이전 세

18) 실제로 「만강홍」사패를 사용한 또 다른 회고사(懷古詞)인 「만강홍(滿江紅)·가을날 신릉군의 사당을 지나다[秋日經信陵君祠]」에서는 "만약 그대(신릉군)가 여전히 있다면 분명 나를 가여워하셨겠지.(倘君而尚在, 定憐余也.)"라고 언급한바 있다. 아래는 해당 작품의 하편이다.

今古事,	고금의 일
堪悲咤.	슬퍼 개탄할만하지.
身世恨,	신세의 한
從牽惹.	불러일으키는구나.
倘君而尚在,	만약 그대가 여전히 계셨다면
定憐余也.	분명 나를 가여워하셨겠지.
我詎不如毛薛輩,	내 어찌 모씨와 설씨 무리만 못하겠으며
君寧甘與原嘗亞.	그대 어찌 감히 평원군과 맹상군보다 못하리오.
歎侯嬴、	탄식하나니 후영이
老淚苦無多,	노인의 눈물 흘리는 것 얼마나 되는가?
如鉛瀉.	맑은 납물을 흩뿌리는 것 같구나.

이 작품에서 후영과 신릉군 사이의 '고금의 일'은 나의 '신세의 한'으로 연결되며 후영이 흘리는 노인의 눈물은 곧 나의 눈물이니, 진유숭은 나이 들어서 발탁된 후영에 자신을 일치시키고, 자신에게도 신릉군과 같은 존재가 있어 재주를 알아봐주기를 바라는 마음을 드러내었다.

대와는 다소 다른 양상으로, 이전 왕조에서의 실책을 반성하고 왕조 초기의 혼란을 다스리고자 하는 확고한 경세의 의지가 있으나 그 기회가 주어지지 않는 것에서 느끼는 비애가 사로써 표출된 것이다.[19)]

2. '세계'에 대한 인식 - 인간 역사 속의 '도시'와 변함없는 '강촌(江村)'

진유숭은 유민 네트워크 속에서 교유하며 강절(江浙) 지역에 머물렀던 시기와 강희18년(1679) 박학홍사과로 발탁되어 수도에 머물던 시기를 제외하면 대부분의 시기에 생계 등을 위하여 다양한 지역을 떠돌아다녔다. 특히 그의 사작(詞作)의 중기(中期)에 해당되는 순치13년(1656) 가을·겨울에서 강희7년(1668) 연말까지는 루가오(如皋)에서 기거하던 8년을 중심으로 대체로 고향을 떠나 사방을 유랑하였는데, 이 과정에서 숱하게 새로운 공간을 접하며 그에 대한 인상을 사로 남겼다. 이러한 사에는 그가 그를 둘러싼 외부의 현실 세계를 어떻게 인식하고 있는지가 드러나는데, 특히 '도시'와 '강촌'의 대비는 그가 서로 다른 시공간 의식으로 '도시'와 '강촌'을 바라보고 있음을 보여준다.

진유숭 사 속 '세계'는 크게 인간 역사의 흐름 속에서 번영을 잃고 파괴

19) 이러한 경향은 진유숭과 비슷한 시기에 활동하였고 유민 후세대라는 비슷한 처지에 있었던 주이준에게서도 발견되니, 이것이 당시 비슷한 세대의 지식인들이 공유하고 있었던 정서였음을 알 수 있다. 특히 『강호재주집(江湖載酒集)』에 수록된 주이준의 전기사(前期詞)는 주이준이 관직에 오르기 전에 창작된 것으로, 사에서 화자는 떠도는 객(客)으로서 세월의 흐름을 민감하게 인식하고 늙음에 대한 공포를 자주 드러내었다. 이 또한 사대부로서 득의하여야 한다는 의무감과 연결되는 것으로, 그렇기에 주이준이 박학홍사과로 관직에 올라 어느 정도 실의한 상태에서 벗어난 뒤에는 여전히 타향살이 중인 '객'의 처지임에도 불구하고 사에서 늙음에 대한 공포가 이전에 비해 뚜렷하게 드러나지 않게 되었다. 이에 대해서는 졸고(2018) 박사학위논문, 3장 제2절 2. '시간의 유한성 인식'에서 자세히 다룬 바 있다.

된 '도시'와 인간 역사의 흐름과 상관없이 자연의 순환 섭리 속에 놓여있는 태평스러운 '강촌'의 대비로 나타난다. 이것이 가장 분명하게 드러나는 것은 같은 사패를 사용하였음에도 전혀 다른 분위기로 창작된 「만강홍(滿江紅)·변경을 회고하다[汴京懷古]」 10수와 「만강홍(滿江紅)·강촌에서 여름에 노래하다[江村夏咏]」 10수이다. 여기서는 우선 '도시' 공간의 대표로 과거 왕조의 도읍이었던 '변경(汴京)'에 관한 사를 중점적으로 논하고자 한다.

漭漭河聲,	넓고 넓은 강물 소리
捩柁處、	노 젓는 곳에
怒濤千尺.	성난 파도 천 척이라네.
絶壁下、	절벽 아래에서는
魚龍悲嘯,	어룡이 슬피 울부짖고
水波欲立.	물결은 일어나려는 듯.
一泒灰飛官渡火,	한 번의 파도에 재가 되어 날리는 관도(官渡)의 불빛
五更霜灑中原血.	오경에 서리 흩뿌려진 중원의 피.
問成皐京索事如何,	성고(成皐)와 경색(京索)에서의 일은 어찌되었나.
都陳蹟.	모두 옛 흔적 되었구나.

-「滿江紅·自封丘北岸渡河至汴梁」의 上片

인용한 작품은 앞서 본 「만강홍(滿江紅)·변경에서 회고하다[汴京懷古]」보다 시기 상 약간 앞서 창작된 것으로, 1668년 진유숭이 펑추(封丘, 지금의 허난성(河南省) 신샹시(新鄉市) 펑추현(封丘縣)) 북쪽 언덕에서 강을 건너 변량(汴梁, 지금의 허난성(河南省) 카이펑시(開封市)) 즉 변경(汴京)에 도착하였을 당시에 지은 것이다. 인용한 부분은 작품의 상편으로 배를 타고 성난 파도를 지나 변경에 막 도달하는 장면을 그린 것이다. 어룡이 슬피 울부짖는 듯 거센 물결로 묘사되던 변경의 자연환경은 "관도의 불빛[官渡火]"과 "중원의 피[中原血]"라는 사어(詞語)를 통해 인간의 공간으로 바뀌며, 화자는 성고(成皐)와 경색(京索)에서의 일, 즉 초한(楚漢)의 치열한 전쟁이 있었던 변경의 역사가 모두 옛 흔적이 되어 사라졌음을 말하였다.

이와 같이 진유숭의 사는 새로운 도시 공간을 처음 마주하는 순간 그것의 옛 역사를 떠올리며 치열했던 인간들은 사라지고 흔적만 남은 공간으로 인식하고, 화려하고 풍요로웠던 과거와 그것이 온데간데없이 사라지고 쇠락해버린 현재를 대비시키는 방식으로 역사적 비애를 토로한다. 이와 같은 '회고'의 순간은 위의 인용한 작품의 예와 같이 비단 역사를 논하는 것을 목적으로 하는 '회고사'가 아닐지라도 빈번히 일어난다. 물론 '회고'는 전통적으로 시사에서 가장 자주 사용된 주제이기는 하나 진유숭의 사, 특히 앞의 예와 같은 '변경'을 노래한 작품이 특별한 것은 그것이 '망국민'의 입장에서 바라본 송(宋)의 옛 도읍을 노래한 것이라는 점이다.

狙擊處, 저격한 곳에서
悲風起. 처량한 바람 일어났지.
大索罷, 큰 모의가 끝나니
浮雲逝. 뜬 구름 지나갔네.
歎事雖不就, 탄식하나니 일은 비록 이루어지지 못했으나
波騰海沸。 파도가 일어나고 바다가 솟구쳤지.
嬴政關河空宿草, 진나라가 다스리던 함곡관과 황하에는 공연히 묵은풀 자라고
劉郎宮寢成荒壘. 유랑의 궁전은 황폐한 보루가 되었네.
只千年、 겨우 천년 만에
還響子房椎, 다시 장자방의 몽둥이 소리 들리니
奸雄悸. 간사한 영웅이 놀라겠구나.

(注: 博浪城 박랑성)

— 「滿江紅 · 汴京懷古」(其二)의 下片

위의 인용한 작품은 「만강홍·변경회고」10수 중 제2수의 하편으로 한(韓)나라의 멸망 후, 장량(張良)이 원수를 갚기 위해 진시황(秦始皇)을 저격하였던 역사적 공간인 '박랑사(博浪沙)'에 대해 노래한 것이다. 작품에서 화자가 바라보는 도시 공간은 진(秦) 왕조와 한(漢) 왕조의 영광스러운 역사가 흔적만 남은, 파괴된 공간이다. 다만 진시황을 저격하였던 장량의 몽둥이 소리가 천년이 지난 지금 들려 간사한 이들을 두렵게 하는 것은 역사의 반복을 이야기하며, 이는 곧 작자가 살아가고 있는 현 시점에 장량이 망국의 원수를 갚고자 했던 것처럼 명나라의 원수를 갚고자 하는 이들이 존재하고 있음을 이야기하는 것이라 볼 수 있다. 즉, 이 작품의 '장량'은 작자를 비롯한 명의 망국민과 동일시되며, 장량의 역사는 곧 명 유민의 역사가 된다.

진유숭은 초한(楚漢)의 전쟁이 있었던 광무산(廣武山)에 대해 노래하며 "생각하네, 지난날의 이름난 기녀와 준마, 영웅의 기개를. (중략) 탄식하나니 이제껏 애송이들이 쉬이 명성을 이루었건만 지금은 어디에 있나.(想昔日、名姬駿馬, 英雄梗概. (…) 歎從來豎子易成名, 今安在.)"(汴京懷古 제3수)라고 한탄하였으니, 「만강홍·변경회고」10수 속 '변경'은 분명 영화로웠던 과거의 공간이지만 그것은 인간 역사의 흐름 속에 존재하여 지금은 영광의 흔적만 남고 사라졌다. 그런데 인간의 '흥망성쇠'의 역사는 또한 끊임없이 반복되어 과거의 '흥망'의 과정이 곧 오늘날의 '흥망'의 과정이 된다. 제3수에서 작자는 항우(項羽)를 이야기하며 "분분히 역사를 논하는 것 다 허튼 소리라 비웃으니, 참패했기 때문이다.(笑紛紛、青史論都訛, 因成敗.)"라고 하는데, 이는 과거의 역사를 아무리 배우고 논하여도 역사는 그대로 반복되어 결국 인간은 또다시 패배를 겪을 수밖에 없다는 의미로, 망국민의 시점에서 바라 본 역사의 이치이기에 더욱 처절하다.

무엇보다도 이 작품들은 하필 '북송(北宋)'의 도읍인 '변경'을 노래하고 북송의 화려했던 경관과 송나라 황실의 실책에 대해서 논한다는 점에서 의미심장하다.

「滿江紅·汴京懷古」(其六) 변경에서 회고하다 제6수

宋室宣和,	송나라 황실의 휘종
看艮嶽堆瓊砌璐.	간악산에 보옥을 쌓아놓은 것 보았네.
也費過、	게다가 비용을 잔뜩 들여
幾番錘鑿,	몇 번이나 지었지
兩朝丹堊.	두 조대의 붉은 담장을.
花石綱催朱太尉,	화석을 나르는 배는 주태위(朱勔)를 재촉하였고
寶津樓俯京東路.	보진루에서는 경동로를 내려다보았네.
晉銅駝、	진(晉)나라의 구리 낙타는
洛下笑人忙,	낙하에서 사람이 바쁜 것을 비웃으며
曾迴顧.	돌아보았었지.
花千朵,	꽃 천 송이 피어나
雕闌護.	조각 난간을 지켰고,
峰萬狀,	봉우리는 천태만상
長廊互.	긴 회랑을 갈마들었네.
使神搬鬼運,	귀신 부리는 듯 재주 부리는 것에는
無朝無暮.	아침저녁이 없었지.
一自燕山亭去早,	일단 연산정에서 일찍 떠난 후로는
故宮有夢何由作.	옛 궁전을 어찌 꿈꿀 수 있었으리.
歎此間、	탄식하나니 이 때
風物劇催人,	풍물들이 참으로 사람을 재촉하였구나
成南渡.	남쪽으로 건너가라고.

(注: 艮嶽 간악산)

「만강홍 · 변경회고」 제6수는 북송의 흥망을 노래한 작품이다. 상편에서는 송나라 휘종(徽宗) 때 큰 비용을 들여 화려한 건물을 구축하고 주면(朱勔) 등의 관리를 통해 귀한 화석(花石)을 운반하는 배를 띄우게 했던 상황을 묘사하며 북송의 번화한 정경을 노래하였다. 상편 마지막의 '구리 낙타[銅駝]'의 존재가 대단히 의미심장한데, 진(晉)나라 때부터 그 자리에 존재해왔던 이 '銅駝'는 오랫동안 변경의 역사를 지켜보았을 것이니 지금의 '흥(興)'이 곧 '망(亡)'으로 이어질 것임을 알고 그것을 모른 채 바삐 움직이는 사람들을 비웃은 것이다.

하편에서는 북송의 멸망에 대해 이야기하였다. 화려한 북송의 경관과 그곳에서 밤낮없이 이루어지는 기예들은 금나라 군대가 연경(燕京)에서 출발하여 침략해온 뒤로는 다시는 꿈꿀 수 없는 것이 되었다. 작자는 "탄식하나니 이때 풍물들이 참으로 사람을 재촉하였구나, 남쪽으로 건너가라고.(歎此間、風物劇催人, 成南渡)"라고 하여 황실의 사치가 금나라의 침략으로 인한 남도(南渡)의 원인이 되었음을 직접적으로 지적하였다. 이러한 비판은 다음 작품인 제7수에서도 그대로 반복된다.

(……)

此夜只憐明月好,	이 밤 그저 밝은 달 좋은 것을 아낄 따름이니
當時那曉金人至.	그때 어찌 금나라 사람이 오는 것을 깨달았으리.
記居民、	기억하나니 주민들은
拂曉撥菰蒲,	날 밝으면 호수 부들을 가르며
尋珠翠.	진주와 비취 찾았었지.

—「滿江紅·汴京懷古」(其七)의 下片 중에서

위의 장면은 북송 휘종이 금명지(金明池)에서 화려한 놀이를 즐기던 중 금나라가 침략해온 상황을 묘사한 것으로, '밤낮 없이 즐기는 황실의 놀이 → 금나라의 침략 → 황실의 놀이를 위하여 새벽부터 보석 채취를 위해 일하던 백성'으로 이어지는 구성은 북송의 멸망의 책임이 명확하게 황실에게 있었음을 지적한다.

과거의 역사에 대한 비판은 과거의 것으로 그치지 않는다. 명 유민에게 '송'은 이민족 왕조로의 교체라는 점에서 '명' 자신을 상징하는 기호였다. 이러한 점에서 북송의 도읍이었던 변경의 파괴는 곧 명의 파괴를 의미한다. 즉, 진유숭이 사에서 묘사한 번영을 잃고 패배한 역사적 공간은 유민의 눈에 비친 몰락한 왕조의 현실이며, 과거의 인간이 저지른 실책은 곧 오늘날 왕조의 몰락을 야기한 명인(明人)의 실책일 따름이다. 즉, '변경'으로 대표되는 인간 역사 속 '도시' 공간의 흥망성쇠에 대한 고찰은 유민의 처절한 자기반성 행위라고도 볼 수 있다.

그런데 번영을 이루었던 도시 공간이 역사의 흐름에 따라 파괴되고 쇠락하며 흥망성쇠를 거듭하는 것과 달리 전원(田園), 특히 강남 지역의 '강촌(江村)'은 역사와 분리되어 있는 듯, 혹은 그 자체로 고립되어 있는 듯 역사의 흐름과 상관없이 무탈하다. 번화하였던 "채색 제비 장식 붙이던 20년 전을 기억한다(記黏鷄彩燕廿年前)"며 명나라의 멸망 전을 직접적으로 언급한 「만강홍·을사년(1665) 제석 입춘(乙巳除夕立春)」사에서는 "기쁘게도 오늘 새해를 맞이하는 마지막 밤, 시골은 무탈하구나(喜今夜、新春殘臘, 田園無恙.)"라고 평화로운 시골에서의 마지막 밤을 기뻐하는 한편, 하편에서는 "푸른 뽕잎 바뀌고 모두 버려졌네. 머리뼈 나이 들어 노래 부르는 것 멈췄네(滄桑換, 都拋漾. 頭顱老, 休歌唱.)"라고 하여 전란으로 인한 상전벽해의 상황을 이야기하니 혼란스러운 상황 속에서 유독 시골만이 다행스럽게도 파괴되지 않고 무탈함을 알 수 있다. 또한 「만강홍·강촌하영」10수에서 묘사되는 강촌의 풍경은 늘 소박하고 평화로우며 전란의 영향은 존재하지 않아 그 속에서는 도시 공간에서 느꼈던 비애도 사라진다.

「滿江紅 · 江村夏咏」(其二)
강촌에서 여름에 노래하다 제2수

野水濛濛, 들판 물 자욱하게
掩映處、 가리어진 곳에
烟扉三兩. 안개 낀 사립문 몇 개.
羨門外、 부럽구나, 문 너머
黃雲穲稏, 노란 구름 같은 벼
麥塲如掌. 보리 자란 곳은 마치 손바닥 같네.
叱叱村頭驅犢返, 훠이훠이 마을 어귀에서 소를 몰며 돌아오고
瀰瀰江口叉魚往. 넘실넘실 강어귀에서는 생선을 찌르며 가네.
喜田園、 기쁘게도 전원의
四月不曾閑, 4월은 한가로운 적이 없었으니
人勞攘. 사람은 바쁘구나.

嫩晴後, 여린 싹에 날이 갠 뒤,
桑陰敞. 뽕나무 그늘 열리었네.
老屋下, 오래된 지붕 아래
田歌漾. 시골 노래는 넘실넘실.
更芋區新灌, 또 토란 구역에 새로 물 대고
鵝群初放. 거위 무리 막 풀어놓았네.
婆餅焦啼秧馬活, 파병초 새 울 때 앙마로 농사일하는데
社公雨過繅車響. 사일(社日)에 내리는 비 지나가자 물레 소리 울리는구나.
笑吳儂、 오 지방 사람인 이 몸
原住五湖邊, 본디 오호가에 살아
曾呼長. 길게 소리쳤었지.

외부 세계와 분리된 듯, 강촌의 세계는 인간세상의 '흥망성쇠'의 논리는 적용되지 않으며, "기쁘게도 전원의 4월은 한가로운 적이 없어 사람이 바

쁘다(喜田園、四月不曾閑, 人勞攘)"는 표현과 같이 그저 변함없는 자연의 순환 논리를 따라 때가 되면 그에 맞추어 일하면 된다. 그리하여 하편에서는 여린 싹에 날이 갠 뒤 뽕잎이 우거지고, 파병초 새가 울 때쯤 앙마로 물을 대며, 사일(社日)에 비가 내리고 나면 물레질을 시작한다.

도시와 달리 인간 역사의 흐름과 분리된 강촌은 일종의 도피처이자 이상향으로 작용한다. 「만강홍·강촌하영」에는 책을 읽는 장면이 자주 등장하는데,[20] 혼란스러운 시기에는 아무런 도움이 되지 못하고 치욕을 얻게 하였던 독서는 오히려 외부와 분리되어 세상을 구제해야 할 의무가 사라진 강촌 안에서는 자유롭게 누리는 것이 가능하게 된다. 그에 따라 "잠시 바람 맞으며 유쾌하게 검남의 시를 읽고 술 한 섬 기울이네.(且臨風、快讀劍南詩, 傾一石.)"(江村夏咏 제10수)와 같이 항금(抗金)의 의지를 격렬하게 노래하였던 남송(南宋) 육유(陸游)의 시마저도 유쾌하게 즐길 수 있게 되는 것이다.

이러한 전원에서의 삶은 새 왕조에서의 출사(出仕)를 포기하고 은거하는 당시 유민의 삶을 반영한 것이라고도 볼 수 있다. 진유숭 또한 "언덕 하나 골짜기 하나 다하니 이번 생 어찌 부족하랴.(儘一丘一壑, 此生寧乏.)"(江村夏咏 제5수), " … 내 차라리 나로서 북산 북쪽에 있어야지. 어찌 문장을 쓰는 몸으로 숨었나, 벼슬이 이처럼 급하다는 이야기는 들은 적 없어서이지. 장저와 걸닉이 농사짓던 곳을 보고 달려가 인사하네.(我寧作我, 北山之北. 焉用文之身既隱, 未嘗聞仕如斯急. 見長沮桀溺耦而

---

20) 「만강홍·강촌하영」제4수 중에서 : "마침 해가 길어 근심을 풀며 책을 베고 자노니 『사천집』이라네.(正日長、撥悶枕書眠, 斜川集.)"

「만강홍·강촌하영」제6수 중에서 : "진흙 미끄러운 곳에서는 아낙이 가랑비를 근심하며 점심을 내가고, 마을 깊숙한 곳에는 사내가 아침 추위에 책을 읽네.(泥滑婦愁微雨饁, 村深兒趁朝凉讀.)"

「만강홍·강촌하영」제10수 중에서 : "잠시 바람 맞으며 유쾌하게 검남의 시를 읽고 술 한 섬 기울이네.(且臨風、快讀劍南詩, 傾一石.)"

耕, 趨而揖.)” (「滿江紅 · 三用回韻與幾士兄言懷并示珍百雲臣竹逸諸同志」)라고 하여 출사하지 않고 전원에서 은거하기를 꿈꾸었고, 실제로 “본디 오호 가에 살아 길게 소리쳤었다(原住五湖邊, 曾呼長.)”(江村夏咏 제2수)는 말과 같이 젊은 시절에는 유민이자 은사였던 아버지를 따라 전원에 머무르기도 하였다. 그러나 이와 같은 은거의 희망은 한계를 내재하고 있다.

北垞外,	북쪽 언덕 너머에는
寒雲白.	차가운 눈이 하얗고,
西崦畔,	서쪽 산 곁에는
蒼烟積.	푸른 안개가 쌓였네.
更水鳧將子,	또다시 물새는 새끼를 데리고
縱橫飛拍.	종횡으로 날며 (수면을) 차는구나.
老子難抛白玉麈,	노인은 백옥의 티끌 던져버리기 어려워하는데
少年喜拓黃金戟.	젊은이는 황금 창을 들기 좋아하네.
總風情、	그 모든 풍치가
輸與牧牛兒,	소를 치는 아이만 못하나니
斜陽笛.	저녁녘의 피리소리 울리네.

-「滿江紅 · 江村夏咏」(其一)의 下片

위의 인용문은 「만강홍 · 江村夏咏」 제1수의 하편으로, 작품에서 화자는 평화롭고 아름다운 강촌의 정경을 묘사하고, ‘세속’, 특히 ‘옛 왕조’의 흔적을 떨쳐버리지 못하는 노인과 그보다 적극적으로 싸우기 위해 창을 들고 일어나는 젊은이를 대비시키고는, 사실 그 모든 풍정(風情)도 강촌의 소를 치는 아이의 것보다 못하다고 말하였다. 이는 조용히 옛 왕조에 대한 미련을 안고 살던, 혹은 적극적으로 밖으로 나가던 결국 그 어떤 세속에서의 삶도 전원에서의 것보다는 못하다는 전원생활에 대한 찬양의 말이지만, 세속에 대한 미련을 버리지 못한 스스로에게 하는 다짐으로도 볼 수 있다. 즉, '늙어버린' 진유숭의 내면에는 여전히 경세(經世)에 대한 미련이 내재하고 있는 상황이기에 '강촌'은 완벽한 이상향이 되지 못하였고, 본디 '五湖邊'에 사는 '吳人'(「만강홍·江村夏咏」 제2수)임에도 불구하고 끝내 강촌에 완전히 속할 수 없었던 것이다. 실제로 진유숭은 젊은 시절에는 그의 고향인 강절(江浙) 지역에서 생활하며 지역 문인들과 교류하였지만 그가 기거하던 모양의 수회원을 떠난 뒤인 강희7년(1668)에서 강희11년(1672) 사이 대부분의 시간에는 발탁되기를 꿈꾸며 생계를 위해 중원 땅을 떠돌아다녔고, 강희 18년(1679)에 박학홍사과로 발탁된 이후에는 주로 도읍인 베이징에서 생활하다 세상을 떠나니 전원에서의 은거는 끝내 실현되지 못하였다.[21]

이와 같이 진유숭은 그의 사에서 인간 역사 속에 존재하며 철저히 흥망성쇠의 논리를 반복하는 '도시' 공간과 인간 역사에서 분리된 '강촌'으로 전혀 다른 시공간의식을 드러내었다. 이러한 작자의 인식은 국가의 멸망을 초래한 원인에 대해 반성하고 새 왕조에 출사하여 파괴된 세계를 재건할 것인가, 혹은 혼란스러운 세상에서 벗어나 망국민으로서 끝까지 은거하며 유민의 삶을 살 것인가 고민하였던 유민 후세대의 새로운 갈등을 보여주는 것이라고도 볼 수 있을 것이다.

Ⅳ. 나가며

본 연구에서는 진유숭의 「만강홍」사의 분석을 통해 이 시기의 사가 명청 교체기 '사'의 부활의 시작이라 할 수 있는 운간사파의 사와 그 형식과

21) 진유숭의 활동 지역을 시기에 따라 江浙·中州·北京의 셋으로 나눈 것은 위멍옌(喻夢妍)의 설을 따른 것이다(喻夢妍 2021, 115).

주제, 정서면에서 상당한 차이를 보임을 확인하였다. 특히 달라진 '서정자아'의 존재에 주목할 만한데, 이전의 운간사파 사가 여성의 애정을 다룬 '규정사(閨情詞)'나 사물의 다양한 특징을 노래하는 '영물사'의 창작을 통해 '여성', 혹은 '사물'을 앞세워 우회적으로 자신들의 비애를 토로하였다면, 진유숭 시기의 사는 작자 자신과 일치되는 것으로 읽히는 사대부 지식인으로서의 '서정자아'를 내세워 작자 자신의 심정을 분명하게 토로하였다. 그에 따라 이전에 운간사파의 사가 한정된 제재를 다루며 찰나의 장면을 묘사하는 것에 집중했던 것과 달리 진유숭의 사는 다량의 전고를 활용하고 역사적 사건을 논하는 등 사대부적 시선을 담은 주제로 내용을 확대시켰다.

그 결과, 진유숭은 「만강홍」을 통해 그를 둘러싼 현실 세계에 대한 인식을 드러내었는데, 역사의 흐름 속에서 파괴된 도시는 망국민의 정서가 반영된 공간이며, 역사의 흐름과 관계없이 늘 태평한 상태로 멈춰있는 강촌은 유민의 이상향이라고 볼 수 있으나 현실적으로는 완벽한 도피처가 되지 못했다. 더불어 작자 자신을 쓸모없는 글재주밖에 없고 늙어 '무용'한 존재로 그려 혼란스러운 세상에 쓰이지 못하는 자괴감을 토로하였으니, 이와 같은 비애 의식은 이전의 유민세대와는 다소 차이가 있는 것으로 유민 후세대의 새로운 고민을 반영한 것이라고도 볼 수 있을 것이다. 이러한 고민은 비단 진유숭만의 것은 아닌, 대다수의 강남 지식인 계층이 공유하고 있었던 것이기에 당시 진유숭과 양선사파의 사가 청초 사단(詞壇)의 호응을 얻을 수 있었을 것이다.

그러나 진유숭 사후 양선사파는 점차 쇠락의 길을 걷고, 청 중기까지 사단의 대세가 되는 것은 절서사파이다. 이는 이후 지식인 계층의 고민이 진유숭의 것과는 또 다른 방향으로 변화하였고 그러한 정서를 빠르고 적절하게 반영한 사가 새롭게 호응을 얻게 되었음을 의미하는 것이다. 이에 대해서는 차후 후속 연구를 통해 자세히 논할 것임을 밝혀두는 바이다.

| 참고문헌 |

양녠췬 저. 명청문화연구회 역. 2015. 『강남은 어디인가 - 청나라 황제의 강남 지식인 길들이기』. 파주: 글항아리.

唐圭璋. 1986. 『詞話叢編』. 北京: 中華書局.

馬祖熙. 2007. 『陳維崧年譜』. 上海: 上海古籍出版社.

嚴迪昌. 1990. 『淸詞史』. 南京: 江蘇古籍出版社.

王奕淸 等 編製. 2010. 『欽定詞譜』.

陳維崧 著. 2010. 陳振鵬 標點. 李學穎 校補. 『陳維崧集』. 上海: 上海古籍出版社.

陳子龍 等. 2000. 『雲間三子新詩合稿幽蘭草倡和詩餘』. 瀋陽: 遼寧教育出版社.

김규선. 2008. 「王士禛의 文學批評 硏究」. 한국외국어대학교 박사학위논문.

김하늬. 2018. 「朱彝尊 前·後期詞의 창작 양상 변화」. 서울대학교 박사학위논문.

______. 2021. 「명말청초 雲間 지역 宋氏 일가 詞 고찰」. 『中國文學硏究』. 제84집.

______. 2022. 「雲間詞人 李雯 詞 연구 - 명청 교체기 지식인으로서의 비애 기탁을 중심으로 - 」. 『중국어문학』. 제89집.

이동훈. 2022. 「왕사정의 紅橋修禊를 통한 문화 심리 연구」. 『중국학논총』. 제74집.

이석형. 2009. 「양선사파(陽羡詞派) 사론(詞論) 연구(硏究)」. 『중국어문학』. 제54집.

______. 2014. 「王士禛 詞 硏究」. 『외국학연구』. 제30집.

劉曼麗. 2014. 「宋金元『滿江紅』詞硏究」. 南京師範大學 석사학위논문.

林玫儀. 2004. 「鄒祗謨詞評彙錄(之二)」. 『中國文哲硏究通訊』. 第14卷.

馬甜. 2021. 「迦陵詞詞調與詞風關系硏究」. 蘭州大學 석사학위 논문.

薛竹·石熠. 2020. 「論『倚聲初集』的選詞理念」. 『名作欣赏』. 06期.

蘇淑芬. 2006. 「《烏絲詞》受廣陵詞壇影響硏究」. 『東吳中文學報』. 12期.

喻夢妍. 2021. 「論陳維崧『滿江紅』詞之身世之感」. 『名作欣賞』. 第35期.

지식 소통 공간으로서 대만 소셜미디어

이광수

Ⅰ. 서론

최근 인터넷과 SNS 등 소셜미디어(Social Media)를 활용하여, 대중이 정보를 공유하거나, 정치적 의사를 표현하는 온라인 소통(Internet Communication)이 일상적으로 이루어지고 있다. 대표적인 소셜미디어로는 블로그, 카페 등의 온라인 커뮤니티와 Twitter, Facebook 등의 실시간 대화 플랫폼인 SNS(Social Network Service), 그리고 Youtube, Instagram 등의 동영상과 이미지 정보를 교환하는 디지털 플랫폼이 있다.

자신을 직접 드러내지 않아도 되는 익명성과 언제 어디서나 접근할 수 있는 편리성, 다수에게 정보를 신속히 전달하는 확산성 등의 장점을 지니고 있는 온라인 소통은 쌍방향 커뮤니케이션을 통해 실시간 정보 전달과 토론, 공유를 통해 의제 설정과 여론 형성에 영향을 미치는 것으로 소셜미디어는 인터넷 지식 소통 공간으로 작용하고 있다.

중국과 갈등 국면이 높아지고 있는 대만의 경우 민족 정체성의 심화,

---

* 이 글은 「대만의 소셜미디어와 온라인군대에 대한 연구」, 『현대중국연구』, 제25집 1호, 2022를 수정·보완한 것이다.

** 국민대학교 중국인문사회연구소 HK연구교수.

정치적 양극화, 양안 관계의 민감성 등의 여론 형성 요인이 복잡하게 작용한다. 당연히 인터넷 공간에서의 토론이 활발해지고, 행태도 다양한 양상을 보이면서, 정치적 사회적 영향력이 증대되고 있다.

대만에서는 블로그나 온라인 카페와 같은 기존의 인터넷 공간뿐만 아니라, 페이스북, 트위터와 같은 글로벌 SNS 토론 플랫폼, PTT, Dcard 등 대만 토종 인터넷 토론 플랫폼에서 활발하게 정보 전달과 여론 형성을 위한 토론이 진행되는 지식 소통 공간이 존재한다. 사람들 특히 네티즌은 소셜미디어를 활용함으로써, 정치, 외교, 경제, 사회, 문화, 여가 등 거의 모든 영역에 걸쳐 텍스트와 이미지, 영상 등을 활용하여, 의견을 발표하고, 지지와 동조, 비판과 반박 등의 의사 표현을 통하여 소통이 이루어지고 있다.

이 글은 대만의 인터넷 지식 소통 공간의 역할을 하고 있는 PTT, Dcard 등 토종 소셜미디어와 지식 소통 행위를 하는 네티즌에 대한 연구이다. 소셜미디어는 인터넷 행동주의(Internet Activism)가 발현되는 공간이다. 인터넷 행동주의는 소셜미디어, 이메일, 팟캐스트 등의 다양한 형태의 전자 통신 기술을 사용하여 신속하고 효과적으로 쌍방향 소통을 가능하게 하는 시민운동으로 디지털 액티비즘(Digital Activism), 사이버 액티비즘(Cyber Activism) 등의 용어로도 설명된다. 대만의 네티즌은 PTT, Dcard 등의 소셜미디어를 활용하여, 자신들의 의견 제시와 상대방의 의견 청취, 상호간의 혹은 집단간의 토론을 진행하고 있다. 여기서는 인터넷 공간의 지식 소통의 이론적 원천, 인터넷 지식소통 행위자인 대만 인터넷 부대(網軍)를 살펴보고, 다음으로 대만 인터넷 부대의 활동과 영향을 분석하는 것이 목적이다.

Ⅱ. 지식 소통 공간과 지식 소통 행위자

1. 인터넷 공간의 지식 소통 행위

인터넷과 SNS는 비교적 정치에 무관심한 젊은 층이 활발하게 사용하는 경향을 보인다. 이른바 뉴미디어 테크놀로지에 비교적 다른 세대들보다 익숙하기 때문이다. 뉴미디어 테크놀로지의 기술적 특성은 인터넷 공간의 지식 소통에도 영향을 미치고 있다.

뉴미디어 테크놀로지의 전방위적 감시는 정치, 경제, 군사 영역 바깥에서 민중의 민족주의 감정을 촉발할 수 있는 많은 일상적 사건들을 제공하고, 동시에 공감대 형성 및 감정의 숙성을 위한 공간들을 제공하도록 작용한다. 따라서 뉴미디어테크는 민족주의 행동을 위한 선동과 조직 그리고 구체적인 행동을 추진하는 장소가 된다(류하이롱 2022, 11) 즉 기술의 발전이 시공간적 경계를 해체하도록 작용하면서, 인터넷 공간이 민족주의가 발흥하는 지식 소통의 공간이 되고 있다.

한국에서 온라인 공간에서 나타나는 댓글부대, 중국의 온라인 공간에서 활동한다는 우마오당, 대만의 인터넷 부대 등은 모두 뉴미디어 테크놀로지의 발전에 따른 다양한 토론 플랫폼이 새로운 지식 소통 공간으로 자리매김되면서 발생한 지식 소통 행위자들이다.

이러한 소통 행위는 집단적으로 이루어지고 있다는 점에서 집합행동이론, 온라인 공간에서 진행된다는 점에서 온라인 액티비즘, 민족주의 추세가 작용한다는 점에서 민족주의 액티비즘 혹은 애국주의 액티비즘의 시각에서 분류할 수 있다.

디지털 기술과 기구의 발전이 민주주에 미치는 영향에 대한 평가는 낙관적 평가와 비관적 평가가 동시에 존재한다. 즉 새로운 기술적 플랫폼을 통해 대의 민주주의의 한계를 극복하고 직접 민주주의를 실현할 수 있을 것이라는 긍정적 측면을 강조하는 시각과 대중이 마음에 들지 않는 사람(집단)등의 대상에 대해 분노와 혐오, 공격본능을 행사할 수 있는 손쉬운 기회를 제공하여 '다수의 횡포'를 초래한다는 부정적 측면을 강조하는 시각이 공존한다(조계원 2021, 24).

온라인 행동주의는 공중이 문제로 인식된 상황을 바로잡기 위해 온라인 공간에서 행하는 집합행동을 의미한다. 대체로 자신의 일상적 관심이나 이해관계를 중심으로 의제를 만들어내고, 이를 인터넷과 SNS 등 디지털 매체를 통해 확대재생산하여 문제를 해결하거나 대중을 설득하려는 목적을 지닌다. 자발적 참여와 네트워크를 통한 동원이 이루어지며, 단순히 온라인 공간에만 국한되는 것이 아니라 온라인과 오프라인을 오가는 형태를 보인다(조계원 2021, 76).

온라인 행동주의의 생성과 발전은 다음 세 가지 특징을 보인다.

첫째, 공적 기구에 대한 불신이 디지털 매체를 통해 직접 문제해결에 나서는 모습을 보인다. 둘째, 주류 문화나 언론에서 소외된 집단이 자신의 목소리를 표출하게 되면서 대안언론과 담론 투쟁의 성격을 갖추게 되었다. 셋째, 정치양극화로 인한 사회갈등이 온라인으로 확산되어 행동주의를 발생시키고 있다.

특히 양극화된 대립은 평시에는 여론과 지지자를 상시적으로 동원하면서 대립 상황을 초래하게 된다. 정당 내 열성 지지층의 목소리와 영향력이 커지면서 정치가 지지층에 의해 끌려다니는 '팬덤정치' 양상을 보여준다. 또한 새로운 미디어를 이용해 가짜뉴스와 음모론을 퍼트리면서 사실과 거짓의 경계가 모호해 지고 합리적 토론이 영역이 축소되고 있으며(탈진실 현상), 이들 집단은 더 강한 정체성을 가지고 극단화된다(확증편향과 집단 극단화), 그 결과 선거와 같은 제도와 사법부와 같은 기구에 대한 불신이 증대한다. 당파적 입장에 따라 사안을 인식하고 평가하는 적극적 지지자들이 있기에 정책적 성과에 대해 설명책임을 제대로 묻지 못하게 되어 선출된 정부의 통치능력도 떨어진다(조계원 2021, 79-80).

"인터넷 행동주의는 소셜 미디어, 이메일, 팟캐스트의 다양한 형태의 전자 통신 기술을 사용하여 더 빠르고 효과적인 의사 소통을 가능하게 하는 시민 운동"이다. 대표적으로 해시태그 운동은 소셜 미디어 콘센트를 사용하여 원인에 맞서 싸우거나 지지하기 위해 해시태그를 사용한다. 집합행동이론은 사회적 행동(social action) 을 바람직한 행동양식이라고 정의된 제도화된 행동(institutionalized action)과 사회규범(social norm)을 따르지 않는 비동조적 행동(nonconformative action)으로 분류한다.

비동조적 행동에서 개인 또는 집단이 기존의 사회규범과 제도의 정당성을 인정하면서도 자신의 사적인 이익이나 목적을 위해 규범에 벗어나는 행동을 '일탈행동(diviant action)'이라 하고, 다수 개인들의 집단행동을 가리키는 '집합행동(collective action)'으로 세분화된다. 집합행동은 "사회적 행동을 재정의하려는 신념에 기초한 행동의 동원'이라는 의미를 담고 있다."(박창문 2011, 250-251)

올슨은 개인들이 집합행동에 참여하는 동기에 있어서, 성공의 확률이 낮기 때문에 합리적 개인들은 집합행동에 참여하지 않고 무임승차자가 되고자 한다고 주장하였다. 이는 합리적 개인들은 비용대비 효용이 비합리적이라고 판단되면 참여의 필요성은 인정하면서도 행동에 동참하지 않으려는 집합행동의 딜레마에 빠진다는 것이다.(박창문 2011, 251-252)

인터넷의 저렴한 비용, 빠른 속도, 다양한 형태의 쌍방향적 의사소통, 지리적 포괄성이라는 특성은 가능한 한 많은 개인의 참여를 유도할 수 있으며, 집합의 형성과 유지 및 활동에 있어 합리적인 개인의 참여에 대한 선택가능성을 확대시키고 집합의 조직화 비용을 절감시키는 등 집합행동 과정에서 발생하는 여러 문제들을 해결할 수 있는 자원이 될 수 있다. 인터넷을 비롯한 정보통신기술(Information Communication Technologies, ICTs)의 발전은 시민들의 사회운동을 과거와는 다른 방식으로 변화시키는데 상당한 기여를 하였다(박창문 2011, 248).

인터넷이 제공하는 사이버공간은 새로운 형태의 사회적 액티비즘을 위한 유용한 장소를 제공하면서 단순한 양적인 분석으로는 관찰하기 어려운 정치과정의 변화를 보이고 있다. 인터넷은 투표 이외에 다른 참여의 방식을, 즉 선거운동의 참여나 정당의 정책적 의제설정 등을 통해 정치과정에 영향을 미치고 있다(조화순 2005, 122).

사이버 액티비즘(Cyber Activism), 디지털 액티비즘(Digital Activism) 등 인터넷 행동주의는 온라인이라는 가상공간을 매개로 하여 정치사회적 목표를 추구하는 활동 뿐만 아니라 개인 혹은 집단을 정보의 공유 차원에서 벗어나 사회정치적으로 동원하는 과정까지도 포함한다(조화순 2005, 123). 사이버 액티비즘은 인터넷을 수단으로 하여 정보를 공유하고 운동의 효율적인 활동을 조정하는 커뮤니케이션의 양상을 지칭할 뿐만 아니라 가상시위, 해킹과 같이 온라인을 통해 가능한 활동을 포함한다(조화순 2005, 125). 소셜미디어의 발전은 집합행동에 드는 자원을 급격히 감소시켜 동원을 용이하게 함으로써 개인화된 혹은 네트워크화된 사회운동을 가져오는 계기가 되었으며, 아래로부터 상향식 집합 정체성을 형성할 수 있는 공간을 만들어 냈다(조계원 2021, 84). 누구나 이슈 촉발자로써 여론을 변화시키고, 영향력을 행사하는 집단동원의 능력을 갖게 된 것으로, 개인의 정치적 효능감이 고조되는 기회라고 본다.

대만의 인터넷 행동주의는 정부와 정당, 언론사의 홈페이지, 정치인, 시민단체, 개인의 Facebook 이나 Youtube 등을 통한 SNS 활동, PTT와 Dcard 와 같은 인터넷 커뮤니티 등을 통해 이루어지고 있다. 인터넷 행동주의에 나서고 있는 다수의 네티즌을 인터넷 부대(網軍)로 부르고 있다.

2. 대만의 인터넷 공간의 지식 소통 행위자, 인터넷부대

대만의 온라인 소통공간에는 '인터넷 부대'라고 불리는 특별한 그룹이 존재한다. 한국의 댓글부대와 비슷한 활동을 한다. 인터넷 부대(網軍)는 네트워크(網路)에서 전문적으로 비밀 정보기관원(特工) 역할을 한다는 의미를 담고 있기 때문에 '망락특무(網路特務, 줄여서 망특 網特으로 칭함)'라고 칭하며, 실제 현실 즉 오프라인에서 행동을 하지 않기 때문에 '수군(水軍)'으로 부르기도 하고, 온라인 공간에서 이루어지는 행위를 '공중전(空中戰)'으로 지칭한다. 대만에서는 인터넷 부대는 특정의 정부기구 혹은 정치조직에 고용되어, 목표 달성을 위해 인터넷 공간에서 활동하는 인원을 의미하고 있다. 이들이 하는 활동에는 인터넷 기술 수단을 운용하여 특정 목표 대상에 대해 감시와 정탐을 하거나, 혹은 상대에게 가짜 뉴스 등의 정보를 일부러 흘려 혼란을 야기하거나, 정치여론 동향을 자기 편에게 유리하도록 변화시키는 활동을 한다.

최근 대만에서는 이러한 인터넷 부대를 지칭하는 용어로 '1450'이라는 숫자가 유행되고 있다. '1450'은 2019년도 대만의 정부 부서 가운데 하나인 행정원 농업위원회가 의회인 입법원에 보고한 예산안에서 유래하였다. 농업위원회는 당해연도 예산안 가운데, 1450만 대만달러를 '농업정보화 강화 대응 계획'에 사용하겠다는 내용이었다. 자세하게 보면, 대외적으로 외부 전문가 최소 4명을 초빙하여, 온라인 토론 커뮤니티 등 커뮤니케이션 플랫폼에서 유통되고 있는 관련 정보 가운데 가짜뉴스와 같은 거짓 정보에 대해 실시간 정화 업무를 하기로 했다는 내용이다.

이에 대해 야당인 중국국민당의 입법위원이 외부 전문가가 실제로는 온라인 소통 공간에서 활동하는 인터넷 부대를 모집하는 것과 어떠한 차이가 있느냐면서 질책성 질의를 하였다. 이는 2020년도 총통 선거와 관련하여 국민당 후보이자, 농업위원회에서 활동한 경력이 있는 한궈위 후보의 정치적 활동을 방해하려는 의도가 숨어 있는 것이 아니냐는 주장이었다. 이후 '1450'은 인터넷 부대, 특히 집권 여당인 민진당이 관리하는 온라인 네티즌을 지칭하는 용어로 이해되고 있다. 최근에는 집권 민진당을 옹호하는 네티즌을 비유하는 명칭으로 타뤼반(塔綠班)이 사용되고 있다. 2021년 8월부터 대만 최대의 온라인 토론 커뮤니티 PTT에 등장한 유행어이다. 본래 아프가니스탄에서 영향력이 강한 이슬람 원리주의 테러조직 탈레반(Taliban)에서 따온 용어이다. 아프가니스탄의 탈레반은 대만에서 타리반(塔利班) 또는 신학사(神學士)로 번역되어 사용하고 있다. 반면에 타뤼반(塔綠班)은 민진당을 비판적으로 바라보는 진영에서 민진당의 차이잉원 정부가 정권 운영을 독점적으로 하는 것을 비판하려는 의도로, 민진당의 중심의 범녹진영을 의미하는 '녹(綠)'의 중국어 발음 'lǜ'의 음역을 이용하여 만든 말이다. 즉 범녹진영 이외의 타 정치세력이 민주진보당 지지 성향의 인터넷 부대를 풍자하고 조롱하는 데 주로 사용된다.

Ⅲ. 대만의 소셜미디어와 지식 소통 공간

1. 대만의 소셜미디어

대만의 인터넷 행동주의의 실현은 정부와 정당의 홈페이지, 정치인, 시민단체, 개인의 SNS 활동, 온라인 토론 게시판 등을 통해 이루어지고 있다. PTT와 Dcard 는 대만의 대표적인 인터넷 토론 공간이다.

인터넷과 스마트폰 사용이 매우 보편화된 대만에서 소셜 미디어의 침투도가 매우 높은 것은 놀라운 일이 아니다. 대만인의 약 90%가 하나 이상의 플랫폼을 사용한다. GWI의 한 연구에 따르면 대만 사람들은 페이스북, 인스타그램과 같은 인기 플랫폼과 PTT, Dcard와 같은 토종 브랜드를 포함하여 평균 약 6.5개의 다양한 커뮤니티 미디어 플랫폼을 보유하고 있다(台灣社群媒體現況 2023).

2022년 중 통계에 따르면 대만 인구 2,350 만 명 가운데 약 89.4%인 2,150만 명이 소셜미디어를 최소 한 달에 한 번 이상 사용한다고 되어 있다. 이러한 수치는 2021-2022 기간 동안 사용자 성장률은 8.4%이다. 특히 코로나 팬데믹으로 인한 격리 등 방역강화 조치가 작용한 것으로 보인다. Line은 2018년 페이스북을 추월한 이후 대만의 소셜미디어에서 주도적인 위치를 차지하고 있지만, 주로 채팅용으로 활용되고 있다. 페이스북은 대만인의 약 90%가 사용하고 있는 가장 활발한 SNS 로서 차이잉원 총통과 입법위원 등 대부분의 정치인들이 정책 홍보와 지지세력을 동원하기 위한 정치적 목적으로 사용하고 있다. 대만에서 인터넷 발전이 시작되는 시기였던 1990년대 출발한 PTT는 전자게시판 형태로 인터넷 토론 커뮤니티 성격이 강하다. 최근 대만의 젊은 네티즌들은 TikTok, 샤오훙슈(小紅書), Dcard 등 새로운 트렌드를 반영하는 플랫폼을 선호하고 있다.

PTT는 대만에서 가장 활발하게 운영되고 있는 인터넷 커뮤니티이다. PTT는 단연 포럼계의 거물이자 가장 큰 포럼이자 향민의 소재지이며 사용자가 사회경험이 있는 사람이 많으며 사용자의 언사에 비해 날카롭고 Dcard의 분위기에 비해 비교적 격렬하고 떠들썩하며 포럼의 주제는 매우 광범위하며 시사, 가십을 생각하고 키워드를 검색하면 많은 토론과 관련된 주제가 나타난다. 종종 게시판에 점을 묻고, 직장, 사회, 정치 등을 토론하고, 심지어 당신이 물건을 사고 싶어 하고, 인터넷을 통해 판을 구입하고, 생활 속의 크고 작은 일들을 망라하기 때문에 그는 또한 입소문 마케팅을 운영하기에 좋은 도구이다.

반면에 Dcard는 비교적 최근에 시작되며 젊은 세대로부터 인기를 얻고 있는 차세대 커뮤니티 미디어이다. Dcard는 주로 대학생에 속하는 포럼으로, 고민, 토픽, 문제, 유행 토론 등을 포함한다. 예를 들어 뷰티 애용 공유문은 구매 풍조를 일으킬 수 있다. 따라서 많은 업계 배문이 지면에 출몰한다. "익명"의 디자인은 많은 사람들이 용감하게 목소리를 낼 수 있게 한다. Dcard의 사용자는 젊음을 선호하는 경향이 있다. 대부분의 사용자는 학생이다. 스타일은 PTT에 비해 비교적 온화하다. Dcard에서 마케팅은 대학생, 젊은 민속의 관점에서 생각할 수 있다. 그들의 각도에서 발성하면 더 큰 울림이 있을 것이다(PTT VS Dcard 兩大論壇綜合比較 2018).

〈표 1〉 PTT와 Dcard 비교

명칭	PTT	Dcard
설립시기	1995. 9. 14	2011. 12. 16
가입자 숫자	150~200만명	약 100만명
접속자 숫자	동시접속자 10만명	일 방문자 42,500
사용자 연령대	25-40세, 직장인	18-24, 대학생 위주
토론 내용	게시판별로 주제 토론 가십판은 정치, 시사 위주	주요 토론 이슈는 감정, 학습 관련 위주
Alex 순위	대만 27위	대만 14위

출처: PTT VS Dcard 兩大論壇綜合比較. 2018.

2. 인터넷 지식 소통 공간, PTT와 Dcard의 차이

PTT의 정식 명칭은 피티티스예팡(批踢踢實業坊)으로, 간단히 줄여서 피티티(批踢踢) 또는 PTT라고 일컫는다. 1995년 9월 14일 당시 대만대학 재학생이던 두이진(杜奕瑾)이 개설한 BBS(Bulletin Board System) 전자게시판이다. PTT 명칭의 유래는 전자게시판을 만든 두이진의 별명인 Panda Tu에다가 T를 더하여 이름 붙인 것이다. 초기에는 대학 내에서 메시지나 파일 공유와 교환을 위한 학문적 목적의 커뮤니티로 출발하였다. 이후 점차 커뮤니티 구성원들이 급속히 증가하고, 다루는 주제도 광범위해 지면서, PTT 는 대만 최대의 인터넷 토론 공간으로 발전했다.

대만의 PTT는 1990년대 전화 접속을 통해 PC 간의 소통을 하는 'PC통신' 시절의 '하이텔, '천리안' 등과 유사한 화면 이미지를 여전히 고수하고 있다. 전자게시판으로서 개설 초기부터 현재까지 30년 동안 텍스트 위주의 화면 배치라는 특징을 유지하고 있다. BBS 커뮤니티 30년은 국제적으로 보기 드문 현상으로 더구나 사용자의 간단한 웹서핑 방식을 활용하여, 대만에서 인기 있는 인터넷 토론 플랫폼이 되었다. 이에 대해 인터넷 커뮤니티를 전문적으로 연구하는 황후밍(黃厚銘) 대만정치대학 교수는 "이는 국제적으로 매우 드문 현상"이라고 말했다(台灣最大BBS站——PTT鄉民傳奇, 台灣光華雜誌). 문자메시지로 전달되는 PTT는 현재 유일하게 수백만 명의 네티즌이 접속할 수 있고, 유량에 영향을 주지 않는 인터넷 매체여서 많은 네티즌을 끌어 모으고 있다. 설립 20년차인 PTT도 타역의 혁신적인 기능을 꾸준히 흡수하고 있다.

지금까지 PTT 스테이션에는 3천여 개의 주제를 포괄하는 테마별 게시판(看板)이 있으며, 소소한 취향의 바비 인형판(芭比娃娃板)이나 찌라시(小道消息)를 주고받으며 활발한 토론이 이루어지는 가십판(八卦板) 등이 공존하고 있다." PTT는 비영리를 추구하기 때문에 비즈니스 포럼에서 살아남을 수 없는 소규모 테마는 모두 PTT에 남아 있게 되었다.

이미 PTT 사용자의 대명사가 된 '마을 사람' 이라는 의미를 지닌 '향민(鄉民)'이라는 용어는 홍콩 스타 저우싱츠(周星馳)의 영화 '구품참깨관'《九品芝麻官》에서 따온 용어이다. 약간은 부정적인 어감을 지닌 '향민'이라는 단어는 PTT에서 활동하는 네티즌을 의미하는 용어로 바뀌었다. 대만에서 네티즌의 토론 문화가 활발하게 이루어지는 PTT에서 생겨난 독창적인 새로운 어휘는 언론 매체를 통해 빠르게 전파되어 대만 특유의 '향민 문화(鄉民文化)'를 형성했다.

PTT와 마을 사람들의 문화에 공감하기 때문에, 토론 고수를 의미하는 용어인 신인급(神人級) 네티즌도 토론 공간 안에 숨어 있으며, 종종 모두를 놀라게 하는 전문적인 수준의 글이라는 의미의 '권내(圈內)'」글을 발표한다. 이에 따라 많은 주제 별 게시판들이 존재하고, 일부는 강력한 영향력을 발휘하고 있다. 예를 들어 상위 10위 안에 드는 영화 게시판은 영화의 흥행 여부를 결정하는 수준에 까지 이른다고 평가받기도 했다. 2007년 대만달러 5억 위안 이상을 히트시킨 대만 자체 제작 영화인 '해각7호(海角七號)'는 처음에는 좋아하는 관람평과 싫어하는 평가가 엇갈렸지만, PTT 영화 게시판에서 호평이 이어지면서 흥행 신기록을 세웠다.

시기별로 보아도 소셜미디어를 통한 지식소통의 영향력이 발휘되고 있음을 알 수 있다. 2015년부터 2016년까지의 입소문(口碑) 통계에 따르면 PTT는 타이틀 수가 451,789건에서 491,089건으로 8.7% 증가하고 응답 수가 11,624,479건에서 13,111,043건으로 12.8% 증가했으며 평균 응답 수는 높은 수준을 유지하는 25 이상이다. 그 이유는 커뮤니티 도구가 아직 발달하지 않은 시대에 PTT 포럼의 커뮤니케이션 기능이 대학생들 사이에서 붐을 이루었고, 오늘날 커뮤니티 사이트만큼 편리하지는 않지만 30, 40세대의 정보 출처와 토론 및 커뮤니케이션의 주요 통로이기 때문에 20년 동안 포럼을 유지할 수 있었다.

반면 2011년 창단된 지 5년밖에 안 된 디카드는 평균 응답수가 PTT의 절반 수준인 9 안팎에 불과했지만 2015년 164,021건에서 2016년 345,859건으로 110%의 성장률을 보였고, 응답수도 1,613,144건에서 2,907,329건으로 80.2%의 성장률을 기록했으며, 심지어 2016년에는 PTT 40%의 격차를 보이는 등 포럼계의 후발주자로서 성장속도가 상당히 빠르다는 것을 알 수 있다. 이러한 현상은 사실 디지털 환경 변화에 익숙한 세대의 인식 변화에 기인한다. 원래 대학생 그룹을 만족시켜야 하는 PTT가 사용자가 나이가 들면서 젊은 그룹에 더 부합하는 Dcard가 부상할 기회가 생겼으며, 익명제, 시스템 매칭 초대 카드 등의 기능과 인터넷 세대의 사용 습관에 부합하는 인터페이스 또한 Dcard가 현재 젊은 세대의 지지를 받는 이유 중 하나이다.

PTT와 Dcard 사용자의 세대 차이는 인기 게시판(熱門板)에서 흥미로운 대조를 이룬다. 우선 PTT는 창립 초기부터 "학술 교류"를 주요 목적으로 하여 각 학교의 개별 게시판에서 등록자 수가 150만 명으로 증가함에 따라 오늘날 다양한 주제의 패널이 있는 인터넷 토론 공간으로 탈바꿈하였다.

초기 사용자층이 대학생인 만큼 감정토론의 남녀 게시판(男女板), 성적 이슈와 관련한 시스게시판(西斯板), 심지어 레크리에이션 위주의 개그게시판(笑話板), 기분, 정서와 관련한 헤이트(hate) 게시판(黑特板, hate의 중국어 음역) 등 청춘 남녀들의 실제적 관심주제가 인기 게시판으로 떠오르고 있다. 사용자의 연령 증가와 인터넷의 대중화에 따라 각 게시판은 점차 명확한 관리 규칙 및 토론 풍토가 발전하고 있으며, 내용이 빈약하고 공허한 글들이라는 의미를 지닌 풍화설월(風花雪月)의 글들은 점차 비율이 낮아지고, 상당한 지식과 전문성을 갖춘 글들이 발표되는 게시판이 등장했다. 예를 들어, PTT에서 가장 인기 있는 게시판인 '팔괘판(八卦板)'은 매일 뉴스와 시사 의제를 공유하기 때문에 동시에 많은 전문가의 논점과 해설을 담은 글들이 올라오면서 토론이 벌어진다. 심지어는 내부자(知情人士)에 의한 상세한 내부 정보도 자주 올라오기도 한다. 현재 PTT의 운영 규칙에 의하면, 동시접속자수가 10만 명이 이상인 경우에는 '자주색 폭발(紫爆)'이라는 칭호가 붙여지는데, 게시판에서 가장 인기 있고 수준 높은 글이라는 평가를 받았다는 의미이다.

다른 인기 게시판도 다양한 성격의 지식 소통 공간으로서의 역할을 담당하고 있다. 예를 들어 30대 남성 그룹의 스포츠 및 레저－야구 게시판(棒球板), 인기 있는 전자 소비 제품 휴대폰 게시판(手機板), 30대 여성 그룹의 생활 중심의 엄마아기게시판(媽寶板), 직장인 여성들이 자주 사용하는 공동 구매 게시판(合購板) 등 모두 일종의 '실용 기능성'을 갖추고 있어 확실히 관련 하위 그룹을 끌어들이고 있으며, 다른 자동차 게시판(車

板), 주식 게시판(股票板) 등에서도 PTT 사용자가 이미 일정한 소비 능력을 지니고 있음을 알 수 있다.

반면 Dcard의 설립 취지는 '인맥 확장'을 위주로 하는 동시에 인터넷 세계의 프라이버시와 개인 정보를 중시하기 때문에 발전된 특색 기능인 '익명 매칭 카드(匿名配對卡)'가 인기를 끌었고, 초기에는 친구 사귀기 플랫폼(交友平台), 친목 활동(聯誼活動) 등의 비교적 소프트한 소재의 신변잡기적인 메뉴를 주력으로 하여 학생 집단 사이에서 빠르게 확산되었다. 사람들의 수가 증가함에 따라 다양한 하위 분류 레이아웃版位이 설정되고 관리 규칙이 구현되기 시작했지만 PTT에 비해 플랫폼을 보다 더 자유롭게 사용한다.

사용자의 익명성으로 인해 Dcard의 인기 판은 거의 '감정 표현' 위주이며 올라오는 글에 대한 인기도의 비율도 크게 다르지 않다. 예를 들어 조회수를 통해 인기도를 살펴보는 척도인 '입소문량'의 통계를 보면 여실하게 알 수 있다. 1위 감정게시판(感情板)의 입소문량은 약 6만 7천 건, 2위 기분게시판(心情板)은 약 5만 5천 건, 3위 여성 게시판(女孩板)은 약 4만 3천 건으로 감정 관계를 위주로 하고 있는 게시판이 상위에 분포되어 있음을 알 수 있다. 또한 레저 기능이 있는 재미 게시판(有趣板), 수다 게시판(閒聊板), 별자리 게시판(星座板) 등도 인기 판으로 초기 PTT가 대학생 족속이었던 시절과 매우 유사하여 즐길만한 곳이다.

인기 게시판(熱門版位) 분석에서 볼 수 있듯이 인터넷 커뮤니티로서의 창립 당기의 설정이 유사하기 때문에, 두 커뮤니티는 네티즌 사이에서 자주 논쟁이 발생한다. 내용적으로 보면, "Dcard는 환상문이 많고 PTT는 현실에 가깝다", "캠퍼스 게시판(校園板) Dcard는 현재 비교적 강하다", "전문게시판(專板)은 역시 PTT죠", "Ptt는 자기 나라를 구하라고 외치고, Dcard는 채팅하면서, 스트레스 해소하자" 등의 양 자 사이에는 토론 주제와 사용 습관에 있어서 차이를 보인다. 그러나 기능성으로는 PTT는 글쓴

이의 IP를 확인할 수 있고, 자신의 글 삭제를 금지하는 기능과 독특한 "사람 검색(肉搜)" 문화를 형성하여 사용자의 사생활과 발언은 비교적 신중하게 한다. 심지어는 의미 없는 글은 네티즌에 의해 헛소리(嘘文)로 간주할 수 있도록 했다. Dcard의 완전 익명제는 사용자가 하고 싶은 말을 할 수 있게 하고, 심지어 말하기 어려운 감정까지 세세하게 남기는 반면, 글쓰기(發文), 답글(回文)에 대한 제약이 상대적으로 느슨하고, 네티즌들의 피드백(回饋)도 상대적으로 공감대를 가지고 있어 경험을 공유하는 콘텐츠가 많다.

대만에서는 2년에 한 번씩 행정부와 입법부의 대표를 선출하는 총통과 입법원 선거, 이장부터 시장까지 9개 단위의 선거가 일제히 치루어지는 구합일(九合一)선거라고 불리는 지방선거가 번갈아 실시된다. 이 때 소셜미디어도 인터넷 지식소통공간으로서 가장 활발하게 토론이 이루어진다.

PTT는 기본적으로 2016년, 2020년 총통 선거 관련 이슈, 2016년에는 입법부의장 선거, 국민당 대변인 사퇴 등 정치적 이슈에 관심이 집중된다. 소비형 이슈는 2015년 1111 온라인 쇼핑의 날(網購節)을 정리한 것, 2016년엔 공동구매판 글(合購版揪團文章) 등이다. 전체적으로 보면, '지식형' 글은 가십판이 이끄는 토론 의제가 주축이 되고, 그 외 특별판 정리글이나 논점 분석글 등이 있다. 예를 들어 '집 구매가 중요한가 아니면 차량 구매가 중요한가?, "2015년 상반기 인기 플래그십 카메라 블라인드 테스트 순위 발표" 등의 생활 밀착형 주제를 위주로 한 글들도 적지 않다.

또한 영리 추구를 하지 않다는 규정은 PTT가 인터넷 지식 소통의 공간이자 토론 커뮤니티로서 긍정적 영향력을 발휘하도록 하는 배경이 되고 있다. 이는 정치토론과 사회관심도가 집중되는 토론이 집중적으로 이루어지도록 작용한다. 예를 들어, 2009년 모라꽃(Morakot) 태풍으로 인해 대형 재난이 발생했을 때, PTT 향민들이 먼저 팔괘판에 호소하여 짧은 기간에 30명 이상의 'PTT 향민 구호단(鄉民救災團)'을 조직하여 신속하게 재난 상황 플랫폼을 구축하고 자금을 모으고, 자원봉사단을 구성하여, 재난 구제 활동에 참여하였다. 2014년 전후의 산딸기 운동(野草莓運動), 홍중구(洪仲丘) 사건, 태양화 학생운동(太陽花學運) 등에서도 PTT 사용자들은 오프라인과 온라인에 걸쳐 토론과 직접 행동을 통해 인터넷 행동주의의 실현 행태를 보여줬다.

Dcard의 경우는 모두 여성판(女孩板)을 중심으로 하고 있어 생활화 및 친화성이 비교적 많다. 대체로 여학생들의 일상 관심 의제와 관련이 있다. 예를 들어 2015년에는 다이어트 심리 이력, BMI 표준, 일상 메이크업, 한국 드라마 소감 등이 있다. 2016년에는 감정 이슈, 쇼핑 경험, 중고 경매 등이 있다. 소비형 상품은 계절 및 유행과 비교적 관련이 있을 수 있으며, 나머지는 대부분 시간성에 영향을 받지 않으며, '경험형' 글 위주로 집중되어 있으며, 자기 관심 성분이 비교적 높다.

주목할 점은 두 포럼이 각자의 민족에 대해 서로 다른 발전방향을 갖는 것은 사실 자연스럽고 직접 좋고나쁨을 비교하는 대상이 아니다. 그러나 PTT는 실제 사회차원에서 더욱 깊은 영향을 미치고 있다. 학생운동의 발전, 관련 뉴스의 폭로 등 모두 언론 뉴스 이외의 정보의 출처와 사고관점을 제공하고, 동시에 접속자 수의 우위도 왕왕 정보 전달이 빠른 원인으로 흔히 볼 수 있다. '도움 요청글(協尋文)', '교통사고 증거 검색글(車禍證據文)' 등을 포함하고 있어 생명을 구하거나 사용자의 욕구를 충족시키기도 한다. 두 소셜미디어의 주요한 토론 목록을 보면 양자 간의 세대 차이를 분명히 알 수 있다.

Ⅳ. 결론

인터넷 행동주의는 디지털 매체의 발전이 가져온 사회적 변화와 깊이 관계되어 있다. 대중이 인터넷 커뮤니티, SNS, 동영상 플랫폼 등 다양한 소셜미디어를 이용해 다양한 형태로 집합적 정체성을 형성하면서 '다수의 의사'를 표현하기 시작했다. 이에 따라 대중의 의제설정 권한이 커졌으며, 여론 향배에 미치는 영향력도 증가했다. 더불어 정당이나 정부의 반응도 적극적으로 변화되어 가고 있다.

PTT와 Dcard는 대만에서 전자게시판과 SNS를 매개로 대중의 인터넷 행동주의가 구현되는 모습을 보이도록 하는 디지털 플랫폼이다. PTT와 Dcard는 대만의 양대 인터넷 지식 소통 공간으로 작용하고 있지만, 설립 시기, 사용자 연령층, 직업, 토론 내용은 전혀 다른 특징을 보여주고 있다. PTT는 설립 시기가 이르고, 주요 사용자도 청년층에서 중장년층까지 비교적 폭넓고, 직장인이 다수이고, 정치사회적 이슈와 관련한 토론이 활발하게 이루어지고 있는 특징을 보이고 있다. 반면에 Dcard는 10대와 20대 등 비교적 낮은 연령층의 사람들이 주로 활용하며, 대학생 등 학생층이 다수이고, 이들 연령층에 비교적 친숙한 정서적인 주제나 학습과 관련한 토론이 진행되는 특징을 보인다. PTT와 Dcard 모두 인터넷을 통한 지식 소통 공간으로서의 역할을 하고 있다. 구체적으로 보면 양측은 서로 다른 하위 문화와 사용 습관 형태를 보여주고 있다.

| 참고문헌 |

Mancur Olson. 윤여덕 역. 2003. 『집단행동의 논리』. 경기: 한국학술정보.

박창문. 2011. 「한국형 디지털 집합행동의 특성과 변화 양상: 2002년과 2008년 촛불집회를 중심으로」. 『동북아연구』. 16. 경남대학교 극동문제연구소.

정연정. 2002. 「인터넷과 집단행동 논리 - 올슨(Olson)의 집단행동의 논리를 중심으로」. 『한국정치학회보』. 제36집 제1호. 한국정치학회.

조계원. 2021. 「온라인 행동주의와 집합 감정: 청와대 국민청원을 중심으로」.

『비교민주주의연구』. 17(2). 인제대학교 민주주의와자치연구소.

조화순. 2005.「17대 총선과 소수집단의 사이버 액티비즘: 동성애집단의 온라인 정치참여.『의정연구』. 20. 한국의회발전연구회.

報時光. “鄉民的集散地「PTT」台灣最大的BBS站”. 2023.03.16. https://time.udn.com/udntime/story/122390/7036217 (검색일: 2023.04.05.)

蔡榮峰. “激化情緒對立的口水戰-PTT八卦板疫情輿論分析”. 國家安全研究所 https://indsr.org.tw/focus?uid=11&pid=182&typeid= (검색일: 2023.04.16.)

黃厚銘. “《婉君妳好嗎？》：網路與PTT「鄉民研究」的評析”. 關鍵評論. https://www.thenewslens.com/article/43236 (검색일: 2023.04.15.)

劉揚銘等. “解讀Ptt：台灣最有影響力的網路社群”. 2016.02.01. https://www.bnext.com.tw/article/38609/bn-2016-01-29-161210-178? (검색일: 2023.30.21.)

劉葵楓. “台灣最大BBS站一PTT鄉民傳奇”. 台灣光華雜誌. 2014.80.01. https://news.nsysu.edu.tw/p/404-1120-142871.php?Lang=zh-tw (검색일: 2023.03.05.)

邱學慈. “PTT原始資料全揭露！「韓流」怎麼造出來的？”. 天下雜誌. 2019.01.09. https://www.cw.com.tw/article/5093610 (검색일: 2023.03.23.)

“社群夯什麼?盤點台灣熱愛的社群平台”. 龐果設計. https://www.pongo.com.tw/social-media/ (검색일: 2023.03.28)

“台灣社群媒體現況-2023年社群平台發展趨勢、用戶分佈數據”. 2023.01.25. OOSGA. https://zh.oosga.com/social-media/twn/ (검색일: 2023.3.21.)

王銘宏. “PTT 評論行為分析-以太陽花學運期間為例”. 菜市場政治學. 2016.01.05. https://whogovernstw.org/2016/01/05/minghungwang1/ (검색일: 2023.04.20.)

______. “「抓到了?!」用數據分析鳥瞰PTT政治文帳號”. 菜市場政治學. 2018.10.20. https://whogovernstw.org/2018/10/20/minghungwang2/ (검색일: 2023.04.20.)

포스트 코로나 시대의 온라인 중국어 교육
: 변화하는 중국어 보급정책과 전망

◉ 김주아 ◉

Ⅰ. 머리말

우리가 하루하루 맞이하는 '오늘' 또는 '이 시대'는 언제나 그랬듯이 한 번도 겪어보지 못한 새로운 시간이다. 하지만, 최근에는 '전대미문의 시대'라는 말을 서슴지 않고 사용한다. 중국에서는 '백년만의 대 변혁기(百年未有之大變局)'라는 표현을 통해 이 시대의 특수성을 강조하고 있다. 뇌 과학자 김대식 교수는 21세기는 2000년이 아니라 2020년에 시작한 것이라고 했다. 마치 20세기가 1900년이 아닌 2차 세계대전이 종결된 1919년에 시작된 것과 유사하다는 것이다.[1] 『뉴욕타임스』칼럼니스트인 토머스 프리드먼(Thomas Friedman)은 세계 역사가 코로나19를 분기점으로 B.C.(Before Corona)와 A.C.(After Corona)로 나뉠 것으로 전망했다(신윤경·이진경 2022, 568 재인용).

이처럼, '코로나19'는 단순한 바이러스 명을 넘어 사회변혁을 가져온

---

* 이 글은 김주아, 「포스트 코로나 시대 중국의 자국어 보급정책과 화문(華文)교육－온라인교육을 중심으로－」, 『중국연구』 94권, 2023을 수정·보완한 것이다.

** 국민대학교 중국인문사회연구소 HK연구교수.

1) 김대식, 「진정한 21세기가 시작됐다」(포스트 코로나 – 서양과 동양) | 뇌과학자 카이스트 김대식 교수, 『시사자키 정관용입니다』 (검색일: 2022.10.27.)

획기적인 전환점(分岐)으로 묘사되고 있다. 코로나19 이전에도 세계적인 전염병과 팬데믹으로 인해 수많은 인명피해를 입은 의료재난이 있었지만, 코로나19는 인류의 삶(사회와 문화)의 패턴을 바꾸어 놓았다는 점에서 그 외연이 확장되고 있는 개념이라고 할 수 있다. 학계의 연구주제만 보아도 코로나19가 논의되지 않고 있는 분야가 거의 없다. 최근 한국 학계의 분야별 인기 키워드를 살펴보면, 제시된 8개 학문 분야의 10대 키워드 가운데 공학과 농수해양학을 제외한 모든 분야에서 '코로나19' 또는 'COVID-19'를 다루고 있는 것으로 나타났다.

〈표 1〉 학문분야별 인기 키워드

분야 / 순위	인문학	사회과학	자연과학	공학	의약학	농수해양학	예술체육학	복합학
1	코로나19	코로나19	Korea	Deep learning	COVID-19	Antioxidant activity	코로나19	코로나19
2	한국어교육	COVID-19	Taxonomy	딥러닝	Magnetic resonance ima···	Antioxidant	COVID-19	COVID-19
3	정체성	대학생	COVID-19	Machine Learning	Depression	Rice	태권도	융합
4	번역	우울	Apoptosis	Microstructure	Stroke	Quality characteristic	Taekwondo	간호대학생
5	한국전쟁	연구동향	New record	Mechanical properties	Diabetes mellitus	Growth performance	가상현실	대학생
6	백제	인공지능	PM2.5	Finite element analysis	Obesity	Fermentation	노인	우울
7	중국	자아존중감	Inflammation	전산유체학	Prognosis	Oxidative stress	인공지능	인공지능
8	죽음	매개효과	Antioxidant activity	CNN	SARS-CoV-2	Soybeen	음악교육	자기효능감
9	신라	자기효능감	Antioxidant	optimizaion	Child	Probiotics	빅데이터	자아존중감
10	타자	청소년	Phylogeny	인공지능	Ultrasonography	inflammation	자아존중감	노인

출처: 한국학술지인용색인(https://www.kci.go.kr/kciportal/main.kci) 2022년 12월 1일 검색한 내용을 바탕으로 정리

2000년에서 2021년 교육학 분야의 키워드 순위(1위~100위)를 살펴보면, '코로나19' 3위, '인공지능' 12위, '원격수업' 23위, '온라인 수업' 30위, 'COVID-19' 34위, '인공지능 교육' 62위, '플립러닝' 67위, '비대면 수업' 71위, '융합 교육' 89위순으로 코로나19 이후 교육 분야의 대변혁을 예고하고 있다. 코로나19로 인한 사회 각계의 변화 중 교육계가 겪는 변화는 향후 사회발전의 방향에도 영향을 미칠 수 있는 만큼 중요한 화두이다. 주지하는 바와 같이, 온라인교육의 필요성 제기와 이에 관한 연구는 2000년대 초반부터 꾸준히 진행되어왔다. 하지만, 코로나19로 기존에 산발적으로 운영되던 온라인교육이 전 세계적 범위에서 반강제적으로 보급되었다는 측면에서 이는 특정 지역에 국한된 것이 아닌 국제적인 교육 패러다임의 변혁을 예고하고 있다. 코로나19 이전에도 정보통신기술이 발달한 일부 지역을 중심으로 온라인교육의 콘텐츠와 기술이 상당 수준 발전해 왔지만, 각국의 상이한 인프라 구축 상황과 제한적 수요로 인해 체계적인 공급망이 구축되지 못했다. 하지만, 코로나19로 기기 보급이 확대되고 시장의 수요도 높아졌을 뿐 아니라 지난 3년간의 시행착오를 통해 온라인교육의 가능성과 실효성에 대한 긍정적인 피드백이 쏟아져 나오고 있다.

이제 교육계에서는 포스트 코로나 시대 '온라인교육'이 더 이상 선택이 아닌 필수라는 인식이 자리 잡고 있다. 하지만, 국내 교육은 코로나19 봉쇄정책이 완화되면서 기존의 대면 교육을 중심으로 한 오프라인 교육이 빠르게 회복되고 있고, 온라인교육의 장점을 충분히 인지하고 있지만, 오프라인 교육을 대체할 정도는 아니다. 하지만, 여전히 시공간의 제약이라는 난제에 봉착해 있던 국제교육 분야에서는 코로나19로 뜻하지 않게 경험했던 온라인교육이 새로운 대안으로 떠오르고 있다. 물론, 온라인교육이 기존의 오프라인 교육을 완전히 대체할 수는 없겠지만, 온·오프라인 융합 교육 또는 온라인을 주축으로 한 교육방식도 긍정적으로 검토되고 있다.

본 논문의 연구주제인 중국의 자국어 보급정책에서 향후 온라인교육은 중국과 해외교포사회의 커뮤니케이션과 네트워크 구축 체계에도 상당한 영향을 미칠 것으로 예상된다. 중국은 일찍이 중국어와 중국문화 보급을 위한 다양한 정책을 실행해왔다. 그중 해외 화교·화인을 위한 온라인교육도 있었다. 하지만, 다른 교육 분야와 마찬가지로 온라인교육의 보급은 콘텐츠 개발도 중요하지만, 인프라 구축이 선행되어야 한다는 측면에서 보급단계에는 이르지는 못했다. 또한, 중국이 관련 기반시설을 확충했다 할지라도 막상 해외지역의 인터넷 인프라와 하드웨어 등이 갖춰져 있지 않아 실효성을 거두지 못한 사례가 많았다. 그런데 이번 팬데믹 사태로 세계 각국이 온라인교육을 도입하면서 보급 가능 지역이 확대되었다.

한편, 교육 인프라가 갖춰진 자국 내의 공교육 시스템에서도 전면적인 비대면 온라인교육은 쉽지 않은데, 하물며 해외에 기반을 둔 비제도권 내 민족교육(모국어 및 문화교육) 시스템은 더욱 열악한 환경에 놓여있는 경우가 많다. 따라서 향후 해외 화문교육의 온라인화에 따른 모국(중국) 의존도는 더욱 심화할 것으로 예상된다. 그런 의미에서 국제교육 특히 자국어 보급정책과 재외동포 정책에서 온라인교육은 향후 상당히 중요한 의제로 떠오를 것으로 예상된다. 이에 본문에서는 중국의 자국어 보급정책 중에서도 해외동포를 대상으로 한 화문교육에 대해 알아보고자 한다. 특히, 포스트 코로나 시대 새로운 교육 패러다임으로 떠오른 온라인교육에 대해서 살펴보고, 이러한 현상이 우리의 자국어보급정책에 주는 시사점을 도출해 보고자 한다.

Ⅱ. 중국의 자국어 보급정책과 화문교육

언어정책(Language Policy)은 국가 공공정책의 하나로 여러 방면을 포함하고 있으며, 그중에서도 언어 보급정책은 매우 중요한 구성 요소이다. 언어 보급정책은 정부가 국익을 위해 시행하는 국가정책으로, 정책의 범위에 따라 '국내 언어 보급정책'과 '국외 언어 보급정책'로 분류할 수 있다. 해외에 자국어를 보급함으로써 국가의 위상 강화와 자국 문화의 해외 진출을 기대할 수 있다. 이를 위해 국가 주도로 자국어의 국제적 보급을 추진하기 위해 만든 정책이 바로 '국외 언어 보급정책'이다(손평 2020, 1170).

1. 중국의 자국어 보급정책

지난 40여 년 동안 '중국어 교육'은 몇 차례의 개혁과정을 거쳤다. 먼저, 잘 알려진 '대외한어교학'에서 '한어국제교육' 그리고 '국제중문교육' 단계로 정책적 변화를 거쳤다. 이를 두고 일각에서는 중국어 교육의 1.0시대, 2.0시대, 3.0시대라고 칭하며 이제 '중국어 교육 3.0시대'에 진입했다고 말한다. 주의할 점은 우리는 '중국어'라고 통칭해서 부르지만, 중국에서는 교육의 대상과 범위 및 목표에 따라 '한어(漢語)'와 '중문(中文)', '화어(華語)' 등으로 세분하고 있다. 따라서 최근 개편된 중국의 자국어 보급정책을 파악하기 위해서는 중국어 교육의 유형과 관련 정책 및 담당 부서의 역할에 대한 이해가 선행되어야 한다.

(1) 중국어 교육의 유형과 개념

궈시(郭熙 2015)는 교육유형과 교육대상 및 교육환경과 목적에 따라서 아래와 같이 중국어(漢語) 교육의 분류와 범주를 설정하였다.

〈표 2〉 한어교학(漢語教學)의 분류표

교육유형		국가통용언어교육(국어교육)			화문교육	중문교육
교육대상		한어(漢語)민족군	非한어 민족군	화교	화인	非중국계 외국인
성질, 환경, 목표						
모국어 교육		+	-	+	+	-
제1 언어		+	-	+/-	+/-	-
교육 목표	국가 정체성	+	+	+	-	-
	중화민족의 정체성	+	+	+	+	-
	중화 문화의 정체성	+	+	+	+	-
기능적 목표	의사소통의 수단	+	+	+	+	+

출처: 꿔시(郭熙 2015, 477) 참고.

교육유형에 따라 '국어교육'과 '화문교육', '중문교육'으로 분류하였는데, 국어교육은 다시 교육대상에 따라 한어(漢語)를 모국어로 하는 민족과 소수민족 및 화교로 분류하였다. 여기에서 화교는 중국 국적을 소지한 중국 공민으로 해외에서 거주하고 있는 재외국민을 뜻한다. 때문에, 이들 세 부류에 대한 교육은 국가통용언어교육, 즉 '국어(國語)'교육에 해당한다. 이 밖에도 화인을 대상으로 한 교육은 '화문교육'으로 분류하였으며, 외국인을 대상으로 한 교육은 '중문교육(Chinese as second language)'으로 명명하였다. 교육의 핵심가치라고 할 수 있는 교육목적 있어서도 화인을 대상으로 한 '화문교육'은 중화민족으로서의 '민족 정체성'과 '문화 정체성'을 함양하는 것을 목표로 하고 있다. 물론 화어(華語)가 이들의 국어가 아니기 때문에 '국가 정체성'에 관한 내용은 포함되어 있지 않다(김주아 2020, 145-146).

화문교육에 대한 정의와 의미를 살펴보면 다음과 같다. 화문교육(華文教育)은 주로 화예(華裔, 중국계 중국인)를 대상으로 한 '한(漢)민족의 언어 및 문화교육'이다. "화문교육은 수천만 명의 해외 화교·화인, 그중에서도 화예 청소년이라는 특수한 집단을 대상으로 중국 통용어와 중화 문화를 교육하는 것이다." 또한, 중국은 "해외 화문교육을 '중화 문화의 해외 진출 전략'의 중요한 매개체이자, 세계화 시대 중국문화의 소프트파워 및 문화 발언권을 향상하는 중요한 루트"(賈益民 2013)로 여기고 있다.

이처럼, 화문교육은 교육대상과 학습내용, 학습목표에 있어서 '한어'나 '중문'과 구분된다. 화문교육의 교육대상은 해외에 거주하는 화교·화인 또는 그 후예이며, 학습내용은 중국의 통용어(보통화와 한어병음, 간체자)와 중국의 문화를 위주로 하고 있다. 학습목표는 중국계 후손들을 대상으로 중국문화를 계승·발전함으로써 대외교류의 창구로 삼고자 한다. 즉, 화문교육은 중국 정부의 언어와 문화교육을 통한 대외교류 정책의 일환이라고 할 수 있다.

그런데 최근 중국의 자국어 보급정책이 그 개념과 범주 및 내용 면에서 대폭 개편되었다. 따라서 '화문교육'의 정책적 개념과 범위 및 그 의의를 정확히 알기 위해서는 중국의 자국어 보급정책이라고 할 수 있는 '국제중문교육'에 대해 자세히 알아볼 필요가 있다.

(2) 국제중문교육(International Chinese Language Education)

21세기 새로운 강대국으로 부상하고 있는 중국은 그간의 경제성장을 바탕으로 자국의 영향력을 대외적으로 확산하고 하고 있다. 그러나 이전의 물리적 하드파워(Hard Power)로는 한계를 느끼고 교육, 학문, 예술, 문화와 같은 소프트파워(Soft Power)로 국제사회를 겨냥하고 있다(문혜정 2018). "나라가 강하면 언어도 강해진다(國強、則語言強)."(李宇明 2004) "국가의 하드파워가 언어의 국제적 전파를 좌우한다(吳應輝 2011) 즉, 국가의 하드파워가 강해지면서 자연스럽게 소프트파워가 그 영향력을 발휘한다는 것이 중국의 판단이다. 중국의 '소프트파워 전략'하면 가장 먼저 떠오르는 것이 전 세계에 세워진 '공자학원'이 아닐까 싶다. 하지만, 중국의 자국어 보급정책이 '공자학원'을 통한 외국인을 대상으로 한 중국어와 문화교육에만 국한된 것은 아니다.

앞서 살펴본 것처럼 중국은 교육유형과 대상에 따라 다른 용어와 접근 방식을 사용하고 있다. 그중에서 국내외에 거주하고 있는 '외국인'과 해외에 거주하고 있는 '화교·화인'을 대상으로 한 언어와 문화교육은 자국민을 대상으로 한 국어교육과 확연히 구분된다. 중국의 대외한어정책은 크게 '외국인'을 대상으로 한 '중문교육'과 '화교·화인'을 대상으로 한 '화문교육'이 있다. 이를 좀 더 구체적으로 살펴보면 중국의 자국어보급정책이라고 할 수 있는 '국제중문교육'은 '중국어(中文)'를 전 세계에 전파하고 계승하는 과정으로 교육유형에 따라 중국 국내의 '대외한어교육(對外漢語教學)'과 해외의 '중문교육(中文教學)' 그리고 해외의 '화문교육(華文教育)'을 포괄하고 있다(郭熙·林瑀歡 2022, 52 재인용) 이에 대한 이해를 돕기 위해 이번 중국 정부의 중문 교육정책 개편과정에 대해 살펴보면 다음과 같다.

중국 정부와 학계에서 '국제중문교육'이라는 용어를 처음 사용한 것은 '2019년 국제중문교육대회'이다. 본 대회에서 쑨춘란(孫春蘭) 부총리의 기조연설과 당시 교육부 부장이었던 천바오성(陳寶生), 부부장이었던 톈쉐쥔(田學軍) 등 교육계 관련 인사들이 이구동성으로 기존의 '한어국제교육'이라는 용어 대신 '국제중문교육'이라는 용어를 사용하기 시작했다(李宇明 2004). 이후 '국제중문교육'은 중국의 모든 공식적인 장소에서 사용되는 용어로 중국의 자국어 보급사업이라는 정책적인 측면과 비원어민(非母語者)의 중국어 교육이라는 학술적인 의미로 통용되고 있다.

언어와 문화를 통한 공공외교와 소프트파워 전략은 지난 40여 년 동안 중국이 추진해온 국가정책이다. 그런데, 이번에 관련 정책을 수정한 배경에는 중국 정부의 자국어보급정책에 대한 국제사회의 반발을 의식한 면이 있다.[2] 예를 들어, 최근 미국은 전방위적인 중국 발전 억제전략을 실시하면서 『국방수권법(Defense Authorization Act of the United States)』에 따라 공자학원과 Chinese Language Flagship(中文領航項目) 중 '양자택일' 정책을 채택하였다. 결국, 기존에 공자학원을 운영하던 대학들은 미국 국방성이 주도하는 중국어 프로그램을 선택하고 공자학원을 폐쇄함으로써 미국 공자학원의 발전에 제동이 걸렸다(吳應輝 2022, 1066). 이에 대해 중국은 "코로나19가 전 세계적으로 기승을 부려 국제 협력이 절실한 상황에서 미국을 비롯한 일부 서방국가들은 오히려 글로벌화에 역행하는 태도를 보이며, 국제 화문교육의 체제와 메커니즘을 훼손하고 중국의 비상시기 언어 서비스 제공 동기에 의문을 제기하고 있다."라며 비난의 목소리를 높이고 있다(劉晗 2022, 53).

이처럼, 중국의 자국어보급정책이 난관에 봉착하면서 중국 정부는 '국제중문교육'의 발전이 국제정치와 경제 및 문화와 긴밀하게 연결되어 있다는 점을 주목하기 시작했다. 중국과의 외교적 관계는 물론 경제와 무역교류 정도, 다양한 문화적 배경이 그 나라의 중문교육에 직접적인 영향을 미친다. 최근 들어, 중국의 자국어보급정책에 대해 의구심을 제기하는 국제사회의 여론이 높아지면서,[3] 중국에서도 단순히 '언어'에 관한 연구와 '전파'에 집중하기보다는 국제사회에 대한 이해를 높이고 이를 해외 언어

2) 2019년 기준으로 전 세계 162개국(지역)에 550개의 공자학원과 1,172개의 초·중등학교 공자학당이 있으며, 이들 기관을 통해 중국어를 배우는 학생 수가 1억 명에 달한다. 한편, 10여 년 동안 전 세계 공자학원의 5분의 1이 미국에 설립되어있다. 그러나 2014년 이후 공자학원에 대한 서방국가의 견제가 수면에 드러나기 시작했으며, 2014년~2019년까지 미국에 있는 공자학원의 17개소가 이미 문을 닫거나 폐원 준비를 하고 있다. 공자학원을 비롯한 국제사회의 중국 자국어보급정책 견제에 관해서는 胡範鑄·張虹倩·陳佳璇(2022)을 참고 바란다.

3) 「한국에도 많은 공자학원, 서구에서 '퇴출 물결'인 이유」, 『중앙일보』, 2021.06.04., https://www.joongang.co.kr/article/24074833#home (검색일: 2022.10.21.)

정책에 반영하고자 한다. 기존 정책과의 차별점은 바로 '국제정치와 경제, 문화가 중문교육에 미치는 영향에 관한 연구'를 포함한 것이다. 공공외교 정책임에도 기존의 연구가 주로 언어학을 필두로 한 '중국어 보급 방법'에 초점을 맞춰져 있었다면, 새로운 정책에서는 사회과학을 바탕으로 한 '진략적 보급 방법'으로 개편되었다.

(3) '국제중문교육' 관련 부서 및 역할

수정된 정책 방향에 맞게 2020년에는 '국제중문교육'의 관리체제도 대폭 개편했다. 따라서 기존의 '중문교육' 업무를 총괄하던 '공자학원 본부'와 '국가한판'이라는 두 기관의 명칭은 더 이상 사용하지 않는다. 새롭게 간판을 내걸고 업무를 주관하는 기관으로는 '중국 국제중문교육 기금회(이하, 중문교육기금회)'와 '중외언어교육센터(이하, 언어교육센터)'가 있다.

중문교육 기금회의 설립 취지는 "전 세계의 중국어 교육 관련 프로젝트를 지원함으로써 인문교류를 증진하고, 국제사회의 이해도를 높임으로써 중국이 제창하는 인류운명공동체를 구축하고자 하는 것"이다.[4] 기금회의 주요 역할은 '공자학원'을 관리 및 운영하는 것이다. 한편, 2020년 7월 6일에는 교육부의 승인을 받아 '교육부 중외언어교육 센터(教育部中外語言交流合作中心)'가 설립되었다. 언어교육센터의 설립 취지는 '국제중문교육'을 발전시키고 중국과 외국의 언어교류 협력을 촉진함으로써 국제중문교육의 시스템을 구축하기 위한 것이다. 이를 위해 국제 중국어 교사와 교재, 학과개설 및 학술연구를 지원하고, 국제 중국어 교사 시험과 외국인 중국어 능력 시험과 관련된 일련의 시험을 조직한다. 또한, 관련 평가제도

4) 「中國國際中文教育基金會簡介」. hppt://www.cief.org.cn/jj, 2020.10.05. (검색일: 2021. 09.27.); 國家語言文字工作委員會 組編.『中國語言文字事業發展報告 2021』, 商務印書館, 2021, 71-73.

와 프로그램 및 장학금 등 국제중문교육과 관련된 업무를 전체적으로 총괄함으로써 중국의 대외 언어교류 협력을 체계적으로 관리한다.[5] 이 밖에도 '화문교육'을 총괄하는 부서로는 '중국 화문교육 기금회(中國華文教育基金會)'가 있다.[6] 본 기금회는 2004년 9월에 설립되었다. '중국 국제중문교육 기금회'와 마찬가지로 민정부에 등록된 기관이지만, 업무 특성상 국무원 교무판공실(國務院僑務辦公室)이 주관하고 있는 자금공모형 기금회(public-raising foundation)이다. 팬데믹 이후 해외 화교·화인의 화문교육과 관련해서 '화문교육 기금회'와 중국 전역의 '교련(僑聯)'[7]을 중심으로 지원 활동을 펼치고 있다.

정리하자면, 이번 대외언어정책 개편의 가장 큰 특징은 기존에는 외국인을 위한 중국어 교육과 화교·화인을 대상으로 한 중국어 교육을 분리해서 관리했다면, '국제중문교육'을 통해 이 두 가지 유형의 교육을 통합 관리하고 있다는 것이다. 이는 그동안 운영과정을 통해 드러나 현실적인 문제점을 보완하기 위한 것과 대외언어정책의 이미지 회복 및 전략적 전환에 따른 조치로 예상된다. 먼저, 현실적인 문제점으로는 해외 화교·화인 사회가 '구이민과 신이민', '화교와 화인', '1·2세대와 후속세대(3·4세대 등)'로 다양해지면서 단순히 교육대상을 기준으로 교육유형을 구분하기 어렵게 되었다. 화교·화인이지만 중국어를 외국어로 습득하고자 하는 인구가 증가하고 있다. 둘째, 대외언어정책의 이미지 제고 측면에서 보면, 최근 공자학원을 통한 중국의 소프트파워 전략에 대해 반감을 보이는 사

5) 中外語言交流合作中心簡介, www.Chinese.cn/page/#/pcpage/publicinfodetail? id=140, 2021.10.07. (검색일: 2022.09.27.)

6) Chinese Language and Culture Education Foundation of China, 관련 사이트: https://www.clef.org.cn 참고. (검색일: 2021.09.27.)

7) 中華全國歸國華僑聯合會 (All-China Fenderation of Returned Oversea Chinese), 관련 사이트 http://www.chinaql.org/ 참고. (검색일: 2021.09.27.)

례가 늘고 있다. 따라서 공자학원의 명칭을 수정하는 대신 그 관리체계를 대폭 수정함으로써 미시적인 측면에서뿐만 아니라 거시적인 측면에서 국제중문교육을 통합 관리하고자 한다. 셋째, 소위 전략적 전환은 중국 정부의 소프트파워 전략에 대해 일련의 의구심을 제기하는 비중국계 학습자보다는 중국의 언어와 문화에 대해 적극적이고 호의적인 중국계(화교·화인) 학습자에 대한 언어문화교육을 확대함으로써, 중국의 문화적 영향을 더욱 효율적으로 높일 수 있다는 정략적 판단이라고 볼 수 있다.

2. 화문교육의 정책적 의미

중국의 화문교육과 관련된 연구를 검토하다 보면, 중국 정부가 화문교육을 어떻게 인식하고 있으며, 어떠한 의미를 부여하고 있는지에 관한 문장으로 시작하는 논문이 많다. 이때 주로 거론되는 용어로는 '일대일로', '운명공동체', '신시대', '대통전', '중국의 이미지', '중국의 이야기를 전하자', '민족의 부흥', '중국몽' 등이 있다. 물론, 이러한 용어는 중국 정부가 강조하는 정책구호로 해외 교민을 대상으로 한 민족교육 분야에서 이러한 어휘들이 등장하는 게 새삼스러운 일은 아니지만, 이를 통해 중국 정부가 화문교육에 대해 어떠한 정치적 의미를 부여하는지 예측할 수 있다. 관련 발언을 주제별로 정리하면 다음과 같다.

(1) 민족적 유대감과 민족통일의 강조

2014년 6월 6일, 시진핑(習近平) 주석은 제7차 세계화교화인사단 친목대회 대표들과 만난 자리에서 "단결된 중화민족은 국내외 중화 자녀의 뿌리이며, 뛰어난 중화문화는 국내외 중화 자녀의 혼으로 중화민족의 위대한 부흥을 실현하는 것은 국내외 중화 자녀의 꿈"이라고 말했다. 이는 소위 '뿌리 · 혼 · 꿈' 론이다. 이를 풀어서 해석하면, "공동의 뿌리는 우리를 깊이 있게 하고, 공동의 혼은 우리의 마음을 서로 통하게 만들고, 공동의 꿈은 우리가 한마음 한뜻을 이루게 한다. 우리는 반드시 중화민족 발전의 새로운 시대의 장을 함께 쓸 수 있다"라는 뜻으로 혈연적 유대감을 강조하고 있다.

2015년 시진핑 총서기는 통일전선 사업의 이론적 지침이라고 할 수 있는 '대통전(大統戰)' 사업 구상을 제시하였다. 시진핑 총서기는 통일전선 사업을 중시하고 일련의 연설을 통해 시진핑 신시대 중국 특색 사회주의 사상인 '통일전선 이론'을 형성했다. 그중 중국어 교육의 위상은 매우 중요하며, 당과 국가의 '대통전' 전략을 배경으로 중국어 교육을 확대하는 것은 신시대의 개혁개방 진입에 필요일 뿐만 아니라 중국의 대외교류 활동에 필요한 전략적 의의가 있다(卓高鴻 2021, 109).

(2) 일대일로와 인류운명공동체 등 국가전략과의 연계성

중국은 코로나19가 국제중문교육의 비약적인 발전을 위한 새로운 방법을 제공했다고 평가하고 있다. 그 이유는 '인류운명 공동체 구축'에 대한 인식의 확산과 '일대일로'의 추진으로 국제사회에서 중문 인재에 대한 수요가 증가하고 있으며, 많은 국가에서 중국어 학습의 필요성이 강조되고 있다는 판단에서이다. 중국의 국제중문교육 정책은 중국어 교육 콘텐츠를 제공하는 것은 물론 중화 문화를 담고 있으므로 중국과 외국의 문명 교류를 촉진함으로써 인류운명공동체 구축과 일대일로 건설에 긍정적인 역할을 할 것으로(吳應輝 · 梁宇 · 郭晶等 2021)기대하고 있다. 또한, 국제사회에서 중국어 교육의 역할을 이렇게 소개하기도 한다. "개발도상국에 중국의 지혜를 전하고, 중국의 프로그램을 제공할 수 있는 효과적인 매개체로서, 중국문화의 보급과 전파는 신시대 인류운명공동체 구축의 중요한 원동력이 될 것이다"(蘭湞 2021, 65).

중국의 이러한 인식은 선진국을 필두로 한 국제사회의 부정적인 인식과는 달리 동남아시아와 남미, 아프리카를 비롯한 개발도상국과 제3개국에서는 중국문화에 대해 긍정적으로 평가하고 있음을 간접적으로 시사하는 것이다. 아울러 일대일로 건설과 밀접한 관련이 있는 이들 국가는 일대일로와 인류운명공동체라는 중국의 구호에 호응하고 있으며 그 과정에서 중문교육은 보이지 않는 다리 역할을 하고 있음을 보여준다.

(3) 중국의 국제적 이미지 제고

지난 2021년 5월 31일 진행된 '중국공산당 정치국 제30차 단체교육' 자리에서 시진핑 총서기는 "국제 전파사업을 강화하고 개선해야 한다며, 입체적이고 전면적인 중국을 보여줘야 한다"라고 강조했다(包含麗 2022, 47). 또한, 『중국공산당 중앙위원회의 100년 투쟁의 중대한 성과와 역사적 경험에 관한 결의』에서는 "홍보능력을 강화하여 국제사회에 중국의 이야기, 중국공산당의 이야기를 잘 전하고, 중국의 목소리를 잘 전파하여 인류문명과의 교류를 통해 서로 배워 나가야 한다. 이를 통해 중국의 문화소프트파워와 중화 문화의 영향력이 제고될 수 있다"라고 주장했다. 이러한 정책적 방향을 반영하듯 화교대학 지아이민(賈益民) 교수는 해외 화문교육은 중화민족의 위대한 부흥과 국가전략에 봉사하는 역사적 사명과 책임을 감당해야 하며, 중국의 이야기를 잘 전해서 중국의 이미지를 쇄신해야 한다고 주장했다(徐皎月·劉丙麗·胡建剛 2021, 4; 賈益民 2021, 6). 한편, '국제중문교육'의 중요성을 논하는 자리에서 베이징대학 중문과 루지엔밍(陸劍明) 교수는 외국인에게 중국을 제대로 이해시키고, 세계 각국에 중국의 매력을 보여주는 것이 가장 시급하고 중요한 문제라고 강조했다. 그는 "중화민족에게는 '타국 침략'이라는 '유전자(DNA)'가 없다고 자부할 수 있으며" 중문 교육의 다양한 콘텐츠를 통해 이러한 사실을 세계에 널리 알리는 것이 중요하다고 역설했다(陸劍明 等 2020, 435-436).

이상의 발언에서 알 수 있는 것은 중국학계의 연구 성과가 정부의 정책 방침을 충실히 반영하고 있다는 것이다. 또한, 중국의 해외교민 정책이 중국정부의 국가 비전과 밀접하게 관련되어 있으며, 화문교육은 이를 충성되게 이행할 수 있는 도구로 활용되고 있는 점이다. 물론 중국어 교육을 통해 국가전략사업의 기초를 다지고자 하는 정책목표는 꾸준히 진행되어 왔다. 하지만, 코로나19 이후 국제사회에서 중국의 이미지 실추와 오명을 타계하기 위해 관련 정책을 더욱 강화하고 있다. 이를 위해 문화산업전략 중에서도 해외거주자를 대상으로 한 화문교육이 각광을 받고 있다. 화문교육이야말로 해외에서 가장 깊이 뿌리를 내리고 가장 널리 퍼져 있으며, 국제사회에서 홍보 영향력을 확대할 수 있는 가장 효과적인 형태의 중국문화 전파 방법이라는 정략적 판단이다.

(4) 화문교육에 대한 중국의 지원정책

중국의 언어생활실태보고서에 따르면 2020년 코로나19가 전 세계적으로 확산하여 해외 2만 개 이상의 화문학교가 정상적인 교육과정을 진행하는 데 어려움을 겪었다.[8] 화문학교의 수업도 오프라인에서 온라인으로 전환되었는데, 해외 화문학교가 직면한 도전과 어려움은 중국보다 훨씬 더 클 수밖에 없었다. 이에 중국은 많은 시장자원과 온라인 교사의 교육과정을 확보한 만큼, 해외 온라인교육의 '공급자' 역할을 담당했다. 온라인 화문교육에 대한 수요가 급증하면서 교민업무 관련기관은 중국의 온라인 교육기업과 해외 화문교육 기관의 협력을 주선 및 지원하였다. 중국정부

8) 비공식적인 통계에 따르면 4만여 개의 해외 화문학교가 운영 중이다.

차원에서는 주로 문화체험과 교사 연수사업을 지원했다. 중국어 교육 콘텐츠도 제공하고 있지만, 국제중문교육 시장에 진출한 민간기업이 많아지면서, 언어교육에 관한 콘텐츠는 선택의 폭이 넓어졌다. 물론, 화교관련 단체에서 제공하는 콘텐츠는 무료 버전이 많다는 장점이 있다. 하지만, 중국정부의 화문교육 지원정책의 핵심은 무엇보다도 조국 방문과 같은 문화체험과 현지교사의 중국연수와 교재개발 등 단순한 언어교육 차원보다는 민족문화 전수의 의미가 더 크다.

Ⅲ. 코로나19 이후 화문교육의 위기와 기회

앞서 소개한 2019년 '국제중문교육대회'를 통해 '국제중문교육' 시스템 구축의 '신시대'를 열었다고 평가한다. '국제중문교육'은 중국 국내의 한어교육(漢語教學)과 외국어 또는 제2 언어로서의 해외 중문교육(中文教學) 그리고 해외 화문교육(華文教學)을 포함하고 있다. 물론 시기적으로 '국제중문교육'시대가 열린 시점은 코로나19와 무관하다. 하지만, 공교롭게도 국제중문교육이라는 신시대의 개막과 함께 코로나19가 불청객처럼 찾아왔다. 국제중문교육 시스템이 구축되자마자 시험대에 오른 것이다.

1. 화문 교육계가 직면한 문제와 적응현황

(1) 해외 화문 교육계가 직면한 문제

전 세계에 흩어져 있는 화문학교가 처한 상황은 교육제도 체계와 학습목적에 따라 크게 다르다. 먼저, 화문교육이 거주국 내에서 정규교육과정으로 진행되는 경우, 이는 학력 인정을 위한 정규교육과정이라는 점에서 화문을 외국어 또는 제2 언어로 학습하는 상황과는 구별될 것이다. 이러한 경우, 화문교육이 제도권 내에서 이뤄진다는 점에서 정부 차원의 지원이나 정책을 기대할 수 있겠지만, 사실상 대다수의 해외 화문학교는 화교사회의 지원으로 운영되는 경우가 많다. 해외의 화문교육은 제도권 교육체계에 편입된 사례도 있지만, 대부분 비제도권 교육의 형태로 진행되거나 공자학원과 같이 외국어 교육의 형태로 이뤄지고 있다. 따라서 코로나19의 여파로 대부분의 수업이 온라인(비대면)으로 전환되었지만, 부족한 물자와 인력 문제에 시달리고 있는 거주국 정부로서 비제도권 교육까지 관리할 여력이 없었다.

이처럼 거주국 정부의 지원에 전적으로 의존할 수 없는 화교학교가 처한 어려움은 전 세계 교육계가 직면한 보편적인 문제와 함께 해외 화문교육계가 직면한 특수한 문제로 나눠서 살펴볼 수 있다.

다음은 갑작스러운 비대면 교육의 시행으로 인해 화문학교가 겪었던 보편적인 문제들이다. 첫째, 온라인교육에 대해 교사의 인식 부족이다. 통계에 따르면, 화문학교의 76.47%가 비대면수업(온라인수업), 11.76%가 대면수업을 한 것으로 조사됐다. 이들 교사에게 온라인교육에 대해 알고 있냐고 물었을 때 응답자의 32.35%가 조금 알고 있다고 답했고, 47.06%는 다소 이해하고 있다고 응답했다. 즉, 약 80%의 교사가 온라인 수업에 대해 확신하지 못한 체 교육에 임하고 있었다. 둘째, 온라인 강의에 어려움을 겪고 있다. 응답자의 94.11%는 온라인 수업에 어려움이 있다고 답했다. 구체적으로는 온라인 학습의 질적 보장의 어려움(82.35%), 정보화 인프라 구축의 미비(76.47%), 온라인 교재 등 교육 콘텐츠 부족(70.59%), 교사의 온라인 수업 기술 개발 필요(38.24) 등의 문제점을 호소했다. 셋째. 온라인 수업에 대한 지원이 시급하다. 화문학교가 온라인 수업을 진행하는 데 가장 필요한 것으로는 컴퓨터·인터넷 등 인프라 자원(76.47%)과 교사에 대한 정보기술(IT) 훈련(70.59%), 전자 교재·슬라이드웨어·동영상 등 교과

과정과 교육자원(64.71%), 가정에서의 온라인교육 협업(64.71%)으로 조사됐다(蘭湞 2021, 65-66).

이러한 문제들은 화문학교가 거주국 정부의 지원을 충분히 받지 못해서 생기는 문제라고 볼 수도 있겠지만, 국가별 상황에 따라 제도권 내 교육에 대해서도 이러한 지원을 하기 어려운 예도 있으며, 충분한 인프라가 구축된 경우에도 전대미문의 상황에서 교수자의 경험 부족으로 시행착오를 겪을 수밖에 없었다. 다만, 해외에서 이뤄지는 민족교육이라는 측면에서 볼 때 화문교육이 겪는 특수한 문제들도 발견된다.

이는 대부분 화문학교의 구조적인 문제, 즉 모국인 중국에 대한 높은 의존도로 인해 발생하는 문제들이다. 첫째, 교사 수급의 어려움이다. 중국에서 파견된 교원에 의존했던 화문학교는 코로나19의 발발로 중국 국적 교사들이 귀국 후 다시 돌아오지 못하는 사례가 많아지면서 교원 부족 현상 겪었다. 또한, 비제도권에 있는 화문학교의 경우, 정식적인 교사훈련을 받지 못한 비전문가나 시간제에 의존하는 사례가 많아 갑작스러운 비대면 교육에 대처할 수 있는 능력이 현저히 떨어졌다. 교사 수급과 교사의 자질에 관한 문제는 화문교육의 고질적인 난제였는데, 이번 코로나19 사태에서도 가장 취약한 고리로 작용했다. 둘째, 재학생 수의 감소이다. 이러한 문제는 거주국 내의 제도권 교육에 편입된 화문학교가 아닌, 신화교를 중심으로 운영되던 화문학교에서 주로 발생했다. 코로나19 이후 학생들이 대거 중국으로 귀국함에 따라 재정 상황이 어려워지면서 남아있는 학생들에 대한 교육은 물론 학교의 존립에도 영향을 미쳤다. 셋째, 재정수지의 악화이다. 화교·화인 사회의 지원으로 운영되는 대부분의 화문학교는 코로나19 여파로 화교·화인 사회의 경제적 수익이 감소하면서 자금 조달에 어려움을 겪었다. 또한, 재정의 상당 부분을 학생들의 등록금으로 충당하던 화문학교의 경우 학생 유실은 재정적자로 이어졌다.

이처럼 교사와 학생, 재정으로 연결된 화문학교의 문제는 악순환을 이루었다. 교사의 부족은 학생감소로 이어졌고, 재정 부족은 온라인교육을 위한 대책 마련을 더욱더 어렵게 했다. 이러한 현실적인 문제 앞에서 화문학교는 중국 정부의 지원책에 의존할 수밖에 없었다.

(2) 온라인교육의 필연성과 적응현황

첫째, 코로나 발생 후 '교육의 지속성(停課不停學)'에 대한 객관적 요구가 있었다. 코로나 시기 과연 어떻게 정상적인 교육을 진행할 것인가? 하는 것이 교육계가 직면한 현실적인 문제였다. 한편, 해외 화문교육의 경우 상황은 더욱 복잡했다. 먼저, 거주국의 상황에 따라 오프라인 대면 수업을 허용하지 않는 정부 당국의 정책과 상당수의 학생과 학부모가 오프라인 대면 수업에 대해 부정적이라는 점, 그리고 화문교육 기관의 자금난과 교원 부족 등 총체적인 위기에 봉착하였다. 대면 수업의 경우 중국에서 파견된 교원에 의존하고 있던 화교학교는 코로나19 이전 중국으로 잠시 귀국했던 교사들은 물론, 새로 파견된 교사들도 제때 출국이 어려워 교사 수급에 비상이 걸렸다. 이 때문에 현지 정부가 오프라인 수업을 허용해도 교원 부족으로 대면수업을 진행하기 어려운 화문교육 기관이 대부분이었다.

둘째, 팬데믹의 장기화에 따른 현지 사회의 변화이다. 코로나19 발생 초기 온라인교육은 일부 유럽 국가의 화문학교 입장에서는 여전히 낯선 교육방식으로 모든 학부모가 수용할 수 있는 것은 아니었다. 온라인교육은 인터넷 속도, 전자 장비 등 제반여건이 필수 불가결한 만큼 팬데믹 초기에는 온라인 화문교육을 실행하는 데 어려움을 겪었다. 그러나 상황이 발전함에 따라 해외 화문학교는 새로운 변화를 겪었다. 팬데믹이 장기화하여 중후반기에 이르자 화문학교는 학생들의 학습 특성과 온라인상의 교육 특성을 결합하여 수업 방식을 조정하고 교육 방법을 업데이트하여 커리큘럼을 개선했다. 또한, 교사를 대상으로 정보화 기술 훈련을 강화하면서, 학생들도 점차 온라인교육 모델에 적응했다. 결국, 화문학교의 온라인교육 재학생 수가 안정화 단계에 이르며 온라인 수업도 정상 궤도에 진입했다.

셋째, 인터넷 정보통신기술의 비약적 발전을 들 수 있다. 화문교육과 인터넷 정보 기술의 통합은 20년 전부터 추진됐다. 지난 2001년 싱가포르에서 개최된 '글로벌 화인교육 정보 기술 회의'에서는 새로운 교육 개념인 '중국어 과정의 세계화'를 제안하고 공식적으로 화문교육 디지털 자원 센터를 설립하기도 했다. 또한, 2002년 중국의 화문교육 대학은 원격 쌍방향 학습을 위한 『한어』와 『중문』두 세트의 교재를 출시하기도 했다(彭俊 2004). 코로나19 발발 이전인 지난 2015년에는 해외 화문교육기업 '하투 중국어(哈兔中文)'가 전 세계에 보급되기 시작했다. 당시, '하투 중국어'의 콘셉트는 바로 '인터넷과 해외 화문교육의 결합'이었다(朱敏·郭鎮之 2017, 33-35). 그러나 코로나19 이전에는 온라인교육의 필요성이 지금처럼 절실하지 않았으며, 교육 효과에 대한 의문이 끊임없이 제기되는 상황에서 네트워크 기술 수준의 한계로 보급단계에 이르지는 못했다. 하지만, 최근 몇 년 동안 화문교육의 기술적 장벽이 완화되었고 온라인 화문교육의 효과도 크게 향상되었다. 또한, 5G 상용화 속도는 온라인 화문교육의 발전을 이끌었으며 모바일 초고화질 비디오, AF VR과 같은 대용량 트래픽 응용 프로그램이 온라인 화문교육에 이미 적용되고 있다. 이처럼, 코로나 상황에서 교육기술의 급속한 보급이라는 '의외의 수확'은 향후 국제중문교육의 발전에 긍정적인 영향을 미칠 것으로 예상된다.

(3) 온라인 화문교육이 남긴 긍정적인 효과

팬데믹 이후 해외 화교 교육계에서는 온라인교육의 긍정적인 역할을 옹호하는 목소리가 높아지고 있다. "온라인교육은 지식자원에 대한 통제력이 강해 학습 가능 시간의 확대는 물론 유연한 교육 모드 및 공간에 대한 제약이 없어 비용을 절감할 수 있다는 장점이 있다. 또한, 다양한 사람들을 위한 맞춤형 서비스를 제공할 수 있다."[9] 이처럼, 일선에서는 온라인 화문교육에 대해 높이 평가하며, 향후 그 역할과 기능 확장에 주목하고 있다.[10]

첫째, 시공간의 제약이 줄어들면서 화문교육의 보급지역이 확대되었다. 코로나 상황에서 중국과 화인사회의 공조와 협력이 중요한 가치로 떠오르고 있다. 중국에서는 온라인교육의 기술지원과 고품질의 교사지원을 제공할 수 있으며, 해외화교는 현지 문화와 교육 현황을 잘 아는 만큼 학생자원을 조직할 수 있다. 이를 통해, 중국과 해외 화교사회가 상호보완과 협력 발전을 실현할 수 있을 것으로 기대하고 있다. 또한, 코로나19 기간 동안 온라인교육은 지역적, 공간적 한계를 뛰어넘어 원래 화문 학교가 없는 지역의 화예들도 온라인 화문교육을 통해 학습에 참여할 기회가 생겼다.

둘째, 모국을 이해할 수 있는 문화체험의 기회를 제공할 수 있다. 중국 내 화문교육 연구조사에 따르면, 온라인 수업이 언어교육뿐만 아니라 중국문화 관련 수업에서도 상당한 성과를 거두었다. 팬데믹 기간 동안 대부분의 화문학교는 교실수업과 캠퍼스 문화 행사를 온라인에서 진행했다. 온라인 화문 교육과정은 해외 화문교사의 정보화 기술 수준을 크게 향상했다. 기존의 오프라인 교육에서는 단조롭고 지루했던 언어교육이 이제는 중국문화 관련 영상과 사진 및 애니메이션을 통합한 멀티미디어 화문교육

9) 「溫州舉辦德國華文教育機遇與挑戰線上研討會」, 『中國僑網』, 2022.03.30., chinaqw.com (검색일: 2022.09.31.)

10) 「第一屆歐洲華文教育研討會重要嘉賓發言記錄」. 2021.05.29., https://hqxy.wzu.edu.cn/info/1220/1664.htm (검색일: 2022.10.27.)

으로 업그레이드되었다. 이를 통해 중국문화를 중심으로 한 화문교육 모델이 구축될 수 있었다.[11)]

2. 탈경계와 지식 공간의 재창출

팬데믹 상황에서 해외 화문교육 생태 형태도 '유형의 학교'에서 '무형의 온라인 학교'로 전환되었다. 화문교육의 근본적 문제라고 할 수 있는 물리적 제한은 코로나19로 인해 시공간을 넘어선 탈경계와 온라인(가상세계)이라는 지식 공간의 재창출로 이어졌다.

(1) 온라인 화문교육 플랫폼과 교육방식

코로나19 이후 전 세계적으로 비대면 시대가 도래하면서 산업 전반적으로 온라인 기반 콘텐츠가 주목받고 있다. 특히, 4차 산업혁명에 따른 정보통신 기술의 성장과 함께 많은 관심을 받고 있다. 그중에서도 외국어를 학습하기 위한 온라인 플랫폼으로 웹사이트와 스마트폰 애플리케이션이 다양하게 활용되고 있다(김규리 2022, 1). 한편, 중국의 수많은 온라인 화문교육 플랫폼과 인공지능 중국어 학습 소프트웨어가 해외 화문교육 시장에 진출하면서 해외 화문교육의 비전형적인 발전을 촉진하고 있다.[12)] 이러한 요인으로 해외 화문교육 생태계는 빠르게 재편되고 있다.

첫째, 화문교육에 활용된 다양한 교육플랫폼이 등장했다(吳應輝 2022,

11) 「海外華文教師線上教學忙"雲端"共堅守」, 『中國新聞網』, 2020.08.30., https://baijiahao.baidu.com/s?id=1676427939690754365&wfr=spider&for=pc (검색일: 2022.09.27.)

12) 「新東方在美開設中文課？多家機構已佈局海外中文培訓」, https://baijiahao.baidu.com/s?id=1717393195659230274&wfr=spider&for=pc, 『新京報』, 2021.11.25., (검색일: 2022.11.23.)

105).[13] 해외 화문교사들은 이들 교육플랫폼 중에서도 미국에서 개발한 Zoom 소프트웨어를 더 선호하며 통계에 따르면 77.5%가 Zoom을 이용하고 있는 것으로 나타났다. 중국산 소프트웨어 사용자는 27.4%로 이 가운데 DingTalk(釘釘)과 Classin, VooV(騰訊會議)의 사용율은 각각 14.6%, 7.4%, 5.5%, 기타 소프트웨어는 21.3%를 차지했다(『中國語言生活狀況報告』 2021, 132).

둘째, 웹사이트 커리큘럼과 온라인교육 시장이 활성화되고 있다. 화문교육과 관련해 중국 내에서 유명한 웹사이트로는 '중국화문교육망' 이 있다.[14] 이 사이트는 교사 연수와 가상교실, 애니중문, 화문교재 등 다양한 커리큘럼과 교육자료가 있다. 특히, 교사 연수는 '중국화문교육기금회'가 2006년 실시한 '인터넷+화문교육' 모델을 이용한 화문교사 원격교육 프로그램으로 전 세계 198개국 2만 개의 화문학교에 양질의 공익 교육과정을 제공하고 있다.

중국의 화문교육 기관은 코로나19 기간 동안 빠르게 발전했으며, 하투중국어과 오공중국어(悟空中文) 등 기존의 온라인 시장을 점유한 중국어 교육 기관은 독립적인 교육 관리 플랫폼과 경험이 풍부한 온라인 교사 자원의 도움으로 많은 화예 학생을 상당수 흡수했다. 한편, 온라인교육 시장에 대한 수요가 확대되면서 해외시장을 타겟으로 한 중국어 교육플랫폼이 빠르게 성장하고 있다(吳應輝 2022, 105).[15]

---

13) 온라인 화문교육에서 주로 사용되는 교육플랫폼으로는 VooV meeting(騰訊會議), Zoom, Google Classroom, DingTalk(釘釘), Yuketang(雨課堂), Chaoxing(超星), Welink 등이 있다. 이 밖에 WeChat(微信), TicTalk(抖音), KuaiShou(快手), Twitter, Facebook, YouTube 등 다양한 소셜네트워크 도구가 중국어 교육을 보조하는 데 사용되기 시작했다.

14) 中國華文教育網, http://www.hwjyw.com (검색일: 2022.11.23.)

15) '글로벌 중국어 학습 플랫폼(全球中文學習平臺)', '중문연맹(中文聯盟)', '팡디 스마트(龐帝智能)', '사이쿠야(賽酷雅)', '탕펑한어(唐風漢語)', '중문로(中文路)',

셋째, 온라인 화문교육의 수업유형도 다양하게 나타나고 있다. 해외 화문교육의 온라인 수업 유형은 크게 실시간 수업, 녹화 수업, 실시간과 녹화 수업의 병행 세 가지 유형으로 나뉘며 그 중 실시간 수업을 위주로 하고(81.2%), 녹화 수업은 보조 수단(13.1%)으로 활용하는 경우가 가장 많았다. 한편, AI, VR/AR은 전통적인 단방향 교육에서 인지적 상호 작용 및 몰입형 체험 모델로 전환할 기회를 제공하고 있다.

(2) 온라인 화문교육에 대한 중국 정부의 지원

앞서 소개한 것처럼 화문교육과 관련해서는 주로 '교련(僑聯, 中華全球歸國華僑聯合會)'과 '화문교육기금회(中國華文教育基金會)'가 지원하고 있다. 중국의 각종 화교 관련 기관도 잇달아 화문 교육과정을 개설하여 해외 화문교육 시장을 겨냥하고 해외 화문학교에 문화교육 및 교육자원을 제공하고 있다. 화문교육의 정보화를 촉진함으로 화문학교가 없는 외딴 지역의 아이들도 온라인으로 화문을 배울 수 있도록 화문교육의 보급을 확대하고자 한다.

첫째, 온라인을 통해 실시간 수업을 제공했다. 코로나19로 인해 전 세계적으로 봉쇄정책이 시행되는 동안 해외 온라인 수요는 '긴급사용 및 선공급'의 원칙에 따라 해외 화문교사 및 해외 관리자에 대한 교육을 시행했다. '중국화문기금회'는 온라인 화문교육을 대대적으로 지원하고 있는데, '중국문화 가상교실'과 '애니 중국어교실' 코너는 해외 화문학교 교사들로

'워둥 테크놀로지(沃動科技)' 등 온라인 학습 플랫폼이 디지털 중국어 교육 분야에서 두각을 나타내고 있다. 각 웹사이트의 주소는 다음과 같다. ① https://www.chinese-learning.cn/#/web, ② https://www.chineseplus.net/, ③ https://reader.iponddy.com/, ④ https://www.saquoia.com/, ⑤ https://www.tangce.net/, ⑥ https://www.chineserd.com/?about-us, ⑦ https://www.movek.net/hlwhy

부터 호평을 받았다.[16]

둘째, 문화체험을 중심으로 한 무료 교육과정을 제공했다. 각급 교민 관련 조직은 해외 화문교육을 지원하기 위해 다양한 무료 교육과정을 제공하였다. 전국 각지의 교련은 '뿌리 찾기'라는 이름으로 진행되던 고국 방문 프로그램(留根工程)을 온라인에서 진행했다. 그중 가장 주목받고 있는 활동은 바로 해외 화예 청소년을 대상으로 한 온라인 봄(여름/가을/겨울) 캠프이다.[17] 또한, 클라우드를 통해 중국어와 문자를 공부하고 언어 학습 노하우를 배우며, 중국의 전통문화와 함께 발전된 현대중국 체험의 기회를 제공했던 이 활동은 성공적인 사례로 회자하기도 했다.

셋째, 교사와 학부모를 대상으로 온라인 연구과정을 제공했다. 중국 한판(漢辦), 교판(僑辦) 등 정부 기관과 고등교육기관, 민간단체는 학위 수여를 위한 교육, 단기연수 프로그램, 교사지원 등을 통해 다양한 채널로 해외 현지 중국어 교사의 전문화를 위해 지원하고 있으며, 그중 기존의 현지 교사에 대한 단기연수가 가장 빠르고 효과적인 방법으로 조사되었다(蘭湞 2021, 65). 이 밖에도 화교의 고향을 비롯한 중국 내 화교·화인 기관도 온라인 화문교육 훈련 기관을 설립하고 무료 플랫폼을 구축하여 현지 초등학교 교사와 대학생을 초빙하여 수업을 진행했다.

(3) 포스트 코로나 시대 화문교육에 대한 전망

첫째, 교육 패러다임의 변화를 예상할 수 있다. 코로나19가 해외 화문

16) 『中國華文教育基金會』, 「中國華文教育基金會"停課不停學"第20期直播課結束」(2020.07.06.) http://www.chinaqw.com/hwjy/2020/07-06/262046.shtml (검색일: 2022.11.23.)

17) 『中國僑聯官網』, 「中國僑聯舉辦2021'親情中華 · 爲你講故事'網上夏(春)令營開營式」(2021.03.31) http://www.chinaql.org/n1/2021/0031/c41963-32066215.html (검색일: 2022.11.23.)

교육에 미치는 주요 영향은 바로 화문교육의 대변혁이다. 우선, 전통적인 교실 수업에서 온라인 수업으로 전환되었다. 이로 인해 화문교육의 개념은 물론 학교 형태 및 교육의 구조, 화문교육 이론 및 교육 패턴, 교육과 교육자원 건설 및 활용, 교사와 학생의 역할 전환의 일대 변혁이 예상된다(陸劍明等 2020, 438). 코로나19의 세계적 확산으로 화문교육은 오프라인 주도에서 온라인 주도로 전환됐다. 이제는 현재 직면한 문제와 함께 앞으로 다가올 교육 패러다임을 고려해 장기적이고 지속적인 발전을 꾀해야 할 것이다.

둘째, 온라인교육의 뉴노멀화이다. 온라인교육은 코로나19 시기는 물론 포스트 코로나 시대에도 피할 수 없는 교육방식으로 화문교육은 더이상 온라인교육을 간과할 수 없다(王淑慧 2021, 76). 온라인 중문교육은 시공간 장벽과 학습 비용을 줄일 수 있다는 장점이 있으므로 코로나19 상황이 종식되더라도 장기적으로 더욱 발전할 것으로 예상된다(吳應輝 2022, 108). 포스트 코로나 시대 해외 화문교육은 온라인교육이 상당한 우세를 차지할 것으로 예상된다. 이에 중국 정부는 이러한 시대 상황에 맞는 화문교육 정책을 내놓고 있다.[18)]

셋째, 시장의 재편과 연구 방향의 전환이 기대된다. 오늘날 온라인 화문교육의 발전에 대해 학계의 공감대가 형성되었다. 온라인 중국어 교육의 다중 모드, 융합 미디어 및 기타 기술적 특성과 자원 절약의 저비용 이점은 발전에 큰 원동력을 제공하므로 온라인 중국어 교육에 대한 학계의 관심도 계속 증가하고 있다. 앞으로 더 많은 연구가 온라인 화문교육의 지속 가능한 발전 모델 탐색에 초점을 맞출 것이다(譚子恆·鄧曉雅 2022, 49).

이제는 현실적으로 온라인 화문교육 루트와 방법을 탐색하는 단계에

18) 「疫情加速全球教育線上化 中國教育愜意“出海”迎來新機遇」, 2022.07.02., http://edu.china.com.cn/2021-07/02/content_77601838.htm 참고. (검색일: 2022.10.27.)

진입했다고 할 수 있다. 코로나19의 습격으로 화문교육에 심각한 도전을 가져왔고 화문교육 연구도 글로벌 비상사태의 영향으로 큰 위기를 겪었지만, 이제는 효과적인 온라인 화문교육 활동을 수행하는 것이 화문교육 연구의 핵심 문제가 되었다. 특히, 빅데이터를 기반으로 한 국제중문교육에 대한 양적 연구는 이제 막 시작되었으며 전망이 밝다. 예를 들어, '중국어 국제전파의 동적 데이터베이스 구축 및 개발 연구'와 '국제중문교육 및 교육자원 개발보고서'에서 중국은 이미 빅데이터 기술을 사용하여 세계 각국의 네트워크에서 중국어 교육자원에 관한 데이터를 획득하고 이를 기반으로 정량적 연구를 수행하고 있다(吳應輝 2022, 11). 향후 국제중문교육의 중국어 학습 의향, 학습자 수 모델링 연구, 중국어 전공 설정, 인재 양성 수급 현황 등 다양한 연구 분야에서 빅데이터 기술의 지원이 활용될 것으로 예상된다.

Ⅳ. 맺는말

중국 자국어보급정책의 개편 방향은 크게 3가지로 정리할 수 있다. 첫째, 세분화 전략이다. 중국어 학습자의 저변을 확대함으로써 자국 문화를 전파하고자 했던 기존의 방침에서 지역별, 대상별, 수준별로 세분화하여 맞춤형 교육 서비스 제공 및 전략을 펼치고자 하는 것이다. 둘째, 전문화 전략이다. 기존의 자국어 보급정책은 언어정책의 하나로 주로 언어와 문화적인 접근 방법을 취했다면, 중국의 영향력 확대와 국제정세의 변화에 따라 중국의 소프트파워 전략에 대해 경계태세를 취하는 국가들이 늘어나고 있다. 이에, 국제정치와 경제 및 지역학 등 사회과학을 토대로 한 새로운 문화전략을 구상하고 있다. 셋째, 다원화 전략이다. 기존에는 중국이 문화적 영향력과 전파력을 확대하기 위해 주로 중국에 관심을 보이는 외국인들을 위한 교학 서비스를 확대하는 데 주력했다면, 이들 외국인의 중국어 학습 동기와 이후 중국에 미치는 긍정적·부정적 영향력을 고려했을 때 이제는 어떠한 상황에서도 중국에 우호적인 태도를 보일 수 있는 해외 교민을 대상으로 한 문화전파의 비중을 높이고 있다. 한편, 이러한 정책방침을 효율적으로 실행할 방법으로 온라인교육이 주목받고 있다.

그렇다면 코로나19 이후 한국어 자국어보급정책에는 어떠한 변화가 있었을까? 한국의 자국어 보급정책은 크게 두 가지 루트를 통해 이루어지고 있다. 해외 한국어 학습자를 대상(세종학당)으로 한 교육과 해외 재외동포를 대상(재외동포재단)으로 한 교육이다. 한국도 중국의 중문교육과 화문교육과 같이 대상별로 다른 접근 방법을 취하고 있다. 중국의 화문교육에 해당하는 국외 재외동포 교육과 관련된 기관으로는 '한국학교'와 '한글학교'가 있다(김태진 2022, 3). 한편, 류재율(2015)은 IT 강국인 한국의 이러닝 현황 분석을 통해 재외동포 교육을 위한 가상학교 설립 가능성과 필요성에 대해 살펴보았다. 그는 시간과 공간의 제약을 가장 많이 받는 재외국민의 한국어 교육을 위해서는 현지 실정에 맞는 컨소시엄을 구성하여 오픈소스 기반의 종합 가상학교 시스템 마련이 시급하다고 주장했다.

이처럼, 중국은 물론 한국도 자국어보급을 위한 노력이 코로나19로 인해 자연스럽게 온라인으로 지식공간을 확장하고 있다. 사실 자국어보급정책이라는 용어 자체에서 이미 '민족주의적' 의도와 내용을 어느 정도 함의하고 있다. 이에 전한성(2020)은 현재 재외동포 한국어 교육의 목적은 민족 정체성 형성과 유지에 중점을 둔 나머지 한국사회의 현실과 재외동포의 특수성을 간과하고 있다고 지적했다. 당위와 실리에 근거해 대한민국 공동체에 부합하는 목적을 세우기보다는 재외동포들이 해당 거주국에서 창의적인 문화 혼종의 생산 주체로 성장할 수 있도록 돕는 열린 시각에서의 교육목적을 정립하는 일이 무엇보다 중요하다는 것이다(전한성 2020, 210-211).

하지만, 중국의 자국어보급정책의 개편과정에서 보이는 것은 '탈경계와 지식 공간의 재창출' 이면에 있는 '민족주의의 회귀와 보이지 않는 영토의 확장'이라는 그림자이다. 중국은 국제사회의 여론을 의식해서 기존의 정책을 수정·보완했지만, 밖에서 봤을 때는 여전히 전략적 노선만 조정되었을 뿐 본질적인 변화는 없는 것 같다. 중국이 자국어보급정책에서 제시하고 있는 구호들이 과연 얼마나 국제사회의 호응을 얻을 수 있을지 의문이다. 오히려 중국의 이미지를 개선하기 위해서는 중국의 민족문화를 강조하는 정부의 적극적인 정책구호보다는 중국인과 세계인의 자연스러운 만남과 진솔한 대화가 더욱 필요해 보인다. 특히, 정책의 방향성을 제시하는 학자들의 연구에서 정부의 목소리를 대변하는듯한 천편일률적인 목소리가 아닌 깨어있는 목소리가 절실하다. 개편된 중국의 자국어보급정책이 중국 정부의 의도대로 실효성을 거둘지는 지켜봐야 하겠지만, 해외지역을 대상으로 하는 정책인 만큼 제공자의 의도만 강조하기보다는 수요자의 입장도 고려해야 할 것이다. 자국어 보급정책의 전략적 방향도 중요하지만, 그 근본 목적을 바로 세우는 일이 더욱 시급해 보인다.

| 참고문헌 |

김규리. 2022.『온라인 한국어교육 콘텐츠 분석과 활용 방안 연구』. 경희대학교 대학원 석사학위논문.

김주아. 2020.「말레이시아 화문교육의 메커니즘-화문학교의 역사와 현황 및 문제점」.『중국인문과학』. 제76집.

김태진. 2022.「코로나19 대응 사례를 통해 살펴본 재미한글학교의 역량과 의의」.『재외한인연구』. 제56호.

노채환. 2021.「포스트 코로나 시대의 한국어 교육-온라인 수업에 대한 학부 유학생들의 인식을 바탕으로」.『한중인문학연구』. 72.

류재율. 2015.「한국어 가상학교(Virtual School) 설립을 위한 기초 연구」.『한국어 교육』. 26(1).

문혜정. 2018.「공자학원을 통한 중국의 대 아프리카 소프트파워 전략」.『한국아프리카학회지』. 55.

손평. 2020.「중국어 국외 보급 정책에 대한 고찰과 한국어 국외 보급에의 시사점」.『인문사회 21』. 제11권 4호.

신윤경·이진경. 2022.「포스트 코로나 시대에 한국어 교사 온라인 연수 프로그램을 위한 방안 연구－국립국어원과 재외동포재단의 연수를 중심으로」.『우리어문연구』. 74집.

심혜령. 2022.「온라인 세종학당 사이버 한국어 중급 교육과정의 구성원리와 실제」.『이중언어학』. 87(0).

전한성. 2020.「재외동포 한국어교육의 목적에 관한 일고찰」.『새국어교육』. 122.

최승현. 2020.「당대 중국의 "소수민족화교화인" 연구 및 정책 흐름 분석」.『중국지식네트워크』제16호. 5-36.

包含麗. 2022.「新形勢下助推海外華文學校傳播中華文化路徑研究——以浙江華僑網絡學院爲例」.『華文學校與研究』第3期.

國家語言文字工作委員會組編. 2017.『中國語言文字事業發展報告 2017』. 北京: 商務印書館.

＿＿＿＿＿＿＿＿. 2021.『中國語言文字事業發展報告 2021』. 北京: 商務印書館.

＿＿＿＿＿＿＿＿. 2021.『中國語言生活狀況報告』.「華文線上教學的海外需求和國內供給」. 北京: 商務印書館.

郭熙. 2015.「論漢語教學的三大分野」.『中國語文』. 第5期.

胡範鑄·張虹倩·陳佳璇. 2022.「後疫情時代中午國際教育的挑戰、機緣和對策」.『華文教學與研究』. 第2期.

黃瑞銘. 2020.「危機中謀轉機 變局中創新局——疫情下菲律賓華文教育面臨的挑戰與應對策略」.『世界華文教學』. 第9輯.

贾益民. 2013.『世界华文教育年鉴』. 北京: 社会科学文献出版社.

______. 2021.「全球疫情下華文教學的應對策略」.『世界華文教學』. 第九輯.

蘭湞. 2021.「互聯網+視角下東南亞華文教師的培訓師資建設」.『福建教育學院學報』. 第1期.

李園鋒. 2022.「新世紀以來華文教育研究的熱點及趨勢——基於CNKI文獻的可視化分析」.『菏澤學院學報』. 第44卷 第1期.

劉晗. 2022.「新時期海外華文教育融入國際中文教育探析」.『環球』.

陸劍明等. 2020.「新冠疫情對國際中午教育影響形式研判會觀點彙輯」.『世界漢語教學』. 第34卷 第4期.

彭俊. 2004.『華文教育研究』. 上海: 上海師範大學.

王淑慧. 2021.「新冠肺炎疫情背景下馬來西亞華文教育在線教學的問題與對策」.『世界華文教學』. 第九輯.

吳應輝. 2022.「國際中文教育新動態、新領域與新方法」.『河南大學學報(社會科學版)』. 第62卷 第2期.

______. 2011.「國家硬實力是語言國際傳播的決定性因素」.『漢語國際傳播研究』. 第1期.

吳應輝·樑宇·郭晶等. 2021.「全球中文教學資源現狀與展望」.『雲南師範大學學報(對外漢語教學與研究版)』. 第5期.

袁媛. 2022.「加強華文教育專業國際傳播能力建設」.『中國社會科學報』. 第007版.

徐皎月·劉丙麗·胡建剛. 2021.「新挑戰·新發展——全球疫情下華文教學研討會綜述」.『世界華文教學』. 第9輯.

謝樹華·包含麗. 2021.「疫情衝擊下海外華文教育面臨的困境與發展趨勢——基於組織生態學視角的分析」.『華僑華人歷史研究』. 第2期.

葉晗·陳鈞天. 2021.「一帶一路背景下印度尼西亞華文教育發展探析」.『浙江科技學院學報』. 第33卷 第4期.

譚子恆·鄧曉雅. 2022.「疫情時代線上華文教育的特點、挑戰與對策」.『兩岸終身教育』. 第2期.

朱敏·郭鎮之. 2017.「華文教育 網絡傳播」.『教育傳媒研究』. 第5期.

卓高鴻. 2021.「'大統戰'背景下高校拓展華文教育的路徑探析」.『繼續教育研究』. 第9期.

김대식.「진정한 21세기가 시작됐다」(포스트 코로나 - 서양과 동양) | 뇌과학자 카이스트 김대식 교수 |『시사자키 정관용입니다』. 2020.05.11. https://www.youtube.com/watch?v=DwJc40JXQZg (검색일: 2022.10.27.)

「한국에도 많은 공자학원, 서구에서 '퇴출 물결'인 이유」.『중앙일보』. 2021.06.04. https://www.joongang.co.kr/article/24074833#home (검색일: 2022.10.21.)

李宇明.「強國的語言與語言的強國」.『光明日報』. https://epaper.gmw.cn/gmrb/html/2016-10/02/nw.D110000gmrb_20161002_1-06.htm (검색일: 2022.09.31.)

中國國際中文教育基金會簡介. 2020.10.05. hppt://www.cief.org.cn/jj. (검색일: 2022.09.27.)

「溫州舉辦德國華文教育機遇與挑戰線上研討會」.『中國僑網』. 2022.03.30. chinaqw.com (검색일: 2022.09.31.)

「第一屆歐洲華文教育研討會重要嘉賓發言記錄」. 2021.06.03. https://hqxy.wzu.edu.cn/info/1220/1664.htm (검색일: 2022.10.27.)

「海外華文教師線上教學忙"雲端"共堅守」.『中國新聞網』. 2020.08.30. https://baijiahao.baidu.com/s?id=1676427939690754365&wfr=spider&for=pc. (검색일: 2022.09.27.)

「新東方在美開設中文課？多家機構已佈局海外中文培訓」.『新京報』. 2021.11.25. https://baijiahao.baidu.com/s?id=1717393195659230274&wfr=spider&for=pc (검색일: 2022.11.23.)

中國華文教育網. http://www.hwjyw.com (검색일: 2022.11.23.)

「中國華文教育基金會, 中國華文教育基金會"停課不停學"第20期直播課結束」(2020.07.06.) http://www.chinaqw.com/hwjy/2020/07 −06/262046.shtml (검색일: 2022.11.23.)

『中國僑聯官網』. 「中國僑聯舉辦2021‘親情中華 · 爲你講故事’網上夏(春)令營開營式」(2021.03.31) http://www.chinaql.org/n1/2021/0031/c41963-32066215.html (검색일: 2022.11.23.)

「疫情加速全球教育線上化 中國教育愜意“出海”迎來新機遇」(2022.07.02)http://edu.china.com.cn/2021-07/02/content_77601838.htm. (검색일: 2022.10.27.)

中外語言交流合作中心簡介. 2021.10.07. www.Chinese.cn/page/#/pcpage/publicinfodetail?id=140 (검색일: 2022.11.15.)

Chinese Language and Culture Education Foundation of China. https://www.clef.org.cn (검색일: 2022.11.15.)

中華全國歸國華僑聯合會 (All-China Fenderation of Returned Oversea Chinese). /http://www.chinaql.org/ (검색일: 2022.11.15.)

저자소개

박영순

중국 푸단(復旦)대학 박사학위를 받았다. 현재 국민대학교 중국인문사회연구소 HK부교수이다. 주요 관심 분야는 고대 문인집단과 문학유파, 문인결사와 지역학, 유배문학과 유민문학, 중서 문화와 한중지식 교류사 등이다. 최근에는 고대 문인결사의 시대별, 지역별, 유형별, 창작별 분류 연구에 중점을 두고 있다. 주요 논문으로 「명말 고학(古學)의 부흥과 경세(經世)사조의 형성: 복사(復社)의 활동을 중심으로」(2022), 「명대 문사(文社)의 활동과 과거 문풍(文風)의 상관성: 제도·활동·권력을 중심으로」(2021), 「제도의 문체와 지식인의 글쓰기: 명대의 팔고취사(八股取士)를 중심으로」(2021) 등과 주요 역서로 『중국 고대 문인집단과 문학풍모』(2018), 『현대 중국의 학술운동사』(2013)등이 있다.

김진우

고려대학교에서 박사학위를 받았다. 현재 경북대학교 인문학술원 HK연구교수이다. 주요 관심 분야는 중국 고대 진한시기 법제사와 사상사 방면이다. 최근에는 출토 간독자료를 중심으로 진·한초의 율령 연구, 사마천 『사기』와의 비교 연구, 진한 간독자료의 데이터베이스화와 통계적 분석 연구에 중점을 두고 있다. 주요 저서로 『중국목간총람(상)(하)』(2022), 『동아시아 고대 효의 탄생 – 효의 문명화 과정』(2021) 등과 주요 논문으로 「한초 율전(律典)의 율명(律名)체계와 형벌체계의 변화 – 『호가초장한간』 율령간을 중심으로 – 」(2023), 「새로운 자료, 새로운 방법론, 중국고대사 연구의 진전 – 2020~2021년 연구 동향과 과제 – 」(2022), 「진·한초 관수(官修) 대사기류(大事記類) 기록물의 서사(書寫)와 유행 – 형주 호가초장한간·세기(歲紀)를 중심으로 – 」(2022), 「잊혀진 기억, 사라진 역사들, 그리고 각인된 하나의 역사」(2021) 등이 있다.

서상민

고려대학교 정치외교학과를 졸업하고 고려대학교 대학원에서 중국정치로 석·박사학위를 취득하였다. 동아시아연구원(EAI) 중국연구센타 부소장을 거쳐 현재 국민대학교 중국인문사회연구소 HK연구교수로 재직 중이다. 주요 관심 연구영역은 중국정치과정 중 권력관계, 정치엘리트, 관료제와 관료정치 그리고 외교안보 분야 정책결정과정 분석 등과 관련된 주제들이며, 최근에는 사회연결망분석(SNA) 방법을 활용한 중국의 정책지식과 정책행위자 네트워크 분석하고 관련 데이터를 구축하여 중국의 정치사회 구조와 행위자 간 다양한 다이나믹스를 추적하고 분석하고 있다. 주요 논문으로는 「사회연결망분석(SNA)을 활용한 중국정치학계의 지식생산 분석(2022), 「시진핑 집권 초기 중국외교담화 생산메카니즘과 내용분석: 『談治國理政』(第1券, 英文版)의 토픽과 네트워크 분석」(2021), 「중국공산당의 위기관리 정치: '코로나19' 대응의 정치적 논리」(2020) 등이 있으며, 저역서로는 『정치네트워크론 1-2』(2022 공역), 『현재중국정치와 경제계획관료』(2019) 등이 있다.

윤지원

현재 단국대학교 일본연구소 HK교수로 재직 중이며, 한국중국문화학회 및 한국철학사 연구회 총무이사로 활동하고 있다. 한국외국어대학교 철학과를 졸업하였으며, 2002년 중국 베이징대학에서 석사학위를 받았다. 이후 중국정부 국비유학생으로 선발되어 동 대학에서 박사학위를 취득하였다. 중국철학을 전공했으며 동아시아의 지식전통과 문화철학으로 연구영역을 확장하고 있다. 주요 논문으로는 「지식과 예술의 문화철학」(2022), 「호적의 문화철학연구」(2022), 「하린의 문화철학연구」(2021) 등이 있으며 역서로는 『법으로 읽는 중국 고대사회』(2020)가 있다.

박철현

서울대학교 동양사학과를 졸업하고, 서울대학교 국제대학원에서 중국지역연구로 문학석사학위를 받고, 중국 선양(瀋陽) 테시구(鐵西區) 공간변화와 노동자 계급의식의 관계에 대한 연구로 중국 런민(人民) 사회학과에서 박사학위를 받았다. 현재 국민대학교 중국인문사회연구소 HK연구교수로 재직 중이다. 관심분야는 중국 동베이(東北) 지역의 공간생산과 지방정부의 역할, 국유기업 노동자, 도시, 동베이 지역의 "역사적 사회주의", 만주국, 동아시아 근대국가 등이다. 논문으로는 「중국 개혁기 공장체제 연구를 위한 시론(試論): 동북 선양(瀋陽)과 동남 선전(深圳)의 역사적 비교」(한국학연구, 2015), 「關於改革期階級意識與空間—文化硏究: 瀋陽市鐵西區國有企業勞動者的事例」(박사학위 논문, 2012) 외 다수가 있다. 공저로 『투자 권하는 사회(역사비평사, 2023)』, 『동아시아 도시 이야기(서해문집, 2022)』, 『팬데믹, 도시의 대응(서울연구원, 2022)』, 『북중러 접경지대를 둘러싼 소지역주의 전략과 초국경 이동(이조, 2020)』, 『세계의 지속가능한 도시재생(국토연구원, 2018)』, 『특구: 국가의 영토성과 동아시아의 예외공간』(알트, 2017), 『다롄연구: 초국적 이동과 지배, 교류의 유산을 찾아서』(진인진, 2016)가 있다. 편저서로 『도시로 읽는 현대중국 1, 2』(역사비평사, 2017)이 있고, 역서로는 『중국 정책변화와 전문가 참여(공역)』(학고방, 2014)가 있다.

최은진

이화여대에서 역사학으로 박사학위를 받았으며, 현재 국민대학교 중국인문사회연구소 HK교수로 재직하고 있다. 전공분야는 중국현대사이며 현재는 중국 지식인의 사상지형, 담론 및 네트워크를 구체적인 교육, 사회활동에서 역사적으로 고찰하는데 관심을 갖고 연구하고 있다. 주요 논문으로는 「중국국립중앙연구원 역사어언연구소(1928~49)와 근대역사학의 제도화」(2010), 「중국 역사지리학 지적구조와 연구자 네트워크」(2012), 「언론매체를 통해 형성된 공자학원Confucius Institutes 이미지와 중국의 소프트 파워 확산」(2015), 「중국의 '중국학'연구의 지적구조와 네트워크:텍스트 마이닝 기법을 활용한 새로운 분석방법의 모색」(2016), 「중국 푸쓰녠(傅斯年)연구의 지적 네트워크와 그 함의」(2017), 「중화민국시기 『교육잡지(敎育雜誌)』와 서구교육지식의 수용과 확산」(2019), 「중국 향촌건설운동의 확산과정과 향촌교육의 함의」(2020)등과 최은진 옮김 『중국 근현대사의 지식인』, 학고방(2021)등이 있다.

은종학

중국 칭화(清華)대학 경제관리학원에서 박사학위를 받았다. 현재 국민대학교 중국학부 중국정경전공 교수이다. 중국의 국가혁신체제, 과학기술 및 디자인 혁신, 신산업에 대해 관심을 갖고 있으며, 신슘페터리안 관점에서 미-중 체제 경쟁에 대한 연구도 하고 있다. 최근 출간한 『중국과 혁신: 맥락과 구조, 이론과 정책 함의』는 대한민국학술원 우수학술도서로 선정된 데 이어 교육부 우수성과 50선에 포함되어 교육부 장관상을 수상하였다. 주요 논문으로는, 국제적으로 4백여 차례 인용된 「Explaining the University-run Enterprises in China: A Theoretical Framework for University-Industry Relationship in Developing Countries」(2006)와 「Evolution of the Little Dragons' Science Network with the Rise of China: A Bibliometric Analysis」(2015), 「중국 디자인 혁신, 어디를 향해 어떻게 가는가?: 목표시장과 컨텐츠 특성 분석」(2022) 등이 있다.

피경훈

고려대학교에서 학부와 석사를 마치고 중국 베이징대학(北京大學)에서 박사학위를 받았다. 현재 국립목포대학교 중국언어와 문화학과 부교수로 있다. '문화대혁명과 사회주의적 주체성의 문제' '중국의 제국 담론' 등에 관심을 갖고 연구 중이다. 주요 논문으로 「해방으로서의 과학」, 「주체와 유토피아」, 「문화대혁명의 종결을 어떻게 재사유할 것인가」, 「계몽의 우회」, 「1920년대 마오쩌둥의 계급 개념에 관하여」 등이 있고, 지은 책으로 『혁명과 이행』(공저), 옮긴 책으로 『상하이학파 문화연구』, 『계몽의 자아와해』, 『마르크스로 돌아가다』(이상 공역), 『비판철학의 비판』, 『마오쩌둥을 다시 생각한다』가 있다.

박남용

한국외국어대학교에서 박사학위를 받았다. 현재 한국외국어대학교 미네르바 교양대학 조교수이다. 주요 관심 연구 분야는 중국 현당대시, 대만·홍콩·마카오 현대시, 중국의 소수민족과 대만의 원주민 문학, 중국 현대여성시, 한중 비교문학 등이다. 최근에는 동남아시아 화인화문시의 트랜스내셔널리즘과 문화적 정체성을 연구하며, 이를 확대하여 세계 중국인 디아스포라 시문학의 정체성을 연구하는 데 중점을 두고 있다. 주요 논문으로 「인도네시아 화인화문 시문학의 트랜스내셔널리즘과 문화적 정체성 연구」(2022), 「루쉰과 한용운의 구시(舊詩)에 나타난 시어 이미지와 현대의식 연구」(2021), 「예쓰(也斯)의 문학 속에 나타난 홍콩의 지리공간과 도시문화 연구」(2018) 등과 주요 저서로 『중국 현대시의 세계』(2012), 『한중현대문학비교연구』(2012), 『중국 현대 여성시의 이해』(2020) 등이 있다.

김하늬

서울대학교에서 박사학위를 받았다. 현재 서울대학교 인문학연구원 선임연구원이다. 중국 고전 시가(詩歌) 연구자로서 주로 명청 교체기의 시사(詩詞)와 청대 사(詞)문학의 발전 흐름을 통해 중국 강남(江南) 지식인의 정체성 변화를 연구하고 있다. 주요 논문으로는 「『浙西六家詞』 수록 詠物詞의 과도기적 특징 고찰－淸初 지식인들의 '物'에 대한 인식과 표현 변화를 중심으로－」(2023), 「雲間詞人 李雯 詞 연구－명청 교체기 지식인으로서의 비애 기탁을 중심으로」(2022), 「명말청초 雲間 지역 宋氏 일가 詞 고찰－宋徵璧·宋徵輿의 비애 표현을 중심으로」(2021), 「주이준(朱彝尊) 『명시종(明詩綜)』의 「잡요가사(雜謠歌辭)」 항목 연구」(2021), 「명청(明淸) 교체기 한족 지식인의 명사(明史) 서술로서의 시화(詩話) 연구－주이준(朱彝尊)의 『정지거시화(靜志居詩話)』를 중심으로」(2020), 「淸代 朱彝尊 〈鴛鴦湖棹歌〉에 대한 화답시 창작 고찰－譚吉璁과 陸以諴의 '다시쓰기'를 중심으로」(2020) 등이 있으며, 주요 역서로는 『사령운 사혜련 시』(2016)(공역), 『이제현 사집』(2015)(공역) 등이 있다.

이광수

중국 런민(人民)대학에서 박사학위를 받았다. 현재 국민대학교 중국인문사회연구소 HK연구교수이다. 주요 관심 분야는 분단국으로서의 중국과 대만의 통일과 독립 문제, 대만인 정체성, 세대별 의식 변화, 중국과 대만의 지식인 네트워크이다. 최근에는 중국정치와 대만정치와 양안 관계, 동북아 국제관계 등을 연구하고 있다. 주요 논문으로

「대만의 소셜미디어와 온라인군대에 대한 연구」(2022), 「중국의 통일정책에 대한 대만인의 인식」(2022), 「대만 신문의 정치 양극화 연구」(2022) 「중국의 대만관련 싱크탱크에 관한 연구」(2021) 등과 주요 역서로 『중국 정책결정: 지도자, 구조, 기제, 과정』(2018, 공역) 등이 있다.

김주아

베이징어언대학(北京語言大學)에서 『漢語"來/去"和韓國語"ota/kada"的句法, 語義對比研究(중국어 '來·去'와 한국어 '오다·가다'의 통사 및 의미론적 비교연구)』로 응용언어학 박사학위를 받았다. 현재 국민대학교 중국인문사회연구소 HK연구교수로 재직 중이다. 연구 관심 분야는 중국어학과 중국문화 및 화교·화인 사회이다. 주요 논문으로는 「화인 민족공동체의 형성과 발전-동남아시아 화인사단(社團)을 중심으로」(2018), 「말레이시아 화인기업(華商)의 네트워크 활용 실태 조사」(2019), 「싱가포르 화인의 다문화 수용성 조사」(2019), 「중일 번역문화와 번역어의 탄생 과정」(2020), 「언어로 보는 중국의 '코로나19'-2020년 10대 신조어를 중심으로」(2021), 「국내 학계의 '화교·화인' 관련 연구성과-지식지형도와 시각화를 중심으로-」(2022)등이 있다. 역서로는 『지혜-바다에서 배우는 경영이야기』가 있다.

국민대학교 중국인문사회연구소 총서 • 15권

중국 지식의 시공간과 탈경계

초판 인쇄 2023년 6월 20일
초판 발행 2023년 6월 30일

공 저 자 | 박영순 · 김진우 · 서상민 · 윤지원 · 박철현 · 최은진
은종학 · 피경훈 · 박남용 · 김하늬 · 이광수 · 김주아
펴 낸 이 | 하운근
펴 낸 곳 | 學古房

주 소 | 경기도 고양시 덕양구 통일로 140 삼송테크노밸리 A동 B224
전 화 | (02)353-9908 편집부 (02)356-9903
팩 스 | (02)6959-8234
홈페이지 | www.hakgobang.co.kr
전자우편 | hakgobang@naver.com, hakgobang@chol.com
등록번호 | 제311-1994-000001호

ISBN 979-11-6995-368-9 94300
978-89-6071-406-9 (세트)

값: 35,000원